NOI
Haiphong
HANOI
Pages 152–177
nh
VIETNAM
CENTRAL
Hué
Da Nang
Hoi An
CÔTE ET HAUTS
PLATEAUX DU SUD
Pages 102-119
Kontum
Pleiku
Buon
Ma Thuot
Nha Trang
CÔTE ET
HAUTS PLATEAUX
DU SUD
Dalat
HÔ CHI
MINH-VILLE
Phan Thiet
Vinh Long
n Tho
0
200 km
HÔ CHI MINH-VILLE
Pages 52-83

GUIDES VOIR

Vietnam
et Angkor

GUIDES VOIR

Vietnam
et Angkor

Libre Expression
Une société de Québecor Média

Libre Expression
Une société de Québecor Média

DIRECTION
Nathalie Bloch-Pujo

DIRECTION ÉDITORIALE
Cécile Petiau

RESPONSABLE DE COLLECTION
Catherine Laussucq

ÉDITION
Émilie Lézénès et Adam Stambul

TRADUIT ET ADAPTÉ DE L'ANGLAIS PAR
Dominique Brotot, Daphné Halin et Catherine Pierre-Bon
avec la collaboration de Ghislaine Ouvrard

MISE EN PAGES (PAO)
Anne-Marie Le Fur

CE GUIDE VOIR A ÉTÉ ÉTABLI PAR
David Baird, Martin Symington, Nigel Tisdall

DK

Publié pour la première fois en Grande-Bretagne
en 2007 sous le titre *Eyewitness Travel Guides : Vietnam and Angkor Wat*

Aussi soigneusement qu'il ait été établi,
ce guide n'est pas à l'abri des changements de dernière heure.
Faites-nous part de vos remarques, informez-nous de vos
découvertes personnelles : nous accordons la plus grande
attention au courrier de nos lecteurs.

IMPRIMÉ ET RELIÉ EN MALAISIE

Les Éditions Libre Expression
Groupe Librex inc.
Une société de Québecor Média
La Tourelle
1055, boul. René-Lévesque Est, Bureau 300
Montréal (Québec) H2L 4S5
www.edlibreexpression.com

DÉPÔT LÉGAL : Bibliothèque et Archives nationales du Québec
et Bibliothèque et Archives Canada, 2014

ISBN 978-2-7648-0997-6

◁ Rizières inondées à Diên Biên Phu, Vietnam du Nord *(p. 195)*

SOMMAIRE

Spirales d'encens, temple de Thien Hau *(p. 70)*

PRÉSENTATION DU VIETNAM

À LA DÉCOUVERTE DU VIETNAM **8**

LE VIETNAM DANS SON ENVIRONNEMENT **10**

UNE IMAGE DU VIETNAM **12**

LE VIETNAM AU JOUR LE JOUR **30**

HISTOIRE DU VIETNAM **36**

Pêcheurs au travail sur une voie d'eau du delta du Mékong

Pitons karstiques dans les eaux bleues de la baie d'Along *(p. 182-184)*

LE VIETNAM RÉGION PAR RÉGION

LE VIETNAM D'UN COUP D'ŒIL **50**

HÔ CHI MINH-VILLE **52**

DELTA DU MÉKONG ET VIETNAM DU SUD **84**

Figurine d'un musicien de la Cour royale

Urne ouvragée de la cour de la pagode Tu Dam *(p. 139)*

CÔTE ET HAUTS PLATEAUX DU SUD **102**

VIETNAM CENTRAL **120**

HANOI **152**

VIETNAM DU NORD **178**

EXCURSION À ANGKOR **202**

LES BONNES ADRESSES

HÉBERGEMENT **228**

RESTAURANTS **246**

FAIRE DES ACHATS AU VIETNAM **262**

SE DISTRAIRE AU VIETNAM **268**

SÉJOURS À THÈME ET ACTIVITÉS DE PLEIN AIR **272**

RENSEIGNEMENTS PRATIQUES

VIETNAM, MODE D'EMPLOI **278**

ALLER ET CIRCULER AU VIETNAM **288**

INDEX **294**

REMERCIEMENTS **306**

LEXIQUE **308**

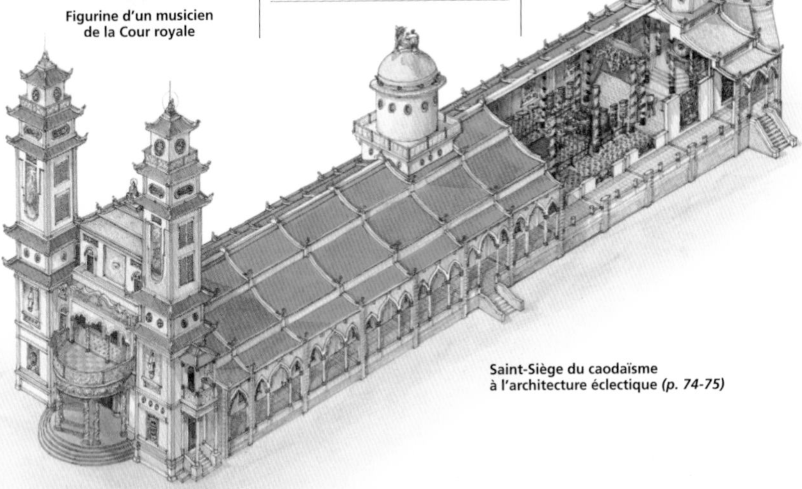

Saint-Siège du caodaïsme à l'architecture éclectique *(p. 74-75)*

PRÉSENTATION DU VIETNAM

À LA DÉCOUVERTE DU VIETNAM 8-9

LE VIETNAM DANS SON ENVIRONNEMENT 10-11

UNE IMAGE DU VIETNAM 12-29

LE VIETNAM AU JOUR LE JOUR 30-35

HISTOIRE DU VIETNAM 36-47

À LA DÉCOUVERTE DU VIETNAM

Le Vietnam s'étend le long de la mer de Chine méridionale en un long « S » fertile. Au pied des montagnes du Nord, le delta du fleuve Rouge renferme Hanoi, la capitale historique. Elle a conservé un centre très ancien et des édifices élevés par la France coloniale. À la pointe sud du pays, parmi les rizières du delta du Mékong, la capitale économique, Hô Chi Minh-Ville, se tourne avec enthousiasme vers l'avenir. Entre les deux, le voyageur découvre une campagne variée, de spectaculaires paysages karstiques, des temples richement décorés, des villages de minorités ethniques et des marques de la guerre du Vietnam. Ces pages donnent un aperçu de ce que chaque région a à offrir.

Statue du site d'Oc-èo

Statue de Hô Chi Minh, Hô Chi Minh-Ville

HÔ CHI MINH-VILLE

- **Shopping à Dong Khoi**
- **Ingénieux tunnels de Cu Chi**
- **Pagodes de Cholon**

Un temps célébrée comme le « petit Paris de l'Extrême-Orient », l'ancienne Saigon conjugue le respect du passé et le modernisme. Le quartier de **Dong Khoi** *(p. 56-57)*, où Graham Greene situa son roman *Un Américain bien tranquille*, reste le cœur commercial de la ville. Restaurants, hôtels et magasins récents s'y dressent à côté de bâtiments datant de la colonisation française, dont l'**immeuble du Comité du peuple** *(p. 59)*. Le **musée des Vestiges de la guerre** *(p. 65)* traite d'une histoire plus récente et présente une image accablante du conflit avec les Américains. À l'ouest, les rues du quartier chinois de **Cholon** *(p. 68-69)* regorgent de temples et d'échoppes. La toiture de la **pagode de l'Empereur de Jade** *(p. 62- 63)* est une véritable œuvre d'art. Hors de la ville, les **tunnels de Cu Chi** *(p. 72)* témoignent de la ténacité des combattants viêt-công. Le **Saint-Siège du caodaïsme** *(p. 74-75)* évoquait à Graham Greene une « fantasia orientale à la Walt Disney ».

DELTA DU MÉKONG ET VIETNAM DU SUD

- **Marchés flottants et vie quotidienne dans le delta**
- **Croisières autour de Vinh Long**
- **Récifs coralliens de Con Dao**

Eau et terre se mêlent étroitement dans les rizières et les mangroves du delta du Mékong. Des promenades en bateau au départ de **My Tho** *(p. 88)* et de **Vinh Long** *(p. 90-91)* conduisent le long d'étroits chenaux jusqu'à des villages d'artisans et des îles couvertes de vergers. Près de **Can Tho** *(p. 94)* se tiennent des marchés flottants animés. Non loin, les villes de **Tra Vinh** *(p. 89)* et **Soc Trang** *(p. 96)* abritent une communauté khmère et des temples bouddhiques Theravada. À quelques kilomètres au large, près de la charmante **Ha Tien** *(p. 100)*, l'île de **Phu Quoc** *(p. 101)* est réputée pour ses couchers de soleil et ses sentiers de randonnée. L'archipel de **Con Dao** *(p. 98)* possède de belles plages et de splendides récifs à la riche faune marine.

CÔTE ET HAUTS PLATEAUX DU SUD

- **Plages spectaculaires**
- **Temples anciens**
- **Climat frais de Dalat**

La côte au sud du Vietnam central recèle certaines des plus belles plages du pays. Celle de **Mui Ne** *(p. 106)*, bordée de palmiers, se distingue par ses hautes dunes, tandis que le littoral autour de **Nha Trang** *(p. 108-111)* se prête à la plongée sous-marine et aux sports nautiques. **Phan Rang-Thap Cham** *(p. 107)* possède trois ensembles bien conservés

Bateaux de pêcheurs dans le port de Ha Tien, dans le delta du Mékong

◁ Peinture montrant des villageois de Vinh Tri, au Tonkin, travaillant dans des rizières

Somptueux intérieur du tombeau de Kai Dinh à Hué, Vietnam central

de sanctuaires bâtis à l'époque des rois cham. **Dalat** *(p. 114-116)*, au climat frais, aux cascades et aux sentiers de randonnée, est une station de villégiature appréciée. Les environs de **Buon Ma Thuot** *(p. 117)* et de **Kontum** *(p. 118)* renferment les villages de minorités ethniques.

Plage proche de Mui Ne, entre Hô Chi Minh-Ville et Kontum

VIETNAM CENTRAL

- **Faire des achats dans la jolie Hoi An**
- **Palais impériaux de Hué**
- **Visite de la DMZ**

Ancienne capitale impériale, **Hué** *(p. 138-145)* est inscrite au patrimoine mondial de l'Unesco pour sa citadelle, ses palais et ses tombeaux. La longue et belle plage de **China Beach** *(p. 133)* abritait un centre de détente et d'évaluation de l'armée américaine. C'est aujourd'hui une station balnéaire. Avec ses tailleurs confectionnant un costume en quelques heures, **Hoi An** *(p. 124-129)* offre un cadre historique pour faire des emplettes. La station de **Ba Na** *(p. 133)* ménage une vue splendide sur la mer de Chine méridionale. Le parc national de **Bach Ma** *(p. 136)* séduira les amoureux des oiseaux. Des excursions permettent de visiter la **DMZ** *(p. 149)*, l'ancienne zone démilitarisée.

HANOI

- **Paisible temple de la Littérature**
- **Rues médiévales du quartier ancien**
- **Architecture coloniale**

La plus vieille capitale de l'Asie du Sud-Est possède de magnifiques édifices vietnamiens et coloniaux, et une riche vie culturelle. Elle a pour cœur le **lac Hoan Kiem** *(p. 160)*, dont les berges attirent promeneurs et joueurs d'échecs, et pour fleuron les rues étroites de la **vieille ville** *(p. 156-157)*, où les artisans se regroupent par métiers. Le **temple de la Littérature** *(p. 166-167)*, fondé au XIe siècle, offre un havre de paix où s'échapper. Non loin, dans l'élégant quartier français, des villas coloniales bordent toujours de larges boulevards ombragés. L'imposant **mausolée de Hô Chi Minh** *(p. 165)*, où est exposée la dépouille embaumée du père de l'indépendance, attire de nombreux Vietnamiens.

Le spectacle des **marionnettes sur eau** *(p. 159)* est spécifique à Hanoi et au delta du fleuve Rouge.

VIETNAM DU NORD

- **Croisière dans la baie d'Along**
- **Extraordinaire pagode des Parfums**
- **Minorités ethniques de Sapa**

La séduction du nord du Vietnam réside dans ses traditions préservées et ses beautés naturelles. Au sud de Hanoi, une promenade en sampan dans une vallée inondée conduit à la **pagode des Parfums** *(p. 192)*. Au nord de la ville, la brume enveloppe souvent les **sites de pèlerinage du Yên Tu** *(p. 185)*. Au nord-est, le trajet jusqu'au **parc national de Ba Be** *(p. 200)* fait découvrir de spectaculaires paysages de montagne. Embarquez sur une jonque pour découvrir les célèbres pitons karstiques de la **baie d'Along** *(p. 182-184)*. Au nord-ouest, les montagnards appartenant à des ethnies telles les **Dao rouges** et les **Hmong** *(p. 198-199)* se rassemblent le week-end au marché de **Sapa** *(p. 196-197)*. Dans la **vallée de Mai Chau** *(p. 194)*, des familles thaïes vous hébergeront dans des maisons sur pilotis. Les audacieux se lanceront à l'assaut du **mont Fan Si Pan** *(p. 197)*, le plus haut sommet du pays.

Vendeuses de tissus de l'ethnie des Hmong noirs à Sapa

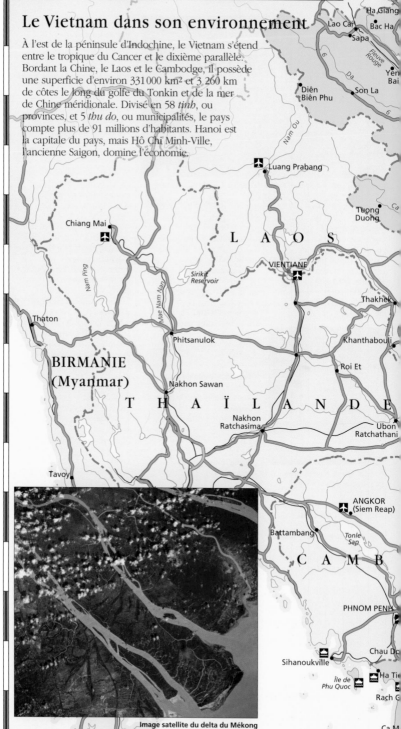

Le Vietnam dans son environnement

À l'est de la péninsule d'Indochine, le Vietnam s'étend entre le tropique du Cancer et le dixième parallèle. Bordant la Chine, le Laos et le Cambodge, il possède une superficie d'environ 331 000 km² et 3 260 km de côtes le long du golfe du Tonkin et de la mer de Chine méridionale. Divisé en 58 *tinh*, ou provinces, et 5 *thu do*, ou municipalités, le pays compte plus de 91 millions d'habitants. Hanoi est la capitale du pays, mais Hô Chi Minh-Ville, l'ancienne Saigon, domine l'économie.

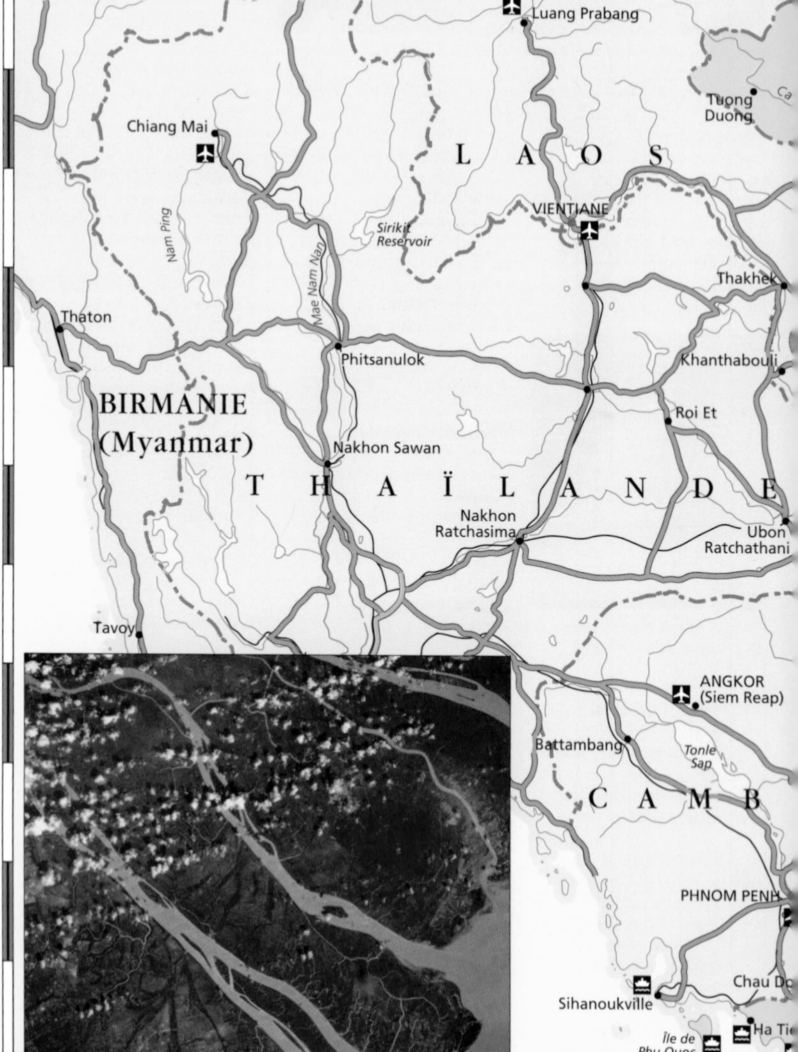

Image satellite du delta du Mékong

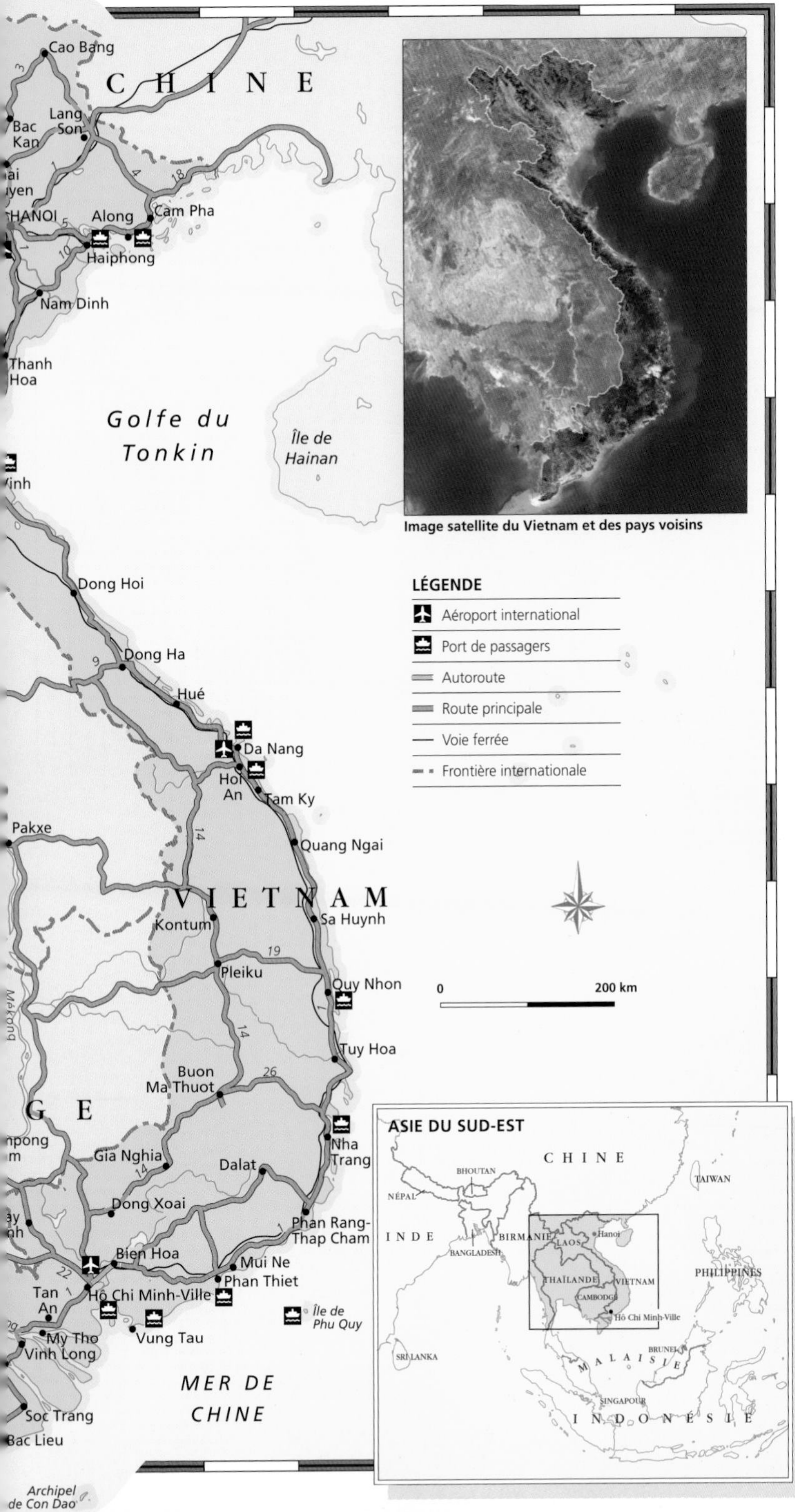
CHINE
Cao Bang
Lang Son
Bac Kan
HANOI
Along
Cam Pha
Haiphong
Nam Dinh
Thanh Hoa
Golfe du Tonkin
Île de Hainan
Vinh
Dong Hoi
Dong Ha
Hué
Da Nang
Hoi An
Tam Ky
Pakxe
Quang Ngai
VIETNAM
Sa Huynh
Kontum
Pleiku
Quy Nhon
Mekong
Tuy Hoa
Buon Ma Thuot
Nha Trang
Gia Nghia
Dalat
Dong Xoai
Phan Rang-Thap Cham
Bien Hoa
Mui Ne
Phan Thiet
Tan An
Hô Chi Minh-Ville
Île de Phu Quy
My Tho
Vinh Long
Vung Tau
MER DE CHINE
Soc Trang
Bac Lieu
Archipel de Con Dao
LÉGENDE
Aéroport international
Port de passagers
Autoroute
Route principale
Voie ferrée
Frontière internationale
0
200 km
ASIE DU SUD-EST
CHINE
BHOUTAN
NÉPAL
TAIWAN
INDE
BIRMANIE
LAOS
Hanoi
BANGLADESH
THAÏLANDE
VIETNAM
PHILIPPINES
CAMBODGE
Hô Chi Minh-Ville
SRI LANKA
BRUNEI
MALAISIE
SINGAPOUR
INDONÉSIE

Image satellite du Vietnam et des pays voisins

UNE IMAGE DU VIETNAM

Une culture fascinante, des pagodes anciennes, des plages superbes et des montagnes recouvertes par la jungle attirent au Vietnam des millions de visiteurs. Le tourisme contribue à la prospérité amorcée dans les années 1990 grâce aux réformes économiques et aux efforts d'un peuple décidé à rebâtir la nation après la guerre et à s'affranchir des rigueurs du communisme.

Bordé par les eaux chaudes de la mer de Chine méridionale, le Vietnam forme une longue bande étroite (50 km dans sa partie la plus resserrée) au sud-est de la péninsule indochinoise, entre le golfe du Tonkin et le golfe de Thaïlande. À l'ouest, la cordillère Annamitique – ou de Truong Son – le sépare du Laos et du Cambodge. Au nord s'étend son immense voisin, la Chine.

Pièce du musée royal des Beaux-Arts, Hué

Les Vietnamiens ont l'habitude de diviser leur territoire en trois régions. Dans la plus septentrionale, des montagnes culminent au mont Fan Si Pan (3 143 m), entourant sur trois côtés le fertile delta du fleuve Rouge, où la capitale administrative, Hanoi, a conservé son cachet historique. Le ruban formé par la partie centrale du pays recèle de belles plages, l'ancienne cité impériale de Hué, la ville commerçante de Hoi An, le grand port de Da Nang et les vestiges de l'ancienne zone démilitarisée (DMZ). Il s'élargit dans sa moitié inférieure, dominée par les hauts plateaux des régions de Pleiku et Dalat. À l'extrême sud, l'ancienne Saigon, rebaptisée Hô Chi Minh-Ville, a retrouvé sa vitalité en bordure du delta du Mékong. Cette vaste plaine bucolique parcourue de canaux et plantée de palmiers fournit au pays une grosse part de sa production de riz.

À cette diversité géographique fait écho une diversité humaine, avec 54 groupes ethniques reconnus pour une population de plus de 91 millions d'habitants. Les Viets, ou Kinh, sont très majoritaires (86 %).

La rivière Yen menant à la pagode des Parfums ***(p. 192-193)***

◁ **Vendeuses de rue installant une cuisine de fortune pour préparer des plats chauds, Hoi An** ***(p. 124-129)***

Minorité hmong des montagnes du Nord

Les Viets vivent principalement dans les plaines côtières et les deltas. Beaucoup de petites minorités peuplent les zones montagneuses du Nord et du Centre. D'origine chinoise, les Hoas sont souvent commerçants et se regroupent dans les grandes villes ; les Cham et les Khmers ont leurs racines dans les plaines côtières du Sud et le delta du Mékong.

CULTURE

Très marquée par le modèle confucéen, la société vietnamienne possède une structure traditionnelle hiérarchique et patriarcale. La famille et les devoirs filiaux y sont les valeurs cardinales. Le rôle des femmes a changé depuis leur émancipation par le régime communiste, mais elles restent responsables de la vie domestique.

La culture vietnamienne a assimilées de nombreuses influences étrangères au fil des siècles. Résistant à la domination politique de la Chine, le peuple viet s'est toutefois inspiré de cette civilisation, et près de mille ans d'occupation ont laissé une empreinte forte dans les croyances, les coutumes et les arts. L'héritage d'un siècle de colonisation française n'a pas eu le même impact et se limite surtout aux bâtiments administratifs construits aux XIXe et XXe siècles, ainsi qu'à quelques souvenirs culinaires comme le pain.

Les exilés qui ont fui les communistes dans les années 1950 et à partir de 1975 ont fondé une diaspora ; certains rentrent aujourd'hui au pays. Ce sont rarement des expatriés de la première génération, car ces derniers refusent de se soumettre à ceux qui les avaient contraints au départ. Les candidats au retour, ou *Viet Kieu*, viennent retrouver leurs racines et montent souvent des affaires. Ayant grandi outre-mer, ils insufflent à la société un mode de vie occidental.

Pains à la française

Le tourisme et les médias ont aussi contribué à cette occidentalisation. Nombre de jeunes citadins apprennent l'anglais, possèdent un *smartphone* et portent des vêtements de marque. Le pays est d'ailleurs devenu une destination réputée pour l'achat de textiles. Le style vestimentaire occidental est très répandu, mais les jeunes femmes continuent toutefois, lors d'occasions spéciales, à porter l'*ao dai*, un ensemble composé d'un pantalon et d'une longue tunique fendue sur les côtés, qui met en valeur leur silhouette.

RELIGION

Après des années de promotion de l'athéisme par les communistes, la spiritualité traditionnelle a retrouvé une place de premier plan. Les Vietnamiens associent le bouddhisme, le taoïsme et le confucianisme dans le cadre du Tam Giao, la « Triple

Femme vietnamienne portant le traditionnel *ao dai*

Décor flamboyant de la pagode de Quan Am, Hô Chi Minh-Ville *(p. 70)*

Religion ». Ils pratiquent aussi le culte des ancêtres et l'animisme. Il existe aussi une communauté catholique, des minorités cham musulmane et hindoue, et deux cultes syncrétistes apparus au XXe siècle : le caodaïsme et la secte Hoa Hao.

LANGUE ET LITTÉRATURE

La première langue parlée par environ 87 % de la population est le *tieng Viet*, aux nombreuses déclinaisons régionales. Sa forme écrite est apparu au XIe siècle sous la forme d'un système de notation appelé *chu nom* et basé sur une adaptation des caractères chinois. À partir du XVIIe siècle, les missionnaires chrétiens mirent au point un mode de transcription de l'alphabet latin. Systématisé par Alexandre de Rhodes *(p. 41)* sous le nom de *quoc ngu*, il est devenu l'écriture officielle en 1919.

Moine bouddhiste

Le Vietnam possède un riche patrimoine littéraire écrit en chinois, en *chu nom* et en *quoc ngu*. Son plus grand chef-d'œuvre est *L'Histoire de Kieu*, un poème épique rédigé en chinois par Nguyen Du (1766-1820). Les poésies pleines d'esprit frondeur de la concubine de haut rang Ho Xuan Huong (1775-1825) sont aussi très réputées. La libéralisation a permis l'émergence de nouveaux auteurs, qui abordent des « sujets interdits » : Pham Thi Hoai, Nguyên Huy Thiêp, Duong Thu Huong ou encore Bao Ninh, qui a connu un succès mondial avec son roman *Le Chagrin de la guerre* (1997).

LE MUSÉE NATIONAL DES ARTS ASIATIQUES GUIMET

Des tissus indiens aux armures de samouraïs, des sculptures de l'Afghanistan aux effigies de moines zen du Japon, des trésors d'Angkor aux arts raffinés de la Chine, le musée Guimet, à Paris, est le plus grand musée européen entièrement consacré aux arts asiatiques. Il possède également de superbes œuvres vietnamiennes, ainsi que la plus importante collection d'art khmer conservée hors des frontières du Cambodge.

Ces trésors ont été rassemblés au fil des ans grâce aux apports de passionnés, de collectionneurs ou d'archéologues. Le Harihara de l'Asram Maha Rosei, le fronton de Banteay Srei, le portrait du roi Jayavarman VII – tous trois provenant du Cambodge – ou le Shiva de Thap Banh It (Vietnam) font partie des chefs-d'œuvre de la sculpture mondiale. Venir au musée Guimet, c'est démarrer ou prolonger son voyage en Asie.

6, place d'Iéna, 75116 Paris – www.guimet.fr

DÉVELOPPEMENT ÉCONOMIQUE

Longtemps, le Vietnam a été l'une des nations les plus pauvres au monde. Il a connu toutefois un essor économique au tournant du XXIe siècle. Le crédit en revient principalement au *doi moi*, un programme de réformes engagé en 1986. Celui-ci a autorisé la création d'entreprises privées, aboli la collectivisation de l'agriculture et ouvert la voie la libéralisation politique.

Motos et édifices modernes, Hô Chi Minh-Ville

En 1993, la Banque Mondiale estimait que 58 % de la population vivait sous le seuil de pauvreté, un chiffre tombé à moins de 16 % en 2008. L'agriculture reste l'activité principale. Elle fournit une part importante des exportations et emploie près de 65 % de la population. Le Vietnam est aujourd'hui le deuxième exportateur de riz au monde, un exploit pour un pays victime de la famine dans les années 1980. Le secteur industriel s'est aussi beaucoup développé et modernisé. L'exploitation minière y tient un grand rôle et la production de pétrole, de gaz et de charbon représente plus de 25 % du PIB industrie. Le tourisme est l'une des plus grosses sources de devises étrangères. Enfin, le Vietnam est devenu membre à part entière de l'ASEAN (Association des nations de l'Asie du Sud-Est) en 1995 et de l'OMC en 2006. À partir de 2008, l'économie vietnamienne a amorcé une récession due en grande partie au refus des cadres du parti communiste de mettre en place de nouvelles réformes. Les entreprises d'État, en particulier, sont touchées par la faillite.

La culture du riz est la plus importante

GOUVERNEMENT ET VIE POLITIQUE

Le Vietnam reste un pays communiste à parti unique. En 2011, le Congrès national qui se réunit tous les cinq ans a reconduit Nguyen Tan Dung comme Premier ministre et élu un nouveau Président, Truong Tan Sang. D'essence autoritaire, le régime ne tolère pas d'opposition politique, et la répression a frappé les nombreux dissidents qui avaient osé exprimer leur opinion. Depuis la conversion du pays à une économie de marché limitée, le Parti a tenté quelques réformes internes, mais la corruption qui le ronge freine son évolution. Les libertés et les droits des citoyens n'évoluent pas au rythme de l'essor économique. En 2008, le gouvernement a réprimé et emprisonné des journalistes traitant de la corruption. En 2009, Hanoi a commencé à bloquer des sites de réseaux sociaux. Plusieurs journalistes étrangers abordant les droits de l'homme ont été détenus et expulsés. En 2012, la situation désespérée des citoyens dans les camps de rééducation par le travail est rendue publique.

PROTECTION DE LA NATURE

Le Vietnam demeure malgré tout un pays pauvre, doté de faibles ressources foncières pour une population en rapide expansion. En 2020, il devrait compter environ deux fois plus d'habitants que la Thaïlande, alors que ses surfaces cultivables sont inférieures de moitié. Selon le Centre mondial de surveillance de la conservation, 30 000 ha de forêt disparaissent chaque année. La faune et la flore ont toutes les deux souffert de la chasse et du développement de l'agriculture, mais c'est la guerre du Vietnam, entre 1964 et 1975, qui a certainement causé les dommages environnementaux les plus graves à long terme. Heureusement, les perspectives s'améliorent. De nouvelles mesures de protection des forêts et des espèces menacées sont prises tous les ans, en accord avec la pensée de Hô Chi Minh, qui déclara en 1962 : « La forêt est de l'or. »

Boutique d'objets artisanaux, Hoi An

TOURISME

Quand le pays s'est ouvert au tourisme au début des années 1990, il avait surtout l'image d'une nation déchirée par la guerre. Depuis, les Vietnamiens ont beaucoup accompli pour se débarrasser de cette étiquette. Si les réseaux routier et ferroviaire nécessitent toujours une modernisation, les aéroports et Vietnam Airlines, la compagnie aérienne nationale, offrent un service de haut niveau.

L'activité touristique a augmenté de près de 20 % chaque année (avec un ralentissement à partir de 2008) ; aujourd'hui, des millions d'étrangers viennent au Vietnam pour ses monuments historiques, ses plages de sable, sa cuisine sophistiquée et la chaleur du peuple vietnamien. Cet afflux a eu pour autre effet positif de revitaliser la culture traditionnelle, notamment la musique, la danse et le théâtre. On célèbre par exemple de nouveau des fêtes anciennes.

Pavillon Hien Lam Cac de la citadelle de Hué, l'une des principales attractions touristiques du pays ***(p. 140)***

Paysages, faune et flore

Orchidée papillon

Avec de hautes montagnes au nord, deux immenses deltas séparés par dix degrés de latitude et, entre les deux, d'étroites plaines côtières et de hauts plateaux, le Vietnam est l'un des pays d'Asie abritant la plus grande diversité d'habitats écologiques. Les amoureux de la nature apprécieront les vastes parcs nationaux du Nord et la richesse de leur faune et de leur flore *(p. 201)*. C'est toutefois le delta du Mékong qui se prête le mieux à l'observation des oiseaux, migrateurs ou indigènes *(p. 97)*. Au large, plusieurs îles recèlent de somptueux récifs de corail *(p. 190)*.

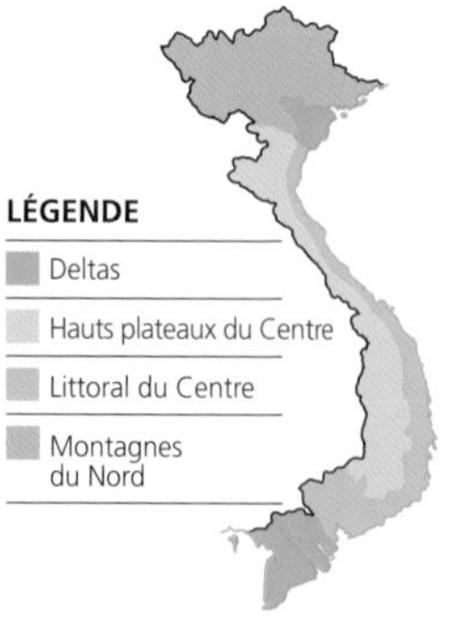

DELTAS

Les riches plaines alluviales des embouchures du fleuve Rouge et du Mékong forment respectivement le cœur du Vietnam du Nord et du Vietnam du Sud. La majeure partie du riz produit dans le pays en provient. Le delta du Mékong conserve des marais et des forêts de mangrove à la faune abondante. Celui du fleuve Rouge est presque entièrement dédié à l'agriculture.

Les mangliers *se distinguent par leurs racines aériennes, qui offrent un environnement protégé à de nombreux poissons, oiseaux et reptiles.*

La grue antigone, *menacée de disparition, ne subsiste pratiquement plus que dans les prairies du delta du Mékong. La plus grande colonie de cet échassier vit dans la réserve ornithologique de Tam Nong* (p. 90).

Le crotale des bambous à gros yeux *est un petit prédateur arboricole et venimeux qui se nourrit de rongeurs, de lézards et d'oiseaux.*

HAUTS PLATEAUX DU CENTRE

La partie sud de la cordillère de Truong Son constitue au centre du pays une longue arête orientée nord-sud. Elle culmine à l'ouest à plus de 2000 m et s'étage à l'est en vastes plateaux. Café, thé et hévéa sont cultivés dans la région volcanique de Pleiku et Kontum. En altitude, des jungles abritent de nombreuses espèces végétales et animales.

Les éléphants d'Asie, *jadis très utilisés en forêt, deviennent de plus en plus rares. Certains restent sauvages dans le parc national de Yok Don* (p. 118).

Le paulownia, *un arbre à feuilles caduques du Vietnam et de la Chine méridionale, se couvre de grandes fleurs violettes au début du printemps.*

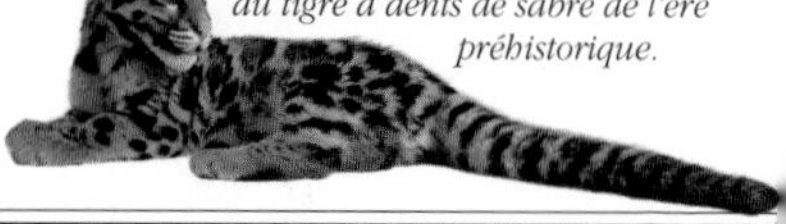

La panthère longibande *possède une queue touffue presque aussi longue que son corps. Elle est apparentée au tigre à dents de sabre de l'ère préhistorique.*

PAPILLONS DU VIETNAM

Depuis les somptueux géants, qui exhibent leurs larges ailes sur les azalées des jardins publics, jusqu'aux joyaux multicolores qui volettent en nuages dans le parc national de Cuc Phuong *(p. 193)* en avril et en mai, les papillons comptent parmi les attraits du Vietnam. Plus de 300 espèces ont été répertoriées dans le parc national de Tam Dao *(p. 200)*, dans le Nord. Le décompte s'élève à plus de 440 dans la réserve de la biosphère à Cat Tien *(p. 77)*. Leurs noms scientifiques rendent rarement hommage à la beauté de ces lépidoptères, contrairement aux surnoms plus évocateurs tels « Reine de la jungle » ou « Jésabel rouge ».

Papilio palinurus

Cethosia biblis

Junonia almana

Delias pasithoe

LITTORAL DU CENTRE

Au pied des hauts plateaux du Centre, une très longue bande étroite de terrain plat s'étend le long des eaux de la mer de Chine méridionale. Elle ne possède pas la fertilité des deltas, mais renferme de splendides plages, en particulier dans la région de Nha Trang *(p. 108-111)*, où Cau Da abrite un Institut océanographique.

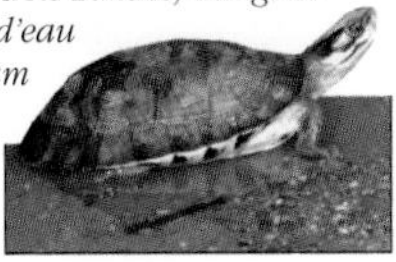

La tortue-boîte à trois bandes, *indigène des voies d'eau du Vietnam du Nord et du Centre, est en voie de disparition.*

Le martin chasseur de Smyrne *a environ deux fois la taille d'un martin-pêcheur commun. Il signale sa présence d'un cri perçant. Son grand bec rouge, ses ailes et sa queue d'un bleu vif le rendent aisé à identifier.*

Le cocotier *pousse partout. Il fournit des fruits comestibles, mais aussi du bois d'œuvre, des palmes servant à la confection de toitures et des fibres utilisées en vannerie et pour garnir les matelas.*

MONTAGNES DU NORD

Les monts enserrant sur trois côtés le delta du fleuve Rouge dressent des pics dentelés au-dessus de longues vallées. Cette partie est la plus inaccessible du pays. Les pentes boisées du Nord-Ouest ont longtemps constitué une réserve naturelle, mais l'ouverture de nouvelles routes, l'exploitation forestière et l'essor de la population menacent la beauté de la région.

Le rhododendron campanulatum *pousse sur les pentes pierreuses les plus hautes de la cordillère Truong Son. Ses jolies fleurs sont toxiques.*

L'ours noir d'Asie, *devenu rare au Vietnam, est un omnivore nocturne, reconnaissable à la tache blanche en forme de V sur sa poitrine, qui tranche avec le noir de sa fourrure.*

Le macaque brun, *un robuste primate présent surtout dans le Nord, peut peser jusqu'à 10 kg et vivre plus de 30 ans.*

Peuples du Vietnam

Hotte en bambou tressé

Les quelque 91 millions d'habitants du pays appartiennent à 54 groupes ethniques officiellement reconnus. Le plus important, celui des Viets (ou Kinh), originaires du Sud de la Chine, représente 86 % de la population. Il partage les plaines côtières et les deltas du fleuve Rouge et du Mékong avec les Khmers, les Cham et les Hoa chinois. Les autres minorités vivent éparpillées dans les montagnes où elles conservent coutumes, costumes et langues. Les peuples du Nord comme les Thaïs et les Hmong ont pour la plupart migré depuis la Chine ; ceux des hauts plateaux du Centre sont autochtones.

Jeunes mariés viets en *ao dai*, le costume traditionnel

Les Khmers *d'origine cambodgienne entretiennent de nombreuses traditions, comme le Prathom Sva Pol, la danse du Singe exécutée pour la fête d'Ok Om Bok* (p. 33). *Vêtus de masques, les danseurs imitent un comportement simiesque.*

Chez les Bahnar *des hauts plateaux du Centre, la maison commune, ou* nha rong, *est le centre des activités culturelles. Des festivités marquent l'inauguration de ces édifices aux hauts toits de chaume caractéristiques.*

Des porte-bébés permettent aux mères d'emmener leurs enfants en bas âge partout avec elles.

DISTRIBUTION DES GROUPES ETHNIQUES

LÉGENDE

- **1** Khmers
- **2** Cham Balamon
- **3** Cham Bani
- **4** K'Ho/Lat
- **5** Ede/Rhade
- **6** Jarai
- **7** Bahnar
- **8** Mnong
- **9** Bru
- **10** Muong
- **11** Thaïs noirs
- **12** Hmong fleurs
- **13** Dao rouges

Les Viets (ou Kinh) constituent environ 86 % de la population.

Les Cham musulmans, *ou Cham bani, suivent une forme locale du rite chiite. Les prières du vendredi sont psalmodiées par un groupe d'environ 50 officiants coiffés d'un turban cérémoniel sur leur crâne rasé.*

Les Bru *appartiennent au groupe des Môn-Khmers. Ils habitent les hauts plateaux centraux et pratiquent la culture en rizières inondées. Une musique entraînante accompagne leurs cérémonies. Adultes et enfants ont l'habitude de fumer la pipe.*

Les Mnong, *jadis réputés pour la capture et la domestication des éléphants, aiment se réunir pour fumer la pipe à eau. Ils forment une société matrilinéaire où les hommes comme les femmes pratiquent la vannerie, l'impression sur tissu et la fabrication de bijoux.*

Les Thaïes noires portent un turban noir orné de broderies de couleurs vives.

La tenue favorite des Thaïes est une étroite jupe droite tenue par une ceinture aux couleurs vives sur une tunique ajustée.

COMMUNAUTÉ DES THAÏS

La minorité thaïe, la deuxième du Vietnam par le nombre, est divisée en sous-groupes nommés d'après la couleur dominante de leurs vêtements, ainsi qu'en fonction de leurs premières implantations au bord du fleuve Rouge et de la rivière Noire. Le plus prospère est celui des Thaïs noirs, des agriculteurs exploitant des rizières fertiles dans les hautes terres du Nord-Ouest. Ils accordent une grande importance à l'éducation, tout en restant fidèles à leur héritage culturel, et conservent leurs rites animistes. Leurs chants et danses traditionnels ont traversé les siècles.

Les Hmong fleurs *se distinguent par la beauté de leurs costumes aux parures multicolores. Les femmes consacrent une grande part de leur temps à confectionner des broderies pour lesquelles elles sont réputées* (p. 198-199).

Les Dao rouges, *un sous-groupe d'une minorité du Vietnam du Nord, doivent leur nom au turban rouge porté par les femmes. Celles-ci ont pour coutume de se raser les cheveux et les sourcils. Très entreprenants, les Dao vivent de l'agriculture, du tissage et de la fabrication de papier. Ils possèdent un riche patrimoine littéraire rédigé dans une variante de l'écriture chinoise.*

Les Muong *sont à juste titre renommés pour leurs talents de tisserands. En général, ils travaillent dans l'espace ombragé aménagé sous leurs maisons sur pilotis.*

Religions du Vietnam

Le symbole du yin et du yang

Les principales traditions religieuses des Vietnamiens sont le bouddhisme, le taoïsme et le confucianisme, appelés collectivement le Tam Giao, soit les « Trois Enseignements » ou la « Triple Religion ». Au quotidien, les Vietnamiens rendent aussi un culte aux esprits de la terre et du ciel, aux ancêtres et aux héros patriotiques déifiés. Le caodaïsme est une doctrine syncrétiste apparue au XXe siècle dans le Sud. Le pays compte aussi une importante population de chrétiens et quelques dizaines de milliers d'hindouistes et de musulmans, appartenant à l'ethnie cham.

Confucius, Bouddha et Lao-tseu, trois grands maîtres à penser

TAM GIAO

Le bouddhisme Mahayana, né en Inde du Nord, est étroitement lié, dans la pratique rituelle, au confucianisme et au taoïsme, deux pensées philosophiques originaires de Chine. Il existe aussi des adeptes du bouddhisme Theravada chez les Khmers du delta du Mékong.

Les boddhisattvas *du culte Mahayana comprennent Dai The Chi Bo Tat, divinité de la puissance, Thich Ca, le Bouddha historique, et Quan Am, déesse de la miséricorde.*

Le bouddhisme Theravada, *qui se veut plus fidèle à l'origine de la doctrine, s'est répandu dans le Sud depuis l'Inde. Les moines portent des robes safran et psalmodient les écritures du* Tripitika, *le recueil des textes canoniques.*

Brûler de l'encens *n'est plus réservé aux rites bouddhiques, mais se pratique aussi dans le cadre du Tam Giao, du culte des ancêtres, du caodaïsme et même du catholicisme.*

Le sage chinois Confucius *(551-479 av. J.-C.) loua les vertus de l'étude et édicta un code moral prônant la loyauté à l'État et à la famille. Le confucianisme est à l'origine d'une hiérarchie complexe dans les familles vietnamiennes – le respect, l'entraide et la soumission sont dus même aux cousins les plus éloignés.*

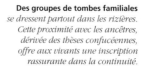

Des groupes de tombes familiales *se dressent partout dans les rizières. Cette proximité avec les ancêtres, dérivée des thèses confucéennes, offre aux vivants une inscription rassurante dans la continuité.*

Lao-tseu *(ou Laozi), un philosophe chinois du VIe siècle av. J.-C., prôna une vie en harmonie avec le Tao, l'« essence de l'univers » présente en toutes choses, qu'elles soient vivantes ou inertes, et qui fournit à l'homme une morale transcendant les mots.*

CAODAÏSME

Fondée au XXe siècle par un fonctionnaire, Ngo Van Chieu, la religion du Cao Dai, l'Être suprême, interprète des aspects du Tam Giao. Ses fondements incluent la croyance en des « agents divins » qui communiquent avec des médiums durant des séances de spiritisme. Son panthéon comprend des personnalités comme Jeanne d'Arc, Louis Pasteur et Charlie Chaplin. Cette religion compte environ 3 millions de fidèles.

Les prêtres *portent des robes jaunes, bleues ou rouges symbolisant le bouddhisme, le taoïsme et le confucianisme. Leurs mitres arborent l'œil divin.*

Les offices *organisés au Saint-Siège* (p. 74-75) *sont très colorés ; les couleurs des costumes des officiants répondent à celles des piliers où s'enroulent des dragons.*

L'œil divin omniscient *apparut à Ngo Van Chieu lors d'une vision. Représenté à l'intérieur d'un triangle, il est devenu l'icône du caodaïsme, partout visible dans les temples.*

CULTE DES ANCÊTRES ET ANIMISME

Tous les Vietnamiens possèdent un autel domestique où ils rendent hommage à leurs ascendants et aux esprits du ciel et de la terre. Le culte des ancêtres est un apport de la culture chinoise, tandis que l'animisme est une tradition propre au Sud-Est asiatique. Le bouddhisme et le confucianisme désapprouvent officiellement cette dernière sans avoir jamais réussi à en éradiquer la pratique.

Des tablettes ancestrales *occupent une place de choix sur les autels domestiques comme sur ceux des temples. Elles comportent une image et une description du défunt. Bâtonnets d'encens, fruits, fleurs, thé et même cigarettes et alcool sont déposés en offrande.*

L'argent des morts, *souvent de faux billets en dollars, rejoint le monde des esprits en brûlant avec les répliques en papier d'objets utilitaires tels que voitures, téléviseurs et maisons.*

L'animisme *repose sur la croyance en la présence d'esprits dans des objets ou des espaces naturels comme des rochers ou des champs. Pour s'attirer leurs bonnes grâces, les Vietnamiens leur construisent de jolies petites maisons très colorées.*

AUTRES RELIGIONS

La diversité ethnique du Vietnam a engendré un éventail éclectique de croyances. Le pays, où les premiers missionnaires européens arrivèrent dès le XVIe siècle, abrite environ 9 millions de chrétiens, dont plus de 90 % sont catholiques. La secte Hoa Hao, fondée en 1939, s'est développée dans le delta du Mékong. Elle prône une vision ascétique du bouddhisme. Malgré son interdiction par les communistes de 1975 à 1999, elle compte 1,5 million de fidèles. Également dans le delta du Mékong, les Cham pratiquent une déclinaison du rite musulman et sur le littoral central, une variante de l'hindouisme.

Des cathédrales et des églises *accueillent les congrégations chrétiennes dans tout le pays.*

Musique et théâtre traditionnels

Flûtes en bambou

Les arts vivants puisent au Vietnam dans un riche patrimoine aux origines à la fois locales et étrangères. Le répertoire musical, qui joue un grand rôle dans les différentes formes théâtrales, comprend des chansons populaires, de la musique classique, des compositions impériales et les mélodies accompagnant les cours amoureuses dans les différentes minorités ethniques. Ces traditions culturelles sont très importantes dans toutes les fêtes.

Musicien jouant du dan bau, un instrument à une seule corde

MUSIQUE AU VIETNAM

Le Vietnam possède plusieurs grandes formes de musique traditionnelle : musique de cour, musique religieuse et cérémonielle, musique de chambre, musique populaire et musique de théâtre. L'opéra chinois et les rythmes indiens, qui transitèrent par l'Empire cham, sont l'une des principales influences étrangères d'avant la colonisation. La gamme est pentatonique, c'est-à-dire composée de cinq notes et non de huit comme en Occident.

Le quan ho, *sorte de joute chantée apparue au XIIIe siècle, joue un rôle de premier plan dans les fêtes de printemps de la province de Bac Ninh. Hommes et femmes, jeunes ou âgés, se répondent selon un rituel qui peut conduire à l'établissement d'un lien fraternel.*

Le hat chau van *est une forme d'art incantatoire apparue au XVIe siècle dans le delta du fleuve Rouge. Chants et danses visent à créer un état de transe chez une personne que l'on pense coupée de l'espace spirituel.*

Le dan day, un luth rectangulaire à long manche, possède trois cordes.

Le trong de est un tambour frappé avec une baguette.

Le phach, en bois, ressemble à des castagnettes.

Le ca tru, *ou « chant des professionnelles »* (hat a dao), *est interprété par un trio mené par une chanteuse qui s'accompagne au* phach. *Cet art s'est développé au XVe siècle, mais a connu une baisse de popularité pendant l'ère communiste. Il profite aujourd'hui de la valorisation du patrimoine culturel.*

Le nhac tai tu, *lié au théâtre* cai luong, *évoque la musique de chambre. Les instruments ci-dessus comprennent, de gauche à droite, la cithare à seize cordes appelée* dan tranh, *le* dan nguyet *et la flûte.*

INSTRUMENTS DE MUSIQUE

La musique traditionnelle tire parti d'une large gamme d'instruments fabriqués avec des matériaux naturels comme le bois, la corne, le bambou, la pierre et le roseau. Les plus répandus sont le *dan bau,* dont la corde unique tendue sur une caisse de résonance est pincée avec un bâtonnet, le *dan nguyet*, un luth en croissant de lune utilisé depuis le XIe siècle, le *dan trung*, un xylophone en bambou, le *broh*, un luth en bambou à deux cordes, le *dan ty ba*, une guitare en forme de poire, et différents gongs *(cong chien)* et tambours *(trong)*.

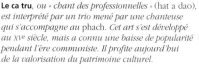

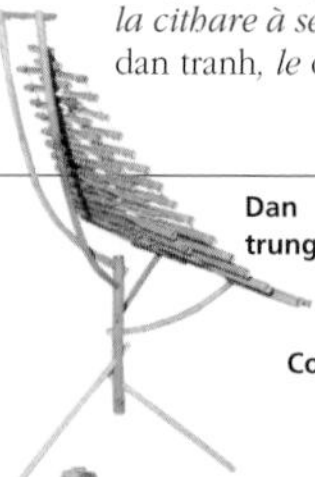

Dan trung

Cong chien

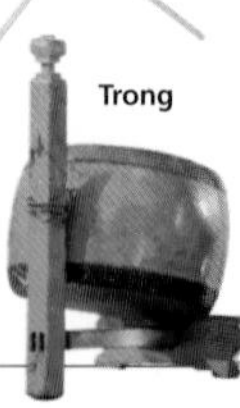

Trong

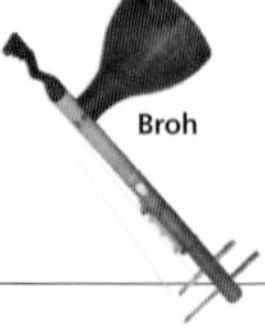

Broh

STYLES DE THÉÂTRE

Au Vietnam, les arts de la scène associent toujours musique, danse et chant. Leur style dépend du public visé. Le *cheo* est une forme de théâtre populaire où les personnages échangent en permanence avec la foule. Traitant principalement du Bien et du Mal, il servait de vecteur d'éducation morale dans les communautés rurales. Les spectacles de *roi nuoc* (marionnettes sur eau) marquent la fin de la saison des récoltes. Plus classique, le *tuong*, ou *hat boi*, est à l'origine un théâtre de Cour. Le *cai luong* en est une déclinaison modernisée à l'intention de citadins éduqués.

Le roi nuoc *d'origine chinoise utilise un plan d'eau comme espace scénique* (p. 159). *Des marionnettes, dont les manipulateurs sont dissimulés, illustrent en musique des intrigues tirées du folklore, de la mythologie, de l'Histoire et de la vie quotidienne.*

Le tuong (hat boi), *influencé par l'opéra chinois, utilise une gestuelle stylisée pour évoquer émotions et caractères. Les sujets basés sur la lutte du Bien contre le Mal célèbrent les valeurs confucéennes du courage, de la loyauté envers le roi et de la piété filiale.*

Le maquillage des acteurs du tuong, *un art régi par de nombreuses conventions, contribue à définir un personnage. Ainsi, un visage rouge symbolise la loyauté et le courage, tandis que le blanc représente la cruauté et la scélératesse.*

Le cai luong (théâtre réformé) *s'est développé dans le Sud au début du XXe siècle et incorpore des scènes parlées inspirées du théâtre français. Moins stylisé que le théâtre traditionnel, il aborde des thèmes de société comme la corruption, l'alcoolisme et le jeu.*

Le cheo (théâtre populaire) *est né dans les rizières du delta du fleuve Rouge. Le public participe activement aux représentations organisées en général devant la maison commune. Elles associent chant, danse, poésie et improvisation.*

Acteurs en costumes de cour, Hué

MUSIQUE ET DANSE ROYALES

Au Vietnam, les arts royaux avaient pour fleuron une forme musicale développée à la cour impériale de Chine. Introduit au XIIIe siècle, le *nha nhac*, ou « musique élégante », atteignit son apogée sous la dynastie des Nguyen *(p. 41)*. Indispensables à toute procession rituelle, des musiciens et des danseurs se produisaient lors de cérémonies comme les couronnements et les funérailles, ainsi que pour des célébrations religieuses et certaines manifestations spéciales. Oublié après la chute de la monarchie, le *nha nhac* est revenu en 1996 au programme de l'université des arts de Hué. L'Unesco l'a reconnu en 2003 comme un chef-d'œuvre du patrimoine mondial culturel et immatériel.

Danseuses traditionnelles

Architecture

Les périodes d'occupation qui ont jalonné la longue histoire du Vietnam expliquent la variété de ses styles architecturaux. À côté d'édifices propres au pays comme les « maisons-tubes » et les pagodes sans étage se dressent des bâtiments montrant une influence étrangère. La culture cham a marqué les constructions anciennes du littoral central ; les pagodes incorporent souvent des éléments chinois, en particulier à Hanoi et à Hué. Enfin, de nombreux édifices coloniaux rappellent la présence française.

Cloche de la pagode Quan Cong, à Hoi An

Maison-tube de Diep Dong Nguyen, Hoi An

PAGODES

Les pagodes vietnamiennes ne comportent généralement qu'un seul niveau. Des piliers en bois soutiennent une charpente élaborée dont les avant-toits s'incurvent aux angles. Une double épaisseur de tuiles forme la couverture. À l'intérieur, un vestibule, une salle centrale et le sanctuaire de l'autel principal s'étagent en paliers ascendants. Un étang sacré, un clocher et un jardin complètent le tout. Le décor au symbolisme complexe intègre des caractères chinois.

La pagode au Pilier unique de Hanoi, *bâtie au milieu d'un bassin pour évoquer une fleur de lotus, se dressait à l'origine sur un piloti en bois. Partiellement détruite par un incendie en 1954, elle repose désormais sur une colonne de béton.*

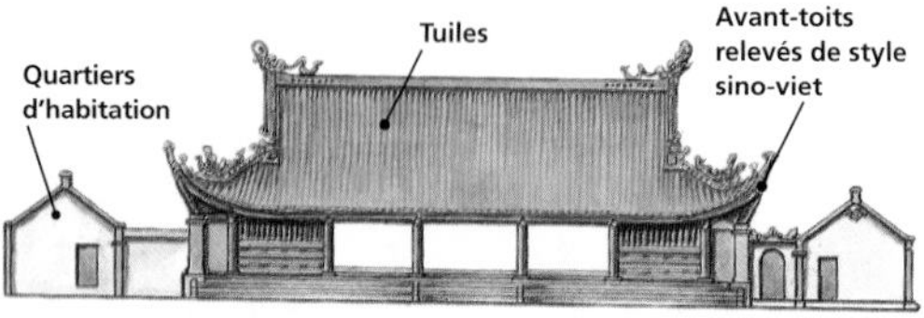

La pagode Thay de Hanoi *repose sur une plate-forme en pierre. Des piliers en bois de fer supportent tout le poids du bâtiment. Le toit pentu arbore des avant-toits ornés de dragons. Des grilles en bois tourné laissent circuler l'air.*

La pagode Tran Quoc de Hanoi *offre un bon exemple d'une pagode sans étage construite autour de stupas en brique. Fondée par l'empereur Ly Nam De au VIe siècle, elle serait la plus ancienne du Vietnam. Elle bordait à l'origine le fleuve Rouge, mais l'érosion a imposé son déménagement sur son site actuel, Ho Tay* (p. 168).

Le than long, *ou dragon, joue un grand rôle dans l'ornementation des pagodes et des temples. Les mythologies vietnamienne et chinoise l'associent au pouvoir impérial, à la prospérité, à la longévité et à la chance.*

Les pagodes à étages *issues de la tradition chinoise possèdent presque toujours un sommet pointu et des toits de tuiles.*

CITADELLES ROYALES

Les imposantes citadelles vietnamiennes avaient pour fonction d'assurer la défense de leurs occupants en les protégeant des attaques, concrètes ou spirituelles. Elles suivent les règles du feng shui chinois, et d'épais murs carrés en pierre soutiennent des infrastructures crénelées. L'architecture militaire évolua sous l'influence française, et des fossés, des tours, des remparts et des bastions pentagonaux vinrent compléter les fortifications.

La porte Hien Nhon de la citadelle de Hué *conjugue la rigueur militaire française et le goût du décor asiatique. Les tourelles ouvragées de style chinois dominent une plate-forme offrant aux soldats une position de tir privilégiée.*

La porte Ngo Mon de la citadelle de Hué, *aux épais murs de pierre, obéit aux principes du feng shui. Elle comporte cinq ouvertures. Seul l'empereur empruntait l'entrée centrale, encadrée de deux passages pour les mandarins de sa Cour.*

ARCHITECTURE FRANÇAISE

Future capitale de la colonie d'Indochine, Hanoi changea de visage au XIXe siècle avec la construction de villas inspirées des stations de villégiature françaises, de bâtiments administratifs haussmanniens et même d'une cathédrale néogothique.

Persiennes
Portail en fer forgé

La maison d'hôtes nationale de Hanoi, *ancienne résidence supérieure du Tonkin, affiche derrière ses grilles en fer forgé un aspect néoclassique typiquement français.*

Le Palais présidentiel de Hanoi, *de style néo-Renaissance, présente un parfait exemple d'architecture coloniale avec son escalier monumental. Construit entre 1900 et 1906 pour le gouverneur général d'Indochine, il se dresse au milieu de vastes jardins et vergers.*

LES MAISONS-TUBES ET LEUR DÉCLINAISON ACTUELLE

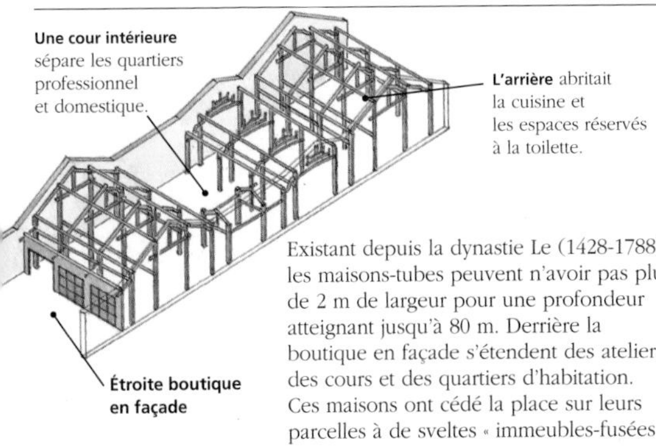
Une cour intérieure sépare les quartiers professionnel et domestique.
L'arrière abritait la cuisine et les espaces réservés à la toilette.
Étroite boutique en façade

Existant depuis la dynastie Le (1428-1788), les maisons-tubes peuvent n'avoir pas plus de 2 m de largeur pour une profondeur atteignant jusqu'à 80 m. Derrière la boutique en façade s'étendent des ateliers, des cours et des quartiers d'habitation. Ces maisons ont cédé la place sur leurs parcelles à de sveltes « immeubles-fusées ».

Rangée d'« immeubles-fusées » modernes à Hanoi

Têt Nguyen Dan

Masque de Têt

La célébration la plus importante de l'année, le Têt Nguyen Dan, ou « fête du Premier Matin », marque le début du nouvel an lunaire. À l'entrée du printemps, cette fête du renouveau offre l'occasion de rendre hommage aux ancêtres et d'accomplir les rituels favorables à l'année qui commence. Les préparatifs débutent une semaine avant le jour du Têt : tout le monde règle ses dettes, nettoie les tombes familiales, décore sa maison de fleurs de pêcher ou de kumquats et fait des offrandes à l'empereur de Jade *(p. 62-63)*. Trois jours fériés permettent aux familles de se réunir pour festoyer et échanger vœux et cadeaux.

Traditionnellement, des kumquats décorent les maisons du Sud

CULTE DES ANCÊTRES

Le respect dont témoignent les Vietnamiens envers leurs aïeux s'exprime intensément le jour du Têt, où les âmes des morts sont supposées rendre visite aux vivants. Prières, mets spéciaux et offrandes d'objets symboliques en papier font partie des attentions à leur égard.

Des étals de fleurs *parent de couleurs vives les rues et les marchés. Des branches de pêcher en fleur, symbole de prospérité et de bien-être, servent à décorer les maisons, les commerces et les temples.*

Sur l'autel domestique *présent dans pratiquement tous les foyers, des offrandes d'encens, de fleurs, de fruits, de riz et d'alcool sont disposées devant les photos des ancêtres de la famille et des tablettes portant leurs noms.*

Des bâtons d'encens *de toutes tailles sont fabriqués dans les villages et mis à sécher au soleil avant d'être vendus en ville. Leur fumée parfumée, en s'élevant jusqu'aux cieux, invitera les âmes des disparus à se joindre aux célébrations d'ici-bas.*

Des tombes en plein champ *n'ont rien d'exceptionnel au Vietnam. Pour le Têt, la famille les nettoie et fait de nombreuses offrandes pour s'assurer que les esprits des défunts sont en paix.*

CUISINE DE FÊTE

Les retrouvailles familiales ne sauraient être complètes sans la dégustation de mets de choix. Certaines familles économisent toute l'année pour se permettre ce festin où porc, canard, poulet et soupes figurent au menu, accompagnés de monceaux de riz gluant. Après le repas, les convives se rafraîchissent avec des fruits du dragon *(pitayas)* ou de la pastèque à la chair rouge, couleur de bon augure.

Les friandises traditionnelles du Têt *– fruits confits, noix de coco, gâteaux de riz gluant aux fèves, graines de lotus et gingembre confit – envahissent les étals des marchés la semaine précédant le Têt.*

Le banh chung et le banh tet *comptent parmi les gourmandises indispensables à la fête. Ces gâteaux de riz gluant, de pâte de baricot mungo et de lard cuisent dans des feuilles de bananier liées par des rubans de bambou.*

Banh tet en cours de confection

FESTIVITÉS DU TÊT

Déconsidérées pendant les années d'austérité communiste, les activités ludiques associées à la célébration du nouvel an lunaire sont à nouveau populaires. Des villages entiers se retrouvent pour jouer de la musique, chanter, danser, défiler et participer à des jeux en vogue depuis des siècles. Les jeunes gens profitent de l'occasion pour faire des rencontres et flirter.

Les parties d'échecs humains *n'ont lieu qu'à l'occasion du Têt. Les participants qui tiennent le rôle des pièces du jeu doivent être jeunes, beaux, et n'avoir pas récemment souffert de la malchance.*

Le bit mat dap nieu *est un jeu traditionnel qui consiste à essayer de briser des pots en terre à coups de bâton, malgré un masque faisant office de bandeau.*

La danse du dragon *est une coutume séculaire d'origine chinoise. Au son de tambours, de jeunes hommes donnent une vie frénétique à l'animal mythologique. Celui-ci symbolise la chance, et sa parade est censée chasser les démons de l'année qui vient de s'écouler.*

Faux pétard porté en procession

PÉTARDS

Les fêtes du Têt donnaient jadis lieu à l'explosion de milliers de pétards dont le bruit chassait les mauvais esprits. Ils sont interdits au Vietnam depuis 1994 pour des raisons de sécurité. Depuis que les enregistrements qui les avaient remplacés ont été à leur tour prohibés, des processions tentent de remplir leur fonction.

LE VIETNAM AU JOUR LE JOUR

Liées aux traditions culturelles chinoises, les fêtes bouddhiques, confucéennes et taoïstes suivent le calendrier lunaire, dont les mois ne comptent que 29 jours et demi, tandis que les dates des fêtes chrétiennes et civiles respectent le calendrier solaire occidental. Beaucoup de jours fériés commémorent des événements de l'histoire récente du pays, comme la naissance de Hô Chi Minh, le père de l'Indépendance. La libéralisation en œuvre depuis plus de 20 ans a remis en vogue d'anciennes célébrations. Elles donnent lieu à des cérémonies en l'honneur des ancêtres, à des processions, des repas, des chants et des danses. Il existe aussi beaucoup de fêtes locales, en particulier dans le delta du fleuve Rouge. Elles sont souvent dédiées à des génies tutélaires. Les peuples montagnards du Nord, les Cham et les Khmers du Sud possèdent leurs propres festivités.

Branches de pêcher en fleur pour le Têt

PRINTEMPS (FÉV.-AVR.)

La saison du renouveau est la plus animée de l'année. Les célébrations du Têt *(p. 28-29)*, le nouvel an lunaire, marquent le début d'une longue période de réjouissances.

1er MOIS LUNAIRE

Têt Nguyen Dan *(fin janv.-déb. fév.)*. Pour le nouvel an lunaire, la célébration la plus importante du calendrier vietnamien, des illuminations et des fleurs décorent les rues, des éventaires vendent des mets traditionnels et les familles échangent des cadeaux et font bonne chère. Trois jours seulement sont fériés, mais beaucoup d'entreprises ferment pour une semaine.

Fondation du parti communiste vietnamien *(3 fév.)*. Anniversaire de la création du parti par Hô Chi Minh en 1930.

Fête des Tay Son *(déb. fév.)*, district de Tay Son, province de Binh Dinh. Le temps d'un week-end, parades d'éléphants, concours de tambours et démonstrations d'arts martiaux commémorent une rébellion du XVIIIe siècle.

Fête du Yên Tu *(mi-fév.-fin avr.)*, mont Yên Tu *(p. 185)*. En l'honneur de la secte bouddhiste Truc Lam, des milliers de pèlerins montent à pied jusqu'aux pagodes du sommet de la montagne pour y méditer.

Festival de Lim *(mi-fév.)*, village de Lim, province de Bac Ninh. Quatorze jours après la fête du Têt, des groupes de chanteurs et de chanteuses de *quan ho (p. 24)* venus de toute la région attirent à Lim une foule nombreuse. Combats de lutte et concours de tissage.

Éventaires de fleurs pour les fêtes du Têt

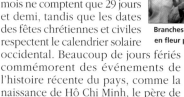

Chanteuses en costume traditionnel au festival de Lim

Fête de la pagode des Parfums *(fév.-mai)*. Pendant trois mois de célébrations religieuses, des milliers de pèlerins se rendent à la pagode des Parfums *(p. 192-193)* située dans un paysage montagnard si idyllique qu'il a été surnommé le « paradis de Bouddha ».

2e MOIS LUNAIRE

Fête de Hai Ba Trung *(déb. mars)*, Den Hai Ba Trung *(p. 163)*, Hanoi. Des dévots portent en procession les statues des sœurs Trung *(p. 38)* pour un bain rituel dans le fleuve Rouge.

Fête du temple de Ba Chua Kho *(mars)*, temple de Ba Chua Kho, Co Me, province de Bac Ninh. Afin d'obtenir bonheur et prospérité, les fidèles font des offrandes d'encens à la reine du Trésor et lui empruntent de l'argent symboliquement.

Plateaux d'offrandes à la reine du Trésor, temple de Ba Chua Kho

3e MOIS LUNAIRE

Fête de la pagode Thay *(5-7 avr.)*, pagode Thay, province de Ha Tay. On célèbre pendant deux jours Tu Dao Hanh, le protecteur des marionnettes sur eau.

Fête de Hon Chen *(déb. avr.)*, temple Hon Chen *(p. 148)*, Hué. Cette fête colorée d'origine cham a lieu deux fois par an, les 3e et 7e mois lunaires. Elle rend hommage à la déesse Thien Y A Na, la « Mère divine ».

Têt Thanh Minh *(déb. avr.)*. La fête de la Pure Clarté est consacrée aux défunts. Les familles réparent et nettoient les tombes, et font des offrandes aux esprits des ancêtres afin de leur apporter prospérité et bien-être dans l'au-delà.

Fête des temples des rois Hung *(avr.)*, temples des rois Hung *(p. 173)*, province de Phu Tho. Pendant trois jours, les rois considérés comme les fondateurs du premier État viet sont à l'honneur.

Nettoyage et décoration d'une petite tombe pour Thanh Minh

Les manifestations comprennent des jeux et la procession du lion. Des concours de chants *xoan* ont lieu au Den Ha et des représentations d'opéra sont données au Den Thong.

Fête de la Libération *(30 avr.)*. Anniversaire de la chute de Saigon en 1975.

ÉTÉ (MAI-JUIL.)

Outre le solstice d'été au début du mois de juin, les Vietnamiens célèbrent pendant la saison chaude et humide certaines de leurs fêtes nationales les plus importantes.

4e MOIS LUNAIRE

Fête du Travail *(1er mai)*. Impressionnants défilés de travailleurs.

Anniversaire de Hô Chi Minh *(19 mai)*. La commémoration de la naissance du fondateur de la République est presque religieuse, car Hô Chi Minh a acquis le statut de « héros national déifié ».

Phat Dan *(28 mai)*. Dans les maisons et les temples, des lanternes fêtent la naissance, l'illumination et la mort de Bouddha.

Festival du village de Tra Co *(30 mai-7 juin)*, district de Hai Ninh, province de Quang Ninh. Cette manifestation campagnarde, dans l'extrême Nord-Est du pays, comprend des concours de cuisine et de porcs, ainsi que des danses et des jeux traditionnels.

ASTROLOGIE VIETNAMIENNE

Le calendrier zodiacal repose sur des cycles de douze ans associés chacun à un animal. Plutôt qu'en siècles, les Vietnamiens calculent traditionnellement en *hoi*, périodes de 60 années lunaires, soit cinq cycles de 12 ans.

Le Cheval *(Ngo)*, 2014, symbolise l'assurance et la liberté.

La Chèvre *(Mui)*, 2015, a pour points forts la créativité et le bon goût.

Le Singe *(Than)*, 2016, débrouillard et facétieux, est le signe des inventeurs, des acteurs et des gens ingénieux.

Le Coq *(Dan)*, 2017, solide et courageux, peut aussi se révéler égoïste et prétentieux.

Le Chien *(Tuat)*, 2018, loyal et attachant, porte également chance.

Le Porc *(Hoi)*, 2019, est associé à l'honnêteté, à la patience et à la virilité.

Le Rat *(Ty)*, 2020, aimable et dégourdi, apporte la chance.

Le Buffle *(Suu)*, 2021, constant et fiable, possède une grande capacité de travail.

Le Tigre *(Dan)*, 2022, chaleureux bien qu'effrayant, se distingue par son courage.

Le Chat *(Meo)*, 2023, a un naturel paisible, réaliste, intelligent et artiste.

Le Dragon *(Thin)*, 2024, symbole impérial lié au yang, possède puissance et séduction.

Le Serpent *(Ty)*, 2025, énigmatique et sage, apprécie le confort.

Le dragon, symbole de royauté, orne de nombreux palais et tombeaux

Défilé à Hanoi le jour de la Fête nationale ou Quoc Khanh

5e MOIS LUNAIRE

Têt Doan Ngo *(déb. juin).* La fête taoïste du « Double Cinq » est au solstice d'été, moment jugé idéal par les Vietnamiens pour se débarrasser de leurs parasites, particulièrement virulents à cette période. Ils mangent des fruits et du riz gluant fermenté, et font des offrandes destinées à apaiser le dieu de la mort.

Fête du temple Chem *(mi-juin)*, village de Thuy Phuong, district de Tu Liem, Hanoi. Les célébrations rendent hommage à Ly Ong Trong, un grand guerrier du IIIe siècle. Elles comprennent une régate de bateaux-dragons, un lâcher de pigeons et la toilette rituelle des statues du sanctuaire.

6e MOIS LUNAIRE

Fête du village de Dad Xa *(9-10 juil.)*, district de Tam Thanh, province de Phu Tho. Commémoration de la victoire du général Ly Thuong Kiet en 1075.

Fête Tam Tong *(juil.)*, district de Vinh Loc, province de Thanh Hoa. Organisé en cas de sécheresse, cet appel aux cieux n'a pas de date fixe.

AUTOMNE (AOÛT-OCT.)

Il continue de faire chaud et humide dans le Sud, mais les feuilles changent de couleur dans le Nord, où le climat frais rend les fêtes d'autant plus agréables.

7e MOIS LUNAIRE

Fête de Hon Chen *(déb. août), (p. 31 et 148).*

Trung Nguyen *(mi-août).* Cette célébration taoïste, la plus importante avec le nouvel an, a un équivalent bouddhique : Vu Lan. En ce jour où les âmes errantes reviennent sur Terre, les vivants brûlent des imitations de billets et font des offrandes pour adoucir le sort de ces esprits torturés.

Fête du temple du Maréchal Le Van Duyet *(fin août-déb. sept.)*, Hô Chi Minh-Ville *(p. 64)*. Pour l'anniversaire de la mort d'un soldat au service de l'empereur Gia Long, devenu un héros national, les fidèles prient pour obtenir prospérité, sécurité et bonheur, et assistent à des spectacles d'opéra et de danse.

8e MOIS LUNAIRE

Fête nationale *(2 sept.).* Un défilé sur la place Ba Dinh de Hanoi commémore la proclamation de l'Indépendance et l'instauration de la République par Hô Chi Minh en 1945.

Combats de buffles à Do Son *(déb. sept.)*, Do Son, province de Haiphong. Six buffles spécialement entraînés sont conduits jusqu'à l'arène où ils s'affrontent deux à deux. Il suffit à un combattant de mettre son adversaire en fuite pour emporter une victoire qui ne le sauvera pas : tous les animaux sont sacrifiés et mangés à la fin de la journée.

Têt Trung Thu ou fête de la Mi-Automne *(mi-sept.).* Également appelé la « fête de la Lune des enfants », cette célébration donne aux plus jeunes l'opportunité de défiler en tenant des lanternes, de participer à la danse de la licorne, de recevoir des jouets et des masques et de

Gâteaux pour le Têt Trung Thu, la « fête de la Lune des enfants »

déguster, avec les adultes, des gâteaux confectionnés pour l'occasion.

Fête de la Baleine *(sept.).* Le culte de la baleine est une tradition khmère et cham. Des processions se retrouvent dans les églises où des offrandes sont faites.

Combats de buffles à Do Son, dans la province de Haiphong

Danseuses et musiciens célébrant le nouvel an cham

À Phan Thiet *(p. 106)*, la communauté chinoise y participe en organisant des parades dans la ville.
Kate *(sept.-oct.)*, tours de Po Klong Garai, Phan Rang-Thap Cham *(p. 107)*. Le nouvel an cham est la fête la plus importante de l'année pour la minorité hindoue. Accompagnés de musiciens, les participants forment une splendide procession pour grimper jusqu'aux tours afin de rendre hommage à leurs souverains et héros divinisés, et de demander à la déesse Po Ino Nagar de leur accorder de bonnes récoltes.

9e MOIS LUNAIRE

Fête de la pagode Keo *(mi-oct.)*, village de Vu Nhat, province de Thai Binh. L'anniversaire de la mort du moine bouddhiste Duong Khong Lo donne lieu à trois jours de manifestations (régates, concours de cuisine et de chasse au canard).
Anniversaire de Confucius *(fin oct. ou déb. nov.)*. Le confucianisme a perdu son rang de philosophie d'État sous les communistes, mais son inspirateur reste vénéré. Son anniversaire est considéré comme la fête des enseignants.

HIVER (NOV.-JANV.)

Un temps froid et pluvieux règne en hiver dans le Nord, région où sont nées la majeure partie des fêtes. La saison est donc moins riche en célébrations.

10e MOIS LUNAIRE

Fête d'Ok Om Bok et **régates de *ngo*** *(mi-nov.)*, Soc Trang *(p. 96)*. La fête khmère de l'Eau est dédiée au génie de la Lune. Les villageois déposent dans les temples des plateaux avec du riz, des bananes et de la noix de coco, dans l'espoir de récoltes et de pêche abondantes. Les courses de *ngo* (pirogues) attirent des participants d'autres régions et du Cambodge.
Fête du temple de Nguyen Trung Truc *(fin nov.)*, village de Long Kien, district de Cho Moi, province d'An Giang. Le sanctuaire est dédié au héros national déifié Nguyen Trung Truc (1837-1868), qui dirigea une révolte contre les Français dans le Sud-Vietnam. Les festivités comprennent des régates de pirogues, des parties d'échecs chinois et la reconstitution de la bataille sur le Nhat Tao, qui s'acheva par le sabordage du navire *Espérance*.

11e MOIS LUNAIRE

Fête des Fleurs de Dalat *(18 déc.)*, Dalat *(p. 114-116)*. Musique, danses, spectacles, exposition de lanternes et animations variées accompagnent ces floralies organisées sur les rives du lac Xuan Huong depuis 2004. La manifestation donne également lieu à une foire commerciale et touristique.
Fête Trung Do *(fin déc.)*. Cette fête rend hommage au patriote viet Ly Bon, qui dirigea un soulèvement victorieux contre les Chinois en 542 et se proclama empereur sous le nom de Li Nam De. Elle permet d'assister à des rencontres de *dan phet*, un jeu de balle en bois traditionnel.
Noël *(25 déc.)*. La date la plus importante du calendrier chrétien est surtout célébrée dans les grandes villes, où les rues et les vitrines se parent d'illuminations, de neige artificielle et de décorations scintillantes.

12e MOIS LUNAIRE

Nouvel an *(1er janv.)*. Le premier jour de l'année selon le calendrier occidental est férié au Vietnam. Mais même si le réveillon commence à devenir une occasion particulière de sortir pour les citadins, les réjouissances n'ont rien de comparable avec celles qui ont lieu pour le Têt dans tout le pays.

Étal de bâtonnets d'encens, de confiseries et d'argent des morts

JOURS FÉRIÉS

Nouvel an 1er janv.
Têt Nguyen Dan 30 janv.-4 fév. (2014).
Fondation du parti communiste 3 fév.
Fête de la Libération 30 avr.
Fête du Travail 1er mai.
Anniversaire de Hô Chi Minh 19 mai.
Fête des rois Hung 9 avr. (2014).
Fête nationale 2 sept.
Noël 25 déc.

Le climat du Vietnam

Le Vietnam bénéficie sur tout son territoire d'un climat tropical, mais des différences importantes se manifestent entre le Nord et le Sud, et entre le littoral et les reliefs. Normalement, les vents de mousson apportent des précipitations abondantes entre mai et octobre. La saison la plus chaude, de février à avril, peut se révéler pénible, avec des températures dépassant 35 °C et un taux d'humidité grimpant à 80 %. D'un point de vue régional, il fait en permanence chaud et humide dans le Sud, avec de fréquentes averses pendant la saison des pluies. La côte du Centre subit des typhons entre juillet et novembre, et les hivers y sont frais et pluvieux. Le Nord connaît des hivers froids et humides de novembre à mars, et il neige quelquefois sur le mont Fan Si Pan. Les étés sont chauds et pluvieux.

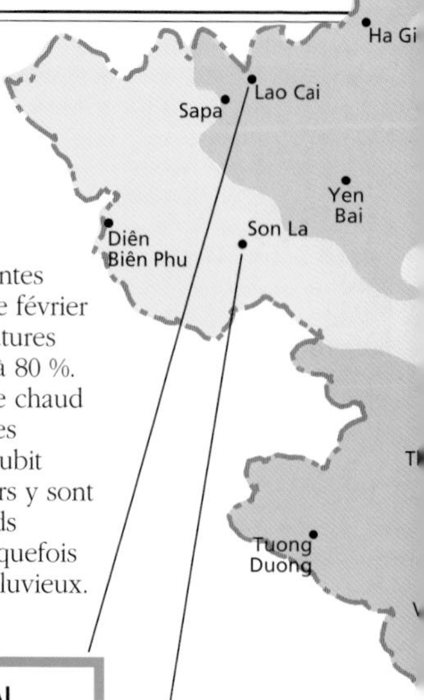

LÉGENDE

- Été très chaud et humide, hiver froid et sec avec quelques gelées
- Été tempéré et humide, hiver froid et pluvieux, neige en altitude
- Été frais et pluvieux, hiver vif et sec avec un peu de pluie
- Été chaud et humide, hiver frais avec quelques pluies
- Été très chaud et sec, hiver frais et pluvieux
- Climat sec et tempéré toute l'année avec une brève mousson d'hiver
- Été chaud et très pluvieux, hiver frais et sec
- Été très chaud et humide, hiver chaud et sec avec des averses
- Été très chaud et très pluvieux, hiver chaud et humide

0 200 km

LAO CAI

mois	avr.	juil.	oct.	janv.
°C max.	30	33	28	21
°C min.	23	25	20	13
soleil	5,2 h	4 h	4,5 h	4,7 h
pluie	52 mm	38 mm	81 mm	20 mm

SON LA

mois	avr.	juil.	oct.	janv.
°C max.	21	23	19	19
°C min.	13	18	13	5
soleil	5,8 h	3,8 h	5 h	4,3 h
pluie	279 mm	209 mm	38 mm	12 mm

CHAU DOC

mois	avr.	juil.	oct.	janv.
°C max.	35	32	30	31
°C min.	24	23	24	21
soleil	5 h	4 h	7 h	8 h
pluie	70 mm	190 mm	230 mm	10 mm

Marché flottant de Cai Rang au petit matin, Can Tho

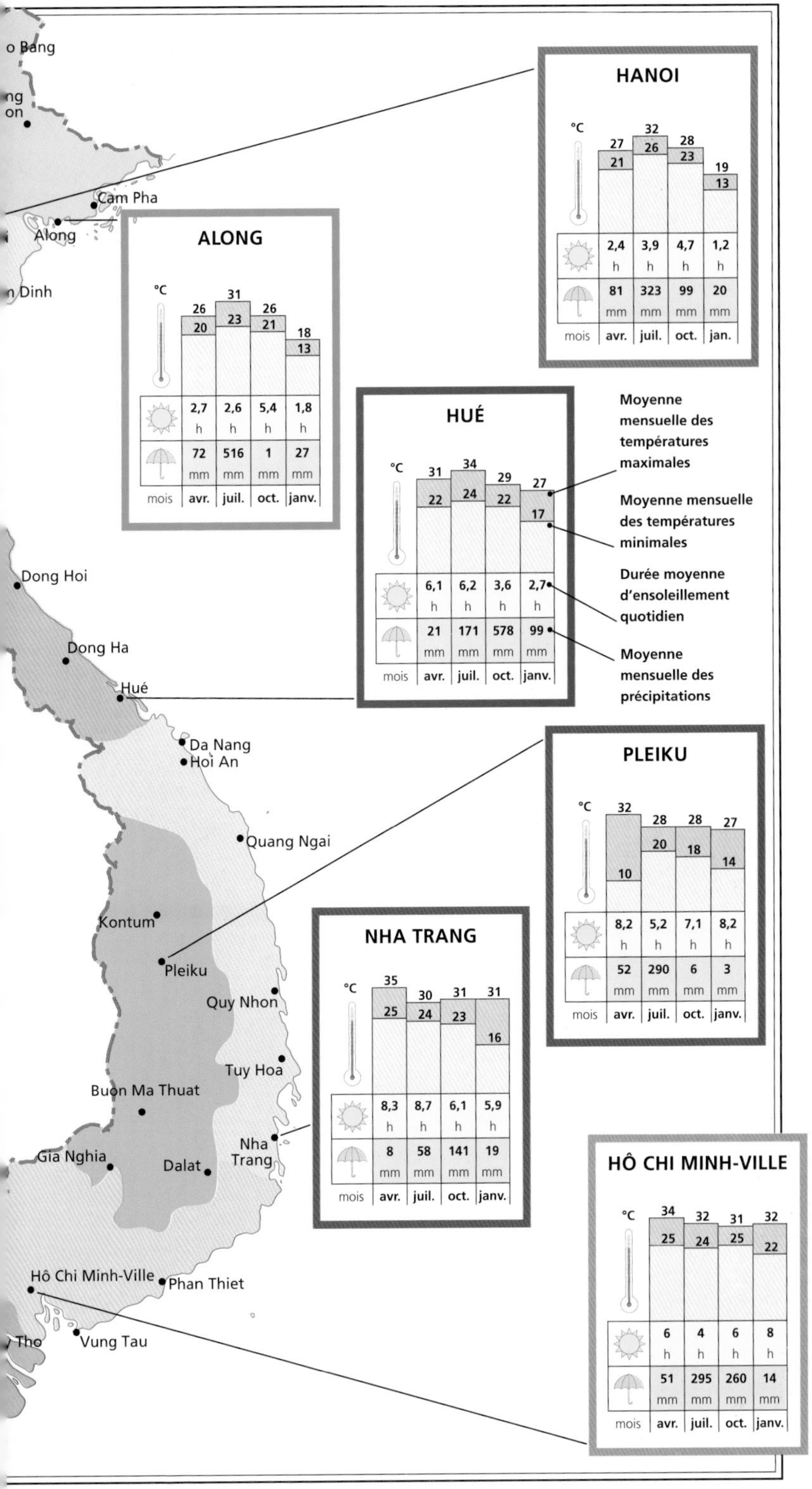
o Bang
ng
on
Cam Pha
Along
n Dinh
Dong Hoi
Dong Ha
Huế
Da Nang
Hoi An
Quang Ngai
Kontum
Pleiku
Quy Nhon
Tuy Hoa
Buon Ma Thuat
Gia Nghia
Dalat
Nha Trang
Hô Chi Minh-Ville
Phan Thiet
Tho
Vung Tau
HANOI
°C
27 21 / 32 26 / 28 23 / 19 13
2,4 h / 3,9 h / 4,7 h / 1,2 h
81 mm / 323 mm / 99 mm / 20 mm
mois avr. juil. oct. jan.
ALONG
°C
26 20 / 31 23 / 26 21 / 18 13
2,7 h / 2,6 h / 5,4 h / 1,8 h
72 mm / 516 mm / 1 mm / 27 mm
mois avr. juil. oct. janv.
HUÉ
°C
31 22 / 34 24 / 29 22 / 27 17
6,1 h / 6,2 h / 3,6 h / 2,7 h
21 mm / 171 mm / 578 mm / 99 mm
mois avr. juil. oct. janv.
Moyenne mensuelle des températures maximales
Moyenne mensuelle des températures minimales
Durée moyenne d'ensoleillement quotidien
Moyenne mensuelle des précipitations
PLEIKU
°C
32 10 / 28 20 / 28 18 / 27 14
8,2 h / 5,2 h / 7,1 h / 8,2 h
52 mm / 290 mm / 6 mm / 3 mm
mois avr. juil. oct. janv.
NHA TRANG
°C
35 25 / 30 24 / 31 23 / 31 16
8,3 h / 8,7 h / 6,1 h / 5,9 h
8 mm / 58 mm / 141 mm / 19 mm
mois avr. juil. oct. janv.
HÔ CHI MINH-VILLE
°C
34 25 / 32 24 / 31 25 / 32 22
6 h / 4 h / 6 h / 8 h
51 mm / 295 mm / 260 mm / 14 mm
mois avr. juil. oct. janv.

HISTOIRE DU VIETNAM

L'histoire du peuple viet se perd dans les brumes du temps et de la légende. Les documents qui en ont ensuite enregistré les événements évoquent une nation constamment confrontée à des invasions étrangères et à des guerres civiles. Du premier retour à l'indépendance en 938, après 1 000 ans d'occupation chinoise, jusqu'à la réunification de 1975, les habitants du Vietnam n'ont jamais fléchi dans leur aspiration à l'autonomie et à la liberté.

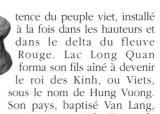

Tambour de bronze de Dong Son

Les recherches historiques indiquent que les ancêtres du peuple viet apprirent à cultiver le riz il y a plus de 5000 ans et qu'ils s'installèrent sur les terres fertiles des actuelles provinces chinoises du Guangxi et du Guangdong. Leurs voisins du Nord, les Han, les forcèrent à migrer vers le sud, où leur chef fonda un royaume baptisé Xich Qui dans le delta du fleuve Rouge. Il se proclama Viem De, « empereur rouge du Sud ». Dans la mythologie des Viets, il s'agit de la première séparation d'avec la Chine entrée dans les annales.

Selon ce récit des origines, De Minh, roi de Xich Qui, épousa une fée de la montagne, et leur fils Kinh Duong se maria à la fille du roi des Dragons de la mer. Cette union donna naissance à Lac Long Quan, considéré comme le premier roi vietnamien. Pour entretenir la paix avec les Chinois, il épousa la princesse Au Co, une magnifique immortelle qui mit au monde 100 fils. Lac Long Quan l'envoya dans la montagne avec 50 de leurs enfants et resta près de la mer avec les 50 autres. Ainsi commença l'existence du peuple viet, installé à la fois dans les hauteurs et dans le delta du fleuve Rouge. Lac Long Quan forma son fils aîné à devenir le roi des Kinh, ou Viets, sous le nom de Hung Vuong. Son pays, baptisé Van Lang, avait pour cœur Phu To, sur la rive gauche du fleuve Rouge, à environ 80 km au nord-ouest de l'actuelle Hanoi. Pour les archéologues, l'époque de Vang Lang correspond à la culture du bronze dont est issue la civilisation de Dong Son, célèbre pour les tambours mis au jour dans le Nord du Vietnam et le Sud de la Chine.

L'ÈRE DES ROIS HUNG

Selon la tradition, les 18 rois Hung régnèrent pendant 2 000 ans. Van Lang ne put toutefois échapper au déclin et, en 258 av. J.-C., Thuc Phan, souverain d'Au Viet, un royaume rival du Nord, renversa les Hung et fonda Au Lac, le premier véritable État viet attesté aux yeux des historiens. Thuc Phan prit alors le nom d'An Duong Vuong et établit sa capitale, Co Loa, près du site de l'actuelle Hanoi.

CHRONOLOGIE

9000-6500 av. J.-C. Période néolithique

1000 av. J.-C. Sous les rois Hung, développement de la culture irriguée du riz et de la fonte du bronze

400-100 av. J.-C. Civilisation de Dong Son

551-479 av. J.-C. Vie de Confucius en Chine

258-208 av. J.-C. Co Loa est la capitale d'Au Lac

9000 av. J.-C. | **5000 av. J.-C.** | **1000 av. J.-C.** | **500**

Pierre taillée

6500 av. J.-C. Débuts de l'agriculture

2879 av. J.-C. Fondation de l'État semi-mythique de Vang Lang

2361 av. J.-C. Premier contact supposé entre la Chine et Vang Lang

Guerrier de bronze de la civilisation de Dong Son

258 av. J.-C. Fondation du royaume d'Au Lac

◁ **Les Français utilisent des ballons de reconnaissance pour prendre Hong Hoa, en Indochine, en 1884**

L'OCCUPATION CHINOISE

L'existence d'Au Lac fut éphémère. En 207 av. J.-C., un général chinois insoumis, Trieu Da, s'en empara pour l'annexer à ses propres territoires en Chine méridionale. Il fonda ainsi le royaume de Nam Viet, dont la capitale, Fanyu, se trouvait dans l'actuelle province du Guangdong. Le règne de Trieu Da marqua le début de plus d'un millénaire de sinisation, plus ou moins bien acceptée, qui fit du Vietnam un avant-poste de la civilisation chinoise sans équivalent en Asie du Sud-Est.

Statue de guerrier han

Le Nam Viet passa sous l'autorité de la dynastie des Han de l'Ouest (206 av. J.-C. – 8 apr. J.-C.) quand les successeurs de Trieu Da reconnurent la suzeraineté de l'empereur Wudi (r. 141-87 av. J.-C.) en 111 av. J.-C. Les territoires des Viets devinrent la province chinoise du Giao Chi. Les souverains de l'empire du Milieu considéraient que la région au sud du Yangzi était aux confins de leur civilisation. Cependant, ils lui imposèrent leurs règles et leurs valeurs culturelles, notamment en favorisant l'implantation de milliers de colons.

Bataille entre les sœurs Trung et des Chinois

Les Viets adoptèrent volontiers de nombreux aspects de la culture chinoise, de l'écriture aux préceptes du confucianisme et du taoïsme, et ils tirèrent un profit certain d'innovations agricoles comme l'élevage du porc et du ver à soie. Ils s'opposèrent cependant à l'intégration politique. En 40 apr. J.-C., deux membres de la noblesse locale, les sœurs Trung *(p. 163)*, prirent la tête de la première tentative d'émancipation. Elles se proclamèrent reines d'un éphémère royaume indépendant, qui avait sa capitale à Me Linh. Les troupes du général Ma Yuan matèrent la révolte en 43.

En dépit d'autres soulèvements, la Chine maintint son emprise pendant les neuf siècles suivants. En 679, le Vietnam devint une préfecture de la dynastie Tang (618-907) sous le nom d'An Nam, le « Sud pacifié ». Sa capitale, Tong Binh, occupait un site proche de l'actuelle Hanoi sur les rives du fleuve Rouge.

LA CRÉATION DU DAI VIET

Le millénaire d'occupation étrangère s'acheva en 938 quand l'un des héros nationaux les plus célébrés par les Vietnamiens, Ngo Quyen, mit un terme à une longue campagne en se servant d'éperons plantés dans le lit du Bach Dang, près de Haiphong, pour détruire une flotte chinoise qui tentait de remonter le fleuve. Il se proclama alors roi du Dai Viet sous le nom de Ngo Vuong et transféra la capitale de Dai La, la forteresse de Tong Binh, à Co Loa, où avaient régné les souverains d'Au Lac, le premier État viet.

CHRONOLOGIE

Sculpture cham

208 av. J.-C. La capitale est à Fanyu, au Guangdong

111 av. J.-C. L'empereur Wudi conquiert le Nam Viet

1 apr. J.-C. Les suzerains han imposent la culture chinoise

1 apr. J.-C. Fondation du Funan

40 Soulèvement des sœurs Trung

43 Reconquête chinoise

IIe siècle Fondation du royaume cham

IVe siècle Capitale cham à Singhapura

200 av. J.-C.	100 av. J.-C.	0	100 apr. J.-C.	200	300

Bijoux du Funan

Ruines de My Son *(p. 130-132)*, capitale religieuse des Cham entre le IVe et le XIIIe siècle

LE FUNAN ET LE CHAMPA

Tandis qu'une culture viet d'influence chinoise se développait au cœur du delta du fleuve Rouge, au sud s'imposaient deux royaumes hindous : le Funan et le Champa. Précurseur du grand Empire khmer, le Funan apparut probablement dans le delta du Mékong au Ier siècle apr. J.-C. Selon la légende, il fut fondé par un marchand indien marié à la fille d'un *naga*, un esprit protecteur à corps de serpent. Au sommet de son rayonnement, le Funan étendait son influence sur une grande partie du Cambodge et sur la côte orientale de la Thaïlande.

Entre le IIe et le VIe siècle, ses souverains accrurent leurs richesses grâce au commerce. Les historiens ont retrouvé les traces d'échanges avec la Chine, l'Inde et même l'Empire romain. Un nouvel État khmer, mieux protégé des incursions javanaises et des inondations à l'intérieur des terres, le supplanta néanmoins à la fin du VIe siècle. Du Funan subsistent peu de vestiges en dehors des ruines du port d'Oc-èo, près de Rach Gia, et de quelques objets dans des musées de Hanoi, de Hô Chi Minh-Ville et de Long Xuyen.

Statue de l'époque d'Oc-èo

Les premières mentions du royaume de Champa datent de 192, quand des colonies de Cham, un peuple sans doute originaire de Java, apparurent sur la côte centrale de l'actuel Vietnam. À l'apogée de leur puissance, les Cham contrôlaient un territoire qui s'étendait de Vinh jusqu'au delta du Mékong. Ils excellaient dans le commerce maritime, notamment celui des esclaves et du bois de santal. Cependant, vers l'an 800, le Champa fut pris en tenaille entre le royaume khmer d'Angkor et l'expansion viet vers le sud. La situation empira au fil des siècles et, après une terrible défaite face aux Viets en 1471, il n'en subsista plus que la petite principauté de Nha Trang à Phan Thiet. Elle survécut jusqu'en 1720, date à laquelle son souverain et un grand nombre de ses sujets s'enfuirent au Cambodge plutôt que de se soumettre aux Vietnamiens.

VIIe siècle Une puissante citadelle, Dai La, défend Tong Binh

618-907 Sous la dynastie Tang, Tong Binh devient capitale et le Vietnam prend le nom d'An Nam, le « Sud pacifié »

907 Chute de la dynastie Tang

938 Indépendance du Dai Viet

VIIIe siècle Capitale cham à Indrapuram

400 | 500 | 600 | 700 | 800 | 900

544 Soulèvement de Ly Bon

VIe siècle Les Khmers supplantent le Funan

Impératrice Wu Zetian, dynastie Tang

VIIIe siècle Les Chinois étendent les digues du fleuve Rouge

945 Mort de Ngo Vuong

979 Début de la « Marche vers le sud » des Viets

Temple de la Littérature, Hanoi

LA CONSOLIDATION DU DAI VIET

En 945, après la mort de Ngo Vuong, le morcellement du royaume en fiefs rivaux mit en danger l'indépendance du peuple viet. Le seigneur le plus puissant, Dinh Bo Linh, parvint à réunifier le pays en 968, le baptisant Dai Co Viet. Il prit le nom de Tien Hoang De et fonda l'éphémère dynastie Dinh (968-980). Il se remit également à payer un tribut à la Chine pour se prémunir d'une nouvelle invasion. En 979, Lê Dai Hanh s'empara du trône. Sa dynastie, les Lê antérieurs (980-1009), annexa la partie du Champa située au nord du col des Nuages, près de Da Nang.

LA DYNASTIE LY

La dynastie des Ly (1009-1225) transforma le Vietnam en un État souverain, même s'il resta sur bien des plans dans l'orbite de la culture chinoise. En 1010, son fondateur, l'érudit Ly Thai To, installa sa cour à Dai La, la citadelle de Tong Binh, et la rebaptisa d'un nom de bon augure : Thang Long *(p. 160)*, « dragon prenant son essor ». Elle resta la capitale du pays pendant les huit siècles suivants. Le bouddhisme devint la religion d'État, tandis que l'administration, réservée aux mandarins sélectionnés sur examen, respectait les enseignements du confucianisme. Régissant une société rurale, un gouvernement centralisé percevait des impôts nationaux, assurait une structure juridique codifiée et entretenait une armée professionnelle et des relais de poste.

LA DYNASTIE TRAN

Les Tran (1225-1400) menèrent à bien des réformes foncières et défendirent le pays des Mongols, qui avaient conquis la Chine. En 1288, le héros national Tran Hung Dao arrêta une tentative de conquête à la deuxième bataille du Bach Dang en reprenant la tactique de Ngo Quyen, qui consistait à planter des éperons dans le lit du fleuve. Les Viets poursuivirent leur expansion vers le sud, absorbant le territoire cham jusqu'à Hué.

Nguyen Trai, conseiller de Lê Loi

LA DYNASTIE DES LÊ POSTÉRIEURS

Les Ming reprirent le contrôle du territoire en 1407, mais ils en furent chassés en 1428 lors du soulèvement de Lam Son, dirigé par le leader nationaliste Lê Loi, secondé par le conseiller Nguyen Trai. Les Chinois se virent contraints de reconnaître l'autonomie du Dai Viet, et Lê Loi fonda la dynastie des Lê postérieurs (1428-1788). Son successeur, Lê Than Ton, écrasa le Champa en 1471, repoussant la frontière au sud de Qui Nhon. Le Vietnam était devenu une grande puissance en Indochine.

CHRONOLOGIE

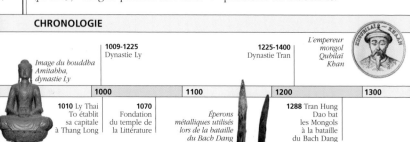

Image du bouddha Amitabha, dynastie Ly

1009-1225 Dynastie Ly

1225-1400 Dynastie Tran

L'empereur mongol Qubilaï Khan

1000 | **1100** | **1200** | **1300**

1010 Ly Thai To établit sa capitale à Thang Long

1070 Fondation du temple de la Littérature

Éperons métalliques utilisés lors de la bataille du Bach Dang

1288 Tran Hung Dao bat les Mongols à la bataille du Bach Dang

UNE NATION DIVISÉE

En étendant son influence, la dynastie Lê provoqua l'animosité des seigneurs locaux. En 1527, Mac Dang Dung, un opportuniste de leur Cour, s'empara du trône. À compter de 1539, deux familles de seigneurs de guerre se partagèrent le pouvoir réel : les Trinh et les Nguyen. La nation fut divisée plus de deux siècles. Hué, la capitale des Nguyen, rivalisait par son rayonnement avec celle des Trinh, Thang Long. Les Nguyen entamèrent la conquête du Cambodge inférieur et du delta du Mékong par l'absorption de la localité khmère de Prey Nokor, la future Saigon.

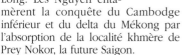

Autel dédié à Quang Trung, chef de la révolte des Tay Son

PREMIÈRES INFLUENCES EUROPÉENNES

En 1545, les Portugais ouvrirent les premières manufactures européennes au Vietnam. Ils se lièrent autant avec les Nguyen qu'avec les Trinh. Au XVIIe siècle, les Hollandais, puis les Français leur ravirent la place de principal partenaire commercial. Des missionnaires chrétiens vinrent également. Le plus célèbre, le père Alexandre de Rhodes (1591-1660), un jésuite français, obtint des milliers de conversions en créant une transcription du vietnamien en lettres latines : le *quoc ngu*.

LA RÉVOLTE DES TAY SON

Des années de guerre civile et d'oppression par les Trinh et les Nguyen finirent par provoquer en 1771 une révolte paysanne menée par trois frères d'une famille marchande du village de Tay Son. Après une succession de victoires, les insurgés renversèrent les Nguyen en 1783. Le dernier seigneur, Nguyen Anh, s'enfuit à l'étranger où il rechercha l'assistance de la France. En 1786, les Tay Son vainquirent aussi les Trinh, provoquant l'arrivée de troupes chinoises, qui seront défaites en 1788. Le plus valeureux des trois frères se proclama empereur sous le nom de Quang Trung. Il mourut en 1792, laissant un fils de dix ans.

LE TRIOMPHE DE LA DYNASTIE NGUYEN

En 1788, Nguyen Anh s'empara de Saigon grâce aux troupes et à l'artillerie fournies par un missionnaire français, Pigneau de Behaine (1741-1799). Après la mort de Quang Trung, son avantage technique lui permit de vaincre les Tay Son dans le Nord. En 1802, il prit le nom royal de Gia Long et établit sa capitale à Hué.

Porte Ngo Mon, bâtie par l'empereur Gia Long, citadelle de Hué

1516 Arrivée des premiers Portugais

1428-1788 Dynastie des Lê postérieurs

1539-1787 Guerres entre les Trinh et les Nguyen

1627 Arrivée du missionnaire français Alexandre de Rhodes

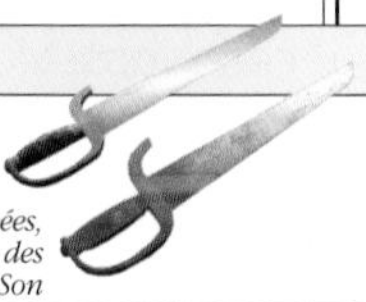
Épées, révolte des Tay Son

400 | **1500** | **1600** | **1700** | **1800**

407-1428 ccupation ing

1471 Victoire sur le Champa

Sculpture en terre cuite de la dynastie Trinh

1680-1757 Conquête du delta du Mékong par les Nguyen

1771-1792 Révolte des Tay Son

1802-1902 Dynastie des Nguyen, Hué

1832 La dynastie Nguyen annexe le Champa

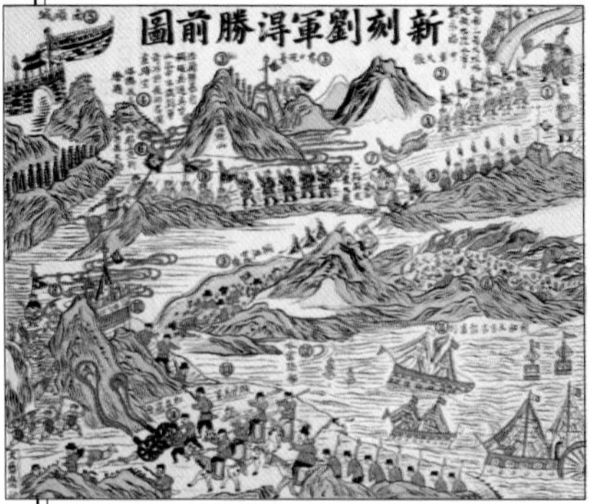

Soldats français débarquant à Haiphong en 1884

LA PRISE DE POUVOIR FRANÇAISE

Pour symboliser la réunification du pays, Nguyen Anh avait associé dans son nom d'empereur, Gia Long, les cités de Gia Dinh et Thang Long, qui deviendront respectivement Saigon et Hanoi. Il régna en souverain autoritaire jusqu'en 1820. Son fils, Minh Mang (r. 1820-1841), lui succéda dans un pays où les Français avaient pris pied. Il ne leur manifesta aucune gratitude et, tenant d'un confucianisme des plus orthodoxes, promulgua des décrets hostiles aux missionnaires catholiques. Par la suite, Thieu Tri (r. 1841-1847), poursuivit la même politique à laquelle Tu Duc (r. 1847-1883) resta fidèle, considérant les convertis comme des « idiots séduits par les prêtres ». Ce manque d'esprit de conciliation amena Napoléon III à monter une « mission civilisatrice » qui entraîna le Vietnam dans près d'un siècle de soumission à un pouvoir étranger. De 1858 à 1859, prenant prétexte de la persécution de missionnaires, la France occupa brièvement Da Nang. Deux ans plus tard, elle s'emparait de Saigon puis, en 1865, contraignait Tu Duc à lui céder la Cochinchine. En 1883, elle contrôlait tout le pays. L'Annam (le Centre) et le Tonkin (le Nord) devinrent des protectorats. Les successeurs de Tu Duc se trouvèrent réduits au rang de marionnettes du pouvoir colonial. Après avoir mis le Cambodge sous tutelle, la France fonda en 1887 l'Union indochinoise, qui intégra ensuite le Laos, et choisit Hanoi comme capitale.

Paul Doumer, gouverneur de l'Union indochinoise

LA PÉRIODE COLONIALE

Paul Doumer fut gouverneur de l'Union indochinoise de 1896 à 1902. La puissance coloniale soumit le pays à son administration et à ses règles, leva de lourdes taxes et s'octroya un monopole sur le sel, l'alcool et l'opium. Elle construisit aussi des routes et des voies ferrées. Les entreprises françaises exploitèrent les richesses minières et le produit de plantations d'hévéas et de café. Pendant l'Occupation, à partir de 1940, les représentants du gouvernement de Vichy en Indochine collaborèrent avec l'allié des nazis en Extrême-Orient : le Japon. Les Vietnamiens connurent alors une colonisation brutale.

L'ESSOR DE LA RÉSISTANCE SOCIALISTE

Des mouvements nationalistes apparurent dès le début du XXe siècle. La révolution chinoise de 1911 inspira la fondation du parti nationaliste du Vietnam, copié sur le Guomindang de Chiang Kai-shek. En 1930, son président, Nguyen Thai Hoc, fut envoyé

CHRONOLOGIE

1820-1841 Minh Mang promulgue des édits antifrançais

1832 Fin des dernières principautés cham

Empereur Minh Mang

1858-1859 La France prend Da Nang

1865 La Cochinchine devient colonie française

1883 La France établit un protectorat sur l'Annam et le Tonkin

1887 Création de l'Union indochinoise du Vietnam, du Laos et du Cambodge

1890 Naissance de Hô Chi Minh près de Kim Lien

1820 | 1835 | 1850 | 1865 | 1880

à la guillotine avec douze de ses camarades après l'échec d'une tentative d'insurrection. En 1941, Hô Chi Minh *(p. 169)* rentra dans son pays. Il créa le Front pour l'indépendance du Vietnam, ou Viêt-minh, et entama une farouche lutte armée contre les occupants français et nippons. Les Américains lui apportèrent leur soutien à partir de 1944. En mars 1945, menacés d'une défaite imminente dans le Pacifique, les Japonais prirent le contrôle direct du pays. Mais Hô Chi Minh et ses maquisards avaient déjà libéré des régions du Nord et avançaient rapidement sur Hanoi. Le Japon capitula le 15 août 1945. Le 2 septembre, Hô Chi Minh proclamait l'indépendance depuis la place Ba Dinh de Hanoi.

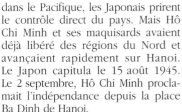

Hô Chi Minh *(à gauche)* devant une carte militaire à Diên Biên Phu, 1953

LA PREMIÈRE GUERRE D'INDOCHINE

Au sortir de la Libération, le gouvernement français décida de restaurer son emprise sur l'Indochine, et des troupes françaises reprirent pied au Vietnam dès octobre 1945. Hô Chi Minh négocia avec la France mais ne put obtenir le respect des accords signés. Un soulèvement en décembre 1946 à Hanoi marqua le début de la première guerre d'Indochine. Les Français conservèrent le contrôle de Hanoi, de Saigon et des grandes villes, mais les Viêt-minh, habilement dirigés par le général Vo Nguyen Giap, gagnèrent du terrain dans les campagnes.

Hô Chi Minh avait prévenu ses ennemis dès 1946 : « Vous pouvez tuer dix de mes hommes pour chacun de vos morts, vous finirez par perdre et je triompherai. » La défaite du corps expéditionnaire français à Diên Biên Phu *(p. 195)* confirma en 1954 la justesse de ces paroles. Décidés à contenir la contagion communiste, les États-Unis finançaient déjà 80 % de l'effort de guerre français. Le décor était dressé pour la guerre du Vietnam.

PRÉLUDE À LA GUERRE DU VIETNAM

Au cours de la conférence de Genève de 1954, la France, la Grande-Bretagne, les États-Unis, l'URSS et la Chine décidèrent la partition du Vietnam au niveau du 17e parallèle jusqu'à la tenue d'élections générales en 1956. Mais ces dernières n'eurent jamais lieu, et le Nord du pays devint la République démocratique du Vietnam dirigée depuis Hanoi par le gouvernement communiste de Hô Chi Minh. Au sud, un catholique, allié des Américains, antibouddhiste et anticommuniste, Ngô Dinh Diem, prit la tête de la République du Vietnam, avec Saigon comme capitale.

Attaque par le Viêt-minh du camp retranché de Diên Biên Phu

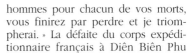

Carte postale française d'Indochine

Bao Dai (à droite) et le général Navarre

1911 Hô Chi Minh se rend à Paris. Il rejoint le parti communiste en 1920

1924 Hô Chi Minh devient un agent du Komintern

1940 Occupation de la France par les nazis ; régime de Vichy

1945 L'empereur Nguyen Bao Dai abdique ; Hô Chi Minh déclare l'Indépendance

1910 | **1925** | **1940** | **1955**

1930 Hô Chi Minh fonde le parti communiste indochinois à Hong Kong

1945 9 mars, prise de pouvoir par les Japonais ; 15 août, capitulation du Japon

1954 Écrasante défaite française à Diên Biên Phu

1946 Première guerre d'Indochine contre les forces coloniales françaises

La guerre du Vietnam

L'offensive du Têt en insigne

À partir de 1954, le président Diem, soutenu politiquement et financièrement par les Américains, mena depuis Saigon une politique autoritaire, persécutant les communistes et les bouddhistes. Le Nord-Vietnam s'était allié à la Chine et à l'URSS. En 1960, les rebelles du Sud fondèrent le Front national de libération (FNL), plus connu sous le nom de Viêt-công. La lutte armée reprit et John F. Kennedy envoya les premiers conseillers militaires en 1961. Après sa mort, en 1963, Lyndon Johnson décida d'entrer ouvertement dans le conflit. La « guerre américaine », pour les Vietnamiens, ou « guerre du Vietnam », pour les Américains, durera quinze ans et fera des millions de morts.

Guérilla
Le FNL et ses alliés nord-vietnamiens excellaient dans les pièges simples, mais d'une redoutable efficacité.

PATROUILLE DANS DES RIZIÈRES, DELTA DU MÉKONG
En 1967, il y avait 500 000 soldats américains au Vietnam. Beaucoup manquaient d'expérience et de motivation, et devaient se battre sur un terrain inconnu et difficile, pataugeant dans des rizières et des marais en quête d'adversaires insaisissables. Les hommes les plus expérimentés partaient en patrouille de reconnaissance profonde (LRRPS), de dangereuses missions de cinq jours où ils s'efforçaient de localiser l'ennemi.

Incident du golfe du Tonkin (1964)
L'attaque du destroyer Maddox *par des vedettes lance-torpilles fournit à Lyndon Johnson un prétexte pour bombarder le Nord-Vietnam et envoyer des troupes au sud.*

La mort venue des airs
L'US Air Force et ses alliés sud-vietnamiens utilisèrent un large éventail d'armes chimiques, dont le phosphore blanc. Ici, un avion américain bombarde Da Nang en 1966.

Piste Hô Chi Minh
D'étroits sentiers et des ponts branlants permettaient aux troupes communistes de circuler entre le Nord-Vietnam et Saigon (p. 151).

CHRONOLOGIE

Le président du Sud-Vietnam Ngo Dinh Diem,

1954 Le traité signé à la Convention de Genève entérine la partition du Vietnam

1960 Des communistes fondent le Front national de libération au Sud-Vietnam

1965 Arrivée des premiers combattants américains ; début des bombardements du Nord-Vietnam

1955 | 1960 | 1965

Un bonze s'immole par le feu pour protester contre la politique de Diem, 1963

1963 Diem est assassiné à l'instigation des États-Unis

1964 Incident entre un d américain et des vedettes nord-vietnamiennes dans le golfe du Tonkin

L'offensive du Têt (1968)
La bataille la plus longue et la plus sanglante eut lieu en janvier 1968. Les communistes s'emparèrent de l'ancienne capitale impériale de Hué et la conservèrent 25 jours. Les deux camps subirent de lourdes pertes.

Hamburger Hill (1969)
Le 10 mai, cinq unités américaines chargèrent les troupes du Nord tenant le mont Ap Bia, près du Laos. L'acharnement de la défense lui valut le surnom de « Colline hamburger », car les hommes se faisaient hacher menu.

Bombardements au napalm
Les projections de l'essence gélifiée des bombes au napalm tuèrent des milliers de personnes. Cette célèbre photo de jeunes victimes renversa l'opinion publique américaine contre la guerre.

Manifestations pacifistes
La guerre devint toujours plus impopulaire au cours des années 1960 et 1970. Ces manifestants défilent sur Grosvenor Square devant l'ambassade américaine à Londres.

Accords de Paris (1973)
Un cessez-le-feu fut signé le 23 janvier. Contre le retrait des Américains, le Nord relâchait quelque 500 prisonniers de guerre.

29 avril 1975
Les troupes nord-vietnamiennes entraient dans Saigon tandis que des hélicoptères évacuaient vers des navires les derniers soldats américains de la ville.

ument au massacre de My Lai

68 Offensive du Têt janvier-février ; mars, massacre My Lai *(p. 119)*

1973 Accord de cessez-le-feu ; les G.I. se retirent du Vietnam

Badges pacifistes des années 1970

1970 | 1975

1969 Mort de Hô Chi Minh ; Nixon propose des discussions de paix

1971 Le *New York Times* fait des révélations sur l'engagement américain au Vietnam

1972 Bombardement du port de Haiphong

1975 Reddition du Sud-Vietnam ; gouvernement provisoire

Manifestante brandissant un drapeau viêt-công

RÉUNIFICATION ET ISOLEMENT

La victoire du Nord en 1975 donna à Lê Duan, le secrétaire général du parti communiste depuis la mort de Hô Chi Minh, un pouvoir absolu sur tout le pays, officiellement réunifié en juillet 1976 sous l'appellation de République socialiste du Vietnam. Six mois plus tard, lors de son IVe congrès, le parti décida d'accélérer la collectivisation forcée de l'industrie, du commerce et de l'agriculture. Saigon fut rebaptisée Hô Chi Minh-Ville. Les services administratifs de l'ancien régime subirent une impitoyable purge, de nombreux fonctionnaires étant envoyés pour de longues périodes de rééducation dans des zones frontalières sous-développées, ce qui priva l'État des compétences de milliers de citoyens expérimentés et éduqués. À Cholon *(p. 68-69)* et dans tout le Sud, les persécutions qui frappèrent la classe marchande asphyxièrent l'activité économique et

Les soldats vietnamiens quittent le Cambodge en 1989

provoquèrent la colère de la Chine, soucieuse des intérêts de la minorité Hoa. Un embargo imposé par les États-Unis en 1976 augmenta encore les difficultés du pays. Des centaines de milliers de personnes prêtes à tout pour se donner un avenir commencèrent à s'enfuir par la mer, souvent sur des navires hors d'état. Les médias les surnommèrent « *boat people* ».

La situation se dégrada aussi sur le plan régional. En 1976, le Kampuchea démocratique des Khmers rouges de Pol Pot, soutenu par la Chine, lança de sanglantes incursions dans les villages frontaliers. Le Vietnam répliqua en 1978 en signant un pacte de sécurité avec l'Union soviétique et en envahissant le Cambodge. En représailles, la Chine envoya son armée dans le Nord en 1979 pour y détruire plusieurs capitales provinciales. Coupé de l'Occident, le Vietnam n'eut d'autre choix que de resserrer ses liens avec l'URSS.

***Boat people* en route pour Manille, 1978**

RÉNOVATION

La mort du doctrinaire Lê Duan en 1986 ouvrit un espace au changement. Un natif du Sud, Nguyen Van Linh, le remplaça à la tête du parti et le VIe congrès adopta un programme de réformes appelé *doi moi*, ouvrant

CHRONOLOGIE

1975 Réunification du Nord et du Sud sous un gouvernement communiste

1979 La Chine envahit le Nord du Vietnam

Le dictateur cambodgien Pol Pot

1989 Retrait du Cambodge

1994 Les États-Unis lèvent leur embargo

1976 | 1980 | 1984 | 1988 | 1992 | 1996

1978 Le Vietnam envahit le Cambodge et renverse les Khmers rouges

1976 Création de la République socialiste du Vietnam

1986 Mort de Lê Duan ; lancement du *doi moi*

Lê Duan

1995 Entrée à l'ASEAN ; relations diplomatiques avec les États-U

la voie à une libéralisation économique et sociale contrôlée. L'éclatement de l'URSS et la fin de la guerre froide en 1991 accélérèrent cette évolution. Privé de son principal soutien militaire et financier, le Vietnam dut se réconcilier avec la Chine, nouer des liens plus étroits avec ses voisins de l'Asie du Sud-Est et s'ouvrir davantage à l'Ouest.

Tran Duc Luong et Bill Clinton en 2000

Cette politique porta ses fruits, les États-Unis levèrent leur embargo en 1994 et rétablirent des relations diplomatiques avec Hanoi en 1995. La même année, le Vietnam devint un membre à part entière de l'Association des nations du Sud-Est asiatique (ASEAN). En 1997, l'élection de Tran Duc Luong à la présidence et de Phan Van Khai au poste de Premier ministre confirma la ligne réformatrice sur le plan économique.

RENAISSANCE

Depuis le tournant du XXIe siècle, le Vietnam a connu de remarquables changements. En 2000, la visite du président américain Bill Clinton a consacré l'amélioration des rapports entre les deux anciens ennemis, confirmée en 2001 par la normalisation des relations commerciales. La même année, Nong Duc Manh accédait au rang de secrétaire général du parti communiste, la plus haute fonction au Vietnam devant celles de Premier ministre et de président de la République. Considéré comme un modernisateur, Nong Duc Manh s'est engagé lors de son élection à se concentrer sur le développement économique et à combattre la corruption et la bureaucratie. En juin 2006, l'Assemblée nationale confirmait la nomination de Nguyen Tan Dung, le plus jeune Premier ministre du pays et le premier gouvernant de l'après-guerre à n'avoir pas connu la lutte pour l'indépendance. Il a fait vœu de combler le retard économique et la courbe de croissance continua de grimper deux ans durant.

Le Vietnam est depuis l'une des nations les plus prospères d'Asie. En 2010, Hô Chi Minh-Ville a connu l'afflux d'enseignes étrangères et la construction de gratte-ciel. Le frein mis aux réformes a conduit néanmoins à la récession et à des tensions sociales. En 2011, face aux émeutes et aux manifestations, l'État a répondu par la brutalité policière et la confiscation de terrains à grande échelle, mettant ses dirigeants en délicate posture. Malgré cela, la plupart des Vietnamiens jouissent aujourd'hui de plus de liberté qu'aucun de leurs ancêtres dans toute l'histoire de leur pays.

Vue de Hô Chi Minh-Ville

2001 Nong Duc Manh devient secrétaire général du parti communiste

2005 Visite du Premier ministre Phan Van Khai aux États-Unis

2008 L'inflation massive fragilise l'économie

2010 Après de multiples visites au Vietnam, la secrétaire d'État Hillary Clinton soutient les revendications vietnamiennes sur les territoires disputés à la Chine

2012 Nguyen Quoc Quan, citoyen américain, est fait prisonnier politique pour ses opinions pro-démocrates

•00	2004	2008	2012	2016	2020

ͻ Visite ›résident ton ; erture a Bourse

2003 Escale d'un navire de guerre américain

2011 Nguyen Tan Dung et Nguyen Minh Triet sont réélus Premier ministre et président de l'État

2012 La grande militante pacifiste Bui Thi Minh Hang est envoyée en camp de rééducation

2012 Tensions entre le Vietnam et la Chine au sujet de la mer de Chine du Sud

LE VIETNAM RÉGION PAR RÉGION

LE VIETNAM D'UN COUP D'ŒIL 50-51

HÔ CHI MINH-VILLE 52-83

DELTA DU MÉKONG ET VIETNAM DU SUD 84-101

CÔTE ET HAUTS PLATEAUX DU SUD 102-119

VIETNAM CENTRAL 120-151

HANOI 152-177

VIETNAM DU NORD 178-201

Le Vietnam d'un coup d'œil

Frôlant au nord le tropique du Cancer, ce long pays étroit s'étend vers l'équateur presque jusqu'au 8e parallèle et possède une étonnante diversité de paysages. Ses beautés naturelles comprennent les vallées isolées du Nord-Ouest, les plateaux de la cordillère centrale et les plages tropicales du littoral méridional. Le fleuve Rouge, dans le Nord, et le Mékong, dans le Sud, alimentent deux deltas d'une immense fertilité où d'innombrables voies d'eau serpentent parmi forêts et rizières. De sa longue histoire mouvementée, le Vietnam conserve de grandes richesses artistiques, culturelles et architecturales. Ce guide divise son territoire en six régions identifiées par des repères dont les couleurs sont indiquées sur cette carte.

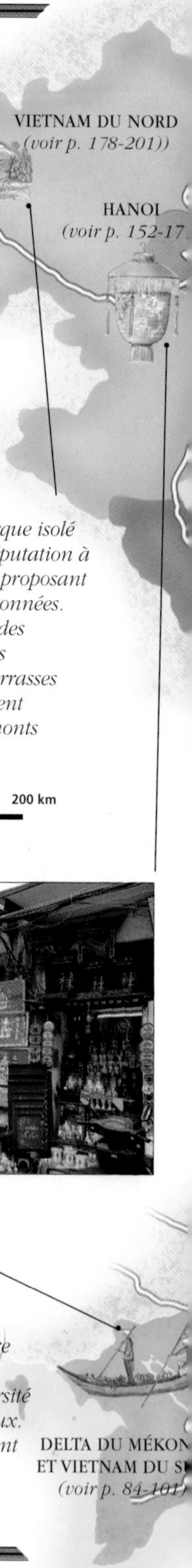

Sapa (p. 196-197), *nichée dans un cirque isolé du Nord, doit sa réputation à la beauté d'un site proposant de splendides randonnées. Depuis des siècles, des minorités ethniques entretiennent les terrasses cultivées qui s'étagent sur les flancs des monts Hoang Lien.*

Le vieux quartier (p. 156-157) *de Hanoi, aussi appelé « quartier des 36 rues », doit sa création aux corporations qui, au XIIIe siècle, répondaient aux besoins du palais. C'est aujourd'hui une zone marchande pittoresque où les visiteurs achètent soieries ou café fraîchement moulu.*

Tra Vinh (p. 89), *dans le delta du Mékong, abrite d'importantes communautés khmère et chrétienne, et se distingue par la diversité de ses édifices religieux. Des canaux permettent de circuler parmi des vergers et une végétation dense.*

◁ **La plage de Mui Ne et ses dunes de sable rouge à l'arrière-plan**

Le pavillon Hien Lam de la citadelle de Hué (p. 140-143), *ou pavillon de la Splendeur, veille sur neuf grandes urnes dynastiques au cœur de la Cité impériale, dont il est le plus haut bâtiment.*

Les tours cham de Po Nagar (p. 109) *datent du VIIIe siècle et comptent parmi les sites cham les plus importants du Vietnam. Situées à Nha Trang, ces ruines évocatrices constituent un témoignage rare sur l'architecture de l'ancien et puissant royaume du Champa.*

La plage de Mui Ne (p. 106), *longue de 20 km au sud de Nha Trang, offre aux visiteurs un sable blanc et propre au pied des cocotiers. D'octobre à février, les conditions climatiques la rendent particulièrement propice pour le surf et la planche à voile.*

La terrasse sur le toit de l'hôtel Rex (p. 60) *accueille l'un des restaurants les plus populaires de Hô Chi Minh-Ville. Elle offre une vue spectaculaire des rues animées et pittoresques du centre-ville.*

HÔ CHI MINH-VILLE

La plus grande ville du Vietnam en est aussi la métropole économique et elle apparaît comme sa fenêtre ouverte sur le monde. Cosmopolite, elle se tourne vers l'extérieur, écoute de la pop et boit du vin français. Ses habitants n'en renient pas pour autant leur passé, et les temples séculaires attirent de nombreux fidèles, tandis que les édifices coloniaux restent soigneusement préservés.

Hô Chi Minh-Ville a pour origine Prey Nokor, un petit comptoir commercial khmer fondé il y a plus de trois siècles dans un méandre de la Dông Nai, à la frange du delta du Mékong. Ce port fluvial devint au XVIIIe siècle la capitale provinciale de la dynastie Nguyen sous le nom de Saigon. Les Français s'en emparèrent en 1859 et y établirent le gouvernement colonial de la Cochinchine. Le plan d'urbanisme du centre-ville, un quadrillage d'artères se coupant à angle droit, date de cette période. La ville a aussi conservé plusieurs édifices qui lui valurent le surnom de « Petit Paris de l'Extrême-Orient ». À la partition du pays en 1954, elle devint la capitale du Sud-Vietnam *(p. 43)*. Sa chute en 1975 et l'évacuation des derniers soldats américains marquèrent la fin de la partition du pays. Les vainqueurs rebaptisèrent la cité Hô Chi Minh-Ville, un nom que ses habitants mettent toujours peu d'empressement à utiliser. Profitant de la politique de libéralisation économique et culturelle mise en œuvre à partir de 1986, la cité, dont la population est estimée à 7 millions d'âmes, s'est lancée avec ferveur dans une modernisation où elle ne cesse de se réinventer. De nouveaux restaurants et cafés haut de gamme offrant un large choix gastronomique ouvrent en permanence, tandis qu'une vie nocturne anime les bars et les discothèques. Avec ses monuments historiques et ses musées, ses boutiques et ses tables en terrasse, le quartier de Dong Khoi *(p. 56-57)* ainsi que le reste du 1er arrondissement sont un pôle incontournable pour les visiteurs.

Grand portrait de Hô Chi Minh à la poste centrale

◁ **Moines dans la salle de prière du Grand Temple divin, Cao Dai** ***(p. 74-75)***

À la découverte d'Hô Chi Minh-Ville

Le pôle touristique se trouve dans le 1er arrondissement, avec le quartier de la rue Dong Khoi riche en boutiques chic, en musées et en bons restaurants. Il renferme aussi des bâtiments coloniaux comme le Théâtre municipal, la cathédrale Notre-Dame et la poste centrale. Au nord s'étend une vaste zone résidentielle où la pagode de l'Empereur de Jade mérite une visite pour la beauté de son architecture et de ses sculptures. À l'ouest, les innombrables boutiques du faubourg de Cholon justifient son nom, signifiant « grand marché ». Les Hoa d'origine chinoise y ont bâti certains des plus vieux temples de la ville.

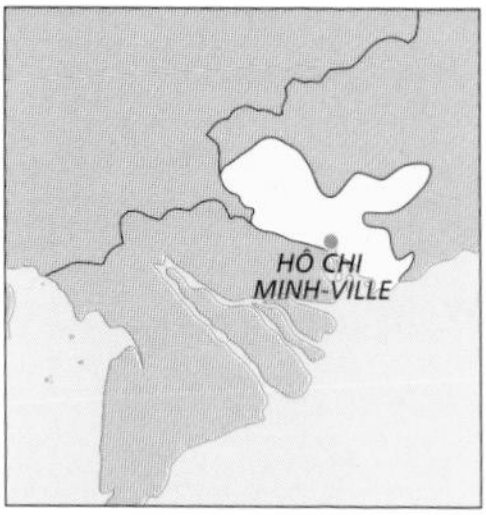

CARTE DE SITUATION

Voir atlas des rues p. 78-83

HÔ CHI MINH-VILLE D'UN COUP D'ŒIL

Lieux de culte
- Cathédrale Notre-Dame 7
- Pagode au Pilier unique du Sud 27
- Pagode de Quan Am 23
- *Pagode de l'Empereur de Jade p. 62-63* 11
- Pagode Giac Vien 26
- Pagode Phung Son 25
- Pagode Vinh Nghiem 13
- Pagode Xa Loi 16
- *Saint-Siège du caodaïsme p. 74-75* 30
- Temple de Hoi Quan Nghia An 21
- Temple de Thien Hau 22
- Temple du Maréchal Le Van Duyet 12
- Temple hindou de Mariamman 17

Sites et bâtiments historiques
- Immeuble du Comité du peuple 4
- Poste centrale 8
- Tunnels de Cu Chi 28

Théâtre
- Théâtre municipal 2

Musées et palais
- Musée de Hô Chi Minh-Ville 5
- Musée de la Femme sud-vietnamienne 14
- Musée des Beaux-Arts 19
- Musée des Vestiges de la guerre 15
- Musée d'Histoire du Vietnam 10
- Palais de la Réunification 9

Sites naturels
- Nui Ba Den 29
- Parc national de Cat Tien 35
- Plage de Ho Coc 33
- Sources chaudes de Binh Chau 34

Villes et marchés
- Long Hai 32
- Marché Ben Thanh 18
- Marché Binh Tay 24
- Marché Dan Sinh 20
- Vung Tau 31

Hôtels
- Hôtel Caravelle 1
- Hôtel Continental 3
- Hôtel Rex 6

LÉGENDE

- Dong Khoi pas à pas : *p. 56-57*
- Aéroport international
- Gare ferroviaire
- Gare routière
- Embarcadère
- Route nationale
- Route principale
- Route secondaire
- Voie ferrée
- Frontière internationale
- Frontière provinciale

CIRCULER

Les quartiers de Dong Khoi et de Cholon sont assez petits pour être aisément découverts à pied. Sinon, la moto-taxi, baptisée localement *xe om* ou Honda, est le moyen de transport le plus populaire. Une course n'importe où en ville coûte généralement quelques dollars. Les radio-taxis sont devenus courants. La plupart des agences de voyages se chargent d'organiser une excursion hors de la ville.

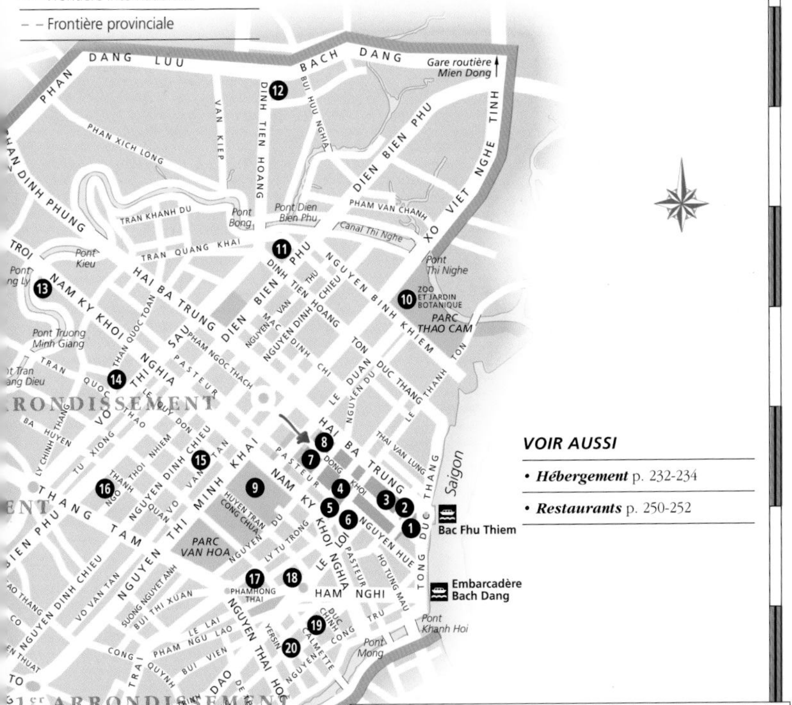

VOIR AUSSI

- ***Hébergement*** p. 232-234
- ***Restaurants*** p. 250-252

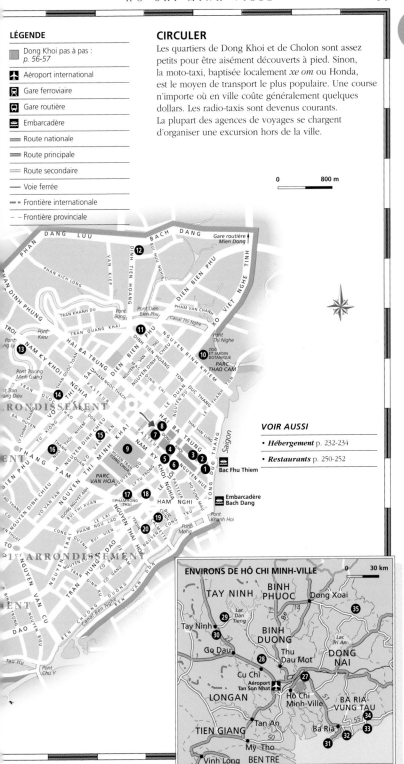

Dong Khoi pas à pas

Le véritable centre nerveux de Hô Chi Minh-Ville se trouve aux alentours de la rue Dong Khoi. L'artère elle-même acquit sa renommée à l'époque de la colonisation française sous le nom de rue Catinat. Alors bordée de grands hôtels, de magasins chic et de cafés accueillants, mais aussi de bars et de maisons closes moins bien famés, elle servit de cadre à une grande partie du roman de Graham Greene : *Un Américain bien tranquille*. La plupart de ces établissements fermèrent sous le régime communiste, mais le quartier commence à retrouver son éclat d'antan grâce à la libéralisation économique entamée en 1986. Son animation entretient le souvenir de l'époque où la capitale de la Cochinchine portait le surnom de « Petit Paris de l'Extrême-Orient ».

Vue de Dong Khoi depuis le Diamond Plaza *(p. 263)*

★ Poste centrale
Ce bâtiment, achevé en 1891, compte parmi les plus beaux souvenirs de l'époque coloniale. La fraîcheur règne à l'intérieur sous une structure métallique dessinée par Gustave Eiffel ❽

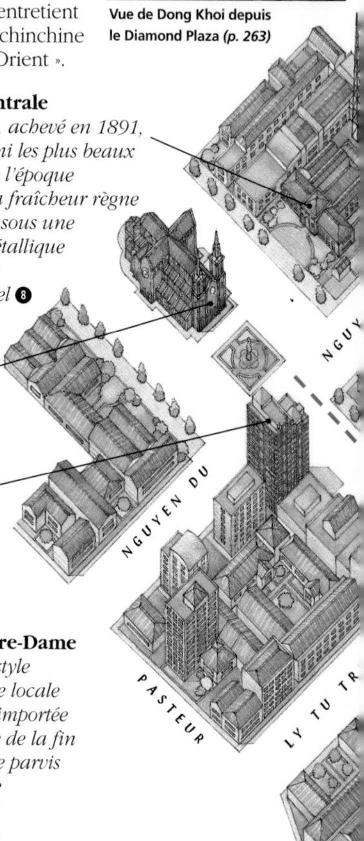

Le Metropolitan Building abrite le siège de la banque HSBC et accueille de nombreux cafés.

★ Cathédrale Notre-Dame
Construite dans le style néoroman en pierre locale et en brique rouge importée de France, elle date de la fin du XIXe siècle. Sur le parvis se dresse une statue de la Vierge datant des années 1950 ❼

Immeuble du Comité du peuple
Longtemps décrié et appelé, entre autres, « pâtisserie », le monument le plus emblématique de la ville, élevé entre 1901 et 1908, abrite aujourd'hui le Comité du peuple ❹

À NE PAS MANQUER

- ★ Cathédrale Notre-Dame
- ★ Poste centrale
- ★ Théâtre municipal

Lower Dong Khoi
C'est devenu l'un des quartiers les plus à la mode pour le shopping. Des marques locales comme Khai Silk côtoient les grandes enseignes internationales comme Louis Vuitton (à gauche).

Hôtel Continental
Exemple typique de l'architecture coloniale de Saigon, ce havre de sérénité au cœur de la ville possède un atrium central, où l'on prend le thé l'après-midi, et un patio, où l'on dîne les soirs d'été ❸

LÉGENDE

— — — Itinéraire conseillé

0 150 m

Le Vincon Shopping Center (tours Vincon) est l'un des plus grands centres commerciaux du pays. Il abrite de nombreuses enseignes étrangères.

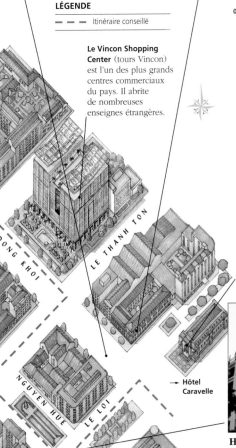

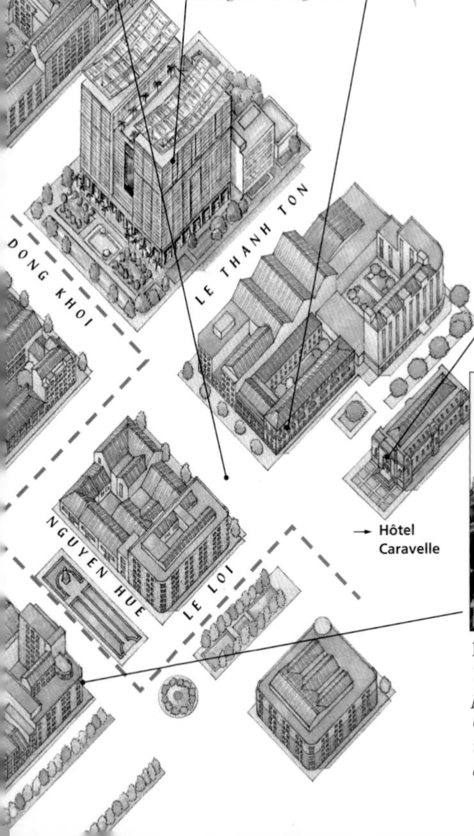

★ **Théâtre municipal**
D'un style néoclassique typique de la Belle Époque, l'ancien Opéra accueillit l'Assemblée nationale de 1956 à 1975 ❷

Hôtel Rex
Très fréquenté par les reporters pendant la guerre du Vietnam, cet établissement, bâti en 1953, ménage un panorama exceptionnel depuis sa vaste terrasse sur le toit ❻

Hôtel Caravelle ❶

19, pl. Lam Son, 1er arr. **Plan** 2 F3. ***Tél.*** *(08) 3823 4999.* *t.l.j.* www.caravellehotel.com

Lors de son ouverture en 1959, la veille de Noël, cet hôtel était avec ses dix étages le plus haut édifice de la ville. En commentant son inauguration, la presse locale encensa son système central de climatisation et ses vitres à l'épreuve des balles. Cette précaution des concepteurs fut appréciée à sa juste valeur par de nombreux diplomates et journalistes pendant la guerre du Vietnam *(p. 44-45).* L'Australie et la Nouvelle-Zélande y établirent leurs ambassades, tandis que le Washington Post, le New York Times et des agences de presse comme l'Associated Press y ouvraient des bureaux. Les grands reporters affirmaient même en plaisantant qu'ils pouvaient couvrir tout le conflit sans quitter leur table du bar sur le toit. Toutefois, l'éclat du Caravelle se ternit après la chute de Saigon en 1975. Depuis sa rénovation, il compte aujourd'hui, avec sa haute tour parée de marbre, parmi les palaces les plus luxueux de la ville. Les anciens hôtes auraient peut-être du mal à reconnaître le bar du toit, mais il coiffe toujours l'aile ancienne et reste idéal pour faire une pause et déguster un cocktail.

Décorations de Noël à la réception de l'hôtel Caravelle

Théâtre municipal ❷

7, pl. Lam Son, angle de Lê Loi et Dong Khoi, 1er arr. **Plan** 2 F3. ***Tél.*** *(08) 3829 9976.* *variables.*

L'Opéra construit en 1899 pour la bourgeoisie coloniale ne déparerait pas une avenue parisienne. Après avoir abrité les séances de l'Assemblée nationale du Sud-Vietnam de 1956 à la chute de Saigon, il a retrouvé sa fonction initiale sous le nom de Nha Hat Thanh Pho. Les deux grandes cariatides de l'entrée, au sommet du grand escalier d'accès, ainsi que les figures ailées sculptées au fronton sont typiques des déclinaisons européennes du néoclassicisme à la fin du XIXe siècle.

Sculptures ornant le fronton du Théâtre municipal

Plus sobre, l'intérieur offre un cadre adapté à une programmation éclectique – théâtre vietnamien traditionnel, musique classique occidentale, concerts de rock et démonstrations de gymnastique. Des affiches en donnent le détail à la billetterie.

Moment de détente dans la cour intérieure de l'hôtel Continental

Hôtel Continental ❸

132-134, Dong Khoi, 1er arr. **Plan** 2 F3. ***Tél.*** *(08) 3829 9201.* *t.l.j.* www.continentalhotel.com.vn

Achevé en 1886, le plus prestigieux des grands hôtels de luxe construits à l'époque française entoure une cour intérieure ombragée par des frangipaniers. La majeure partie de l'établissement n'a pas subi la « modernisation » qui a frappé d'autres édifices historiques de la ville, et l'âge lui donne une patine élégante. À l'intérieur, des tapis rouges couvrent toujours les escaliers d'origine.

D'illustres clients ont fait entrer le Continental dans l'Histoire. André Malraux (1901-1976) et son épouse Clara (1898-1982) y séjournèrent en 1924 et 1925. Pendant la guerre du Vietnam, de grands journalistes comme Walter Cronkite (1916-2009) en firent leur quartier général, surnommant l'hôtel « Radio Catinat ». Somerset Maugham (1874-1965) compte parmi les écrivains célèbres qui y louèrent une chambre, mais c'est Graham Greene (1904-1991) qui a le plus contribué à sa renommée. Il y a séjourné plusieurs mois et en a parfaitement rendu l'esprit dans son célèbre roman *Un Américain bien tranquille* (1955).

Pour les hôtels et les restaurants de la ville, voir p. 232-234 et p. 250-252

Immeuble du Comité du peuple ❹

Angle de Lê Thanh Ton et Nguyen Hue, 1er arr. **Plan** 2 E3.
au public.

La construction de l'ancien hôtel de ville de la capitale de la Cochinchine dura de 1898 à 1908. Le 25 août 1945, à l'abdication de l'empereur Bao Dai, des milliers de personnes se rassemblèrent devant pour acclamer la fondation du Comité administratif provisoire du Sud-Vietnam. Le bâtiment renferme aujourd'hui le siège du Comité du peuple qui dirige la ville. Ce monument – le plus photographié de l'ancienne Saigon –, n'est pas ouvert aux visiteurs.

De style néo-Renaissance, il s'inspire de l'hôtel de ville de Paris. Le décor chargé de sa façade jaune et crème lui a valu un temps des qualificatifs peu flatteurs comme « désastreuse pâtisserie », mais son charme kitsch a cessé de provoquer des critiques, et il s'est élevé au rang d'emblème de la ville.

À défaut de pouvoir en découvrir l'intérieur, vous pouvez le contempler depuis la place où se dresse une statue de Hô Chi Minh tenant un enfant dans ses bras. La nuit, l'éclairage rend le monument encore plus spectaculaire en accentuant les reliefs des deux ailes et du pavillon central.

Pavillon central de l'immeuble néo-Renaissance du Comité du peuple

Photo de la chute de Saigon (1975), musée de Hô Chi Minh-Ville

Musée de Hô Chi Minh-Ville ❺

65, Ly Tu Trong, 1er arr.
Plan 2 E4. ***Tél.*** *(08) 3829 9741.*
t.l.j. 8h-17h.
www.hcmc-museum.edu.vn

L'ancienne résidence du gouverneur de la Cochinchine, bâtie entre 1885 et 1890, semble être arrivée tout droit de France en pièces détachées. Une colonnade anime la façade néoclassique, et l'édifice présente plus d'intérêt en lui-même que l'exposition qu'il renferme. Les jeunes mariés viennent souvent poser dans l'escalier d'apparat pour leurs photos de noces. L'institution prétend illustrer les 300 ans d'histoire de la ville. Cependant, son nom d'origine, « musée de la Révolution », offre une idée plus conforme de ce qui attend le visiteur. Au rez-de-chaussée se côtoient des images de la Saigon française, de vieilles cartes et des documents délabrés de l'époque de la fondation de la cité au XVIIe siècle. On y découvre aussi des costumes traditionnels, des collections consacrées à l'histoire naturelle locale et de nombreuses pièces de monnaie vietnamiennes.

Le premier étage retrace la longue lutte du Vietnam contre l'impérialisme. Des vitrines abritent des armes ainsi que des photographies de soldats, des lettres du front et des manifestes politiques. À l'extérieur, vous verrez un hélicoptère Huey, un avion de chasse et un blindé de construction américaine.

LE VIETNAM AU CINÉMA

Scène de *Platoon* d'Oliver Stone

Aucun autre pays de la région n'a inspiré autant de cinéastes étrangers que le Vietnam. Hollywood en fit dès 1932 le décor de *La Belle de Saigon*, un film interprété par Clark Gable. Les deux adaptations d'*Un Américain bien tranquille*, avec Audie Murphy en 1957 et Michael Caine en 2002, évoquent les derniers temps de la présence française. Les récits de guerre abondent. *Apocalypse Now* (1979), la fresque allégorique de Francis Ford Coppola, et *Platoon* (1986), le témoignage réaliste d'Oliver Stone, sont les plus connus. Avec *Indochine* (1992), le Français Régis Wargnier offre une vision très romanesque de l'époque coloniale. Après avoir connu un succès international avec *L'Odeur de la papaye verte* (1992), le Franco-Vietnamien Tran Anh Hung voit son film *Cyclo* (1995) interdit au Vietnam pour le regard noir qu'il pose sur la vie à Hô Chi Minh-Ville.

Restaurant Rose Garden, Hôtel Rex

Hôtel Rex ❻

141, Nguyen Hue, 1er arr.
Plan 2 E4. ***Tél.*** *(08) 3829 2185.*
24 h/24.
www.rexhotelvietnam.com

Construit par les Français dans les années 1950, le Rex joua un rôle central dans l'histoire de la ville. Lieu de résidence de soldats américains pendant la guerre du Vietnam, il abritait aussi les services d'information de l'armée et servait de cadre aux conférences de presse quotidiennes. Leur nature outrageusement partiale leur valut le surnom de « Délires de cinq heures ». L'établissement reste très populaire, et pas seulement pour son bar sur le toit *(p. 51)*. Il accueille souvent des congrès d'affaires et des joueurs dans sa salle de bingo. Des mariages se déroulent régulièrement dans sa cour centrale.

Cathédrale Notre-Dame ❼

1, pl. Cong Xa Paris, 1er arr.
Plan 2 E3. *lun.-sam. 8h-10h30, 15h-16h, offices dim.*

Appelée Nha Tho Duc Ba en vietnamien, la plus grande église jamais construite par les Français dans l'empire colonial demanda trois ans de travaux, de 1877 à 1880. De style néoroman et dotée de deux tours de 40 m, c'était le plus haut édifice de Saigon. Cuites à Marseille, les briques rouges ne sont qu'un parement : sa structure est en granit. Les vitraux de Chartres qui l'ornaient n'ont pas survécu à la Seconde Guerre mondiale. Son intérieur, très simple, contient de beaux ex-voto en français et en vietnamien. Sur le parvis se dresse une statue de la Vierge sculptée à Rome. Lors de son érection à son emplacement actuel en 1959, elle reçut le nom de Marie Reine de Paix, un message d'espoir et de conciliation dans un pays déchiré par la guerre. Si la communauté catholique a perdu de son influence, les offices attirent de nombreux fidèles. Le clocher, ouvert le dimanche, offre une vue superbe sur la ville.

Poste centrale ❽

2, pl. Cong Xa Paris, 1er arr.
Plan 2 E3. ***Tél.*** *(08) 3829 3274.*
t.l.j. 7h-20h.

L'imposante Buu Dien Trung Tam, édifiée entre 1886 et 1891, mérite qu'on s'y arrête, ne serait-ce que pour profiter de la fraîcheur dispensée par les ventilateurs. La façade rose et blanche arbore les effigies de philosophes et de savants célèbres. Éclairé par une verrière, le vaste espace intérieur, dont la structure métallique a été dessinée par Gustave Eiffel, évoque une gare. De longs bureaux de bois permettent de rédiger courriers et adresses.

Un comptoir vend des souvenirs et des timbres – ceux-ci ne sont pas adhésifs et des pots de colle sont mis à disposition près de l'entrée. Un grand portrait de Hô Chi Minh décore le mur du fond, et le père de la nation semble veiller à la bonne marche des opérations. Au-dessus des téléphones, à droite en entrant, un plan représente Saigon et ses environs en 1892. La carte en face date de 1936. Elle montre les lignes télégraphiques qui existaient à l'époque au Sud-Vietnam et au Cambodge.

Statue de la Vierge, cathédrale Notre-Dame

L'intérieur aéré et harmonieux de la poste centrale

Façade austère du palais de la Réunification, un exemple rare de l'architecture vietnamienne des années 1960

Palais de la Réunification 9

135, Nam Ky Khoi Nghia, 1er arr. **Plan** 2 D3. ***Tél.*** *(08) 3822 3652.* *t.l.j. 7h30-11h, 13h-16h, sf lors des manifestations officielles.* **www.**dinhdoclap.gov.vn

L'ancien palais présidentiel, dont la prise symbolisa la fin de la guerre du Vietnam, est devenu un musée. Il occupe l'emplacement de la résidence du gouverneur général de l'Indochine, bâtie en 1868. Un bombardement effectué par la propre aviation du président Ngo Dinh Diem *(p. 44)* lors d'une tentative manquée d'assassinat la détruisit en 1962. Diem commanda la construction de l'édifice moderniste actuel, mais il ne put jamais s'y installer. Un nouveau complot causa sa perte avant l'achèvement des travaux en 1966.

Son successeur, Nguyen Van Thieu, y reçut dignitaires et hommes d'État jusqu'au jour de 1975 où il décolla du toit en hélicoptère pour fuir l'avancée des troupes nord-vietnamiennes. Le 30 avril, le char d'assaut 879 de la 203e brigade enfonçait la grille de la propriété, une image *(p. 59)* qui devait entrer dans l'Histoire comme le symbole de la fin de quinze ans de guerre.

Depuis, l'intérieur a peu changé avec ses larges couloirs hauts de plafond ouvrant sur de vastes salons. Derrière le bureau où étaient reçues les lettres de créance, un grand laque illustre des épisodes de l'histoire de la dynastie des Lê *(p. 40)*. Somptueusement meublés dans un style typique des années 1970, les quartiers d'habitation entourent un atrium et comprennent une salle de détente. Le sous-sol renferme le bunker et la salle des transmissions, où des cartes montrent la progression des Nord-Vietnamiens. Vous trouverez une salle de jeux au 3e étage.

Derrière le palais s'étend un vaste parc municipal.

Musée d'Histoire du Vietnam 10

2, Nguyen Binh Khiem, 1er arr. **Plan** 2 F1. ***Tél.*** *(08) 3829 8146.* *mar.-dim. 8h-11h30, 13h30-16h30.* **Zoo de Saigon** 2, Nguyen Binh Khiem ***Tél.*** *(08) 829 3728.* *t.l.j. 7h-20h.*

Vase de la dynastie Lê

Construit en 1929 dans le style d'une pagode, le Bao Tang Lich Su retrace l'histoire de la région depuis la préhistoire. La première partie de l'exposition comprend des reliques datant du Néolithique et des objets de bronze de l'époque des rois Hung *(p. 37)*, dont des tambours de la civilisation de Dong Son. Parmi les souvenirs de la culture d'Oc-èo, dans le delta du Mékong, se trouve une pièce de monnaie du IIe siècle.

Des dynasties Ly et Tran subsistent surtout des céramiques, tandis que la dynastie Nguyen *(p. 41)* a laissé un riche ensemble de vêtements et de bijoux. Une salle présente des objets d'art cham et khmers, entre autres, des lingas en pierre, ainsi que de l'artisanat des minorités montagnardes. Les vestiges funéraires recèlent une momie de 1869. Une magnifique collection de bouddhas réunit des statues de toute l'Asie. Un spectacle de marionnettes sur eau *(p. 159)* conclut la visite.

Le musée borde le vaste espace vert du **zoo de Saigon**, cadre idéal à une promenade à l'écart de l'agitation de la ville.

Éléphants du zoo de Saigon

Pagode de l'Empereur de Jade ⓫

Statuette de la salle des Femmes

Dédié à Ngoc Hoang, le maître suprême des cieux dans le panthéon taoïste, ce petit lieu de culte construit par la communauté cantonaise en 1909 porte aussi le nom de « pagode des Tortues ». La sobriété de sa façade contraste avec la sophistication de sa toiture. Ses grandes portes de bois possèdent un riche décor sculpté où se côtoient êtres humains et divins. Les statues à l'intérieur constituent le principal intérêt d'une visite. Elles associent divinités bouddhiques et taoïstes. Les splendides panneaux de bois qui ornent les murs évoquent les supplices endurés dans les enfers par les âmes des pécheurs.

Illustration de l'un des mille tourments dans la salle des Dix Enfers

Salle des femmes
Kim Hoa, déesse des mères, domine l'assemblée formée par deux rangs de figurines en céramique vêtues de robes de couleurs vives. À chacun de ces personnages féminins sont associés une année lunaire et une qualité ou un défaut humain.

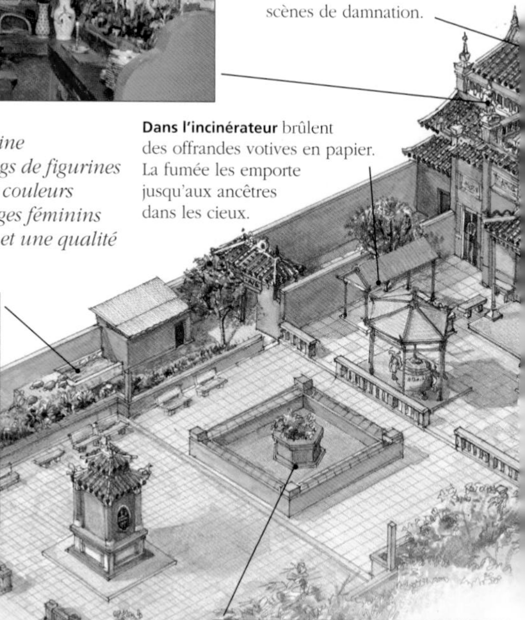

Le seigneur de l'Enfer au cheval rouge préside la salle des Dix Enfers, dont les murs sont couverts de scènes de damnation.

Dans l'incinérateur brûlent des offrandes votives en papier. La fumée les emporte jusqu'aux ancêtres dans les cieux.

Abri des tortues
Bien que la tortue soit un symbole de chance souvent représenté au Vietnam, rares sont les sanctuaires en son honneur, comme le petit espace où plusieurs prospèrent dans la cour de la pagode.

Vers l'entrée principale

Cour extérieure
Ombragé par des arbustes fleuris et un vieux banian, cet espace paisible renferme des bancs et un bassin à tortues.

À NE PAS MANQUER

- ★ Démons protecteurs
- ★ Mère des cinq bouddhas
- ★ Sanctuaire principal

Pour les hôtels et les restaurants de la ville, voir p. 232-234 et p. 250-252

Toiture à étages traditionnelle de tuiles vertes
Sur les faîtières d'une charpente élaborée, des dragons jouent en plein ciel leur rôle d'intermédiaires avec le divin.

MODE D'EMPLOI

73, Mai Thi Luu, 3e arr.
Plan 2 D1. 6h-18h.
Il est difficile de trouver un taxi à proximité du temple : mieux vaut en commander un pour le retour.

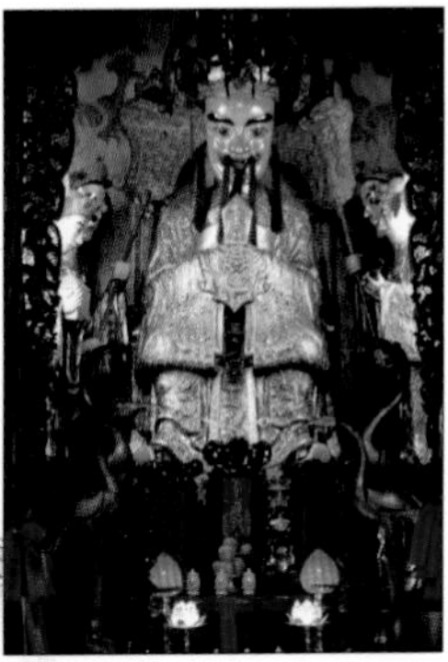

★ Sanctuaire principal
Au fond de la salle principale, quatre gardiens entourent l'effigie somptueusement vêtue de l'empereur de Jade.

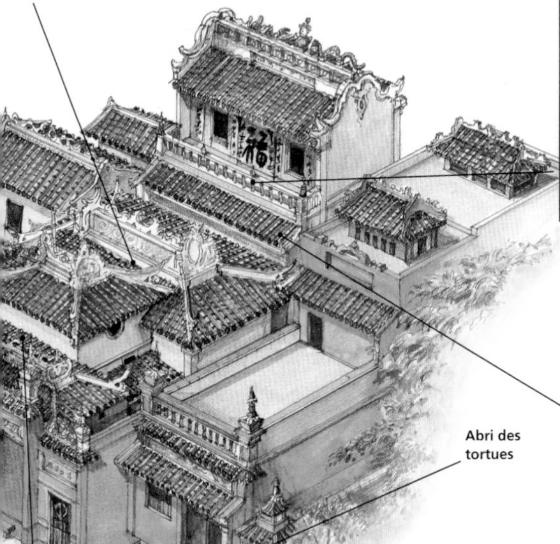

★ Démons protecteurs
Deux sculptures en papier mâché plus grandes que nature représentent des esprits gardiens, le pied posé l'un sur un dragon, l'autre sur un tigre maté.

★ Mère des cinq bouddhas
Un autel est dédié à une divinité rarement rencontrée, Phat Mau Chuan De, la Mère des cinq bouddhas des points cardinaux. Elle étend ses bras multiples au milieu des images de ses fils.

SIGNIFICATION RELIGIEUSE DU FOYER

Représenté sous la forme d'un gros personnage jovial dont le pantalon a brûlé parce qu'il s'est tenu trop près du feu, Ong Tao, le génie de la cuisine, réside dans le foyer familial et sait donc tout ce qui se passe au logis. Nombreuses sont les maisons où il possède un autel toujours généreusement garni d'offrandes de nourriture, de boissons et d'encens. Il joue en effet un rôle d'informateur auprès de l'empereur de Jade, à qui il fait tous les ans pour le Têt un rapport sur la conduite de la famille. Selon que la discorde ou l'harmonie aura régné, elle sera punie ou récompensée.

Offrandes sur un autel familial à Ong Tao

Temple du Maréchal Lê Van Duyet ⓬

1bis, Phan Dang Luu, arr. de Binh Thanh. ***Tél.*** *(08) 3841 2517.* *t.l.j. du lever au coucher du soleil.* *fête du Temple (fin août-déb. sept.).*

Eunuque au service de l'empereur Gia Long, le général Lê Van Duyet (1763-1831) se vit accorder le rang de maréchal pour son rôle dans l'écrasement de la révolte des Tay Son *(p. 41)*. Appréciant les Français, il refusa de persécuter les chrétiens pour le compte du successeur de Gia Long, l'empereur Minh Mang (r. 1820-1841). Furieux, ce dernier poussa l'animosité jusqu'à faire démolir le tombeau du guerrier. En réhabilitant en 1841 le fidèle serviteur de son grand-père, l'empereur Thieu Tri permit la reconstruction du mausolée.

Un lieu de culte en l'honneur du héros a été élevé à côté. Dans le tombeau, Lê Van Duyet repose à côté de sa femme, à l'abri d'un muret. Des mosaïques et des reliefs décorent l'extérieur du sanctuaire voisin. Il renferme les statues en bois poli d'un cheval et de grues, un oiseau symbolisant la sagesse et la fidélité. L'absence de toute autre image en dehors d'un portrait de Lê Van Duyet rappelle aux dévots qu'ils rendent un culte à un mortel. La salle contient aussi des possessions du maréchal – entre autres, de la verrerie, des armes et un tigre empaillé. Des fidèles habitant la région viennent en nombre y faire des offrandes, méditer et prendre des engagements solennels. Tous les ans, lors de l'anniversaire de la mort du maréchal, des représentations de théâtre traditionnel s'y déroulent.

Grand bouddha arborant un svastika, pagode Vinh Nghiem

Pagode Vinh Nghiem ⓭

339, Nam Ky Khoi Nghia, 3e arr. **Plan** 1 B2. ***Tél.*** *(08) 3848 3153.* *t.l.j. du lever au coucher du soleil.*

Achevée en 1971 avec l'aide de l'Association d'amitié nippo-vietnamienne, la plus grande et la plus récente des pagodes de Hô Chi Minh-Ville possède une tour de sept étages dont chaque côté est orné d'un bouddha en haut relief. Elle se dresse tout de suite à gauche du portail.

Le bâtiment principal se trouve au fond d'une cour longue de 20 m. Une volée de marches mène aux cinq grandes portes laquées donnant dans la première salle. Sur les murs, des peintures de bonne facture illustrent des scènes tirées de la tradition bouddhique. Des légendes, à côté, les expliquent. Un immense bouddha assis encadré de deux bodhisattvas domine l'autel principal.

Tour à sept étages de la pagode Vinh Nghiem

Derrière le sanctuaire, Quan Am, déesse de la compassion, veille sur une salle emplie d'urnes funéraires portant les photographies, l'identité et les dates de naissance et de décès des défunts. Une tour de trois étages en contient 10 000 autres.

Au premier étage du sanctuaire, une galerie conduit à un lieu d'exposition d'artistes. Des jardins de rocaille et de topiaire flanquent l'édifice.

Dans la cour spacieuse du temple du Maréchal Lê Van Duyet

Pour les hôtels et les restaurants de la ville, voir p. 232-234 et p. 250-252

Musée de la Femme sud-vietnamienne ⓮

202, Vo Thi Sau, 3e arr. **Plan** 1 C3. ***Tél.*** *(08) 3932 5696.* *t.l.j. 7h30-11h30, 13h30-17h.*

Le Bao Tang Phu Nu Nam Bo, fondé en 1985, illustre sur trois étages l'importance du rôle des femmes au Sud-Vietnam, depuis le culte traditionnel de la déesse mère jusqu'aux combattantes qui furent nombreuses à participer aux luttes de libération du pays. L'organisation de la section historique, très détaillée, témoigne d'une vocation pédagogique.

La visite commence habituellement au troisième étage, consacré aux guerres d'indépendance et de réunification du XXe siècle. Sur les murs, des photos et des biographies retracent le destin, en général tragique, d'héroïnes nationales. Des vitrines contiennent des effets personnels qui leur ont appartenu. Les salles du deuxième étage développent le même thème en l'illustrant avec des statues et de grandes peintures d'événements historiques. Ce niveau renferme aussi la reconstitution de la cellule d'une prisonnière emblématique.

Dédié aux artisanats et aux coutumes traditionnels, le premier étage présente davantage d'intérêt pour un étranger. La collection comprend, entre autres, un bel ensemble de robes de mariée, des costumes de fête, des bijoux et de vieilles photographies. Le vestibule, où de nombreux objets votifs ornent le pastiche d'une entrée de temple, évoque le culte ancien voué à la déesse mère. Dans une vaste salle sont expliquées les techniques de fabrication des cotonnades et des tapis en fibres végétales. Le musée possède aussi une salle de projection, une petite bibliothèque et une boutique.

Blindé dans le jardin du musée des Vestiges de la guerre

Musée des Vestiges de la guerre ⓯

28, Vo Van Tan, 3e arr. **Plan** 2 D3. ***Tél.*** *(08) 3930 2112.* *t.l.j. 7h30-12h, 13h30-17h.*

L'ancien musée des Crimes de guerre occupe le bâtiment où les Américains avaient leur service d'information. Les photographies, les objets exposés et les films dénoncent d'un point de vue strictement nord-vietnamien les atrocités commises par les occupants français, chinois et américains.

Bombe à fragmentation américaine

Le rez-de-chaussée évoque la dimension la plus horrible de la guerre du Vietnam avec des images du massacre de My Lai, de supplices et de blessures subies par des victimes de bombardements. Attention ! le musée peut choquer : des bocaux contiennent des fœtus mal formés, conséquence des épandages de défoliant. Le jardin expose des pièces d'artillerie et des véhicules militaires.

Pagode Xa Loi ⓰

89, Ba Huyen Thanh, 3e arr. **Plan** 1 C4. ***Tél.*** *(08) 3930 7438.* *t.l.j. 7h-11h, 14h-19h.*

Ce sanctuaire, construit en 1956 dans une grande enceinte, a joué un rôle important dans l'histoire récente du Sud-Vietnam. Il fut en effet, au début des années 1960, un pôle de résistance à la politique hostile au bouddhisme du président Ngo Dinh Diem *(p. 43-44)*. Trois de ses bonzes s'immolèrent par le feu en signe de protestation, et une rafle se conclut par l'arrestation de 400 fidèles et membres du clergé. Ces événements cristallisèrent le rejet par la population du régime corrompu de Diem, sentiment qui poussa les États-Unis à fomenter le coup d'État de 1963 où il perdit la vie.

Ces souvenirs tumultueux ne troublent pas aujourd'hui la sérénité des lieux dominés par une tour de six étages haute de 15 m. De grands panneaux peints illustrent la vie de Bouddha. Le sanctuaire se trouve au premier étage du bâtiment principal. Il se distingue par la sobriété de son décor. En l'absence de mobilier, de piliers et d'encensoirs, rien ne distrait le bouddha doré assis dans la position du lotus derrière l'autel.

Bouddha colossal de la pagode Xa Loi

Façade multicolore du temple hindou de Mariamman

Temple hindou de Mariamman ⓱

45, Truong Dinh, 1er arr. **Plan** 2 D4. **Tél.** *(08) 3823 2735.* *t.l.j. du lever au coucher du soleil.*

Dédié à Mariamman, une incarnation de Shakti, épouse d'Indra et déesse de la puissance, ce lieu de culte édifié à la fin du XIXe siècle par la communauté indienne attire aussi de nombreux Vietnamiens. Bien que bouddhistes, ces derniers viennent se recueillir ici pour attirer la chance. Les lieux restent superbement entretenus. Les soubresauts d'une histoire sanglante ont pourtant considérablement réduit l'importance de la congrégation à l'origine de l'édification du temple. Elle compte aujourd'hui principalement des Tamouls.

De nombreuses statues de déités, de vaches et de lions, peintes dans des tons éclatants de rose, de bleu et de vert, dominent une façade couleur corail. Au-dessus de l'entrée, d'autres images sculptées, principalement des divinités féminines, décorent la tour pyramidale à étages qui s'élève depuis le toit.

À l'intérieur du temple, un lion drapé de rouge monte la garde sur le portique découvert qui entoure le sanctuaire principal. Des niches creusées dans trois des murs de la cour recèlent les effigies de divers dieux et déesses. Légèrement surélevé, le bâtiment lui-même, en pierre, évoque le style architectural d'Angkor Vat *(p. 212-213)*. Il sert d'écrin à la représentation de Mariamman, aisément reconnaissable à ses multiples bras. Deux lingas (symboles phalliques) se dressent devant elle. Parmi les êtres divins qui l'entourent se trouve Ganesh, le fils de Shiva à tête d'éléphant, porteur de chance et de prospérité.

Les fidèles prennent des bâtons d'encens dans leurs mains pour prier. Certains pressent leur tête contre un mur à l'arrière du temple dans l'espoir que la déesse entendra leurs vœux. Le toit et ses tours sacrées sont accessibles.

Marché Ben Thanh ⓲

Croisement de Lê Loi et Ham Nghi, 1er arr. **Plan** 2 E4. *t.l.j. 8h-17h, plus tard à l'extérieur.*

Construit par les Français en 1914, le plus grand et le plus ancien des marchés couverts de Hô Chi Minh-Ville portait à l'origine le nom de Halles centrales. Une haute tour de l'Horloge domine l'entrée de l'immense corps de bâtiment en béton armé.

À l'intérieur, les éventaires, proposant des denrées alimentaires, des articles de cuir et des ustensiles de cuisine mais aussi de la quincaillerie et du bétail sur pied, se comptent par centaines. Ces produits attirent une foule considérable et il règne une atmosphère bruyante et animée. Tout au long de la journée, les vendeurs haranguent le chaland et les clients marchandent, tandis que des visiteurs cherchent la bonne affaire.

Une fois franchi le portail principal sur le boulevard Lê Loi, la zone des vêtements et des tissus s'étend à droite. En continuant plus loin, on arrive, toujours à droite, à des produits d'épicerie – thé, café, épices et conserves. Au milieu de la halle, en face des marchands d'aliments frais, des éventaires proposent des plats appétissants. Bien que très bon marché, ces petits établissements de restauration jouissent d'une bonne réputation. Comme les noms des mets figurent aussi en anglais sur la carte, il suffit de pointer du doigt pour commander ce que l'on désire.

Échoppe du marché Ben Thanh

Musée des Beaux-Arts ⓳

97A, Pho Duc Chinh, 1er arr. **Plan** 2 E5. ***Tél.*** *(08) 3829 4441.* *mar.-dim. 9h-17h.*

Derrière d'imposantes grilles en fer forgé, le Bao Tang My Thuat occupe une ancienne demeure coloniale à la façade jaune et blanche très harmonieuse avec ses auvents tuilés évoquant l'architecture chinoise et ses gracieux balcons semi-circulaires.

Le rez-de-chaussée abrite un assortiment hétéroclite d'œuvres Belle Époque, modernes, de style chinois classique et même typiques de la propagande soviétique. Au premier étage, consacré surtout à l'art politique, les guerres de libération ont inspiré des créations réalisées sur une grande diversité de supports : dessins, gravures, aquarelles, affiches et peintures. Une collection de céramiques anciennes rassemble aussi des pièces d'origine ou d'inspiration chinoise. Au deuxième étage, l'exposition, plus intéressante, comprend des sculptures en pierre du royaume de Champa, des poteries et des sculptures des civilisations Oc-èo et post-Oc-èo, et des antiquités chinoises et indiennes. Les statues funéraires en bois des hauts plateaux centraux du début du XXe siècle sont remarquables.

Derrière le musée, deux galeries vendent les œuvres d'artistes contemporains.

Marché Dan Sinh ⓴

104, Yersin, 1er arr. **Plan** 2 E5. *t.l.j. du lever au coucher du soleil.*

Même si les articles proposés sont souvent des imitations, ce dédale de boutiques et d'étals jadis alimentés par les surplus des armées qui s'affrontèrent sur le sol vietnamien, ou de celles qui les équipèrent, offre un but

Sculpture à base de casques de soldats inconnus, musée des Beaux-Arts

de visite pittoresque : uniformes, bottes, casques et accessoires divers, principalement copiés sur l'équipement américain. Dans un registre moins utilitaire, les contrefaçons de briquets Zippo supposés dater de la guerre du Vietnam se comptent par milliers. La plupart portent un emblème de régiment. Parmi les autres souvenirs de ce genre se trouvent des plaques d'identité, des épaulettes, des insignes viêt-công, des médailles, des boucles de ceinture et des casques tropicaux. Le marché propose aussi un large choix d'articles domestiques. Tous les ustensiles de cuisine imaginables sont en vente, des woks aux cafetières et aux shakers. Toutes sortes d'outils, mécaniques et électriques, couvrent les étagères, à côté de boussoles de types variés ; c'est le paradis des curieux !

Buste en pierre, musée des Beaux-Arts

Temple de Hoi Quan Nghia An ㉑

678, Nguyen Trai, Cholon. **Plan** 4 E4. ***Tél.*** *(08) 3853 8775.* *t.l.j. du lever au coucher du soleil.*

Construit au milieu du XIXe siècle, ce temple, réputé pour la qualité de ses sculptures sur bois, est l'un des plus anciens de la ville. Il est dédié à Quan Cong, un guerrier chinois déifié, et à Nghia An, son palefrenier.

L'intérieur renferme, à gauche de l'entrée, les effigies plus grandes que nature de Nghia An et du cheval rouge de Quan Cong. Les fidèles vouent une vénération particulière à ces statues. Faire sonner la cloche accrochée au cou de la monture, puis passer de l'autre côté en rampant sous son ventre, porte tout spécialement bonheur. En face, des vitres protègent l'autel d'Ong Bon, gardien du bonheur et de la vertu.

Des portes à claire-voie en bois donnent sur le sanctuaire principal. Les murs latéraux portent des frises représentant un tigre et un dragon.

Derrière l'autel, des vitrines abritent les images de Quan Cong, doté d'une longue barbe noire, et de ses deux assistants : Quan Binh, son premier mandarin, à droite, et Chau Xuong, son général en chef, à gauche.

Temple de Hoi Quan Nghia An, de style chinois

Cholon à pied

Fondé au XVIIIe siècle, le faubourg de Cholon, ou 5e arrondissement, est depuis longtemps l'un des quartiers commerçants les plus animés de Hô Chi Minh-Ville. Ses boutiques regorgent de soieries, d'épices, d'herbes médicinales, de chapeaux et autres bibelots en jade ou en céramique. Cholon, dont le nom signifie « grand marché », est aussi un carrefour religieux. Accueillant la majeure partie de la communauté des Vietnamiens d'origine chinoise, les Hoa, il abrite de remarquables temples et pagodes situés pour la plupart près de l'artère principale, Nguyen Trai. La marche est le meilleur moyen d'explorer les rues étroites de ce quartier animé.

Brûle-encens du temple de Thien Hau *(p. 70)*

Le marché de l'électronique est une véritable caverne d'Ali Baba, que l'on soit à la recherche d'un grille-pain ou d'un téléviseur.

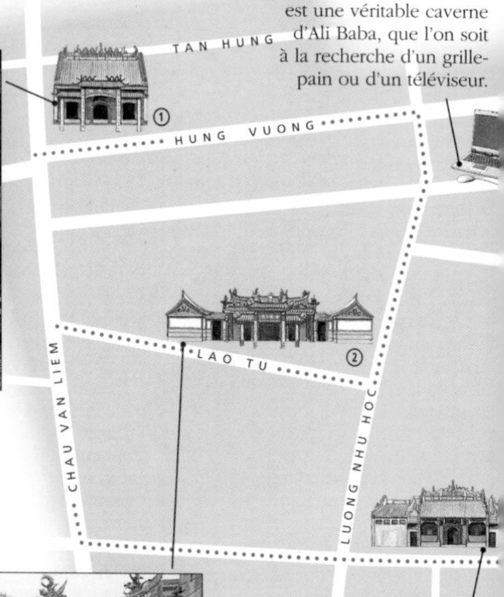

Temple Phuoc An Hoi Quan ①
Ce sanctuaire, édifié en 1902 par la congrégation des Fujianais, est dédié à Quan Cong. Devant l'autel principal, des lances, symbolisent les vertus cardinales.

Pagode de Quan Am ②
La fondation du seul temple de la ville traversé par une rue remonte au début du XIXe siècle. Un joli portail polychrome protège l'entrée principale (p. 70).

LÉGENDE

•••••••••• Itinéraire conseillé

0 100 m

Temple de Thien Hau ③
La frise illustrant une légende chinoise au sommet d'un toit est la caractéristique la plus remarquable de ce lieu de culte très fréquenté (p. 70).

Rue Trieu Quang Phuc
Les parfums émanant de nombreuses herboristeries traditionnelles planent sur cette rue, l'une des plus bruyantes et des plus animées de Cholon.

MODE D'EMPLOI

Longueur de la balade : *1,6 km.*
Où faire une pause ? *La rue Trieu Quang Phuc, le marché de l'électronique et le marché Xa Tay, près de la mosquée, permettent de se restaurer à petits prix. Une portion de Tran Hung Dao possède quelques bons cafés-restaurants.*
Sécurité : *Le trafic peut être dense le long de Hung Vuong : soyez vigilant !*

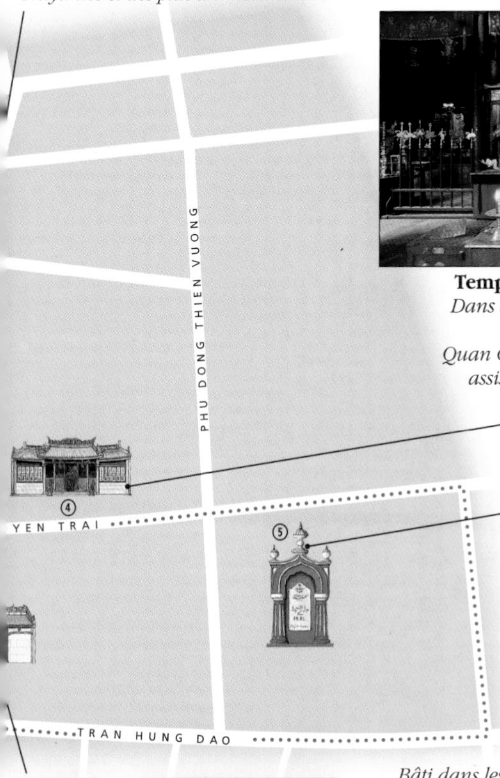

Temple de Hoi Quan Nghia An ④
Dans des vitrines, les représentations du guerrier chinois divinisé Quan Cong et de ses deux principaux assistants président derrière l'autel principal (p. 67).

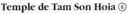

Mosquée de Cholon ⑤
Bâti dans les années 1930, ce petit édifice au charme serein est d'une discrétion et d'une simplicité à l'opposé de la somptuosité des autres temples du quartier.

Temple de Tam Son Hoia ⑥
Ce sanctuaire du XIXe siècle, financé par la communauté du Fujian, reçoit la visite de nombreux couples souhaitant avoir des enfants car il est consacré à Me Sanh, la déesse de la fertilité. Son image domine un petit autel au fond de la pagode.

Temple de Thien Hau ㉒

710, Nguyen Trai, Cholon. **Plan** 4 E4. ***Tél.*** *(08) 3855 5322.* *t.l.j. du lever au coucher du soleil.* *fête du Temple de Thien Hau (avr.).*

Construit par la congrégation des Cantonais au début du XIXe siècle, le temple est aussi connu sous le nom de Hoi Quam Tue Thanh et couramment appelé « Chua Ba », ou pagode de la Dame. Il est dédié à la déesse de la mer, gardienne des marins, et compte parmi les plus décorés de la ville. Avant leur départ, ou après leur retour, les voyageurs viennent lui demander sa protection ou la remercier. La première cour est entourée de murs ornés de frises dans leur partie supérieure. À l'intérieur, d'autres frises et reliefs se déploient au-dessus des galeries latérales de l'atrium. Au centre se dresse un incinérateur destiné aux offrandes. Au faîte du toit du sanctuaire, des personnages en céramique illustrent des scènes tirées de légendes chinoises. Dans la salle centrale, une vitrine contient les lances d'incendie qui éteignirent le feu qui faillit détruire le temple en 1898. Des bandes de papier rouge couvrent les murs. Les fidèles y ont écrit des prières que la brise emmènera jusqu'à Tien Hau. Trois représentations de la déesse entourée de deux acolytes dominent l'autel. Un bateau qui rappelle sa fonction protectrice est suspendu au plafond. À droite se trouve une image de Long Mau, la déesse des mères et des nouveau-nés.

Image de la déesse de la compassion, pagode de Quan Am

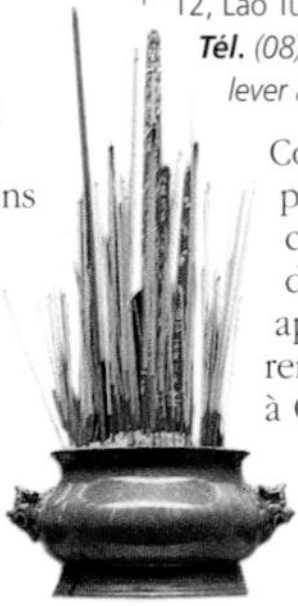
Encensoir du temple de Thien Hau

Pagode de Quan Am ㉓

12, Lao Tu, Cholon. **Plan** 4 D4. ***Tél.*** *(08) 3855 3543.* *t.l.j. du lever au coucher du soleil.*

Commandé en 1816 par des marchands chinois, ce lieu de culte bouddhique, appelé aussi Ong Lang, rend hommage à Quan Am, la déesse de la compassion et de la miséricorde, connue également sous le nom de Kwan Yin. Il est coupé en deux par une rue. Au sud, une esplanade borde une grotte entourée d'un bassin à poissons. Au nord, un portail d'apparat aux piliers parés d'inscriptions précède le corps de bâtiment formant la partie la plus importante de la pagode. Sur le toit, des figurines de céramique illustrent des légendes chinoises. Deux dragons de pierre très expressifs et d'élégants panneaux de bois sculptés encadrent l'entrée.

À l'intérieur, le premier autel mène à une salle qui abrite deux moulins à prières. Des dizaines de petites images de Bouddha couvrent ces colonnes qui tournent. Faire une donation permet au dévot de fixer une étiquette portant son nom sur l'une des images. Chaque tour effectué correspond à une prière dite.

Près de l'autel principal, les déités qui entourent Quan Am comprennent Di Lac, le bouddha de l'Avenir, A Di Da, le bouddha du Passé, et Tchich Ca Mau Ni, le Bouddha historique (Siddharta). De part et d'autre de l'autel, de petits incinérateurs permettent de brûler des imitations de billets destinées à faciliter le séjour des morts dans le monde des esprits. La pagode abrite des tortues vivantes censées porter bonheur. La cour du fond renferme d'autres autels portant les images de dieux et de déesses.

Scènes d'une légende chinoise illustrées par des personnages en céramique sur le toit du temple de Thien Hau

Pour les hôtels et les restaurants de la ville, voir p. 232-234 et p. 250-252

Marché Binh Tay ㉔

Tap Muoi, Cholon. **Plan** 3 C5. ***Tél.*** *(08) 3855 6130.* *t.l.j. 8h-17h.* **www.**chobinhtay.gov.vn

Moins touristique que son équivalent de Ben Thanh *(p. 66)*, ce grand marché couvert mérite une visite pour son atmosphère animée. Il a pour origine quelques éventaires dressés en plein air. En 1826, un marchand fortuné décida de financer la construction de l'immense halle actuelle et engagea un architecte français. Un beffroi domine l'entrée centrale. Les quatre ailes du bâtiment jaune forment un quadrilatère, comportant une cour intérieure ornée d'une jolie fontaine.

L'éventail des produits disponibles va des plantes médicinales et des jouets importés jusqu'aux oiseaux en cage. Des tailleurs et des mécaniciens proposent leurs services. De nombreuses échoppes permettent de se restaurer à petits prix.

Bocaux de bonbons dans une échoppe du marché Binh Tay

Pagode Phung Son ㉕

1408, 3 Thang 2, 11e arr. **Plan** 3 B4. ***Tél.*** *(08) 3969 3584.* *t.l.j. du lever au coucher du soleil.*

Également connue sous le nom de pagode Go, la pagode Phung Son, édifiée entre 1802 et 1820, occupe l'emplacement d'un sanctuaire plus ancien. Des découvertes archéologiques suggèrent

Femme en prière devant une statue à l'entrée de la pagode Phung Son

que ce lieu de culte aurait appartenu à l'empire du Funan *(p. 39)*. Selon une légende, son déménagement sous d'autres cieux aurait été annulé parce qu'un éléphant blanc aurait trébuché. On pensa qu'il valait mieux laisser le temple en place.

Le sanctuaire principal se trouve à gauche du quartier d'habitation des moines. Il contient les statues de divers bouddhas et donne sur un atrium abritant une image de Quan Am, la déesse de la compassion et de la miséricorde, ainsi qu'un tambour cérémoniel.

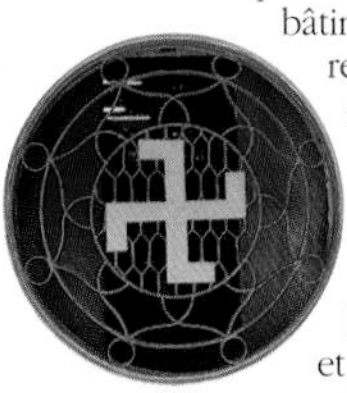

Svastika sur le portique de la pagode Giac Vien

Pagode Giac Vien ㉖

161/35/20, Lac Long Quan, 11e arr. **Plan** 3 A4. *t.l.j. lever-coucher du soleil.* **Parc aquatique Dam Sen** 3, Hoa Binh, 11e arr. *lun.-sam. 8h30-18h, dim. 8h-19h.* **www.**damsenwaterpark.com.vn

Ce sanctuaire fondé par le moine Hai Tinh Giac Vien en 1744 s'intègre parfaitement dans ce paysage rural en périphérie de la ville. Il a conservé son style classique et doit sa réputation à une superbe collection de plus de 150 statues en bois. Il y règne la sérénité convenant à un lieu où l'on rend hommage aux défunts. Plusieurs grands tombeaux magnifiquement sculptés se trouvent à droite de l'entrée, et un columbarium renferme des urnes funéraires. Les ouvertures habilement disposées dans le toit laissent filtrer les rayons du soleil, qui créent dans la pénombre un effet cinématographique.

Dans le sanctuaire, sur l'autel, les images de deux bodhisattvas, au premier plan, et d'un grand bouddha A Di Da, assis au fond, encadrent plusieurs bouddhas de tailles variées, certains dorés et d'autres en bois nu ou en céramique. En face, une multitude de petits bouddhas couvrent les étages d'un support conique éclairé par une guirlande électrique. De part et d'autre du bâtiment, des galeries renferment de jolis bonsaïs.

À courte distance de la pagode, le parc aquatique de **Dam Sen**, fait la joie des petits et des grands. Descentes en toboggan, bassins artificiels, aires de repos ombragées, lagons et jardins paysagers, pagodes et de drôles de sculptures d'animaux : rien ne manque pour une journée bien remplie.

Grand bouddha doré d'un autel de la pagode Giac Vien

Reconstitution d'une cuisine des tunnels de Cu Chi

Pagode au Pilier unique du Sud ㉗

100, Dang Van Bi, arr. de Thu Duc. **Tél.** *(08) 3897 2143. t.l.j. du lever au coucher du soleil.*

Des moines qui s'enfuirent du Nord après la partition du pays en 1954 ont construit ce petit temple sur pilotis inspiré de la pagode au Pilier unique de Hanoi *(p. 165)*. Un temps menacé de destruction par la politique antibouddhisme du président Diem, le sanctuaire servit de base clandestine au Viêt-công pendant la guerre du Vietnam *(p. 44-45)*.

La pagode se dresse sur une colonne plantée au milieu d'un bassin de lotus. Un escalier étroit mène du bord du plan d'eau jusqu'à une entrée couverte. Les nombreuses fenêtres qui percent les parois ménagent un panorama de presque 360°. L'intérieur, d'une grande sobriété, renferme un autel bas.

Pagode au Pilier unique dressée dans un bassin de lotus

Tunnels de Cu Chi ㉘

40 km NO de Hô Chi Minh-Ville. *jusqu'à Cu Chi, puis taxi.* **Tél.** *(08) 3794 8820. t.l.j. 7h30-17h.*

La petite ville de Cu Chi doit aux réseaux de galeries creusés dans l'argile par le Viêt-minh dans sa lutte contre les Français, puis étendus par le Viêt-công pendant la guerre du Vietnam, d'être entrée dans l'Histoire. Ces tunnels atteignirent une longueur totale de plus de 200 km.

Deux sites permettent d'en découvrir une petite partie. Au village de Ben Dinh, situé à environ 15 km, la visite guidée commence dans une salle de réunion où cartes et plans de coupe montrent l'organisation du dédale. Un film retrace son histoire. Le visiteur est ensuite conduit dans une zone garnie d'imitations de pièges et de mannequins de combattants viêt-công. Des trappes ouvrent non loin sur des boyaux étroits. Ils relient des salles qui ont retrouvé l'aspect qu'elles avaient pendant le conflit, avec leurs lits, leurs fourneaux ou leurs caches d'armes.

Les souterrains du deuxième site, à Ben Duoc, sont plus accueillants et mieux équipés qu'à l'époque du conflit.

À Cu Chi même, des peintures murales et une sculpture en forme de larme décorent un monument aux combattants vietnamiens tombés dans la région.

Nui Ba Den ㉙

106 km NO de Hô Chi Minh-Ville sur la route 22 ; 15 km NE de Tay Ninh. *jusqu'à Tay Ninh, puis taxi.* **Tél.** *(066) 382 6763.* *fête de Nui Ba Den (juin).*

La province de Tay Ninh renferme deux principales destinations touristiques : le Saint-Siège du caodaïsme *(p. 74-75)* et Nui Ba Den, le mont de la Dame noire. Malgré la proximité des deux sites, peu de visiteurs se rendent au second, impossible à rejoindre en transport public.

La montagne, avec ses flancs couverts de forêts, constitue la véritable attraction de la région. Au sein d'un paysage de rizières d'un vert éclatant, elle s'élève jusqu'à 986 m d'altitude. Le sommet offre une vue superbe. Il n'est pas obligatoire de le rejoindre à pied, un télésiège permet d'y accéder sans avoir à faire une longue ascension. Un sanctuaire rend hommage à la Dame noire, une jeune femme nommée Huong qui préféra se jeter d'une falaise plutôt que de perdre son honneur. Objet de combats pendant la guerre du Vietnam, Nui Ba Den subit bombardements et épandages de produits chimiques qui firent de nombreuses victimes. Ses grottes sont redevenues des sanctuaires bouddhiques et hindous. Chaque année, une fête célèbre l'esprit de la montagne et donne lieu à des offrandes, des chants et des danses.

Grande statue avenante au pied de Nui Ba Den

Pour les hôtels et les restaurants de la ville, voir p. 232-234 et p. 250-252

Réseaux de tunnels

En guerre contre les Français, puis contre les Américains, les Vietnamiens ont utilisé comme arme et comme refuge des réseaux sophistiqués de tunnels, tels ceux de Cu Chi et de Vinh Moc *(p. 150)*. Malgré tous ses efforts, la plus puissante armée du monde ne parvint pas à les en déloger. Creusés sans autre moyen que des pelles et souvent étayés, dans des régions déboisées, avec des matériaux volés à l'adversaire, ils s'étendaient sur plus de 200 km. Étagées sur plusieurs niveaux, les galeries comportaient des salles souterraines aménagées pour la survie de leurs occupants : dortoirs, cuisines ou infirmeries. Du poivre égarait les chiens lâchés dans les boyaux et des pièges guettaient les soldats ennemis qui se risquaient à l'intérieur.

Grenade lacrymogène

ANATOMIE D'UN RÉSEAU DE TUNNELS

Si la plupart des tunnels étaient de simples petites galeries, les principaux s'organisaient sur trois niveaux creusés jusqu'à 10 m de profondeur. Étroits, chauds et humides, la vie y était difficile.

Les entrées, *minuscules et camouflées, étaient très difficiles à repérer. Pour détecter les activités souterraines des combattants viêt-công, les Américains utilisèrent des stéthoscopes et l'imagerie par infrarouge.*

Les « rats de tunnel », *des G.I. spécialement formés à la traque des occupants des réseaux souterrains, utilisaient des gaz pour tenter de les en débusquer.*

L'espace où l'on cuisinait émettait une fumée évacuée de manière à rester indécelable.

Des postes de tir occupaient des positions dissimulées et faciles à évacuer.

Bunker de planification stratégique

Entrée sous la surface

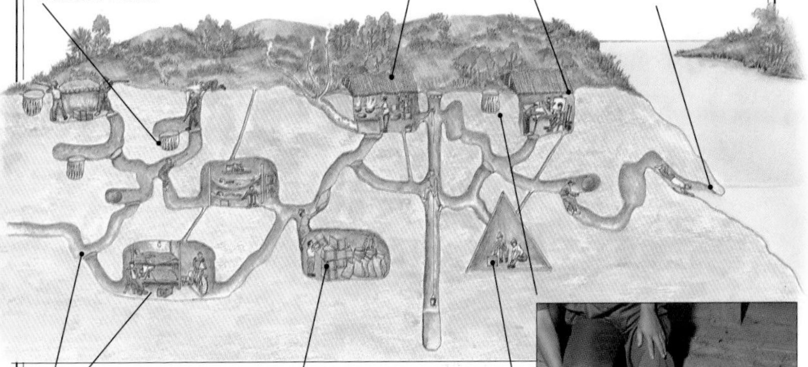

L'infirmerie ne servait pas qu'aux soins ; beaucoup de bébés y sont nés.

Réserve de munitions

Des abris antiaériens, au niveau le plus bas, servaient de refuge en cas d'intense bombardement.

Des pièges, *souvent des tiges de bambou ou d'acier empoisonnées, menaçaient ceux qui ne connaissaient pas les lieux.*

L'étroitesse des boyaux *les rendait difficilement praticables aux soldats américains, d'un plus gros gabarit que les Vietnamiens.*

Saint-Siège du caodaïsme ㉚

Symboles du caodaïsme

Le monastère abritant les dignitaires de la religion du Cao Dai, fondée en 1926 par un fonctionnaire de l'administration coloniale *(p. 23)*, est le Grand Temple divin, un vaste bâtiment où architectures asiatique et européenne se mêlent en un cocktail étonnant. Le temple est fréquenté par près de 3 millions de fidèles. Ils participent aux offices en robe blanche, les membres du clergé étant vêtus aux couleurs du bouddhisme (jaune), du christianisme (rouge) et du taoïsme (bleu). Les visiteurs assistent au culte depuis des galeries.

Des dragons multicolores décorent les colonnes du temple

Bouddha Maitreya

Au sommet de la tour centrale de la façade, une image du bodhisattva de l'amour rappelle les liens étroits entre le caodaïsme et le bouddhisme.

Salle de Prière

La longue nef décorée de couleurs vives reproduit les neuf stades menant l'âme à sa libération. Des deux côtés, l'œil divin omniscient brille aux fenêtres.

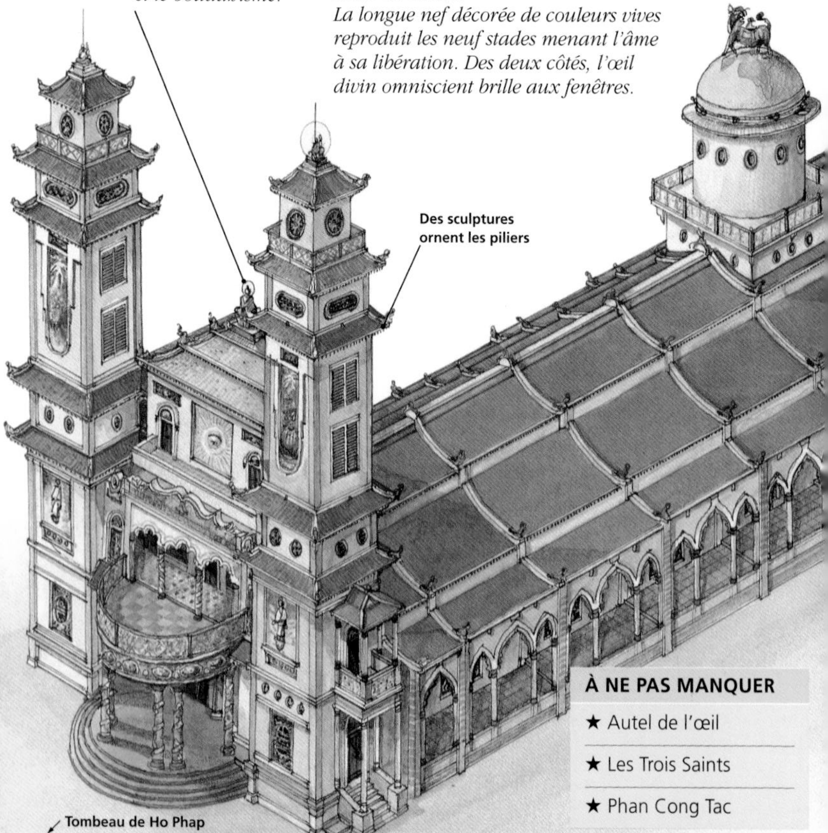

Des sculptures ornent les piliers

Tombeau de Ho Phap

À NE PAS MANQUER

★ Autel de l'œil

★ Les Trois Saints

★ Phan Cong Tac

Pour les hôtels et les restaurants de la région, voir p. 232-234 et p. 250-252

★ **Autel de l'œil**
Symbole du Cao Dai, l'œil divin omniscient domine l'autel principal depuis la surface d'un globe constellé d'étoiles. Au-dessus, la coupole peinte de nuages représente le royaume des cieux.

★ **Phan Cong Tac**
Phan Cong Tac était à la fondation du caodaïsme son principal spirite, capable de communiquer avec les esprits saints lors des séances.

MODE D'EMPLOI

Village de Long Hoa, 4 km E de Tay Ninh ; 96 km NO de Hô Chi Minh-Ville. *Tay Ninh Tourist 210B, 30 Thang 4, Tay Ninh, (066) 382 2376.* *t.l.j.* **Offices** *6h, 12h, 18h, minuit.*

★ **Les Trois Saints**
Une fresque montre les trois émissaires divins venus ouvrir la voie vers la « troisième alliance entre Dieu et l'homme » : le Chinois Sun Yat-sen, le poète vietnamien Nguyen Binh Khiem et Victor Hugo.

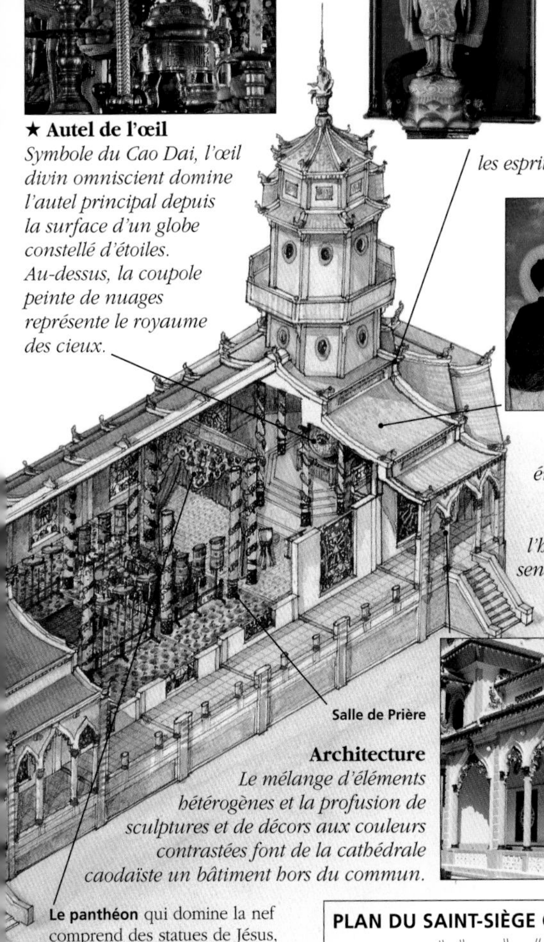

Salle de Prière

Architecture
Le mélange d'éléments hétérogènes et la profusion de sculptures et de décors aux couleurs contrastées font de la cathédrale caodaïste un bâtiment hors du commun.

Le panthéon qui domine la nef comprend des statues de Jésus, de Bouddha et de Confucius.

GRAND TEMPLE DIVIN

Construit entre 1933 et 1955 sur un terrain de plus de 100 ha, le centre spirituel des caodaïstes mesure 107 m de long et s'inspire d'une cathédrale chrétienne par ses dimensions, ses clochers et ses dômes. Ses toitures et son ornementation de style sino-vietnamien évoquent en revanche une pagode.

PLAN DU SAINT-SIÈGE CAODAÏSTE

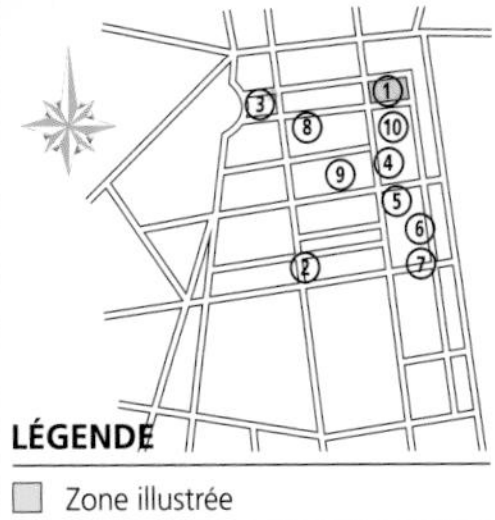

LÉGENDE

Zone illustrée

PRINCIPAUX BÂTIMENTS

1. Grand Temple divin
2. Temple de la Sainte Mère
3. Tombeau de Ho Phap
4. Amphithéâtre
5. Salle de prière
6. Ateliers publics
7. Maison de tissage
8. Bureau d'information
9. Bureau du pape
10. Bureau de la cardinale

Bateaux de pêche dans la baie de Vung Tau

Vung Tau ㉛

130 km E de Hô Chi Minh-Ville , route 51. *250 000.*
hélicoptère de Hô Chi Minh-Ville.
hydroptère de Hô Chi Minh-Ville. *Ba Ria-Vung Tau Tourist, 33, Tran Hung Dao, (064) 385 6445.*
Musée Bach Dinh 4, Tran Phu. ***Tél.*** *(064) 385 2605.* *t.l.j. 7h-11h30, 13h30-17h.*

L'ancienne station balnéaire connue des Français sous le nom de cap Saint-Jacques offre toujours en semaine un cadre plaisant où venir s'aérer en bord de mer non loin de Hô Chi Minh-Ville. Malheureusement, la ville est aujourd'hui dévolue au tourisme intensif et les grands immeubles en béton déparent la beauté du site. En outre, les forages pétroliers effectués au large nuisent à la propreté de l'eau. Cela n'empêche pas les Vietnamiens de s'y presser en masse le week-end. Les prix peuvent alors atteindre des sommets.

Baptisées **Bai Truoc** (plage de Devant) et **Bai Sau** (plage de Derrière), les plages principales s'étendent respectivement en centre-ville et à l'est de la péninsule de **Nui Nho** (Petite Montagne), où une statue géante du Christ se dresse face à la mer. On arrive en haut soit par un escalier soit par le téléphérique de l'île Nguru jusqu'au sommet de **Nui Lon** (Grande Montagne). À moins de 2 km de l'embarcadère, le phare de **Vung Tau** offre un autre beau point de vue.

Au nord de Bai Truoc, la route qui mène au promontoire de Nui Lon conduit d'abord à **Bach Dinh**, la villa Blanche, résidence de l'empereur Thanh Thai quand il fut emprisonné par les autorités françaises entre 1907 et 1916. Les objets exposés datent de la dynastie chinoise des Qing et proviennent de l'épave d'un navire du XVIIe siècle.

Long Hai ㉜

130 km E de Hô Chi Minh-Ville sur la route 19 ; 40 km NE de Vung Tau. *de Hô Chi Minh-Ville.* *Long Hai Tourism, Hai Son Group, (064) 386 8401.* *fête des Pêcheurs (fév.-mars).*

De nombreux complexes touristiques occupent le littoral longtemps déserté entre Vung Tau et Phan Tiet, deux bourgs désormais en plein essor. La région de la petite ville de Long Hai a été baptisée un peu vite « Riviera vietnamienne » même si elle renferme encore des plages relativement préservées. L'ambiance est très décontractée, les prix sont bas et les fruits de mer frais. Près de Long Hai, le **temple Mo Co** est le point où convergent des centaines de bateaux venus de toute la région lors de la fête des Pêcheurs. Plus à l'est, le luxueux Anoasis Resort *(p. 234)* occupe l'ancienne propriété de l'empereur Bao Dai. Pour profiter de sa plage privée, il faut régler un droit d'entrée. Ce complexe n'est pas desservi directement par les bus depuis Vung Tau, mais la route jusqu'à Long Hai permet de découvrir en chemin plusieurs charmantes églises, ainsi que quelques temples.

Barque de pêche typique de Long Hai

Plage de Ho Coc ㉝

190 km E de Hô Chi Minh-Ville ; 36 km NE de Long Hai.

Le principal atout de la plage de Ho Coc est son relatif isolement. Bien qu'appréciée des Vietnamiens le week-end, elle n'est pas accessible par les transports publics et n'abrite que quelques bungalows ainsi que des restaurants sans prétention. La bande de sable blanc s'étend sur des kilomètres, jalonnée ici et là de gros rochers polis par l'érosion.

Aux environs : Ho Coc s'étend en bordure de la **réserve naturelle forestière de Binh Chau-Phuoc Buu**. Plusieurs sentiers partent de la plage pour s'enfoncer dans la jungle. La réserve protège un habitat qui était jadis peuplé de gros animaux,

Rustique bungalow sur pilotis, plage de sable de Ho Coc

Pour les hôtels et les restaurants de la région, voir p. 232-234 et p. 250-252

Dans les vagues de la mer de Chine méridionale, plage de Ho Coc

qui ont été pour la plupart déplacés vers des sites mieux adaptés à leur survie. Plusieurs espèces de singes et d'oiseaux y prospèrent cependant. Louer les services d'un guide est bon marché, et les balades apaisantes.

Sources chaudes de Binh Chau 34

150 km SE de Hô Chi Minh-Ville ; 50 km NE de Long Hai. *Binh Chau Hot Springs Resort, (064) 387 0103.*

Au cœur d'une forêt primitive de palétuviers, les sources chaudes qui affleurent à Binh Chau alimentent plusieurs bassins sur un site d'une superficie de 1 km². Elles ont suscité la création d'un complexe touristique. Les propriétés thérapeutiques attribuées à une eau riche en sels minéraux attirent des personnes souffrant de rhumatismes ou d'arthrite.

Le Binh Chau Hot Springs Resort est une destination de loisirs. On peut y venir simplement pour la journée, y camper, voire louer une chambre ou un bungalow. Les équipements de détente comprennent un bar karaoké, des billards américains, des courts de tennis et des sentiers pour flâner. Des bains privés entourés d'écrans en bois et protégés du soleil peuvent accueillir de deux à dix personnes. On peut y prendre des bains de boue très relaxants. La zone des bains publics est moins coûteuse et renferme une piscine. La température de l'eau s'élève en moyenne à 40 °C, mais elle a atteint 82 °C dans la source la plus chaude. Une des activités les plus populaires consiste à tremper des paniers d'œufs dans le liquide presque bouillant. De grandes statues figurant des œufs signalent les endroits où cette cuisson est possible.

Cuisson d'œufs dans des paniers, Binh Chau Hot Springs Resort

Parc national de Cat Tien 35

250 km SE de Hô Chi Minh-Ville. *de Hô Chi Minh-Ville.* ***Tél.*** *(061) 379 1228.*
www.cattiennationalpark.vn

La forêt primitive de Cat Tien, sur le plateau de Bao Loc, compte parmi les réserves de la biosphère les plus riches de la planète. C'est d'autant plus remarquable qu'elle a subi des épandages de défoliant pendant la guerre du Vietnam. Les objets religieux retrouvés par les archéologues indiquent que la forêt abritait un lieu de pèlerinage à l'époque des empires du Funan et du Champa *(p. 39)*. D'une superficie de 71 800 ha, le parc compte 1 600 variétés de plantes répertoriées, et de nouvelles ne cessent d'être découvertes. La faune comprend des cervidés, des léopards, des éléphants et des gaurs, grands bovidés asiatiques en voie d'extinction. Cat Tien a aussi été le dernier refuge du rhinocéros de Java aujourd'hui disparu. Plus de 360 espèces d'oiseaux attirent les ornithologues amateurs. Des colonies de singes, dont le rare Douc Langur, peuplent les frondaisons. Quelque 440 papillons différents butinent les fleurs. Les gardes forestiers sont aussi guides de randonnée. Des hébergements assez sommaires se trouvent sur l'autre rive de la Dông Nai.

LE RHINOCÉROS DE JAVA

De toutes les espèces du parc de Cat Tien, rares sont celles qui inquiètèrent autant que le rhinocéros de Java *(Rhinoceros sondaicus)*. Ce superbe animal qui peuplait jadis les forêts a été pratiquement décimé par la chasse à l'époque coloniale. Plus petit que la plupart des autres rhinocéros, sa peau était plus pâle. Il semble hélas que le dernier de son espèce vivant au Vietnam ait été tué par des braconniers en 2010. Il en reste 40 en Indonésie.

Le Vietnam est parmi les premiers responsables du commerce illégal de cornes de rhinocéros sur son territoire, mais également en Afrique où se rendent des braconniers.

Le rhinocéros de Java, une espèce éteinte

ATLAS DES RUES DE HÔ CHI MINH-VILLE

Il n'est pas toujours facile de se repérer dans l'ancienne Saigon divisée en 19 *quan*, ou arrondissements, et cinq quartiers périphériques. Les adresses vietnamiennes *(p. 287)* comportent un numéro et un nom de voie mais, à Hô Chi Minh-Ville, la numérotation reprend à 1 sur une même artère dès que l'on change d'arrondissement. Il arrive aussi que des numéros pairs et impairs se succèdent sur le même trottoir. Sur les plans, certains noms courants ont été abrégés, par exemple Nguyen en Ng. Dans le Sud, c'est le mot *duong* (rue) qui apparaît normalement devant le nom propre, et non *pho* comme dans le Nord.

Visiteur à Hô Chi Minh-Ville

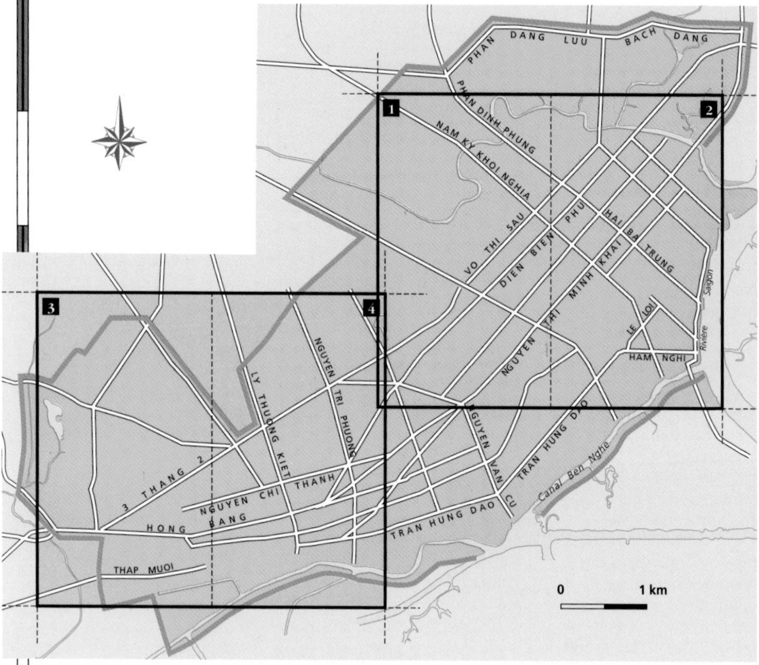

LÉGENDE

- Site exceptionnel
- Site intéressant
- Autre édifice intéressant
- Gare ferroviaire
- Gare routière
- Embarcadère
- Information touristique
- Hôpital
- Bureau de poste
- Pagode ou temple
- Église
- Mosquée

ÉCHELLE DES PLANS 1-2, 3-4

0 500 m

Index des rues

3 Thang 2 1 B4, 4 E2

A

Alexandre de Rhodes 2 D3
An Diem 4 F5
An Duong Vuong 4 F4
Au Co 3 A1

B

Ba Hat 4 F2
Ba Huyen Thanh Quan 1 C4
Ba Le Chan 1 C1
Ba Trieu 4 D4
Ban Co 1 B5
Ben Ba Dinh 4 F5
Ben Bai Say 4 D5
Ben Binh Dong 4 E5
Ben Chuong 2 F5
Ben Van Don 2 F5
Binh Duong Thi Xa 3 B3
Binh Thoi 3 B3
Bui Thi Xuau 1 C5
Bui Vien 2 D5

C

Cach Mang Thang Tam 1 C4
Calmette 2 E5
Can Giuoc 4 E5
Cao Thang 1 B5
Cao Van Lau 3 C5
Chanh Hung 4 F5
Chau Van Liem 4 D4
Chu Manh Trinh 2 E2
Chu Van An 3 C5
Co Bac 2 E5
Co Dieu 4 D3
Co Giang 1 B1

D

Dang Dung 1 C1
Dang Tat 1 C1
Dao Duy Tu 4 E3
De Tham 2 D5
Dien Bien Phu 1 D2
Dinh Cong Trang 1 C2
Dinh Tien Hoang 1 D1
Do Ngoc Thanh 4 D4
Do Thanh 1 B5
Doan Nhu Hai 2 F5
Dong Du 2 F3
Dong Khoi 2 F4
Dong Nai 4 E1
Duc Chinh 2 E5

G

Go Cong 4 D5

H

Ha Ton Quyen 3 C4
Hai Ba Trung 2 E3
Hai Thuong 4 D5
Hai Trieu 2 F4
Ham Nghi 2 F4
Han Hai Nguyen 3 B4
Han Thuyen 2 E3
Hau Giang 3 B5
Hem Au Co 3 A2
Hem Lac Long Quan 3 A2
Ho Bieu Chanh 1 A2
Ho Thung Mau 2 F4
Ho Xuan Huong 1 C4
Hoa Binh 3 A3
Hoa Hao 4 D3
Hoa Hung 1 A4
Hoang Dieu 2 F5
Hoang Le Kha 3 A5
Hoang Sa 2 D1
Hoc Lac 4 D5
Hong Bang 4 D4
Hung Phu 4 F5
Hung Vuong 4 F3
Huyen Tran Cong Chua 2 D4
Huynh Khuong Ninh 2 D1
Huynh Thuc Khang 2 E4
Huynh Tinh Cua 1 B2
Huynh Van Banh 1 A1

K

Khuong Viet 3 A1
Kim Bien 4 D5
Ky Con 2 E5
Ky Dong 2 B3

L

Lac Long Quan 3 A3
Lan Ong 4 E5
Lanh Binh Thang 3 B3
Lê Cong Kieu 2 E5
Lê Dai Hanh 3 C2
Lê Duan 2 E2
Lê Hong Phong 1 A5, 4 F1
Lê Lai 2 D5
Lê Loi 2 E4
Lê Quang Sung 3 C5
Lê Quoc Hung 2 F5
Lê Quy Don 1 C3
Lê Thanh Ton 2 F3
Lê Thi Hong Gam 2 E5
Lê Thi Rieng 2 D5
Lê Van Si 1 A2
Lo Sieu 3 C3
Luong Huu Khanh 1 C5
Luong Nhu Hoc 4 E4
Ly Chinh Thang 1 B2
Ly Nam De 4 D3
Ly Thai To 4 F2
Ly Thuong Kiet 4 D2
Ly Tu Trong 2 E3
Ly Van Phuc 2 D1

M

Mac Cuu 4 E5
Mac Hing Chi 2 D2
Mac Thi Buoi 2 F4
Mai Thi Luu 2 E1
Mai Xuan Thuong 3 B5
Me Linh 2 F1
Minh Phung 3 B4

N

Nam Ky Khoi Nghia 1 B2
Nam Quoc Cang 1 C5
Ngo Duc Ke 2 F4
Ngo Gia Tu 4 F3
Ngo Nhan Tinh 4 D5
Ngo Quyen 4 F4
Ngo Thoi Nhiem 1 C4
Nguyen An Khuong 4 D5
Nguyen Binh Khiem 2 E1
Nguyen Chi Thanh 3 C4
Nguyen Cong Tru 2 F1, 2 E5
Nguyen Dinh Chi 3 A5
Nguyen Dinh Chieu 1 C4
Nguyen Dinh Chinh 1 A1
Nguyen Du 2 E3
Nguyen Duy Duong 4 F2
Nguyen Hai Tu 2 D1
Nguyen Hue 2 F4
Nguyen Huu Canh 1 B1
Nguyen Huu Cau 2 C1
Nguyen Kim 4 E3
Nguyen Ngoc Phuong 2 F1
Nguyen Phi Khanh 2 D1
Nguyen Son Ha 1 C5
Nguyen Tat Thanh 2 F5
Nguyen Thai Binh 2 E5
Nguyen Thai Hoc 2 D5
Nguyen Thi 4 D5
Nguyen Thi Dieu 1 C4
Nguyen Thi Minh Khai 1 C5
Nguyen Thi Nho 3 C4
Nguyen Thi Trang 4 F4
Nguyen Thien Thuat 1 B5
Nguyen Thong 1 B3
Nguyen Thuong Hien 1 B4
Nguyen Tieu La 4 E2
Nguyen Trai 4 E4
Nguyen Tri Phuong 4 F4
Nguyen Trung Ngan 2 F2
Nguyen Trung Truc 2 E4
Nguyen Truong To 2 F5
Nguyen Van Hai 1 C2
Nguyen Van Lac 2 F1
Nguyen Van Phu 3 A2
Nguyen Van Thu 2 D2
Nguyen Van Trang 2 D5
Nguyen Van Troi 1 A1
Nhat Tao 4 D3

O

Ong Ich Khiem 3 A3

P

Pasteur 2 D3
Ph B Chau 2 E4
Pham Dinh Ho 3 C5
Pham Hong Thai 2 D5
Pham Huu Chi 4 D4
Pham Ngoc Thach 1 C2
Pham Ngu Lao 2 D5
Pham Van Chanh 2 F1
Phan Dinh Phung 1 B1
Phan Ke Binh 2 D1
Phan Liem 2 D2
Phan Ngu 2 D1
Phan Ton 2 D1
Phan Van Kho 4 D5
Phu Cam 3 A5
Phu Dong Thien Vuong 4 E4
Phu Giao 3 C5
Phu Huu 3 C5
Phu Tho 3 A4
Phung Hung 4 D5
Phung Khac Hoan 2 D2
Phuoc Hung 4 F4

Q

Quan Su 3 B3

S

So 41 3 B4
Su Van Hanh 4 E1
Suong Nguyet Anh 1 C5

T

Ta Uyen 3 C4
Tan Da 4 E4
Tan Hang 4 E5
Tan Hoa 3 A5
Tan Hung 4 D4
Tan Khai 4 D4
Tan Phuoc 4 E3
Tan Thanh 3 C4
Thach Thi Thanh 1 C1
Thai Van Lung 2 F3
Thanh Thai 4 E1
Thap Muoi 3 C5
Thien Phuoc 3 C1
Thu Khoa Huan 2 E4
Thuan Kieu 4 D4
To Hien Thanh 4 D1
Ton Duc Thang 2 F3
Ton That Dam 2 F4
Ton That Tung 1 C5
Tong Van Tran 3 A2
Tran Cao Van 2 D2
Tran Hung Dao 2 E5, 4 E5
Tran Huy Lieu 1 A1
Tran Khat Chan 1 C1
Tran Minh Quyen 1 B4, 4 F1
Tran Nhat Duat 1 C1
Tran Phien 3 B4
Tran Quang Dieu 1 A2
Tran Quang Khai 1 C1
Tran Quoc Thao 1 B3
Tran Quoc Toan 1 C2
Tran Quy 3 C4
Tran Van Kieu 4 F5
Tran Xuan Hoa 4 F4
Trang Tu 3 C5
Trieu Quang Phuc 4 E4
Trinh Dinh Trong 3 A1
Trinh Hoai Duc 4 D5
Truong Dinh 1 C3
Truong Sa 2 D1
Tu Giang 4 D5
Tu Xuong 1 C3
Tue Tinh 3 C3
Tung Thien Vuong 4 E5

U

Uu Long 4 E5

V

Van Dat 2 F4
Van Kiep 4 E5
Van Nam 4 E5
Van Tuong 4 D5
Vinh Vien 4 D3
Vo Thi Sau 1 C3
Vo Van Tan 1 C5
Vu Chi Hieu 4 D5

X

Xo Viet Nghe Tinh 2 E2
Xom Dat 3 B4
Xom Voi 3 C4

Y

Yersin 2 E5

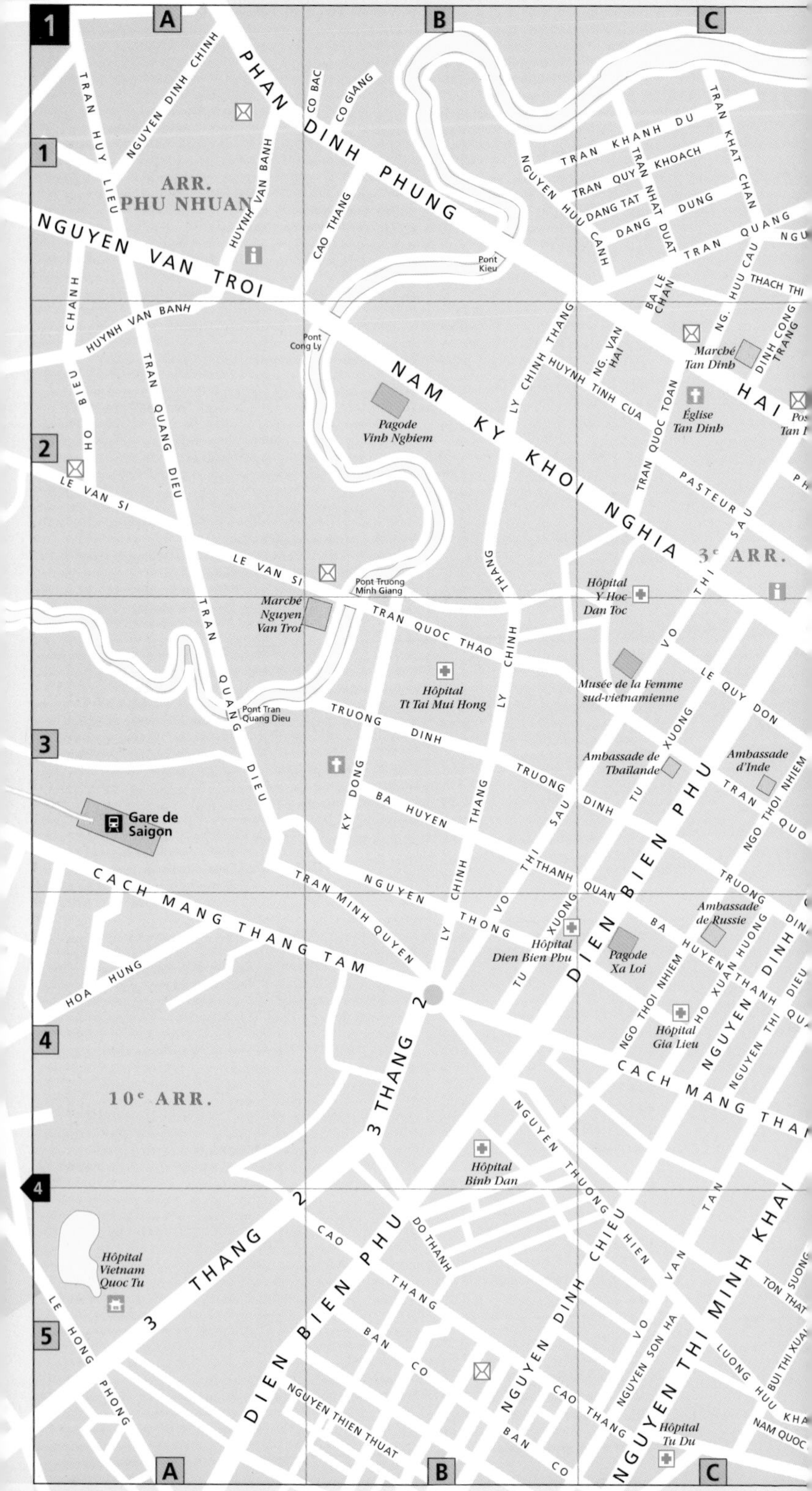

ARR. PHU NHUAN
3e ARR.
10e ARR.
PHAN DINH PHUNG
NGUYEN VAN TROI
NAM KY KHOI NGHIA
CACH MANG THANG TAM
3 THANG 2
DIEN BIEN PHU
NGUYEN THI MINH KHAI
NGUYEN DINH CHIEU
LE VAN SI
TRAN QUANG DIEU
TRAN QUOC THAO
TRUONG DINH
BA HUYEN THANH QUAN
VO THI SAU
PASTEUR
HAI BA TRUNG
LY CHINH THANG
Pont Kieu
Pont Cong Ly
Pont Truong Minh Giang
Pont Tran Quang Dieu
Pagode Vinh Nghiem
Marché Nguyen Van Troi
Marché Tan Dinh
Église Tan Dinh
Hôpital Y Hoc Dan Toc
Musée de la Femme sud-vietnamienne
Hôpital Tt Tai Mui Hong
Ambassade de Thaïlande
Ambassade d'Inde
Ambassade de Russie
Pagode Xa Loi
Hôpital Dien Bien Phu
Hôpital Gia Lieu
Hôpital Binh Dan
Hôpital Vietnam Quoc Tu
Hôpital Tu Du
Gare de Saigon

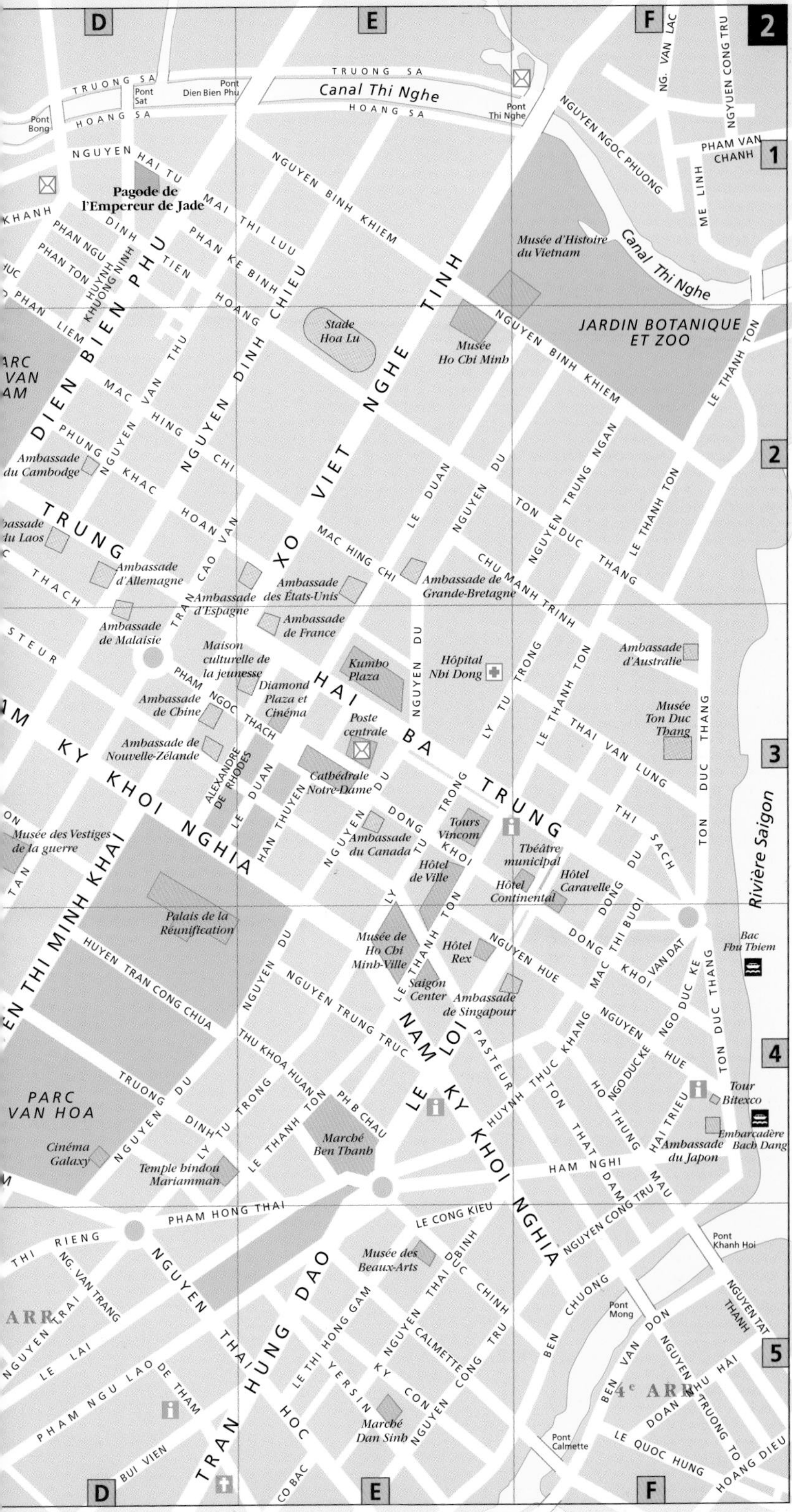

D
E
F
2
1
2
3
4
5
Canal Thi Nghe
Truong Sa
Hoang Sa
Pont Bong
Pont Sat
Pont Dien Bien Phu
Pont Thi Nghe
Pagode de l'Empereur de Jade
Musée d'Histoire du Vietnam
Jardin Botanique et Zoo
Stade Hoa Lu
Musée Ho Chi Minh
Parc Van Hoa
Ambassade du Cambodge
Ambassade du Laos
Ambassade d'Allemagne
Ambassade d'Espagne
Ambassade des États-Unis
Ambassade de Grande-Bretagne
Ambassade de France
Ambassade de Malaisie
Ambassade d'Australie
Maison culturelle de la jeunesse
Diamond Plaza et Cinéma
Kumho Plaza
Hôpital Nhi Dong
Musée Ton Duc Thang
Ambassade de Chine
Ambassade de Nouvelle-Zélande
Poste centrale
Cathédrale Notre-Dame
Ambassade du Canada
Tours Vincom
Théâtre municipal
Hôtel de Ville
Hôtel Caravelle
Hôtel Continental
Musée des Vestiges de la guerre
Palais de la Réunification
Musée de Ho Chi Minh-Ville
Hôtel Rex
Saigon Center
Ambassade de Singapour
Bac Thu Thiem
Rivière Saigon
Tour Bitexco
Embarcadère Bach Dang
Ambassade du Japon
Cinéma Galaxy
Temple hindou Mariamman
Marché Ben Thanh
Musée des Beaux-Arts
Marché Dan Sinh
Pont Khanh Hoi
Pont Mong
Pont Calmette
4e Arr.
Nguyen Hai Tu
Mai Thi Luu
Nguyen Binh Khiem
Dinh Tien Hoang
Phan Ke Binh
Nguyen Dinh Chieu
Dien Bien Phu
Xo Viet Nghe Tinh
Nguyen Ngoc Phuong
Nguyen Van Lac
Nguyen Cong Tru
Pham Van Chanh
Me Linh
Le Thanh Ton
Mac Dinh Chi
Nguyen Thi Minh Khai
Hai Ba Trung
Nam Ky Khoi Nghia
Le Duan
Nguyen Du
Ton Duc Thang
Nguyen Trung Ngan
Chu Manh Trinh
Thai Van Lung
Thi Sach
Dong Khoi
Nguyen Hue
Ly Tu Trong
Pham Ngoc Thach
Alexandre de Rhodes
Han Thuyen
Pasteur
Le Loi
Mac Thi Buoi
Ngo Duc Ke
Ho Tung Mau
Ham Nghi
Ton That Dam
Huynh Thuc Khang
Huyen Tran Cong Chua
Nguyen Trung Truc
Thu Khoa Huan
Truong Dinh
Le Cong Kieu
Pham Hong Thai
Nguyen Thai Hoc
Tran Hung Dao
Calmette
Yersin
Ky Con
Ben Chuong Duong
Ben Van Don
Hoang Dieu
Le Quoc Hung
Co Bac
Bui Vien
Pham Ngu Lao
De Tham
Le Lai
Nguyen Trai
Cach Mang Thang Tam
Phan Ngu
Phan Ton
Phan Liem
Huynh Khuong Ninh
Tran Cao Van
Nguyen Thi Minh Khai
Nguyen Cu Trinh

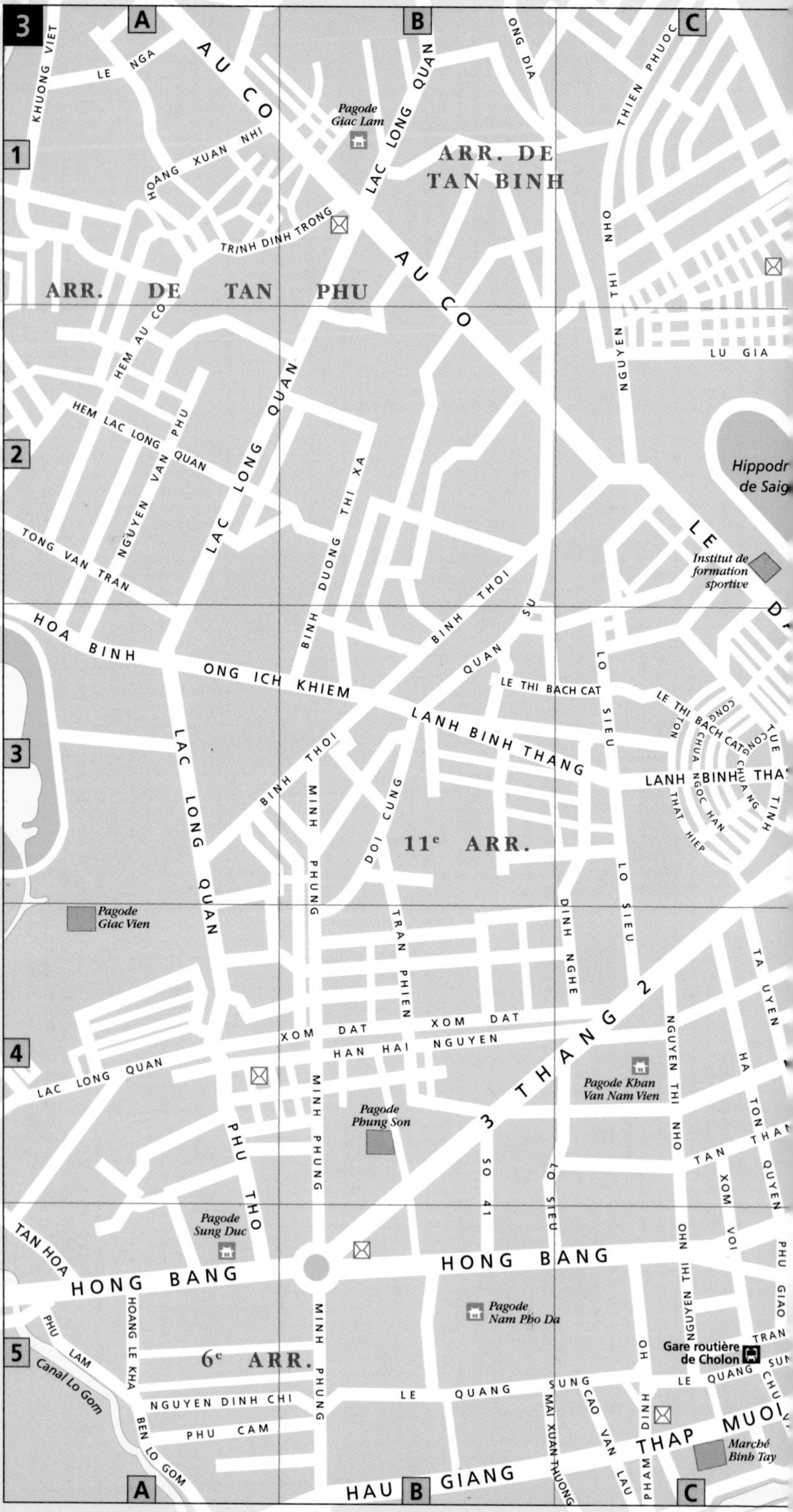
3
A
B
C
1
2
3
4
5
ARR. DE TAN BINH
ARR. DE TAN PHU
11e ARR.
6e ARR.
Pagode Giac Lam
Pagode Giac Vien
Pagode Phung Son
Pagode Sung Duc
Pagode Khan Van Nam Vien
Pagode Nam Pho Da
Hippodr
de Saig
Institut de formation sportive
Gare routière de Cholon
Marché Binh Tay
Canal Lo Gom
KHUONG VIET
LE NGA
AU CO
LAC LONG QUAN
ONG DIA
THIEN PHUOC
HOANG XUAN NHI
TRINH DINH TRONG
NGUYEN THI NHO
LU GIA
HEM AU CO
HEM LAC LONG QUAN
NGUYEN VAN PHU
BINH DUONG THI XA
TONG VAN TRAN
LE DAI
BINH THOI
QUAN SU
HOA BINH
ONG ICH KHIEM
LE THI BACH CAT
LO SIEU
LANH BINH THANG
TON THAT HIEP
CONG CHUA NGOC HAN
TUE TINH
MINH PHUNG
DOI CUNG
TRAN PHIEN
DINH NGHE
TA UYEN
3 THANG 2
XOM DAT
HAN HAI NGUYEN
HA TON QUYEN
TAN THANH
XOM VOI
PHU THO
SO 41
HONG BANG
TAN HOA
HOANG LE KHA
PHU LAM
PHU GIAO
TRAN
SU
CHU
NGUYEN DINH CHI
LE QUANG SUNG
CAO VAN LAU
MAI XUAN THUONG
PHAM DINH HO
PHU CAM
BEN LO GOM
HAU GIANG
THAP MUOI

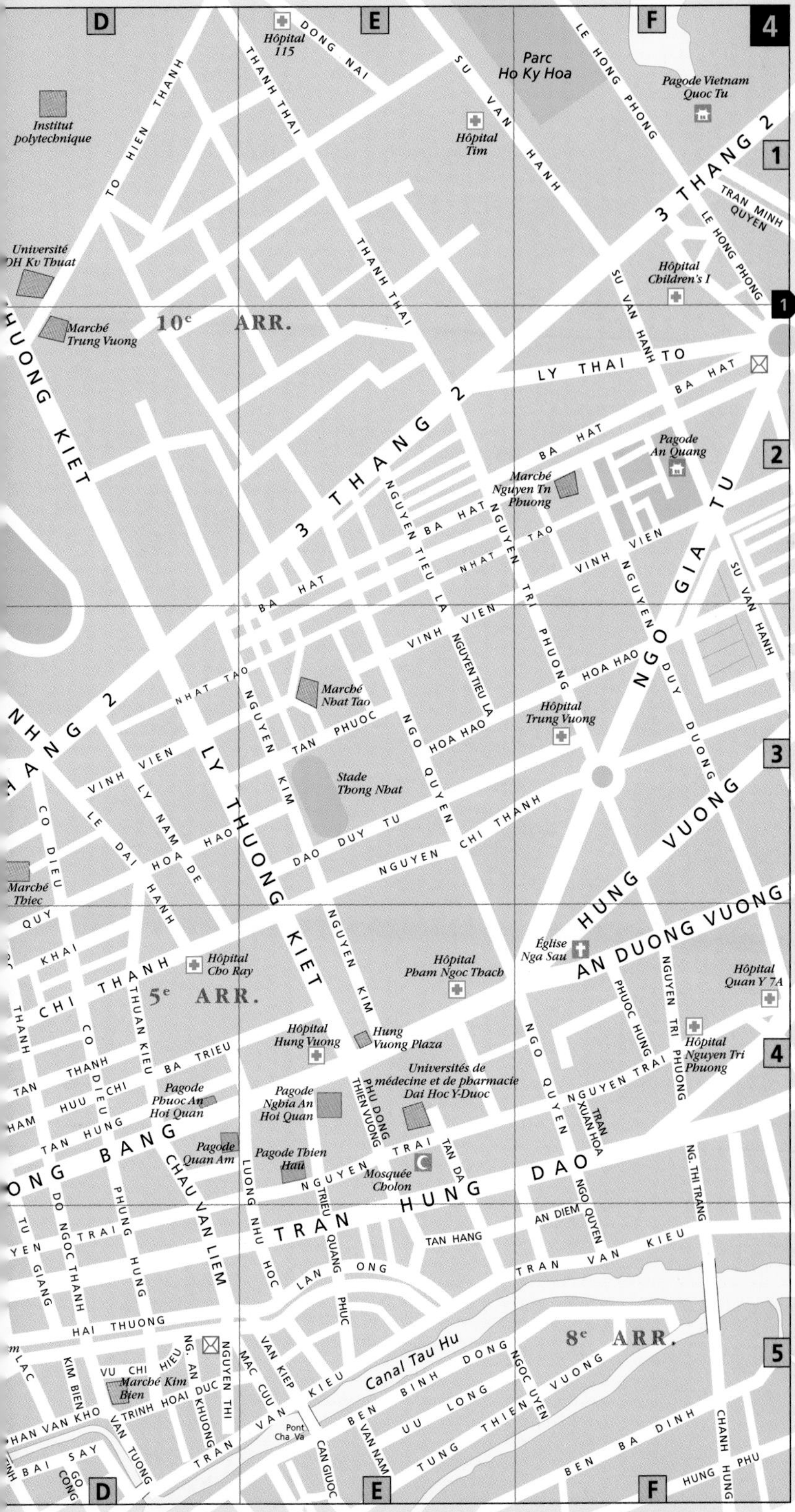
D
E
F
4
1
2
3
4
5
Hôpital 115
Dong Nai
Thanh Thai
To Hien Thanh
Institut polytechnique
Parc Ho Ky Hoa
Su Van Hanh
Hôpital Tim
Le Hong Phong
Pagode Vietnam Quoc Tu
3 Thang 2
Tran Minh Quyen
Université DH Kv Thuat
Hôpital Children's I
Marché Trung Vuong
10e ARR.
Ly Thai To
Ba Hat
Pagode An Quang
Marché Nguyen Tri Phuong
Nguyen Tieu La
Nhat Tao
Vinh Vien
Nguyen Tri Phuong
Ngo Gia Tu
Hoa Hao
Duy Duong
Ly Thuong Kiet
Marché Nhat Tao
Nguyen Kim
Tan Phuoc
Stade Thong Nhat
Ngo Quyen
Hôpital Trung Vuong
Co Dieu
Le Dai Hanh
Ly Nam De
Dao Duy Tu
Nguyen Chi Thanh
Hung Vuong
Marché Thiec
Quy
Khai
Hôpital Cho Ray
Hôpital Pham Ngoc Thach
Église Nga Sau
An Duong Vuong
Hôpital Quan Y 7A
Chi Thanh
5e ARR.
Thuan Kieu
Hôpital Hung Vuong
Hung Vuong Plaza
Phuoc Hung
Hôpital Nguyen Tri Phuong
Ba Trieu
Tan Thanh
Huu Chi
Pagode Phuoc An Hoi Quan
Pagode Nghia An Hoi Quan
Universités de médecine et de pharmacie Dai Hoc Y-Duoc
Phu Dong Thien Vuong
Nguyen Trai
Tran Xuan Hoa
Tan Hung
Hong Bang
Pagode Quan Am
Chau Van Liem
Pagode Thien Hau
Luong Nhu Hoc
Trieu Quang Phuc
Mosquée Cholon
Tan Da
Tran Hung Dao
Ng. Thi Trang
Do Ngoc Thanh
Phung Hung
Tu Yen
Giang
An Diem
Tan Hang
Lan Ong
Tran Van Kieu
Hai Thuong
8e ARR.
Canal Tau Hu
Kim Bien
Vu Chi Hieu
Ng. An Khuong
Nguyen Thi
Mac Cuu
Van Kiep
Marché Kim Bien
Binh Dong
Ngoc Uyen
Thien Vuong
Trinh Hoai Duc
Phan Van Kho
Van Tuong
Pont Cha Va
Ben Van Nam
Uu Long
Tung Thien
Ben Ba Dinh
Chanh Hung
Hung Phu
Bai Say
Go Cong
Can Giuoc
Tran Van Kieu

DELTA DU MÉKONG ET VIETNAM DU SUD

Les bras du Mékong et les canaux qui les relient sont au cœur de la vie des habitants du delta. Sur leurs eaux se trouvent maisons flottantes et bateaux de pêche et de commerce, tandis que les terres irriguées sont couvertes de rizières et d'arbres fruitiers. Cette vie reste fidèle à des traditions séculaires, notamment dans les temples. Les îles du large renferment de belles plages et de denses forêts.

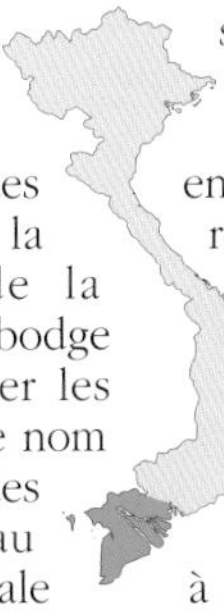

Prenant sa source sur le haut plateau tibétain, le puissant Mékong serpente sur une longueur de 4500 km. Il charrie des alluvions en provenance de la Chine, de la Birmanie, de la Thaïlande, du Laos et du Cambodge quand il se divise pour former les bras qui valent à son estuaire le nom de Song Cuu Long, ou fleuve des Neuf Dragons. Ces voies d'eau ont donné à la plaine méridionale du Vietnam un riche sol limoneux qui en fait le « grenier à riz » et le « grenier à fruits » du pays.

Le Cambodge a longtemps revendiqué ces terres fertiles, et les Khmers rouges s'y livrèrent en 1978 à des massacres de villageois. Une épreuve de plus pour une région souvent victime d'inondations et qui avait subi l'occupation française, puis les effets dévastateurs des raids aériens et des épandages de défoliant américains. Les répercussions de ces drames semblent néanmoins effacées et, même si des villes marchandes comme Can Tho et Rach Gia ont entamé leur modernisation, la vie a repris son cours. Pour emprunter les canaux qui quadrillent leurs champs, les paysans rament sur des sampans identiques à ceux qu'utilisaient leurs ancêtres ; grossistes et particuliers s'approvisionnent toujours à des marchés flottants. Les diverses communautés ethniques restent également fidèles à leurs cultes.

Ses beautés naturelles comptent parmi les attraits de la région. Plages de sable et reliefs karstiques composent un somptueux paysage à Ha Tien. Les marais autour de Bac Lieu accueillent de nombreux oiseaux migrateurs. En mer, l'île de Phu Quoc et l'archipel de Con Dao renferment des parcs nationaux et sont prisés des amateurs d'espaces préservés et de plongée sous-marine.

En sampan parmi les cocotiers

◁ **Le marché flottant de Cai Rang au petit matin, Can Tho** ***(p. 94)***

À la découverte du delta du Mékong et du Vietnam du Sud

Impossible de découvrir le delta du Mékong sans emprunter ses voies d'eau. La cité la plus proche de Hô Chi Minh-Ville, My Tho, offre un bon point de départ pour des promenades en bateau, à l'instar de Vinh Long, qui se trouve plus au sud. Plusieurs marchés flottants se tiennent à proximité de Can Tho, la ville la plus peuplée de la région. À Chau Doc, une grande part de la population vit sur l'eau, dans des maisons flottantes notamment. Les pagodes de Soc Trang et de Tra Vinh témoignent de la vitalité de leurs communautés khmères. Ha Tien et les îles de Phu Quoc et de Con Dao possèdent de belles plages.

Étal de fruits et légumes au marché de Ben Tre *(p. 89)*

LE VIETNAM DU SUD D'UN COUP D'ŒIL

Villes

- Bac Lieu 9
- Ben Tre 3
- Can Tho 7
- Cao Lanh 6
- Chau Doc 12
- Ha Tien 13
- My Tho 1
- Rach Gia 11
- Soc Trang 8
- Tra Vinh 4
- Vinh Long 5

Îles

- Archipel de Con Dao 10
- Île du Phénix 2
- Île de Phu Quoc 14

VOIR AUSSI

- ***Hébergement*** p. 235-236
- ***Restaurants*** p. 252-253

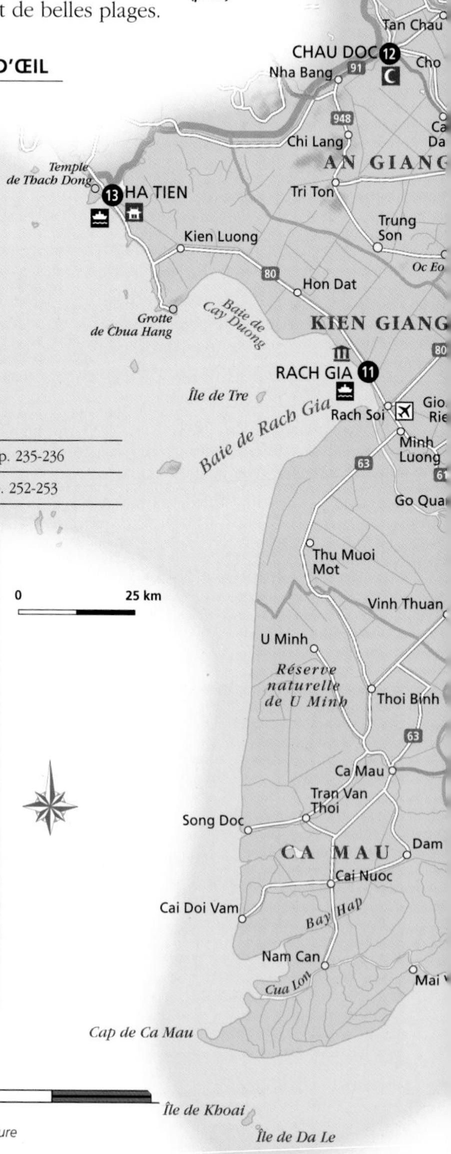

Façade de la pagode Ong Met de style khmer, Tra Vinh *(p. 89)*

Légende des symboles, *voir le rabat arrière de couverture*

Paysans coiffés de chapeaux traditionnels dans une rizière

CIRCULER

Le delta du Mékong sort de son isolement et possède désormais des aéroports à Can Tho, Con Dao, Rach Gia et Phu Quoc. Les grandes routes sont bonnes mais, en campagne, attendez-vous à des trajets cahoteux dans des bus aux horaires aléatoires. De nombreuses agences de voyages proposent des visites organisées en autocar ou en voiture. Le bateau reste néanmoins la meilleure façon de découvrir le delta, qui possède un réseau de 2800 km de canaux. Les services de transports publics fonctionnent bien, mais les opérateurs privés offrent plus de confort. Des bicyclettes et des motocyclettes sont partout disponibles à la location.

My Tho ❶

Carte routière B6. 72 km SO de Hô Chi Minh-Ville sur la route 1. *300 000.* *de Hô Chi Minh-Ville.* *Tien Giang Tourist, 63, Trung Trac, (073) 387 2105.*

Grâce à sa proximité avec Hô Chi Minh-Ville, My Tho, la capitale de la province de Tien Giang sur le bras le plus au nord du Mékong, est un excellent but d'excursion d'une journée. Depuis ses quais, des circuits organisés, ou la location d'un bateau privé, permettent de partir à la découverte des voies d'eau du delta et de leurs îles.

Flâner sur les boulevards et parmi les éventaires du marché qui s'étend au bord de l'eau donne l'impression de remonter le temps. Des bateaux en bois se serrent contre la rive ou circulent chargés de produits agricoles. Des arômes de fruits exotiques se mêlent aux effluves de poisson séché. Les articles destinés à la vie domestique comprennent de grandes urnes en terre servant à la toilette.

My Tho est aussi un centre religieux. Le plus important lieu de culte bouddhique de la région, la **pagode Vinh Trang**, date de 1848. Sa façade ornée de mosaïques mêle les styles khmer et vietnamien. Des bassins à nénuphars et des tombes en pierre l'entourent. Une image de Quan Am, la déesse bouddhique, occupe le cœur d'un banian. Au sein d'un vaste espace arboré, l'**église de My Tho**, d'un jaune pastel, date également du XIXe siècle. Elle fait office d'évêché et d'école. Des ex-voto constituent le principal décor mural de sa haute nef harmonieuse.

À courte distance, au nord-ouest de la ville, le hameau d'**Ap Bac** a joué un important rôle historique. En effet, c'est là que le Viêt-công remporta en 1963 sa première grande victoire contre l'armée sud-vietnamienne soutenue par les États-Unis.

Pagode Vinh Trang
60, Nguyen Trung Truc St.
***Tél.** (073) 387 3427.*
t.l.j. 9h-11h30, 13h30-17h.

Église de My Tho
32, Hung Vuong St. ***Tél.** (073) 387 2290.* *t.l.j. 7h-18h.*

LE MOINE AUX NOIX DE COCO

Grande urne funéraire posée sur une sculpture de tortue, île du Phénix

Né en 1909, Nguyen Thanh Nam étudia la chimie en France. De retour dans son pays, il fit une retraite sur l'île du Phénix où, selon ses dires, il médita trois ans en se nourrissant uniquement de noix de coco. Il y fonda ensuite une secte baptisée Tinh Do Cu Si, dont le dogme associait bouddhisme et catholicisme. Elle compta 2000 membres. Persuadé de détenir la clé de la réunification du pays, le « Moine aux noix de coco » défia les autorités sud-vietnamiennes aussi bien que communistes et finit par mourir en prison en 1990. Les surprenants vestiges de son sanctuaire sont devenus une destination touristique.

Île du Phénix ❷

Carte routière B6. 3 km SO de My Tho. **Sanctuaire** *t.l.j. 8h30-11h, 13h30-18h.*

Entre My Tho et Ben Tre, les dépôts alluviaux ont créé de petites îles dans le cours du fleuve. L'île du Phénix (Con Phung) doit à son « Moine aux noix de coco » d'attirer une foule de visiteurs. Ils viennent découvrir les vestiges de ce curieux sanctuaire où ses adeptes se réunissaient pour prier en plein air. Sur une place circulaire d'environ 25 m de diamètre se dressent plusieurs colonnes où s'enroule un dragon. Non loin, une construction en treillage évoque des montagnes russes, à côté de minarets et d'une

Façade parée de mosaïques de céramique de la pagode Vinh Trang, My Tho

Pour les hôtels et les restaurants de la région, voir p. 235-236 et p. 252-253

Sanctuaire en plein air du « Moine aux noix de coco », île du Phénix

sculpture censée représenter une fusée Apollo. Une urne funéraire repose sur l'effigie d'une tortue.

Desservies par des bacs réguliers, les autres îles offrent un cadre verdoyant. Elles comprennent Thoi Son, l'île de la Licorne, parcourue d'arroyos, Con Qui, la petite île de la Tortue, réputée pour ses sucreries à la noix de coco et son alcool de banane, et Con Tan Long, l'île du Dragon, où vivent des pêcheurs, ainsi que des apiculteurs et des fabricants de bateaux *(p. 90)*. Partout, des manguiers, des ananas et des longaniers poussent à profusion.

Colonne sculptée, île du Phénix

Ben Tre ❸

Carte routière B6. 86 km SO de Hô Chi Minh-Ville ; 14 km S de My Tho. *116 000. de Hô Chi Minh-Ville. de My Tho. Ben Tre Tourist, 65, Dong Khoi, (075) 382 9618.*

Située hors des sentiers les plus touristiques, la capitale de la province de Ben Tre demeure peu visitée et la vie y suit un cours traditionnel. Les étrangers ne manquent pas d'y éveiller la curiosité.

Entourée de vastes plantations de cocotiers, elle a pour spécialité les confiseries à la noix de coco. Le mode de fabrication reste fondamentalement artisanal. La pulpe et le lait du fruit sont mis à bouillir jusqu'à leur réduction en une pâte collante qu'on laisse ensuite durcir. Il ne reste plus alors qu'à la couper en petits morceaux et à l'envelopper de papier de riz comestible.

Le marché central, un rendez-vous « fermier » dans tous les sens du terme, ne propose guère d'articles d'habillement ou de parure. Ses marchands vendent principalement de la quincaillerie, des coupons de tissu et des aliments. Les étals des poissonniers sont particulièrement pittoresques.

En face du marché, la **pagode Vien Minh**, construite au tournant du XIXe siècle, abrite le siège de l'association bouddhiste provinciale. Des tentures colorées égaient son intérieur austère.

Pagode Vien Minh
156, Nguyen Dinh Chieu St.
***Tél.** (075) 381 3931. t.l.j. du lever au coucher du soleil.*

Tra Vinh ❹

Carte routière B6. 100 km O de Can Tho. *96 000. de Vinh Long et Can Tho. Tra Vinh Tourist Office, 64-66, Le Loi , (074) 385 8556.*

Les édifices religieux de Tra Vinh révèlent l'importance des communautés khmère, chrétienne et chinoise de la ville. Des piliers surmontés d'un épi sculpté de quatre visages encadrent le portail de la **pagode Ong Met** *(p. 86)*, le plus intéressant des lieux de culte, où les Khmers pratiquent le bouddhisme Theravada *(p. 22)*. Des stupas dorés hauts de 3 m y sont dédiés à des moines décédés. À l'intérieur, des mosaïques, des reliefs et des peintures composent un beau décor.

Consacré au général chinois déifié Quan Cong, le **temple Ong**, fondé en 1556, révèle, dans la cour de derrière, une ornementation chatoyante. Sur un mur, des gravures montrent des dragons rouges qui s'ébattent entre une chaîne de montagnes bleues et une mer verte. Dans un bassin à poissons, des sculptures peintes représentent des carpes en plein bond perçant la surface. L'auteur de ces œuvres, Lê Van Chot, possède un atelier sur place.

Néanmoins, c'est sans doute l'**église de Tra Vinh** qui reflète le mieux l'éclectisme religieux de la ville. L'extérieur paraît typiquement colonial, mais un examen plus minutieux révèle aux avant-toits des « flammes de dragon » semblables à celles des temples de style khmer.

Épi de pilier, pagode Ong Met

Aux environs : à quelque 6 km au sud de la ville, la **pagode Hang** a dû être reconstruite après un raid aérien en 1968. Les centaines de cigognes qui y nichent en constituent le principal attrait. Le **musée de la Minorité khmère** expose des ustensiles domestiques, des costumes, des bijoux et des objets liturgiques. Sur la route qui y mène, l'**étang Ba Om** offre un cadre idyllique avec ses dunes ombragées par des manguiers. Non loin, la **pagode Ang** compte parmi les plus anciennes du Vietnam, puisque sa fondation remonterait au XIe siècle. Des lions de pierre gardent l'entrée. À l'intérieur, des peintures murales retracent la vie de Bouddha.

Musée de la Minorité khmère
7 km SO du centre au 3, SEB Luong Hoa. ***Tél.** (074) 384 2188. t.l.j. 7h30-11h30, 13h30-16h30.*

Le marché flottant de Cai Be commence dès le petit matin

Vinh Long 5

Carte routière B6. 136 km SO de Hô Chi Minh-Ville ; 74 km SO de My Tho. *137 000.* *Cuu Long Tourist, 1, Thang 5, (070) 382 3616.*

Ce gros bourg au bord du Co Chien est une bonne base pour aller explorer les îles proches, mais il mérite aussi une visite. Sa grande église catholique typiquement coloniale rappelle que la région fut l'une des premières à accueillir des missionnaires. En périphérie, le **temple Van Thanh Mieu**, dédié à Confucius, est le seul temple de la Littérature du Sud du Vietnam. Il date de 1866 et renferme un édifice de 1930 bâti en l'honneur de Phan Thanh Gian, le chef d'une révolte infructueuse contre les Français.

Des croisières organisées permettent d'observer la beauté d'une région où l'eau se mêle intimement à une somptueuse végétation. On peut aussi prendre un bac pour rejoindre les îles enchanteresses **An Binh** et **Binh Hoa Phuoc**, couvertes de vergers. Au nord du débarcadère d'An Binh, la **pagode Tien Chau** offre un extérieur anodin. En revanche, à l'intérieur, des fresques macabres dépeignent les horreurs de l'enfer bouddhique, où les âmes égarées se font, entre autres, piétiner par des chevaux ou dévorer par des serpents.

Vinh Long et ses îles sont idéales pour découvrir la vie du delta et le travail de ses artisans – fabricants de bateaux, confiseurs et apiculteurs. Loger chez l'habitant *(p. 229)* permet de partager la vie d'une famille. Une expérience passionnante.

Aux environs : le **marché flottant de Cai Be** se tient à une heure en bateau de Vinh Long, de l'autre côté de l'île Binh Hoa Phuoc. Il commence dès l'aube et rassemble des commerçants de gros et de détail. Les professionnels viennent s'approvisionner auprès de grandes embarcations, tandis que de petits sampans vendent aux particuliers. Leur ballet et l'adresse des mariniers offrent un merveilleux spectacle.

Temple Van Thanh Mieu
3 km S de la ville sur Tran Phu.
Tél. *(070) 383 0174.* *t.l.j. 8h-coucher du soleil.*

FABRICATION DES BATEAUX DU DELTA DU MÉKONG

Sampans en cours d'achèvement

L'art de la construction navale est peut-être le plus ancien du delta. Sans lui, pas de transport, pas de commerce, voire pas de logis. Il est lié à la transmission d'instructions séculaires, de quelques règles empiriques et d'outils spécialisés. Il arrive qu'une embarcation prisée soit, lorsqu'elle vieillit, démontée pour servir de modèle à une réplique exacte. Tout bateau du delta peut ainsi être la perpétuation fidèle d'un prédécesseur mis à l'eau il y a des siècles.

Cao Lanh 6

Carte routière B6. 160 km SO de Hô Chi Minh-Ville. *161 000.* *Dong Thap Tourist, 2, Doc Binh Kieu, (067) 385 5637.*

Même si la ville n'a rien de remarquable en elle-même, le plaisir procuré par le trajet justifie de passer par Cao Lanh pour rejoindre Chau Doc *(p. 100)*. Le **musée de Dong Thap** illustre les modes de vie et de travail des cultivateurs et des pêcheurs de la province. Le **monument aux Morts**, décoré de faucilles, de marteaux et de drapeaux évoque la grande époque du réalisme socialiste soviétique. Le cimetière renferme les tombes de 3000 soldats viêt-công, morts en luttant pour l'indépendance de leur pays. À 1,5 km au sud-ouest du centre, le mausolée **Nguyen Sinh Sac** rend hommage au père de Hô Chi Minh.

Statue du musée de Dong Thap

Aux environs : au nord de Cao Lanh, Dong Thap Muoi, « la plaine de Roseaux », accueille beaucoup d'oiseaux. La **réserve ornithologique de Tam Nong**, à 45 km au nord-ouest de la ville, attire des nuées d'ornithologues amateurs prêts à affronter un long trajet en bateau pour apercevoir les superbes têtes rouges des grues antigones. La réserve de **Vuon Co Thap Muoi**, située à 45 km au nord-est de Cao Lanh, abrite entre autres volatiles de magnifiques cigognes blanches.

Au sud-est de Cao Lanh, la forêt de Rung Tram renfermait la base viêt-công de **Xeo Quyt**. Il faut une autorisation de l'office de tourisme pour visiter le site, se trouvant à environ une demi-heure en bateau.

Musée de Dong Thap
162, Nguyen Thai Hoc St.
Tél. *(067) 385 1342.*
t.l.j. 7h-11h, 13h-16h.

Monument aux morts
Sur la route 30 à la sortie est de la ville.

Excursion en bateau de Vinh Long

Orchidée en fleur, Vinh Long

Le meilleur moyen d'avoir un aperçu de la vie dans le delta du Mékong est d'effectuer une promenade sur le dense réseau de canaux autour de Vinh Long. Les petites îles d'An Binh et de Binh Hoa Phuoc dévoilent un monde enchanteur de vergers luxuriants, de maisons à toit de chaume et d'arroyos enjambés par de petits ponts. Partout, et jusque sur les marchés, on vit autant sur l'eau que sur terre.

Une église à la flèche élancée domine le marché flottant de Cai Be

Vinh Long ①
Au bord de la rivière Co Chien, la ville de Vinh Long, presque cernée par l'eau, est une bonne base pour partir à la découverte d'un réseau complexe de canaux et de petites îles.

Marché flottant de Cai Be ②
Ce marché très animé est particulièrement agréable tôt le matin. Il s'arrête à midi. Une église dans le plus pur style colonial offre un arrière-plan insolite au ballet des sampans chargés de produits exotiques.

Dong Phu ③
Ce hameau de cultivateurs, d'arboriculteurs et de mariniers a peu changé depuis des siècles.

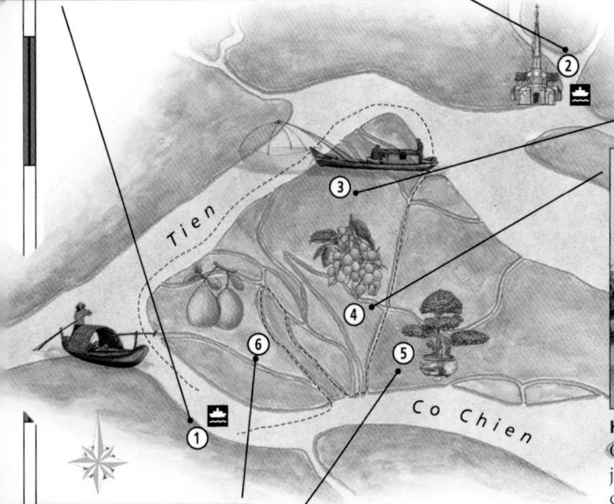

Hoa Ninh ④
Cet îlot réputé pour ses jardins fleuris et ses vergers d'abricotiers, de manguiers et de longaniers n'est accessible qu'à pied ou en bateau.

Village de Binh Hoa Phuoc ⑤
Sur l'île du même nom, les visiteurs peuvent trouver à se loger chez l'habitant et admirer des pépinières de bonsaïs.

0 3 km

Vergers à An Binh ⑥
La générosité de la nature permet la culture de nombreux fruits exotiques, dont le longane, la pomme rose et l'ugli, un agrume plus savoureux qu'appétissant.

MODE D'EMPLOI

Durée : *5 à 6 h.*
Location de bateaux : *Cuu Long Tourist jouit théoriquement d'un monopole sur les visites guidées, mais on peut aussi s'adresser à un privé… au risque d'une amende.*
Où faire une pause ? *Le village de Binh Hoa Phuoc est l'endroit idéal où prendre un repas rapide.*

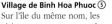

Pêche au petit matin sur les eaux paisibles du delta du Mékong ▷

Can Tho ❼

Relief de la pagode de Munirangsyaram

À la jonction de six provinces, la plus grande ville du delta joue le rôle de plaque tournante pour l'ensemble des transports. C'est aussi un centre agricole avec une importante production de farine de riz. Can Tho offre un bon point de départ pour des excursions d'une journée, en particulier jusqu'aux marchés flottants, principales destinations touristiques des environs. À Can Tho même, le marché central est réputé pour ses étals de fruits et de poissons. Le parc municipal renferme une statue de Hô Chi Minh.

MODE D'EMPLOI

Carte routière B6. 170 km SO de Hô Chi Minh-Ville. *1 200 000.* *10 km S.* *Can Tho Tourist, 20, Hai Ba Trung, (0710) 382 1852.* *fête du Temple Binh Thuy (janv., mai).*

Pagode Ong

32, Hai Ba Trung.
Tél. *(0710) 382 3862.*

Les fidèles viennent dans ce petit temple vénérer Than Tai, dieu de la prospérité, et Quan Am, déesse de la miséricorde. Pour s'assurer que leur prière sera entendue, ils paient un calligraphe pour qu'il l'écrive sur une bande de papier qui est ensuite fixée au mur.

Musée de Can Tho

6, Phan Dinh Phung. ***Tél.*** *(0710) 381 6016.* *t.l.j. 8h-17h.*

Voici un excellent musée ethnographique. L'exposition comprend des outils agricoles, des costumes de mariage et les reconstitutions d'une maison de thé et d'une herboristerie.

Pagode de Munirangsyaram

36, Hoa Binh. ***Tél.*** *(0710) 381 6022.* *t.l.j. 8h-17h.*

Une tour du style d'Angkor s'élève au-dessus de ce sanctuaire, où la minorité khmère de la ville pratique le bouddhisme Theravada. Des reliefs polychromes décorent les bâtiments.

Marchés flottants

Trois marchés flottants se tiennent à proximité de Can Tho. Le plus grand et le plus proche, à 7 km au sud-ouest de la ville, rassemble de nombreux grossistes à **Cai Rang**. Les fruits et les légumes accrochés à des perches indiquent les marchandises en vente. À 14 km plus à l'ouest, le marché de **Phong Dien** est plus simple et plus authentique. Il est possible de louer des sampans pour ces deux destinations sur les quais de la rue Hai Ba Trung. On peut aussi s'adresser à une agence de voyages. À **Phung Hiep**, le marché sur l'eau se double d'un marché à terre. Le village se trouve à environ 30 km au sud de Can Tho. Le plus simple consiste à s'y rendre par la route et à louer un bateau sur place.

Légumes et fruits frais au marché du matin de Cai Rang

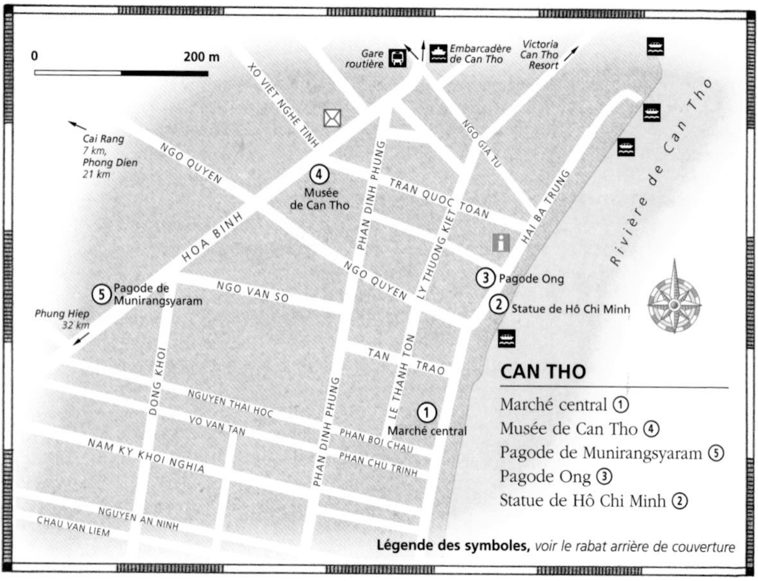

Culture du riz

Le riz est non seulement l'aliment de base des Vietnamiens, mais aussi une importante source de devises. Sa culture, son transport et sa transformation emploient sous une forme ou une autre près de 80 % de la population du pays. Le delta du Mékong en est la plus grande zone de production, et la fertilité de son sol régénéré par des crues a permis au Vietnam de devenir le deuxième exportateur mondial. Ce résultat est aussi le fruit d'un travail acharné. Les rizières restent souvent labourées par des buffles et irriguées non par des pompes, mais par des équipes munies de seaux à poignées ou de paniers tressés assez serré pour être étanches.

Joie et fierté au moment de la récolte

La riziculture est une entreprise collective facilitée par la solidarité au sein de familles élargies.

Les canaux d'irrigation marquent aussi les limites de propriété.

De la richesse du sol dépend l'abondance de la récolte.

Des paniers servent au transport des plants.

Bottes de plants

TRANSPLANTATION

Les grains sont semés en pépinières, plus faciles à surveiller, souvent dans des plateaux ou des pots. Les plants ne sont mis en sol dans les rizières qu'après avoir atteint une hauteur suffisante.

La récolte, *souvent effectuée le dos voûté, pour manier la faucille, reste éreintante.*

Après le battage *qui les sépare des épis et le vannage qui élimine la balle, les grains de riz sont étalés sur des nattes pour sécher au soleil.*

Le transport *a parfois lieu en camion ou en char à bœufs, mais le bateau demeure le moyen le plus traditionnel et le plus efficace pour acheminer le riz jusqu'au marché.*

Pâte liquide de farine de riz

Tissu tendu sur une marmite

Feuilles de riz mises à sécher

Fabrication de feuilles de riz dans un atelier

FABRICATION DE LA FEUILLE DE RIZ

La cuisine vietnamienne fait un très grand usage de la feuille de riz *(banh trang)*. Elle sert à préparer toutes sortes d'en-cas aux garnitures très variées. Sa fabrication peut aussi bien être artisanale qu'industrielle. Versée sur un tissu tendu sur une marmite d'eau bouillante, une pâte liquide de farine de riz cuit en quelques secondes grâce à la vapeur. Le film ainsi obtenu est étalé sur un séchoir en bambou tressé, qui donne au *banh trang* sa texture en treillis si particulière.

Animaux de Chua Dat Set en argile peinte, Soc Trang

Soc Trang ❽

Carte routière B6. 63 km SE de Can Tho. *300 000.* *Soc Trang Tourist, 131, Nguyen Chi Thanh, (079) 382 1498.* *Ok Om Bok (mi-nov.).*

Cette ville animée doit sa réputation à ses festivités et à ses édifices religieux. La province faisait jadis partie de l'empire d'Angkor et elle renferme 90 pagodes khmères, 47 chinoises et 30 vietnamiennes. Dix fêtes annuelles ont lieu à Soc Trang. La plus spectaculaire, Ok Om Bok *(p. 33)*, la fête de l'Eau, a pour temps fort une course de longues pirogues. Au sein d'un superbe jardin, la **pagode Khleang** est typique des sanctuaires khmers. Bâtie en 1905, elle a remplacé un bâtiment en bambou de 1533. À l'intérieur, un bouddha doré domine l'autel.

À 200 m à l'est, **Chua Dat Set**, la pagode d'Argile, attire les visiteurs pour ses nombreuses sculptures en terre réalisées entre 1930 et 1970 par Ngo Kim Tong, appelé le « Moine d'argile ». Si ses œuvres comptent de très nombreux bouddhas, il a aussi peuplé le temple d'un bestiaire naïf où figurent aussi bien un éléphant que des animaux plus symboliques comme un lion doré et un phénix géant. Le Musée khmer fait office de centre culturel et accueille des spectacles de danse et de musique traditionnelles. La collection comprend entre autres des costumes, des instruments de musique, de la vaisselle, des statues et même deux bateaux.

Aux environs : Chua Doi, la pagode des Chauves-Souris, se trouve en retrait de la rue Lê Hong Phong, à 4 km à l'ouest de la ville. Elle doit son nom aux nuées de ces mammifères ailés qui viennent se suspendre à ses arbres et s'envolent au coucher du soleil. Les moines cohabitent aussi avec des porcs, auxquels ils vouent une grande affection. Une mutation génétique les a dotés de cinq doigts au lieu de quatre. À l'intérieur du sanctuaire, vieux de quatre siècles, des fresques illustrent des épisodes de la vie de Bouddha.

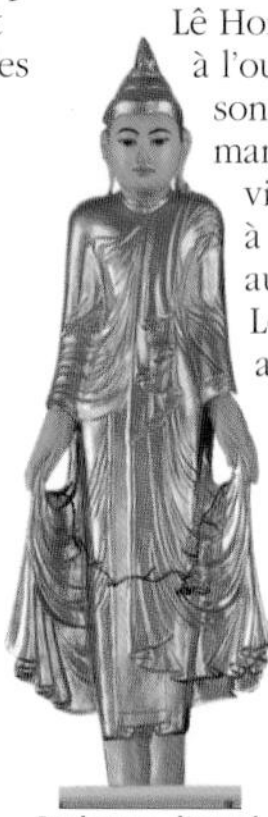

Sculpture d'autel, pagode Khleang

À 14 km à l'ouest de la ville, la **pagode Xa Lon** a beaucoup souffert de l'offensive du Têt *(p. 44-45)*. Des céramiques ornent l'extérieur du bâtiment bas actuel. Il accueille des cours de sanskrit.

À l'est de Soc Trang, à 1,5 km, l'élégante pagode **Im Som Rong**, de style khmer, mérite que l'on s'y arrête.

Musée khmer
23, Nguyen Chi Thanh.
Tél. *(078) 382 2983.* *7h30-11h, 13h30-17h.* *jeu.*

Bac Lieu ❾

Carte routière B6. 280 km SO de Hô Chi Minh-Ville ; 50 km SO de Soc Trang. *148 000.* *Bac Lieu Tourist, 2, Hoang Van Thu, (781) 382 4273.*

Le chef-lieu de la province de Bac Lieu a conservé sa vocation principalement rurale et tire une grande part de ses revenus des élevages de crevettes et des marais salants situés sur le littoral. La ville fait surtout office de lieu d'étape pour les visiteurs étrangers, mais n'en possède pas moins d'intéressantes pagodes. Quelques beaux édifices coloniaux agrémentent également une promenade au bord du canal. Le plus imposant, le **Cong Tu Bac Lieu**, construit en 1916, servait jadis de résidence à un prince local. Il abrite désormais un hôtel.

Aux environs : la réserve ornithologique de Bac Lieu s'étend à 5 km au sud de la ville dans une forêt de mangrove. Plus de 50 espèces d'oiseaux y résident à l'année ou y séjournent dans le cadre de leur migration annuelle. Les ornithologues amateurs qui s'y rendaient, malgré l'absence d'équipement, venaient surtout pour les grandes colonies de hérons blancs. La menace présentée par la grippe aviaire *(p. 283)* a entraîné une baisse de la fréquentation depuis 2003.

Entrée du Cong Tu Bac Lieu, de style colonial français

Flore, faune et avifaune du delta du Mékong

Un climat chaud et humide conjugué à la richesse d'un sol alluvial partout irrigué créent dans le delta du Mékong un habitat propice à la vie de très nombreuses espèces végétales et animales. Des mangroves et des jungles tropicales couvrent une grande partie du territoire, tandis que des arbres fruitiers comme les manguiers, les papayers et les bananiers poussent en abondance dans des vergers. La région se trouve sur la voie de migration d'Asie de l'Est et de nombreux échassiers y font étape, dont la grue antigone. Parmi les mammifères peuplant les forêts, on trouve des sangliers, des singes et des cervidés. Crocodiles et serpents comptent parmi les reptiles.

Fleur de bananier, un ingrédient de salade

COCOTIERS EN BORDURE D'UN CANAL

Le cocotier est l'arbre le plus répandu dans le delta et il joue un rôle essentiel dans son économie. La cuisine fait grand usage de son huile et de son fruit, tandis que ses longues palmes servent à la confection de toits, qui peuvent durer des années malgré l'importance des pluies.

Les noix de coco ont une chair molle quand elles sont vertes, qui devient croquante à maturité.

Le Mékong charrie des alluvions provenant d'aussi loin que le Tibet.

Les orchidées *sont nombreuses à pousser dans le delta. Il en existe tant de variétés que les botanistes ne cessent d'en découvrir de nouvelles.*

Les guêpiers d'Orient *nichent dans des tunnels qu'ils creusent dans le sol meuble des rives. Pour débarrasser leurs proies de leur dard, ils les cognent contre une surface dure.*

Le tantale indien *compte parmi les cigognes menacées d'extinction, qui trouvent refuge dans les réserves ornithologiques du delta.*

Les serpents *les plus connus sont le cobra royal et le python géant. Ils entrent dans la composition des repas de fête. La plupart sont sauvages mais certains proviennent d'élevages.*

Le macaque crabier, *ou macaque à longue queue, se nourrit aussi de végétaux et d'insectes. Noire à la naissance, sa fourrure prend avec l'âge un ton brun tirant sur le gris ou le roux.*

Des crocodiles *vivent encore en liberté, mais ils seraient chassés jusqu'à extinction si les Vietnamiens n'en pratiquaient pas aussi l'élevage.*

Archipel de Con Dao ⑩

Carte routière B6. 100 km SE au large de la pointe sud du Vietnam. *5000. de Hô Chi Minh-Ville, hélicoptère de Vung Tao. de Vung Tao. Con Dao Transport, 430, Truong Cong Dinh, (064) 385 9089.*

Malgré leur situation isolée, les quatorze petites îles de Con Dao figurent, avec leurs forêts et leurs plages, parmi les destinations les plus remarquables du Vietnam. Depuis 1993, le **parc national de Con Dao** en protège l'essentiel.

Les surfaces émergées ne représentent que deux tiers de sa superficie de 40 000 ha. Dans sa partie maritime, la réserve naturelle renferme de splendides récifs de coraux. Plus de 1 300 espèces différentes fréquentent ses eaux, dont des mammifères tels que les dauphins et les dugongs *(p. 190)*. Les visiteurs peuvent se faire conduire sur un site de ponte de la très rare tortue verte. La faune et la flore terrestres se composent de 135 espèces animales et de 882 espèces végétales. Le parc, où prospère le carcophage blanc, un gros pigeon, séduit également les ornithologues amateurs. Seule la plus grande des îles, **Con Son**, possède une population permanente. Sa forme lui vaut le surnom d'« île de l'Ours ». Longue d'une dizaine de kilomètres, il est facile de parcourir ses sentiers bien balisés en une journée. Les Français y ouvrirent en 1862 le bagne de Poulo Condore, connu plus tard sous le nom de **prison de Phu Hai**. De nombreux opposants politiques et militants communistes, dont Lê Duan, futur maître du Vietnam réunifié *(p. 46)*, y séjournèrent dans des conditions éprouvantes. Un bloc de détention en montre une reconstitution dans le cadre du **Musée révolutionnaire**. Phu Hai passa en 1954 sous le contrôle du Sud-Vietnam qui lui conserva sa fonction. Appelées « cages à tigres », les cellules les plus inhumaines obligeaient les détenus à rester accroupis dans des trous minuscules creusés dans le sol et fermés par des barreaux.

Enfants jouant sur une plage, îles de Con Dao

L'île possède de nombreuses plages superbes, dont **Dat Doc**, la plus populaire. La **plage Nho** est plus isolée, tandis que celle de l'**île de Tre Nho** se prête bien à un pique-nique. Des fous bruns peuplent **Hon Trung**, à une heure de bateau de Con Son. C'est de mars à juin que le climat se montre le plus clément, mais la saison de plongée s'étend jusqu'au mois d'octobre.

Tortue de mer

Musée révolutionnaire
Près du Saigon Con Dao Hotel, 18, Ton Duc Thang, Con Son.
lun.-ven. 7h-11h, 13h30-17h.

Rach Gia ⑪

Carte routière B6. 116 km O de Can Tho. *220 000. de Hô Chi Minh-Ville. Kien Giang Tourist, 5, Lê Loi, (077) 386 2081.*

Ce port prospère compte plusieurs édifices religieux, comme la charmante **pagode Pho Minh**, occupée par un ordre de nonnes mendiantes. Dans le sanctuaire voisinent deux bouddhas, l'un de style thaï, l'autre de style vietnamien. Vieille de deux siècles, la **pagode Phat Lon** dédiée au bouddhisme Theravada abrite des peintures murales. Les bouddhas sur les images portent des tenues khmères. Le **temple de Nguyen Trung Truc** rend hommage à un héros local qui se distingua dans la résistance contre les Français au milieu du XIXe siècle. Il se constitua prisonnier pour sauver sa femme prise en otage par les autorités coloniales et fut exécuté sur la place du marché de Rach Gia le 27 octobre 1868.

Le **musée de Rach Gia** possède une section consacrée à la guerre du Vietnam et présente une collection d'objets et de poteries de la culture d'Oc-èo.

Musée de Rach Gia
27, Nguyen Van Troi.
Tél. *(077) 386 3727.*
sam.-mer. 7h-11h, 13h30-17h.

Aux environs : la ville d'**Oc-èo**, dont les ruines se trouvent à 10 km de Rach Gia, fut au début de l'ère chrétienne un important comptoir commercial de l'empire indianisé du Funan *(p. 39)*, qui s'étendit du sud du Vietnam jusqu'en Malaisie. Les marchands auraient entretenu des contacts avec de nombreuses nations de la région. Les archéologues ont même mis au jour une pièce romaine. Bien qu'il y ait peu à voir sur le site de fouilles, celui-ci n'est accessible que sur autorisation.

Pour les hôtels et les restaurants de la région, voir p. 235-236 et p. 252-253

Maisons du delta du Mékong

Exemple de grande maison sur pilotis

Les centaines de milliers de Vietnamiens qui peuplent le delta du Mékong ne vivent pas uniquement sur les rives des « Neuf Dragons » et des nombreux canaux qui les relient, mais également au-dessus de l'eau. Il existe deux formes caractéristiques d'habitat traditionnel : des maisons sur pilotis supportées par des bambous plantés dans le lit des cours d'eau, et des maisons flottantes posées sur des radeaux ou des bidons et que des ancres empêchent de dériver avec le courant. Des passerelles les relient au rivage. Elles n'offrent souvent que la largeur d'un poteau où poser le pied.

MAISONS SUR PILOTIS

En bois ou, de plus en plus souvent, en tôle ondulée, ces habitations reposent sur des piliers assez hauts pour les protéger des crues annuelles du Mékong. Elles sont composées d'une ou deux pièces spacieuses et ouvrent sur une terrasse. À marée basse, leurs habitants les rejoignent par une échelle. À marée haute, ils viennent en bateau jusqu'à la porte.

Les passerelles, *dépourvues de garde-corps, imposent d'avoir le pied sûr. Les habitants du delta les empruntent depuis l'enfance.*

Les pilotis de bambou peuvent mesurer jusqu'à 6 m. À la fois souples et robustes, ils résistent aux courants les plus forts.

Sampan familial

Les toits de chaume, *qui étaient utilisés dans le delta, cèdent la place à la tôle ondulée car elle dure plus longtemps.*

Des villages flottants, *dotés de leurs propres commerces et même d'édifices industriels, peuvent couvrir des hectares entiers. Dépourvues d'ancrage permanent, les maisons sont aisées à déplacer vers l'aval.*

PIÈGES À POISSONS

Ouverture d'un piège à poissons

Dans beaucoup de maisons flottantes, un trou percé dans le plancher permet l'accès à un grand filet confectionné avec des lanières de bambou ou du grillage métallique. Ces pièges à poissons utilisés depuis des générations ont trouvé une nouvelle fonction grâce aux évolutions techniques. Ils servent à l'incubation d'œufs fertilisés ou à l'élevage d'alevins conservés dans le courant jusqu'à l'âge adulte.

Les activités quotidiennes *sur les maisons flottantes comprennent la culture d'aromates et l'élevage de poulets. Leurs habitants passent la totalité de leur vie sur l'eau, mettant rarement pied à terre.*

Chau Doc ⓬

Carte routière B6. 245 km SO de Hô Chi Minh-Ville ; 120 km NO de Can Tho. *110 000.* *de Hô Chi Minh-Ville, Can Tho et Ha Tien.* *de Ha Tien et Phnom Penh au Cambodge.*

L'eau est au cœur de la vie dans cette ville-frontière à l'atmosphère effervescente. Nombre de ses habitants logent en effet dans des maisons sur pilotis et des maisons flottantes *(p. 99)*. Le marché se tient au bord du Hau Giang, ou Bassac, un affluent du Mékong. Funanais, Cham, Khmers et Vietnamiens se sont disputés la cité pendant des siècles, ce qui explique qu'elle possède la plus grande diversité ethnique et religieuse de la région. C'est aussi là qu'est née dans les années 1930 la secte Hoa Hao, qui prêche un bouddhisme sans clergé ni pagodes. Ses milices prirent le contrôle de plusieurs provinces à la mort de Ngo Dinh Diem en 1963 *(p. 44)*. La petite communauté de Cham musulmans se retrouve pour prier à la **mosquée Moubarak** et à la mosquée de **Chau Giang**, toutes deux situées sur l'autre rive du Hau Giang. Elles ne possèdent pas de véritable adresse, mais les bateliers savent les rejoindre.

En centre-ville, une statue de Quan Am, la déesse de la miséricorde, domine depuis un belvédère la **pagode Bo De Dao Trang**. Non loin, le **temple de Chau Phu**, dédié à un mandarin mort en 1829, date de 1926. Des tablettes mortuaires y côtoient des œuvres d'art colorées.

Aux environs : l'un des sites les plus sacrés du Vietnam, le **mont Sam**, dresse sa silhouette haute de 230 m à 6 km au sud-ouest de Chau Doc. L'ascension dure environ 1 h 15. À sa base, au nord, deux éléphants gardent l'entrée de la **pagode Tay An**, qui abrite plusieurs statues de couleurs vives. Non loin, le **temple de la Reine du pays (Ba Chua Xu)** abrite une grande statue de pierre richement vêtue. Des vitrines protègent les parures et les bijoux offerts par les fidèles. La colline porte une multitude de petits sanctuaires. Le panorama est spectaculaire : les rizières du Vietnam s'étendent à l'est, et les plaines du Cambodge à l'ouest.

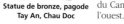

Statue de bronze, pagode Tay An, Chau Doc

Ha Tien ⓭

Carte routière B6. 300 km O de Hô Chi Minh-Ville ; 90 km NO de Rach Gia. *120 000.* *de Hô Chi Minh-Ville et Chau Doc.* *de Chau Doc et l'île de Phu Quoc.* *Kien Giang Tourist, 14, Phuong Thanh, (077) 385 1929.*

Au bord du golfe de Thaïlande, cette ville de pêcheurs jouit de l'un des plus beaux cadres du delta du Mékong. Un pont flottant franchit le débouché du bassin d'eau de mer appelé « lac de l'Est » (Dong Ho). Réservé aux piétons et aux cyclistes, il conduit au quartier le plus animé, autour du marché. Ha Tien n'est devenue vietnamienne qu'au XVIIIe siècle. C'est un seigneur d'origine cantonaise, Mac Cuu, qui l'arracha aux Cambodgiens puis aux Siamois pour la léguer à son fils en 1736. À l'ouest de la ville, les **tombeaux de la famille Mac** s'étagent au flanc de la colline Nui Lang. Sur son côté nord, la **pagode de Phu Dung** recèle d'élégantes sépultures et de beaux panneaux en haut relief.

Statue de Quan Am à l'entrée du temple Thach Dong, Ha Tien

Aux environs : à 4 km à l'ouest de la ville, à mi-chemin du sommet d'une formation karstique *(p. 182)*, le **temple Thach Dong** se niche dans un réseau de grottes. La plus grande abrite une pagode. Une statue de la déesse bouddhique Quan Am se dresse près de l'entrée.

Non loin, une **stèle de la Haine** commémore le massacre de 130 civils par les Khmers rouges en 1978. Le sanctuaire contient aussi une image de l'empereur de Jade taoïste. À environ 30 km au sud-ouest de Ha Tien est située la station balnéaire de **Hon Chong**. À l'extrémité sud de la plage, dans la pagode Hang, des stalactites sonnent comme des tuyaux d'orgue. Au large, l'île de Nghe abrite un sanctuaire troglodytique au pied d'une haute statue.

Maisons flottantes, Chau Doc

Île de Phu Quoc ⓮

Carte routière A6. 45 km O de Ha Tien. *91 000.* *de Hô Chi Minh-Ville.* *de Rach Gia et Ha Tien.*

Revendiquée par le Cambodge, la plus grande île du Vietnam mesure 50 km de long du nord au sud, pour une largeur maximale de 20 km. Ses collines boisées culminent à 603 m d'altitude. Elle joua un rôle crucial dans l'histoire du Vietnam en servant de refuge au prince Nguyen Anh, le futur empereur Gia Long, pendant la révolte des Tay Son *(p. 41)*. C'est là qu'il obtint le soutien du Français Pigneau de Behaine, qui lui permit de reconquérir le pays.

Phu Quoc est encore préservée, et la ville principale, **Duong Dong**, concentre la majeure partie des infrastructures touristiques. Ce gros bourg renferme un marché et l'on peut y visiter des fabriques de nuoc-mâm. Le **parc national de Phu Quoc**, fondé en 2001, protège près de 70 % des 585 km² de l'île. Quelques chemins parcourent ses forêts, et les bassins de son extrémité sud permettent de se baigner. À mi-chemin entre Duong Dong et le parc, une plantation de poivriers se visite à **Khu Tuong**.

Parmi les superbes plages de l'île, **Bai Truong**, sur la côte sud-ouest, est la plus connue. Bordée par des hôtels, elle ménage de splendides couchers de soleil. Au nord, de petites structures d'hébergement se nichent dans les anses de **Bai Ong Lang**, plus sauvage. À courte distance au large, **Hon Doi Moi** offre aux plongeurs sous-marins, ou au tuba, un récif de corail. Il en existe un autre autour des îles d'**An Thoi**, qui prolongent la pointe sud de Phu Quoc, frangée à l'est par les splendides plages de sable blanc de **Bai Sao** et **Bai Dam**. Deux-roues et matériel de plongée sont en location à Duong Dong, où les motos-taxis sont nombreuses.

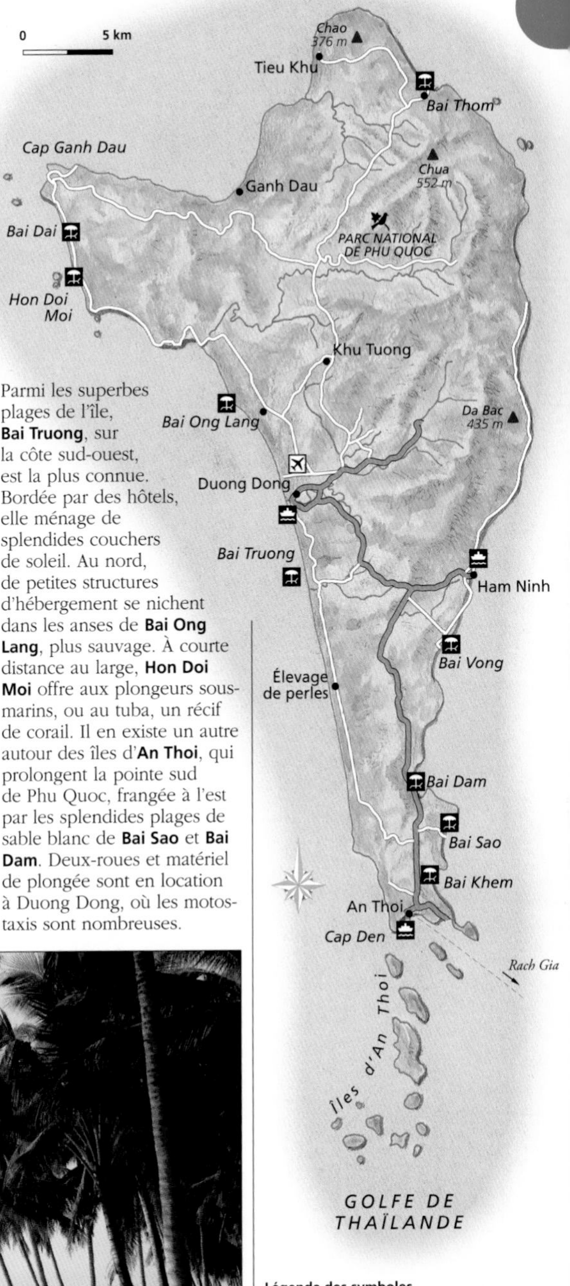

Légende des symboles, *voir le rabat arrière de couverture*

LÉGENDE

- Route principale
- Route secondaire
- Ligne de ferry

Barques de pêcheurs, cocotiers et sable fin à Bai Truong

KH5256TS

CÔTE ET HAUTS PLATEAUX DU SUD

Couvrant presque tout le territoire de l'ancien royaume du Champa, cette région est jalonnée de belles plages de sable, de villes et villages de pêcheurs. Sur les hauts plateaux de l'intérieur, les minorités ethniques ont à cœur de préserver leurs coutumes. Seules les villes de Dalat, Nha Trang et Phan Thiet sont touristiques.

Enrichi par le commerce maritime, le Champa de culture hindoue s'impose à partir du IVe siècle comme un puissant État régional. À son apogée, il s'étend à l'ouest jusqu'à la frontière cambodgienne, au nord jusqu'au col Ngang et au sud jusqu'à Hô Chi Minh-Ville et aux abords du delta du Mékong. Sa puissance s'affaiblit au XIe siècle et les Viets annexent principauté après principauté dans leur marche vers le sud. Au XVIIIe siècle, seul le Panduranga, de Phan Rang à Phan Tiet, conserve son autonomie. Il la perd en 1832. Le royaume a laissé comme vestiges les ruines de temples construits au sommet de collines. Une minorité cham vit toujours dans la région de Panduranga ; elle célèbre en grande pompe son nouvel an, Kate, au début de l'automne.

Le sud du littoral recèle certaines des plus belles plages du pays. À Phan Thiet, une station balnéaire se développe sur la bande de sable blanc longue de 18 km qui s'étend jusqu'au village de Mui Ne. Plus au nord, le port de pêche de Nha Trang jouit d'une réputation méritée pour les produits de la mer. Des hameaux authentiques et des plages souvent désertes s'offrent à qui prend le temps de flâner le long de la côte sans se presser. À l'intérieur des terres, l'ancienne station de villégiature de Dalat a conservé son charme colonial et attire de nombreux visiteurs vietnamiens. Sur les hauts plateaux du Centre, les villes de Buon Ma Thuot et Kontum permettent de partir à la découverte de villages des ethnies montagnardes comme les Mnong, les Ede et les Jarai. Leurs édifices traditionnels comprennent les spectaculaires *nha rong* des Bahnar.

La région a beaucoup souffert pendant la guerre du Vietnam. À Son My, un musée et un mémorial rappellent l'une des pires atrocités du conflit : le massacre de My Lai.

Terrasses de cultures maraîchères sur les pentes fertiles autour de Dalat

Barque de livraison dans le port de pêche de Nha Trang ***(p. 108-110)***

À la découverte de la côte et des hauts plateaux du Sud

Avec ses plages aisément accessibles, ses stations balnéaires, ses villages de pêcheurs et, au nord, ses ruines cham, la longue bande littorale attire beaucoup plus de visiteurs que l'intérieur des terres. Sur les hauts plateaux, la ville de Dalat possède les meilleurs établissements hôteliers. En s'élevant vers la frontière cambodgienne, Buon Ma Thuot est un bon point de chute d'où partir visiter les villages de communautés montagnardes et la plus grande réserve naturelle du pays, le parc national de Yok Don. Dans la région peu fréquentée de l'accueillante Kontum, l'accès à certaines zones est cependant soumis à autorisation.

Les chutes de Dambri, au sud-ouest de Dalat

Temples-tours cham remarquablement préservés de Po Klong Garai, Phan Rang-Thap Cham

LA CÔTE ET LES HAUTS PLATEAUX DU SUD D'UN COUP D'ŒIL

Villes

Buon Ma Thuot ❽
Dalat ❻
Kontum ❿
Nha Trang p. 108-111 ❺
Phan Rang-Thap Cham ❹
Phan Thiet ❷
Quang Ngai ⓭
Quy Nhon ⓫
Sa Huynh ⓬

Plage

Plage de Mui Ne ❸

Sites naturels

Lac Lak ❼
Mont Ta Cu ❶

Parc national

Parc national de Yok Don ❾

CIRCULER

Les deux grandes voies de circulation, la route 1 et la ligne de chemin de fer Hô Chi Minh-Ville – Hanoi, suivent le littoral où il est possible de se déplacer facilement en bus ou en minibus. Très nombreux, ceux-ci sont affrétés par des hôtels ou des voyagistes. La route 27 entre le littoral et Dalat est superbe. Il est plus difficile de s'enfoncer plus loin sur les hauts plateaux. Des dessertes en minibus existent, mais une moto ou une voiture avec chauffeur offre plus de liberté. Malgré les améliorations apportées à la route 14 depuis Hô Chi Minh-Ville, elle reste sinueuse et pentue au nord de Buon Ma Thuot.

LÉGENDE

- Route principale
- Route secondaire
- Voie ferrée
- Frontière internationale
- Frontière provinciale
- Sommet

VOIR AUSSI

- ***Hébergement*** p. 237-238
- ***Restaurants*** p. 254-255

Barque de pêcheur sur la plage de Doc Let, au nord de Nha Trang, sur la péninsule de Hon Meo

Sculpture de Bouddha accédant au nirvana sur le mont Ta Cu

Mont Ta Cu ❶

Carte routière C6. 130 km S de Phan Thiet. *Pagodes et parc.* *(062) 869 109.*

Cette montagne sacrée haute de 650 m s'élève dans une zone plate et aride, et ménage par temps clair une vue spectaculaire du littoral. Les pagodes **Linh Son Truong Tho** et **Linh Son Long Doan**, fondées à la fin du XIXe siècle, accueillent les dévotions des nombreux bouddhistes qui s'y rendent en pèlerinage.

C'est toutefois une « attraction » plus récente qui motive la venue de la majorité des visiteurs, presque tous vietnamiens : un bouddha couché long de 49 m. Sculpté en 1962, ce serait le plus grand du pays. Il faut compter deux heures de marche pour l'atteindre depuis le bas de la colline. Un téléphérique de conception suisse permet d'éviter cet effort. La gare de départ se trouve près de la route 1. La dernière cabine redescend à 16 h 30.

Phan Thiet ❷

Carte routière C6. 200 km E de Hô Chi Minh-Ville. *216 000.* *Fish Egg Tree Tours, (090) 443 4895.* *Festival Nghinh Ong (août-sept.) tous les deux ans.*

La capitale de la province du Bin Thuan s'étend sur les rives de la Ca Thy, et la pêche y reste une activité importante. Renommé dans tout le pays, son nuoc-mâm a la réputation d'être aussi bon que celui de Phu Quoc *(p. 101)*. Pour les visiteurs résidant sur la plage voisine de Mui Ne, Phan Thiet est le centre urbain le plus proche. La ville appartenait jadis au Panduranga, la dernière principauté cham qui a gardé un semblant d'autonomie jusqu'à son absorption par l'empereur Minh Mang en 1832. Les Cham forment toujours une part relativement importante de la population locale. Pour eux, la cité porte toujours le nom de Malithit.

Aux environs : à 7 km du centre-ville, dans le quartier de Phu Hai, **Thap Poshanu** se dresse sur une colline dominant Phan Thiet et la mer. Il en subsiste principalement les ruines de trois tours sanctuaires, ou *kalan*, et d'un templion. Il s'agit des exemples d'architecture cham les plus méridionaux du pays. Ils comptent aussi parmi les plus anciens souvenirs du royaume du Champa, car leur construction remonte au VIIIe siècle.

Plage de Mui Ne ❸

Carte routière C6. 24 km E de Phan Thiet. *(090) 443 4895.* **www**.muinebeach.net

À l'est de Phan Thiet, une bande de sable blanc ombragée par des cocotiers s'étend sur une longueur de près de 20 km jusqu'au petit village de pêcheurs de Mui Ne. Deux routes excellentes bordent la côte sur toute sa longueur.

La réputation de ce petit paradis tropical (connu aussi sous le nom de « Han Tien »), proche d'Hô Chi Minh-Ville, s'est forgée à la fin des années 1990, quand il est devenu une retraite appréciée des routards en quête de tranquillité. Cette période est révolue et la plage, l'une des plus belles au sud de Nha Trang, connaît aujourd'hui un développement constant. Sa quasi-totalité est bordée de complexes touristiques, de bars et de restaurants. L'endroit est devenu une enclave pour le tourisme russe. Un certain nombre

Dunes de sable de la plage de Mui Ne

d'établissements sont d'ailleurs tenus par des Russes et les noms de rues sont indiqués à la fois en vietnamien, en russe et en anglais. Un parcours de golf s'étend au-dessus de la plage, à Sealinks ; d'autres greens sont en projet.

Baignade, bain de soleil et, entre novembre et mars, kitesurf, agrémentent le séjour. Les fonds, dépourvus de récif de corail, ne se prêtent pas à la plongée. Le **Suo Tien**, ou « fontaine de la Fée », coule à peu près à mi-chemin entre Phan Thiet et le village de Mui Ne. Marcher dans le lit peu profond de ce cours d'eau est l'occasion d'une jolie promenade. En continuant à l'est, la route finit par s'écarter du littoral. À cet endroit, un sentier conduit au nord jusqu'à des dunes où des enfants louent des luges de fortune.

Au **village de Mui Ne**, les cuves de macération du nuoc-mâm emplissent les jardins. Les pêcheurs débarquent leurs prises le matin. Les acheteurs les attendent avec leurs camionnettes sur la plage.

Les marchandages ne manquent pas de pittoresque. La flotte alimente aussi la région en excellents poissons et fruits de mer.

Kalan bien conservé de Po Klong Garai

***Mukhalinga* de Po Klong Garai**

Phan Rang-Thap Cham ❹

Carte routière C5. 105 km S de Nha Trang. 162 000.
45, Bac Ai, (091) 917 4987.
Festival Kate (sept. ou oct.).

Sur une aride bande côtière réputée pour la production de raisin de table et de tissus cham, cette ville jumelle est un carrefour routier entre les provinces du littoral, Dalat et les hauts plateaux du Centre. Le nom de Thap Cham, qui signifie « tours cham », fait référence à trois sanctuaires fondés à l'époque du royaume du Champa et de la principauté du Panduranga.

Au sommet d'une colline, trois tours en brique de **Po Klong Garai** subsistent. Le temple principal, ou *kalan*, construit par le roi Jaya Simhavarman III au XIIIe siècle, arbore au-dessus de l'entrée une sculpture de Shiva dont la danse symbolise les cycles de l'univers. Le visage du dieu, représenté sous les traits d'un roi cham, apparaît sur un *mukhalinga* toujours objet de vénération. Le vestibule abrite une statue de sa monture, le taureau Nandi. Les paysans lui font des offrandes dans l'espoir d'obtenir de bonnes récoltes. Pour les célébrations du nouvel an cham, des groupes de musiciens et de danseurs traditionnels se produisent à l'intérieur de l'enceinte.

Mieux vaut disposer d'une moto pour se rendre au second site, plus difficile d'accès. **Po Ro Me** porte le nom du roi qui en commanda la construction au XVIIe siècle, alors que le Panduranga était en déclin. Le souverain est représenté sous forme déifiée dans le *kalan*. Un troisième complexe, Hoa Lai, est situé à quelques kilomètres au nord de Phan Rang. À 6 km à l'est de Phan Rang s'étend la **plage de Nin Chu**, jadis réservée à l'usage personnel du président Nguyen Van Thieu (1967-1975).

Po Klong Garai
Route 27, 6 km O de Thap Cham.
***Tél.** (091) 917 4987. t.l.j. du lever au coucher du soleil.*

Po Ro Me
14 km S de Thap Cham. *t.l.j. du lever au coucher du soleil.*

Inscriptions cham à l'entrée du *kalan* de Po Klong Garai

Nha Trang ❺

Shiva, tours cham de Po Nagar

Important port de pêche et cité animée, Nha Trang est la première destination balnéaire du Vietnam, et les visiteurs y disposent d'hôtels de tout standing et d'un large éventail de restaurants de poisson. Une élégante promenade domine la plage municipale, où des vendeurs ambulants circulent parmi les vacanciers. Le marché central, Cho Dam, est le pôle de la vie sociale locale. Les infrastructures touristiques se trouvent en majorité plus au sud. Les attractions des alentours comprennent les sources chaudes de Thap Ba et le port de Cau Da, d'où partent les bateaux pour les îles de la baie.

Barques circulaires mises au sec sur la plage municipale de Nha Trang

Pagode Long Son

N° 18, 23, Thang 10. ***Tél.*** *(058) 381 6919.* *t.l.j. 7h30-20h.*

Le lieu de culte bouddhique le plus fréquenté de la ville se dressait au sommet de la colline Tray Hui, située au sud de Nha Trang, mais un typhon le détruisit au début du XXe siècle. Sa dernière restauration remonte à 1940. Il est aujourd'hui dédié à la mémoire des bonzes qui périrent victimes des persécutions du gouvernement du président Ngo Dihn Diem (1955-1963) ou qui s'immolèrent pour les dénoncer. La pagode reste un monastère en activité. Le bâtiment principal renferme des fresques illustrant la vie de Bouddha. De style distinctement sino-vietnamien avec ses parements de mosaïques de céramique et les dragons qui courent sur ses toits, il s'adosse à la colline. Au sommet, un bouddha en pierre blanche de 14 m de haut est assis sur une fleur de lotus. Il date des années 1960. Il faut gravir 120 marches pour accéder à la statue, d'où s'étend un magnifique panorama sur la ville et la campagne environnante, des montagnes jusqu'à la mer. L'escalier passe devant un bouddha blanc couché, sculpté en 2003 par un artisan thaïlandais.

Grand bouddha assis de la pagode Long Son

Cathédrale de Nha Trang

31, Thai Nguyen. ***Tél.*** *(058) 382 2335. Offices tous les jours.*

Édifié en blocs de béton entre 1928 et 1934, le siège du diocèse de Nha Trang ne compte pas parmi les grandes réussites du style néogothique français. Éclairée par de beaux vitraux, la nef possède cependant plus de grâce que l'aspect fortifié du bâtiment – créneaux de la tour et arcades latérales – ne le laisse supposer. Le clocher renferme trois cloches fondues en France en 1786. Le cimetière, jadis attenant au sanctuaire, a été désaffecté pour permettre l'extension de la gare ferroviaire.

Plage municipale

Deux promontoires abritent la plage de sable blanc, longue de près de 7 km, qui s'étend au sud de l'estuaire de la Cai. L'avenue Tran Phu la longe d'un bout à l'autre. Plantée de cocotiers, elle ménage une belle vue sur la baie et est l'occasion d'une agréable promenade. Hôtels et restaurants sont nombreux à ouvrir du côté terre. Entre la chaussée et la mer, cafés et petits kiosques de nourriture invitent à une pause.

Musée Alexandre-Yersin

10D, Tran Phu. ***Tél.*** *(058) 382 2355.* *t.l.j. 8h-11h, 14h-16h30.*

Né en Suisse, Alexandre Yersin (1863-1943) fait des études médicales à Paris et obtient la nationalité française en 1891. Il travaille à l'institut Pasteur, puis entreprend l'exploration de l'Annam à partir de 1890. Il découvre ainsi le plateau qu'il recommande pour la fondation de la station de Dalat en 1897. En 1894, il identifie à Hong Kong le bacille de la peste

Cathédrale néogothique construite en blocs de béton

Pour les hôtels et les restaurants de la région, voir p. 237-238 et p. 254-255

Tour nord (Thap Chinh) et tour centrale (Thap Nam) de Po Nagar

bubonique. Le Vietnam lui doit l'acclimatation du quinquina, plante péruvienne dont est tirée la quinine. Dans la reconstitution d'une de ses demeures, une exposition légendée en français retrace sa vie. À côté, l'institut Pasteur reste un centre de recherche et de fabrication de vaccins.

Estuaire de la Cai

La flotte de pêche de la ville s'amarre au débouché du fleuve qui longe le centre au nord. Un pont offre un point de vue privilégié sur ses beaux bateaux en bois peints en bleu et rouge *(p. 102)*. Pour aller de l'un à l'autre, les marins utilisent des barques circulaires en vannerie calfatée.

Tours cham de Po Nagar

Rive nord de la Cai. ***Tél.*** *(058) 383 1569.* *t.l.j. 6h-18h.*
Dédié au culte de la déesse Po Yang Inu, protectrice de la ville pour les bouddhistes

MODE D'EMPLOI

Carte routière C5. 450 km N de Hô Chi Minh-Ville.
392 000. *34 km S à Cam Ranh.* *Khanh Hoa Tourist Company, 1, Tran Hung Dao St., (058) 352 6753.*
fête de Po Nagar (mi-avr.).

viets et chinois, et par les Cham hindous, le sanctuaire, édifié entre le VIIIe et le XIIe siècle par les souverains de la principauté du Kauthara, compta jusqu'à huit tours. Quatre restent debout. Thap Chinh, la tour nord, date de 817. Elle renferme une sculpture de la déesse Uma aux dix bras, l'une des formes données à Shakti, la parèdre du dieu Shiva. Celui-ci danse à l'entrée sur le dos de sa monture sacrée, le taureau Nandi. De taille plus réduite, la tour centrale et la tour sud abritent chacune un linga. Des statues en brique ornent l'extérieur de la petite tour sud-ouest. D'un *mandapa*, ou salle de méditation, ne subsistent que des colonnes. Un musée moderne expose des objets de la culture cham.

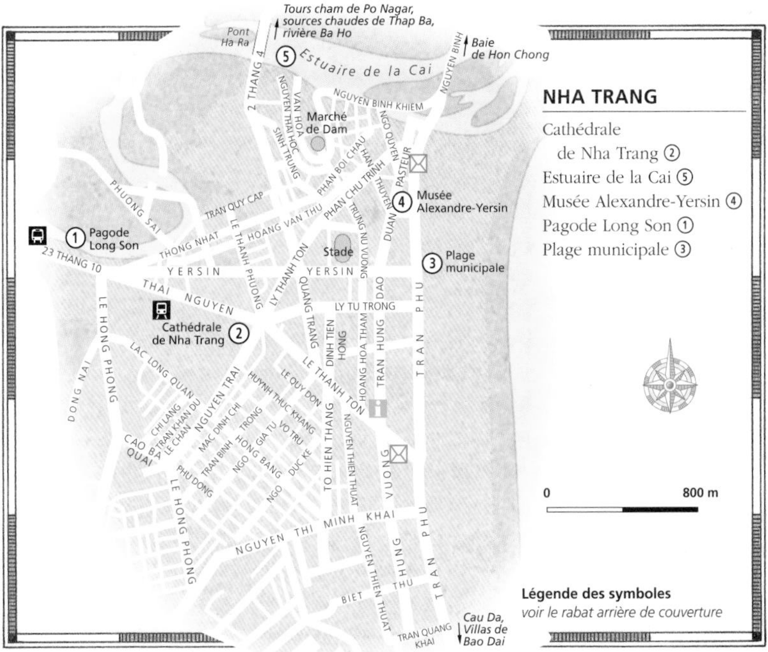

Vedettes proposant des promenades aux îles de Nha Trang, Cau Da

Hon Chong

4 km N de Nha Trang.
Tél. *(058) 383 2189.*
t.l.j. 6h30-18h30.

Au nord de Nha Trang, un ensemble de rochers appelé la « Poussée de Hon Chong » forme un promontoire qui protège une anse en demi-lune. L'un des rochers porte cinq indentations, qui, selon la tradition locale, seraient l'empreinte de la main d'un géant. Plusieurs villages de pêcheurs rendent la plage impropre à la baignade. C'est toutefois un bon endroit pour manger du poisson et jouir d'une jolie vue. Au sud s'étend la baie, et à l'ouest, Nui Co Tien, la montagne de la Déesse, dont la forme évoque un corps de femme.

Sources chaudes de Thap Ba

10 km NO de Nha Trang.
Tél. *(058) 383 5335.*
t.l.j. 7h30-19h30.
www.thapbahotspring.com.vn

Les thermes de Thap Ba propose des bains d'une boue riche en chlorure de silicate de sodium censée agir sur l'arthrite et les rhumatismes. Déstressante, elle faciliterait aussi la relaxation. La technique la plus populaire consiste à se recouvrir entièrement, puis à s'exposer au soleil jusqu'à ce que la boue soit sèche avant de se rincer avec une eau minérale chaude. Différents massages sont proposés. Il est possible d'accéder à la piscine sans faire un soin.

Bain de boue collectif aux sources chaudes de Thap Ba

Cascade alimentant un bassin de la rivière Ba Ho

Rivière Ba Ho

25 km N de Nha Trang.

La Suoi Ba Ho coule sur le flanc du mont Hon Long (1 342 m) puis bifurque à l'est pour rejoindre la mer de Chine méridionale. Elle s'élargit pour former trois bassins communicants reliés par des cascades et alimentés par une eau revigorante. Mieux vaut se munir de vivres et de boissons – pas de boutiques sur place. Idéal pour pique-niquer au bord de l'eau, le site jouit d'une grande popularité auprès des locaux, qui s'y pressent le week-end.

Cau Da

3 km S du centre de Nha Trang.
Institut océanographique
Tél. *(058) 359 8188.* *t.l.j. 6h-18h.*
Villas de Bao Dai ***Tél.*** *(058) 359 0147.* *pour les non-résidents.*

Protégé du vent par le mont Chut, appelé ici Nui Chut, le faubourg de Cau Da abrite le principal embarcadère pour des excursions vers les îles de la baie.

Près du port, l'**Institut océanographique** occupe un bâtiment colonial de 1923. Il possède plusieurs bassins et aquariums, et expose des spécimens naturalisés. Au nord des quais, les **villas de Bao Dai** offrent une belle vue. Ces cinq demeures auraient été commandées dans les années 1920 par le dernier empereur de la dynastie Nguyen. Des influences Art nouveau marquent leur style franco-vietnamien. Après la Seconde Guerre mondiale, elles servirent de résidences de villégiature à des membres du gouvernement du sud-Vietnam. À partir de 1975, de hauts dignitaires du parti communiste les remplacèrent. Elles ont depuis été restaurées et transformées en un établissement hôtelier plutôt décevant. Un service régulier de bacs relie Cau Da au village de pêcheurs de Tri Nguyen sur **Hon Mieu**, la plus proche des îles de l'archipel. L'aquarium local ressemble beaucoup à une ferme d'aquaculture. Un café dominant les bassins de l'aquarium sert des plats de poisson. Non loin se trouve la plage de galets de Bai Soi.

Pour les hôtels et les restaurants de la région, voir p. 237-238 et p. 254-255

Plages autour de Nha Trang

La station balnéaire de Nha Trang doit son attrait aux nombreuses plages de sable qui s'étendent au nord, ainsi qu'aux charmantes îles qui lui font face au large. Des excursions d'une journée, dont le prix comprend généralement un repas dans un restaurant de poisson et de la bière à profusion, sont proposées. Les îles du nord, comme Dai Lanh et Hon Lao, l'île aux Singes, sont les plus paisibles et les plus sauvages. On peut s'y baigner, lézarder ou faire de la plongée avec masque et tuba. Plus touristiques et tape-à-l'œil, les îles de l'archipel offrent des distractions plus sophistiquées tels le ski nautique, le parachutisme ascensionnel ou l'apéritif dans un bar flottant.

Plongée au tuba au large de Hon Ong

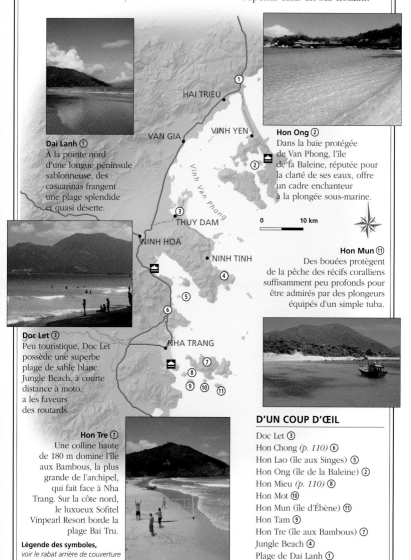

Dai Lanh ①
À la pointe nord d'une longue péninsule sablonneuse, des casuarinas frangent une plage splendide et quasi déserte.

Hon Ong ②
Dans la baie protégée de Van Phong, l'île de la Baleine, réputée pour la clarté de ses eaux, offre un cadre enchanteur à la plongée sous-marine.

Hon Mun ⑪
Des bouées protègent de la pêche des récifs coralliens suffisamment peu profonds pour être admirés par des plongeurs équipés d'un simple tuba.

Doc Let ③
Peu touristique, Doc Let possède une superbe plage de sable blanc. Jungle Beach, à courte distance à moto, a les faveurs des routards.

Hon Tre ⑦
Une colline haute de 180 m domine l'île aux Bambous, la plus grande de l'archipel, qui fait face à Nha Trang. Sur la côte nord, le luxueux Sofitel Vinpearl Resort borde la plage Bai Tru.

Légende des symboles,
voir le rabat arrière de couverture

D'UN COUP D'ŒIL

Doc Let ③
Hon Chong *(p. 110)* ⑥
Hon Lao (île aux Singes) ⑤
Hon Ong (île de la Baleine) ②
Hon Mieu *(p. 110)* ⑧
Hon Mot ⑩
Hon Mun (île d'Ébène) ⑪
Hon Tam ⑨
Hon Tre (île aux Bambous) ⑦
Jungle Beach ④
Plage de Dai Lanh ①

Plage de Nha Trang bordée de palmiers ▷

Dalat ❻

Dalat est une ville très fleurie

Sur un plateau exploré en 1893 par Alexandre Yersin *(p. 108)* alors qu'il cherchait un lieu propice à la culture du quinquina, le gouvernement colonial décida au tournant du XIXe siècle de créer une station d'altitude où les Européens pourraient échapper à la chaleur des plaines. Son charme kitsch attire aujourd'hui par dizaines de milliers les visiteurs, tant vietnamiens qu'étrangers. Les jeunes mariés en voyage de noces ne manquent pas de se rendre à la vallée de l'Amour et au lac des Soupirs. Les produits frais, le vin, la nourriture succulente et les tissus ethniques font partie des attraits de Dalat. Les chutes de Dambri, de l'Éléphant, du Tigre, de Datanla et de Pongour sont également très courues.

Embarcations à pédales en forme de cygne sur le lac Xuan Huong

Lac Xuan Huong

Un barrage construit en 1919 a créé le plan d'eau artificiel en forme de croissant qui donne à la ville son atmosphère de station thermale. Jadis appelé « Grand Lac » par les Français, il a été rebaptisé en l'honneur de Ho Xuan Huong *(p. 15)*, la poétesse du XVIIIe siècle réputée pour ses évocations de l'amour et du désir, et dont le nom signifie « essence du printemps ». On peut louer des embarcations à pédales en forme de cygne ou des kayaks, plus classiques. Une agréable promenade à pied ou à bicyclette longe sa rive de 7 km et passe, au nord, par le **jardin des Fleurs**.

Cathédrale de Dalat

Tran Phu et Le Dai Hanh.
Tél. *(063) 382 1421.* *t.l.j., office au moins deux fois par jour.*

Consacrée à saint Nicolas, la cathédrale de l'évêché, réalisée entre 1931 et 1942, répondait à l'essor d'une congrégation où de nombreux locaux convertis venaient rejoindre les colons. Ce sanctuaire succéda à deux églises. La première, bâtie en 1917, est devenue le presbytère. L'école Quang Trung occupe la seconde, élevée en 1922. Les vitraux, créés dans les années 1930, proviennent d'une verrerie grenobloise. La flèche mesure 47 m hauteur.

Interieur lumineux de la cathédrale de Dalat

La « Maison folle », aux formes étranges sculptées en béton projeté

Hang Nga

3, Huynh Thuc Khang. ***Tél.*** *(063) 382 2070.* *t.l.j. 7h-18h.*

Cette pension, la « Maison folle », comme l'appellent les habitants, offre un mélange de ce que l'on peut aimer ou détester à Dalat. Du béton projeté sur une armature de grillage et de bois forme des arbres géants accessibles par des échelles et creusés de passages et de pièces biscornus. Nains et champignons géants peuplent le jardin. Pour certains, c'est une monstruosité, pour d'autres, les enfants surtout, c'est un petit Disneyland®. Un modique droit d'entrée permet de jeter un coup d'œil à l'intérieur des chambres inoccupées. La propriétaire et architecte, Dang Viet Nga, est la fille de Truong Chinh qui fut un idéologue influent du parti communiste jusqu'en 1987.

Pagode Lam Ty Ni

2, Thien My. ***Tél.*** *(063) 382 1775.*
t.l.j. 8h30-18h30.

La forme d'excentricité souriante qui caractérise Dalat ne s'arrête pas aux portes de ses temples. Si la pagode Lam Ty Ni n'a rien de spécial sur le plan architectural, son unique occupant, le bonze Vien Thuc, ne manque pas d'originalité. Il occupe la pagode depuis 1964, en compagnie de chiens affectueux qui saluent de leurs aboiements les nouveaux arrivants. Quand il n'est pas en train de lire ou d'écrire de la poésie zen, il coule des bustes en béton, le plus

Pour les hôtels et les restaurants de la région, voir p. 237-238 et p. 254-255

souvent à son effigie. C'est aussi le créateur prolifique de calligraphies et de paysages oniriques. Il parle français, rêve de parcourir le monde et, de l'avis général, tire un juteux profit de ses œuvres et de celles, plus maladroites, de ses disciples de passage.

Palais d'été de Bao Dai

1, Trieu Viet Vuong. ***Tél.*** *(063) 382 6858.* *t.l.j. 7h30-11h, 13h30-16h.*

Le dernier empereur de la dynastie des Nguyen *(p. 43)*, autant dépourvu de goût pour les responsabilités gouvernementales que de pouvoir, vécut à Dalat de 1938 à 1945 avec son épouse, l'impératrice Nam Phuong, et divers membres de sa famille. Il consacra son temps à la chasse et aux conquêtes féminines. Construite entre 1933 et 1938, sa résidence de 25 pièces a conservé son mobilier d'époque. Un buste de Bao Dai orne son bureau, et la salle de réunion abrite une carte du Vietnam gravée dans du verre. Superbement décorés, les appartements privés offrent une belle vue sur les jardins à la française.

Gare de Dalat

1, Quang Trung, de Nguyen Trai. ***Tél.*** *(063) 383 4409. Départs t.l.j. 8h, 9h30, 11h, 14h, 15h30.*

Bâti en 1932 sur le modèle de la gare de Deauville, cet édifice colonial singulier n'a rien perdu de son charme Art déco. La ligne jusqu'à Phan Rang *(p. 107)* n'a pas survécu aux attaques du Viêt-công *(p. 44-45)*, mais une micheline russe effectue un pittoresque circuit (17 km) jusqu'au village de Trai Mat.

Musée du Lam Dong

4, Hung Vuong. ***Tél.*** *(063) 382 2339.* *mar.-sam. 7h30-11h30, 13h30-16h30.*

Le musée provincial est situé en face d'une élégante villa de style français construite en 1935. L'impératrice Nam Phuong y résida. Certaines pièces exposées très anciennes remontent à la préhistoire. On verra également des poteries des royaumes de Funan et Champa et des instruments de musique, dont un lithophone vieux de plusieurs milliers d'années. Costumes, objets du quotidien et photographies illustrent la vie des minorités ethniques du Lam Dong.

Bouddha en santal doré, Thien Vuong

MODE D'EMPLOI

Carte routière C5. 308 km N d'Hô Chi Minh-Ville.
207 000.
Dalat Travel Service, 7, 3 Thang 2, (063) 382 2125.

Pagode Thien Vuong

4 km du centre de Dalat sur Khe Sanh.

Sur le flanc d'une colline boisée, des éventaires proposant des confitures et des fruits secs jalonnent le sentier menant à ce temple plus orthodoxe que Lam Ty Ni. Bâti en 1958 par la communauté chinoise, il se compose de trois bâtiments en bois. Le sanctuaire principal renferme trois sculptures en santal doré hautes de 4 m. La déesse de la miséricorde Quan Am et le bodhisattva Dai The Chi Bo Tat encadrent Thich Ca, le Bouddha historique.

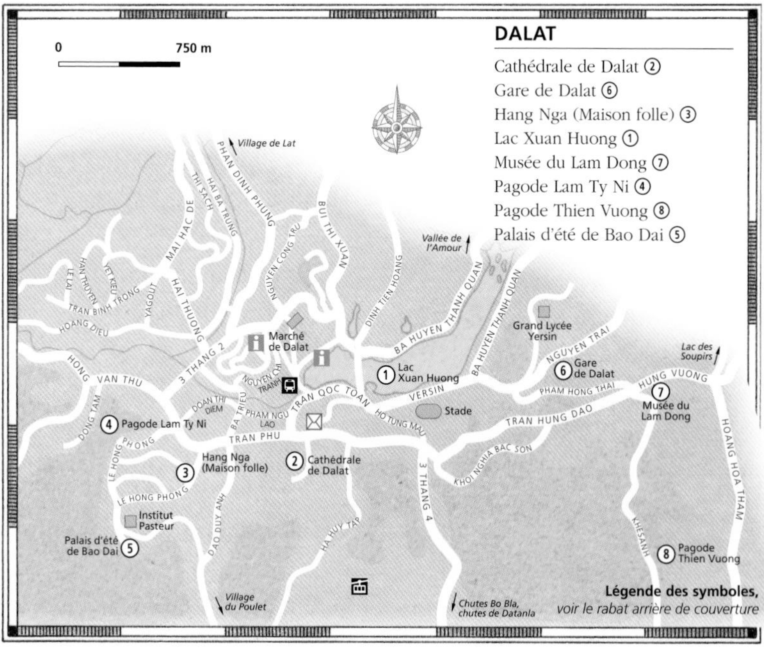

Marché central de Dalat

Centre-ville. t.l.j.

Entouré de cafés, le marché central de Dalat est l'un des plus grands du pays. Les escaliers qui y conduisent sont bordés de vendeurs ambulants proposant du maïs grillé, de la viande cuite à la broche, des patates douces, du lait de soja chaud et des gauffres fourrées au porc et au fromage. Au deuxième étage du bâtiment central se tiennent des éventaires de nourriture.

Statue en béton à l'origine du surnom de « village du Poulet »

Village du Poulet

18 km S de Dalat, près de la route 20.

Devenu une curiosité touristique grâce au colossal gallinacé en béton qui le domine, le village appelé localement Lang Ga est habité par des membres de l'ethnie Co Ho. Ils tirent une maigre subsistance de la culture des fruits et du café, et de la vente des tissus qu'ils fabriquent. Les autocars des visites organisées empruntant la route entre Dalat et la côte s'y arrêtent pour permettre à leurs passagers de regarder les femmes tisser. Celles-ci, habituées à vendre leurs productions aux visiteurs, parlent très bien anglais.

Village de Lat

10 km N de Dalat.

Les neuf hameaux qui forment le village de Lat sont peuplés surtout de Lat, une minorité ethnique appartenant au groupe des Co Ho, mais ils abritent aussi des Man et des Chill. Leurs habitants, chrétiens pour la plupart, ont conservé leurs maisons traditionnelles sur pilotis. Ils se sont habitués à voir des voyageurs intéressés par leurs tissages et leurs broderies. Les visiteurs se voient offrir une tasse de thé vert pendant qu'ils regardent les femmes à l'œuvre. Malgré la qualité de leurs créations et la chaleur de l'accueil, on peut marchander.

Téléphérique de Dalat et Thien Vien Truc Lam

3 km S de Dalat, près de 3 Thang 4 et de la route 20. *lun. 7h30-11h30, mar.-ven. 7h30-11h30, 13h30-17h.*

Le téléphérique de Dalat traverse sur 2,4 km des villages pittoresques, des champs et des forêts de montagne jusqu'à Thien

Maison typique de l'un des hameaux du village de Lat

Le téléphérique de Damat surplombe le plateau de Langbiang

Vien, Truc Lam et le Centre de méditation de la forêt de bambous. Ce monastère zen construit en 1993 compte 180 moines et religieuses. Le temple domine le lac du Paradis et ses aires de pique-nique aménagées.

Chutes de Datanla

5 km S de Dalat, route 20.
***Tél.** (063) 383 2238.* *t.l.j.*

À courte distance de la ville, dans les collines boisées de pins du sud-ouest de Dalat, cette double cascade qui s'enfonce dans un étroit ravin attire de nombreux visiteurs vietnamiens, en particulier le week-end. Depuis la route 20, il faut compter 15 min à pied pour atteindre le site. Le manque d'eau rend le déplacement sans intérêt en saison sèche.

Chutes de Dambri et de Bo Bla

Dambri : 85 km SO de Dalat, près de la route 20 ; Bo Bla : 80 km SO de Dalat sur la route 28. *t.l.j. 7h-17h.*

La plus spectaculaire des cascades accessibles de la région tombe en un immense rideau d'une falaise haute de 90 m. Pour rejoindre le sommet à pied, il faut gravir une pente abrupte, mais un téléphérique permet de s'épargner cet effort. En amont de la cataracte, on peut parcourir un petit lac en bateau. Un arrêt aux chutes de Bo Bla, au sud de Di Linh, complétera l'excursion à Dambri.

Pour les hôtels et les restaurants de la région, voir p. 237-238 et p. 254-255

Lac Lak 7

Carte routière C5. 32 km S de Buon Ma Thuot sur la route 27. ***Tél.*** *(0500) 358 6184.*

Au centre du plateau basaltique du Dak Lak, ce vaste lac serein séduisit jadis l'empereur Bao Dai, qui se fit bâtir un pavillon de chasse sur l'une des collines alentour. Désormais, un hôtel occupe le bâtiment.

La région est une excellente étape sur la route entre Dalat et Buon Ma Thuot. De plus en plus de visiteurs, participant en général à des virées à moto façon *Easy rider*, s'y arrêtent. Deux villages mnong bordent ses rives. Les habitants ont conservé leurs maisons sur pilotis et leur mode de vie traditionnel. Ils proposent des promenades à dos d'éléphant (pensez à réserver la veille).

Rizières en bordure du lac Lak

Buon Ma Thuot 8

Carte routière C5. 194 km NE de Nha Trang. *190 000.* *Dak Lak Tourist, 3, Phan Chu Trinh, (0500) 384 2125.*

La capitale de la province du Dak Lak offre une base d'où rayonner à la découverte des lacs, cascades, forêts pluviales et villages de tribus montagnardes des hauts plateaux. Le gouvernement a proclamé que les Viets, ou Kinh, formaient aujourd'hui la majorité de la population locale, mais les membres de quelque 30 ethnies minoritaires habitent toujours des hameaux éparpillés dans toute la province. Les deux groupes les plus nombreux, les Ede et les Mnong, sont des peuples indigènes. Les Ede nomment la ville « Buon Ma Thuot », les Mnong « Ban Me Thuot », mais la signification est unique : « village du père de Thuot ».

La productivité des plantations de la région place le Vietnam en deuxième position, derrière le Brésil, des pays exportateurs de café. En centre-ville, le monument de la Victoire commémore la dernière grande bataille de la guerre du Vietnam avant la prise de Saigon. Un groupe sculpté perché au sommet d'un haut pilier domine un socle portant la réplique du premier char nord-vietnamien qui entra dans la ville le 10 mars 1975. La chute des hauts plateaux, position stratégique, sema la déroute dans les troupes sud-vietnamiennes. Le Musée révolutionnaire explique les conséquences de cette défaite dans le déroulement du conflit.

Le **musée des Minorités ethniques**, en cours d'agrandissement, présente davantage d'intérêt. Les pièces exposées permettent de se familiariser avec les coutumes et les artisanats traditionnels des ethnies locales, avant de partir à leur rencontre dans leurs villages.

Musée révolutionnaire
1, Le Duan. *t.l.j. 8h-11h, 14h-17h.*

Musée des Minorités ethniques
4, Nguyen Du. ***Tél.*** *(0500) 3812 770.* *t.l.j. 7h-11h, 14h-17h.*

Aux environs : à 14 km au sud-ouest de Buon Ma Thuot, le petit village de **Tur**, proche de la route 14, compte parmi les communautés les plus accessibles. Cette société de quelque 200 000 personnes est matrilinéaire : c'est l'homme qui emménage dans la demeure de son épouse après le mariage. Agrandies au gré des besoins, les maisons ont une forme allongée et reposent sur des pilotis. L'espace sous le plancher sert à entreposer du bois et à abriter les animaux domestiques. Près du village coule le puissant Dak Krong, également appelé « rivière Sérépok ». Il pénètre au Cambodge, où il se jette dans le Mékong. Les rapides de Trinh Nu sont à voir. En amont, les chutes de Dray Nur, Dray Sap et Gia Long font découvrir une région plus sauvage. Le **village de Buon Tuo**, à 13 km au nord-ouest de Buon Ma Thuot, renferme aussi de longues maisons typiques de l'habitat ede.

Plantation de caféiers près de Buon Ma Thuot

Nha rong **au haut toit de chaume caractéristique, Kontum**

Parc national de Yok Don 9

Carte routière C5. 40 km NO de Buon Ma Thuo. ***Tél.*** *(0500) 378 3049.* *minibus de Buon Ma Thuot.*

Le plus grand parc national vietnamien s'étend à la frontière cambodgienne sur une superficie de 115000 ha. Le Dak Krong, ou rivière Sérépok, le traverse. Parmi les 67 espèces de mammifères qu'il protège, 38 sont menacées d'extinction. Il est donc rare d'apercevoir des tigres ou des léopards, mais les éléphants sauvages – il n'en reste plus que 150 à 170 spécimens – font des apparitions remarquées. L'excursion d'une demie-journée organisée par le parc permet de visiter un village mnong, l'un des temps forts de cette randonnée.

À l'entrée du parc, des boutiques proposent de l'artisanat et des pots scellés d'alcool de riz local *(ruou can)*. Une *guest-house* rustique permet de loger sur place (réservation nécessaire). Le plus isolé des monuments cham, baptisé **Thap Yang Prong**, est situé au-delà de la frontière nord du parc ; il est difficile d'accès si l'on ne dispose pas d'un guide du gouvernement et d'un véhicule. L'édifice constitue une indication quant aux avant-postes et aux colonies établis à l'ouest par l'ancien royaume du Champa aux XIIIe et XIVe siècles.

Kontum 10

Carte routière C4. 200 km NE de Quy Nhon. *143000.* *Kontum Travel Service, 2, Phan Dinh Phung St., (060) 3861 626.*

Gros bourg isolé dans un cirque montagneux, au bord de la rivière Dakbla, la capitale de la province de Kontum jouit d'un climat tempéré. La ville reçoit peu de visiteurs car elle n'est que partiellement ouverte au tourisme. On vient ici profiter des beautés naturelles des alentours et pour se rendre dans les villages des minorités ethniques, remarquables pour leurs maisons communautaires *(nha rong)*. Malgré les dégâts causés par des raids aériens intensifs pendant la guerre du Vietnam, la ville a conservé deux magnifiques églises coloniales françaises en bois et des devantures de style français. Dans la partie est de la ville, une ancienne école catholique française abrite le **musée du Séminaire** qui présente de l'artisanat et des costumes de tribus montagnardes.

Parmi les peuples de la région se trouvent les Jarai, les Sedang, les Rongao et les Bahnar *(p. 20)*. Leur maison communautaire est en bois et en bambou. Elle est couverte d'un immense toit de chaume, typique du Bahnar. Situés respectivement à 5 km à l'est et à 4 km à l'ouest de Kontum, le village bahnar de **Kon Kotu** et le village rongao de **Kon Hongo** offrent d'intéressantes promenades.

Musée du Séminaire
56, Tran Hung Dao. *lun.-ven. 7h30-10h30, 14h-16h.*

Quy Nhon 11

Carte routière C5. 220 km N de Nha Trang. *280000.* *River Tours, (098) 924 3394.*

Important port de pêche bordant une agréable baie, la capitale de la province de Binh Dinh sert d'étape sur le trajet entre Nha Trang et Hoi An. Son temple bouddhique le plus fréquenté est la **pagode Long Khan**, située au centre, dans la rue Tran Cao Van. Fondée au début du XVIIIe siècle et reconstruite en 1946, elle est consacrée à Thich Ca, le Bouddha historique. Elle est toutefois moins intéressante que les temples cham autour de Quy Nhon. Il existe une plage en ville, mais celles qui s'étendent

Thap Doi Cham, au sein d'un jardin soigneusement entretenu, Quy Nhon

Offrandes au pied d'un bouddha, pagode Long Khan, Quy Nhon

à 5 km au sud, dont **Qai Hoa Beach**, à côté de l'hôpital militaire du même nom, sont plus agréables.

À 1,5 km à l'ouest du centre, les **Thap Doi Cham**, ou « Tours cham jumelles », possèdent des toitures pyramidales de style khmer. Elles mesurent 18 et 20 m de hauteur et remonteraient à la fin du XIIe siècle.

Aux environs : les quatre tours cham de **Banh It**, ou tours d'Argent, remarquablement conservées, se dressent sur une colline près de la route 1, à environ 20 km au nord de Quy Nhon. En poursuivant dans cette direction, on atteint quelques vestiges – pans de muraille et tour de Canh – de **Cha Ban**, l'ancienne capitale de la principauté cham de Vijaya. Fondée vers l'an 1000, elle ne résista pas aux troupes du Dai Viet, et sa destruction en 1470 marqua la fin de l'existence du Champa en tant que royaume.

Sa Huynh ⓬

Carte routière C4. 60 km S de Quang Ngai. 50 000. *River Tours, (098) 924 3394.* *fête de la Pêche (déb. mai).*

Cet agréable petit port de pêche permet de déguster d'excellents produits de la mer, mais il ne possède pas d'hôtels dignes de sa belle plage de sable bordée de cocotiers. Celle-ci reste peu fréquentée bien que les vagues y déferlent avec assez de puissance pour pouvoir pratiquer le surf. La ville doit sa renommée à la culture dite « de Sa Huynh » (1000 av. J.-C.-200 apr. J.-C.), à l'origine du royaume du Champa.

Épi de toit, pagode Long Khan, Quy Nhon

En 1909, 200 urnes funéraires contenant des objets en bronze furent mises au jour. Par la suite, d'autres vestiges furent découverts dans la région. Pour les voir, il faut se rendre au musée national d'Histoire vietnamienne de Hanoi *(p. 162-163)* ou au petit musée de la Culture de Sa Huynh situé à Hoi An *(p. 125)*.

Quang Ngai ⓭

Carte routière C4. 180 km N de Quy Nhon. *112 000.* *River Tours, (098) 924 3394.*

Capitale provinciale assoupie, Quang Ngai est un joyau caché avec ses sites archéologiques situés à courte distance les uns des autres.

Aux environs : c'est à **Son My**, à 15 km à l'est de Quang Ngai, que s'est déroulé en 1968 le carnage connu sous le nom de « massacre de My Lai ». Sur le site du hameau martyr de Tu Cung, au sein d'un parc-mémorial, un musée en granit retrace la tragédie. Il expose les photographies qui choquèrent le monde entier et contribuèrent à retourner l'opinion américaine, jusque-là favorable à la poursuite de la guerre. Les motos-taxis sont le meilleur moyen de s'y rendre. À 8 km au nord-ouest de Quang Ngai, la citadelle de **Chau Sa** (IXe siècle) prouve que les Cham ont contrôlé la région à une époque. À proximité des montagnes de l'Ouest, des murailles s'étirent sur 127 km. Les Vietnamiens les auraient édifiées en 1819 pour se protéger et réguler les échanges entre les minorités H're et les Viets.

MASSACRE DE MY LAI

Le 16 mars 1968, trois compagnies d'infanterie de l'armée américaine attaquèrent quatre hameaux du sous-district de Son My soupçonnés de collusion avec le Viêt-công. En trois heures, l'unité sous l'autorité du lieutenant William Calley massacra quelque 500 civils désarmés, en majorité des femmes et des enfants, commettant le pire des crimes de guerre dont l'existence a été révélée au Vietnam. L'un des soldats alla jusqu'à se tirer une balle dans le pied pour ne pas participer aux atrocités. Une cour martiale condamna Calley à la prison à perpétuité, mais il ne passa que trois ans en détention avant d'être libéré sur l'ordre du président Nixon. Il n'y eut pas d'autre sanction.

Monument aux victimes du massacre de My Lai à Tu Cung

SHOES SHOP
33
TRẦN PHÚ
ĐỈNH
MAKE AND REPAIR ALL KINDS OF LEATHER
SHOES AND SANDAL
MEN AND WOMEN NEW FASHION

VIETNAM CENTRAL

Entre les sommets boisés de la cordillère de Truong Son, à l'ouest, et les plages de sable blanc de la mer de Chine méridionale à l'est, le Centre du Vietnam est une terre de contrastes. L'Unesco a inscrit au patrimoine mondial quatre de ses richesses naturelles et historiques : l'impressionnante grotte de Phong Nha, les temples cham de My Son, la citadelle de Hué et le quartier ancien de Hoi An.

La culture du riz et la pêche restent les activités principales des zones habitées de la région, qui se concentrent sur une étroite bande côtière. Les reliefs de la cordillère de Truong Son, qui sépare le Vietnam du Laos, dominent l'arrière-pays. Point de passage historique, le col de Hai Van (col des Nuages) offre une vue exceptionnelle. Non loin, le parc national de Bach Ma recèle une faune et une flore d'une grande richesse. Dans les contreforts au nord-ouest de Dong Hoi s'ouvre la spectaculaire grotte de Phong Nha. Le patrimoine architectural compte trois sites à ne pas manquer. La ville ancienne de Hoi An conserve des bâtiments construits par des marchands japonais, chinois et français, dont certains remontent au XVIe siècle. À Hué, la citadelle et les tombeaux royaux de la dynastie des Nguyen (1802-1945) témoignent des fastes de la Cour des derniers souverains vietnamiens. À My Son subsistent les ruines des temples du plus grand centre religieux cham, construits entre le VIIe et le XIIe siècle.

La guerre du Vietnam a marqué Hué et My Son. Les combats furent aussi très violents plus au nord, comme le rappelle l'ancienne zone démilitarisée (DMZ) de la vallée, où la base américaine de Khe Sanh subit un siège de plusieurs mois. Les tunnels de Vinh Moc creusés par des villageois contraints par les raids aériens de vivre sous terre témoignent aussi de cette époque. Les hameaux de Hoang Tru et Kim Lien abritent des reproductions des maisons où Hô Chi Minh vit le jour et passa une grande partie de son enfance.

Quatre des neuf urnes dynastiques entretenant chacune le souvenir d'un empereur, citadelle de Hué

◁ **Rue bordée de boutiques installées dans des maisons historiques à Hoi An** *(p. 124-129)*

À la découverte du Vietnam central

Réputé pour ses sites historiques, le Centre du Vietnam se distingue aussi par la beauté de ses paysages. Sur la route entre Hué et Da Nang, le col de Hai Van (col des Nuages), entouré de collines et de vallées verdoyantes, offre un panorama spectaculaire. Au sud du col, 40 km seulement séparent la charmante ville de Hoi An des ruines de My Son, le plus grand centre religieux cham. Au nord du col, l'ancienne capitale impériale de Hué est la meilleure base pour partir à la découverte d'une région très marquée par la guerre du Vietnam, notamment autour de la zone démilitarisée. Deux belles plages, à Thuan An et Lang Co, permettent de profiter de la mer près de la ville. Enfin, la grotte de Phong Nha est un agréable but d'excursion.

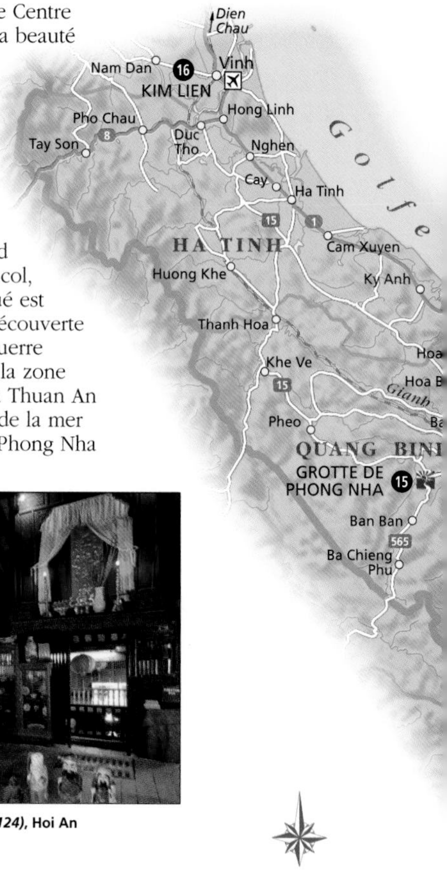

Élégant intérieur de la maison Phung Hung *(p. 124)*, Hoi An

LE VIETNAM CENTRAL D'UN COUP D'ŒIL

Localités
Da Nang ❺
Dong Hoi ⓮
Hoi An (p. 124-129) ❶
Hué (p. 138-145) ❿
Kim Lien ⓰
Station de Ba Na ❹

Sites historiques et militaires
Base de Khe Sanh ⓫
My Son (p. 130-132) ❷
Tunnels de Vinh Moc ⓭
Zone démilitarisée (DMZ) ⓬

Plages
China Beach ❸
Plage de Lang Co ❽
Plage de Thuan An ❾

Sites naturels
Grotte de Phong Nha ⓯
Suoi Voi ❼

Parc national
Parc national de Bach Ma ❻

0 25 km

LÉGENDE
- Route principale
- Route secondaire
- Voie ferrée
- Frontière internationale
- Frontière provinciale
- △ Sommet

VOIR AUSSI

• ***Hébergement*** p. 238-240
• ***Restaurants*** p. 255-257

Bateaux-dragons au bord de la rivière des Parfums *(p. 148)*, Hué

CIRCULER

Louer une voiture est la meilleure façon de se déplacer à l'intérieur de la région. Les minibus permettent de passer d'une destination à une autre ou d'effectuer des circuits d'une journée jusqu'à la DMZ ou au col de Hai Van, par exemple. Le train de la Réunification dessert les principales localités entre Hô Chi Minh-Ville et Hanoi. Hoi An et Hué se prêtent bien à une visite à pied ou à bicyclette. Nous vous conseillons de prendre un bateau au quai de la rue Lê Loi pour une promenade sur la rivière des Parfums. Les hôtels et les agences de voyages proposent de nombreuses excursions.

Fragment architectural exposé au musée de Sculpture cham *(p. 134)*, Da Nang

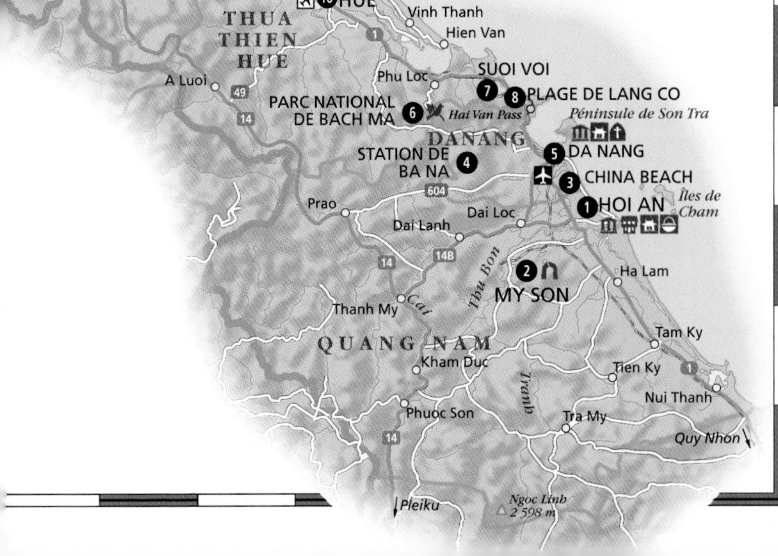

Hoi An ❶

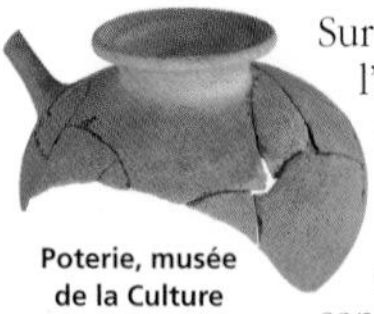

Poterie, musée de la Culture de Sa Huynh

Sur la rive nord de la rivière Thu Bon, l'ancienne cité cham de Fai Fo fut du XVIe au XIXe siècle un grand port international où résidèrent des marchands chinois, japonais et européens. Leur apport architectural, sans équivalent au Vietnam, a valu à la ville d'être inscrite en 1999 au patrimoine mondial de l'humanité par l'Unesco. Elle renferme des centaines de bâtiments anciens, dont de longues et étroites maisons-tubes *(p. 27)*, de riches demeures patriciennes, des temples chinois, des maisons communes de congrégations et des sanctuaires privés. Le petit quartier français a été restauré.

Maison Phung Hung

4, Nguyen Thi Minh Khai.
Tél. *(0510) 386 2235.* *t.l.j. 8h-11h30, 13h30-17h.*

La même famille habite depuis huit générations cette maison construite en 1780 et classée monument historique. Le clan fit fortune dans le commerce des bois parfumés et des épices, et vendit de la porcelaine et de la soie dans la boutique en façade. Soutenu par 80 piliers en bois de fer, le bâtiment obéit à un plan de style vietnamien, mais il possède une toiture à quatre pans japonaise et une véranda intérieure chinoise.

Images de divinités chinoises, maison Phung Hung

Pont couvert japonais

Croisement de Tran Phu et Nguyen Thi Minh Khay. *t.l.j. du lever au coucher du soleil.*

La prospère communauté marchande japonaise installée au XVIe siècle à Hoi An commanda en 1593 la construction de ce gracieux ouvrage d'art reposant sur des voûtes de pierre *(p. 126)*, pour relier le quartier qu'elle occupait au quartier chinois. Un petit affluent de la Thu Bon les séparait.

Commencés en année du singe, les travaux durèrent trois ans et s'achevèrent en année du chien, comme le rappellent les statues d'animaux aux deux extrémités. Hoi An perdit brutalement ses résidents japonais après que le shogun Tokugawa Iemitsu eut promulgué en 1635 un édit interdisant à ses sujets tout voyage à l'étranger. Le pont a conservé son apparence d'origine malgré de nombreuses restaurations.

Autel au dieu taoïste Bac De, Pont couvert japonais

HOI AN

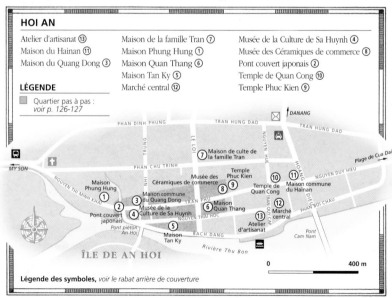

Atelier d'artisanat ⑬
Maison du Hainan ⑪
Maison du Quang Dong ③
Maison de la famille Tran ⑦
Maison Phung Hung ①
Maison Quan Thang ⑥
Maison Tan Ky ⑤
Marché central ⑫
Musée de la Culture de Sa Huynh ④
Musée des Céramiques de commerce ⑧
Pont couvert japonais ②
Temple de Quan Cong ⑩
Temple Phuc Kien ⑨

LÉGENDE

Quartier pas à pas : *voir p. 126-127*

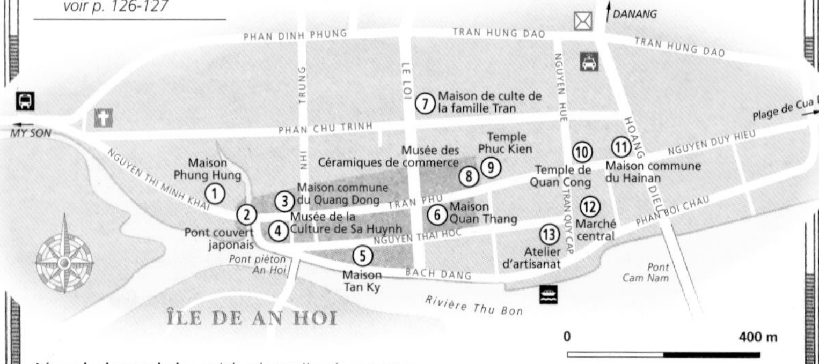

Légende des symboles, *voir le rabat arrière de couverture*

La dernière, en 1986, lui a rendu sa chaussée piétonnière en dos d'âne. Le petit temple qui en occupe la partie nord porte au frontispice une inscription signifiant « pont pour les passants venus de loin », un nom attribué en 1719 par le mandarin Lai Vien Kieu. Dans le pagodon, une effigie de la divinité taoïste Bac De domine l'autel.

Maison commune de la congrégation chinoise du Quang Dong

176, Tran Phu. *t.l.j. 7h30-17h.*

Les Vietnamiens appellent Quang Dong la province chinoise du Guangdong, qui a Canton pour capitale. Bas-reliefs et tentures décorent le bâtiment construit en 1786 par des marchands cantonais. L'autel principal est dédié au guerrier déifié Quan Cong *(p. 67)*, reconnaissable à son visage rouge, couleur de la loyauté pour les Chinois. L'autel à gauche sert au culte de Thien Hau, la déesse de la mer.

Sculpture sur bois, Quang Dong

Musée de la Culture de Sa Huynh

149, Tran Phu. ***Tél.*** *(0510) 386 1535.* *t.l.j. 8h-17h.*

La culture qui se développa entre 1000 av. J.-C. et 200 apr. J.-C. dans la région de l'actuel petit port de Sa Huynh *(p. 119)*, à 160 km au sud de Hoi An, travaillait le fer. Elle a laissé des urnes funéraires qui contenaient, outre les cendres des défunts, des objets tels que bijoux, céramiques, outils et ustensiles de cuisine. Ils témoignent d'échanges commerciaux d'une grande ampleur. Un élégant édifice de style franco-vietnamien en abrite une sélection.

Maison Tan Ky

101, Nguyen Thai Hoc. ***Tél.*** *(0510) 386 1474.* *t.l.j. 8h-12h, 14h-16h30.*

La première des habitations de Hoi An qui bénéficia du statut de monument historique offre un superbe exemple de maison-boutique sino-vietnamienne du XVIIIe siècle. Elle présente aussi des influences japonaises avec son toit soutenu par des structures à triple poutre. La charpente repose sur des colonnes que des socles en pierre protègent de l'humidité. Des briques importées de Bat Trang, dans le delta du fleuve Rouge, forment le dallage. Des colonnes aux splendides incrustations de nacre ornent la salle de réception.

Maison Quan Thang

77, Tran Phu. *t.l.j. 7h30-17h.*

Cette maison-boutique offre un exemple typique du soin apporté à la construction des demeures traditionnelles hoianaises. Édifiée au début du XVIIIe siècle par un riche capitaine marchand originaire du Fujian, elle est occupée par ses descendants depuis six générations. Elle possède une façade sombre en teck et une toiture couverte de tuiles de style chinois. Depuis le magasin bordant la rue, on accède à une cour intérieure. Des bas-reliefs en stuc représentant des arbres et des fleurs en décorent les murs. Au-delà, une étroite terrasse sert à la cuisine. Vous remarquerez l'exquise délicatesse des sculptures sur bois des fenêtres, des volets et des balustres.

MODE D'EMPLOI

Carte routière C4.. 793 km S de Hanoi. *90 000.* *depuis Danang.* *Hoi An Tourist Office, 12, Phan Chu Trinh.* *fête des Lanternes (tous les mois).* ***Billets :*** *l'office de tourisme vend les billets d'accès aux monuments du vieux quartier.* **www**.vietnamtourisme.com

Maison de culte de la famille Tran

21D, Le Loi. ***Tél.*** *(0510) 386 1723.* *t.l.j. 7h30-17h.*

Un beau jardin entoure la chapelle bâtie en 1802 par un mandarin de l'empereur Gia Long, Tran Thu Nac, pour le culte de ses ancêtres. Ses descendants guident la visite. Ils appartiennent à la 13e génération depuis que les membres de la lignée émigrèrent de Chine au XVIIIe siècle pour s'installer au Vietnam. Le sanctuaire, qui associe des éléments de styles différents *(p. 129)*, possède trois portes. La porte centrale destinée aux ancêtres n'est ouverte que lors des réunions familiales et des célébrations du Têt. Sur l'autel principal, des tablettes commémoratives voisinent avec des reliquaires.

Cour intérieure de la maison Tan Ky

Le vieux quartier de Hoi An pas à pas

Grand comptoir commercial jusqu'au XIXe siècle, Hoi An doit à l'ensablement de son port sur la rivière Thu Bon d'avoir – tout en ayant perdu sa prospérité – échappé à la modernisation, puis d'avoir été préservée des bombardements pendant la guerre du Vietnam pour manque d'intérêt stratégique. Elle conserve un ensemble remarquable de bâtiments historiques marqués par les croisements de plusieurs cultures. Des règlements d'urbanisme très stricts les protègent et limitent l'accès du quartier ancien aux véhicules. Celui-ci renferme aussi l'un des commerces proposant tous les produits qui fondent la réputation du pays. Une atmosphère décontractée et d'agréables cafés contribuent à la popularité de cette ville très prisée, notamment l'été.

Intérieur sino-vietnamien de la maison de culte de la famille Tran

★ Maison commune cantonaise
Également connu sous le nom de maison commune de la congrégation chinoise du Quang Dong (p. 125), *ce bâtiment datant de 1885 abrite des peintures traditionnelles chinoises, comme cette gracieuse représentation de la déesse de la miséricorde.*

★ Pont couvert japonais
Cet ouvrage d'art de 1593 témoigne de l'intérêt porté au développement de la ville par la communauté japonaise, qui y prospéra jusqu'au repli sur lui-même de l'empire du Soleil Levant, en 1635.

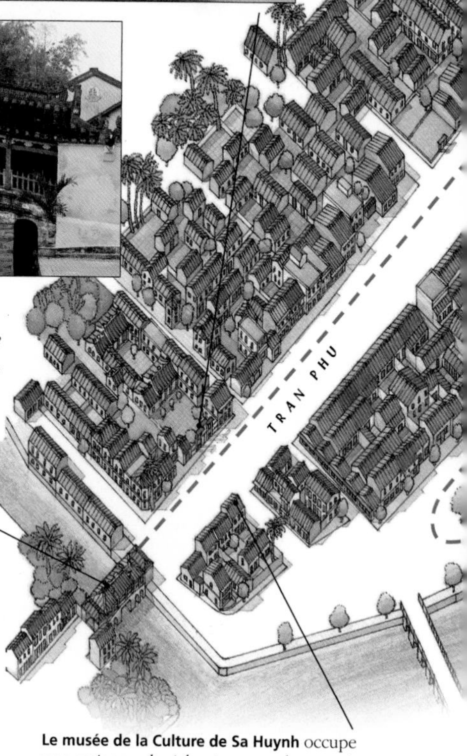

Vers la maison de culte de la famille Tran

LÉGENDE

– – – Itinéraire conseillé

À NE PAS MANQUER

- ★ Maison commune cantonaise
- ★ Maison Tan Ky
- ★ Pont couvert japonais

Le musée de la Culture de Sa Huynh occupe une maison coloniale et expose des poteries et des objets funéraires façonnés par les membres d'une société vieille de quelque 2000 ans.

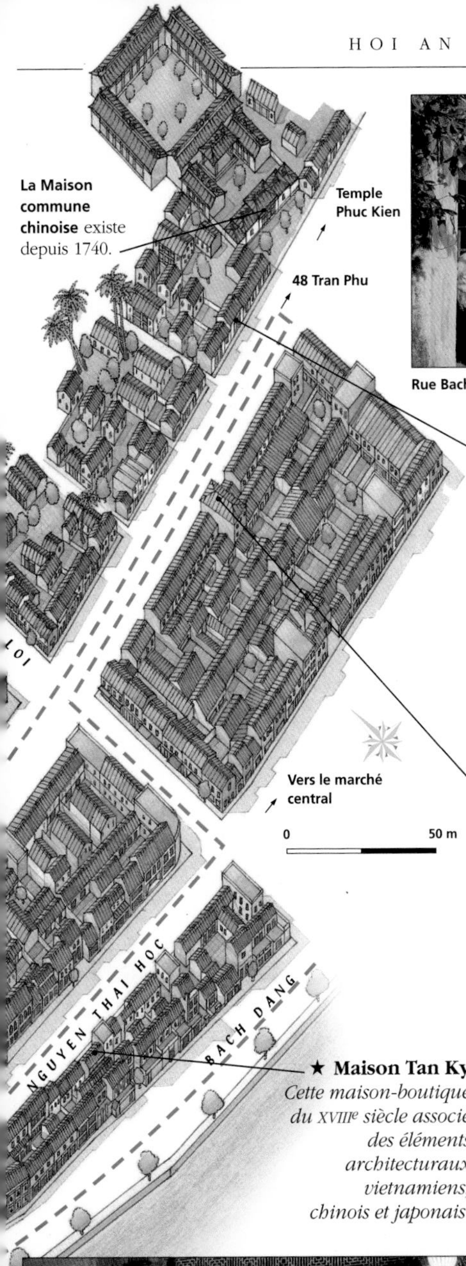

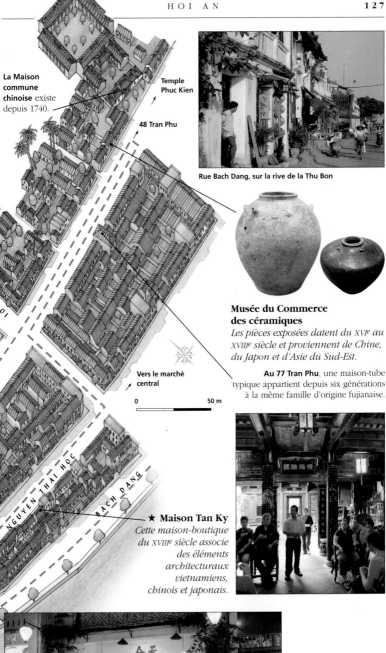

La Maison commune chinoise existe depuis 1740.

Temple Phuc Kien

48 Tran Phu

Rue Bach Dang, sur la rive de la Thu Bon

Musée du Commerce des céramiques
Les pièces exposées datent du XVIe au XVIIIe siècle et proviennent de Chine, du Japon et d'Asie du Sud-Est.

Vers le marché central

Au 77 Tran Phu, une maison-tube typique appartient depuis six générations à la même famille d'origine fujianaise.

★ Maison Tan Ky
Cette maison-boutique du XVIIIe siècle associe des éléments architecturaux vietnamiens, chinois et japonais.

Terrasse de café
Hoi An offre aux visiteurs un large choix d'établissements où se détendre en sirotant une boisson ou en dégustant une excellente cuisine.

Musée du Commerce des céramiques

80, Tran Phu. **Tél.** *(0510) 3862 944.*
t.l.j. 7h30-17h.
L'exposition, dans une maison-boutique, évoque le passé commercial de Hoi An et la place de la céramique du XVIe au XVIIIe siècle. Plusieurs pièces proviennent des épaves de navires naufragés, entre autres, près des îles Cham, au large de l'embouchure de la Thu Bon.

La façade très colorée du temple Phuc Kien

Temple Phuc Kien

46, Tran Phu. **Tél.** *(0510) 386 1252.*
t.l.j. 7h30-17h.
La maison commune, financée par des marchands qui avaient fui la province chinoise du Fujian après la chute de la dynastie Ming en 1644, abrite un temple dédié à Thien Hau, déesse de la mer et protectrice des navigateurs. Celle-ci surplombe l'autel principal. Ses deux assistants possèdent respectivement une vue perçante et une ouïe très fine, afin de pouvoir la prévenir quand un naufrage se produit. À droite de l'autel, une maquette représente une jonque chinoise du XVIIe siècle. Au fond, une pièce renferme un autel consacré aux Pères fondateurs, représentés assis.

Temple de Quan Cong

24, Tran Phu. **Tél.** *(0510) 386 2945.*
t.l.j. 7h-18h.
Dans ce lieu de culte fondé en 1653, une impressionnante statue dorée représente le général chinois du IIIe siècle Quan Cong, intégré au panthéon taoïste pour sa droiture et sa justice. Deux gardes du corps l'entourent. Des baldaquins protègent ses deux montures, un cheval blanc et un cheval rouge.

Maison commune de la congrégation chinoise du Hainan

10, Tran Phu. **Tél.** *(0510) 394 0529.*
t.l.j. 8h-17h.
Des immigrants de l'île chinoise de Hainan firent bâtir cet édifice en 1875. Il est dédié à la mémoire de 108 compatriotes accusés à tort de piraterie et exécutés par les Vietnamiens en 1851. Dans l'entrée, un relief raconte leur histoire en caractères chinois.

Marché central

Entre Tran Phu et Bach Dang. *t.l.j. du lever au coucher du soleil.*
Ce marché très animé occupe deux ruelles qui courent au sud de Tran Phu jusqu'au bord de la rivière Thu Bon, où circulent petites et grosses embarcations. Les éventaires proposent une somptueuse gamme de produits frais. Les étals à l'est du quai ont pour spécialités le poisson et la viande. Le principal intérêt pour les visiteurs réside néanmoins dans les soieries vendues par les boutiques de tissus et de vêtements *(p. 264)*. Des tailleurs réalisent des tenues sur mesure en moins d'une journée.

Atelier d'Artisanat

9, Nguyen Thai Hoc. **Tél.** *(0510) 391 0216.* *t.l.j. 7h-18h.* *mar.-dim.*
Cet atelier est spécialisé dans la fabrication de lanternes en soie tendue sur une armature en bambou, typiques de Hoi An. On peut non seulement regarder les artisanes travailler, mais également essayer de les imiter sous une direction avisée. L'établissement accueille aussi des récitals de musique traditionnelle (*t.l.j. à 10 h 15 et 15 h 15*), interprétée notamment au *dan bau* *(p. 24)*. La cour intérieure offre un cadre original où prendre un rafraîchissement.

Fabrication de lanternes à l'atelier d'Artisanat

Plage de Cua Dai

4 km E de Hoi An.
Aisément accessible à vélo par la rue Cua Dai qui prolonge Tran Hung Dao, une belle plage de sable blanc fait face à l'archipel des îles Cham. On peut s'y rafraîchir dans de petits restaurants ; elle est bordée par certains des meilleurs hôtels de la ville, notamment le Victoria Hoi An Beach Resort and Spa *(p. 240)*, le Hoi An Riverside Resort *(p. 239)* et l'Ancient House *(p. 239)*.

Bain de soleil sur la plage de Cua Dai

Styles architecturaux de Hoi An

Hoi An est dotée d'une architecture remarquablement éclectique, due aux apports culturels des marchands étrangers. En effet, les conditions climatiques de la région contraignaient ces derniers à des séjours prolongés dans ce grand port commercial. Des Japonais fondèrent au XVIe siècle une communauté à l'ouest du Pont couvert, tandis que le centre et l'ouest de la cité accueillirent plusieurs implantations chinoises. Les Français donnèrent un cachet colonial à la partie sud-est de la ville. Ces influences variées se marièrent avec les canons esthétiques vietnamiens. La décrépitude a menacé un temps ce patrimoine unique, mais le retour du pays à une relative prospérité a permis que commence sa réfection.

Symbole taoïste du yin et du yang

Balcon de style européen
Toit chinois
Les yeux vietnamiens, ou *mat cua*, protègent le bâtiment et ses habitants des influences malveillantes.
Persiennes françaises

Les maisons coloniales *sont souvent peintes en ocre jaune et égayées par des boiseries bleues ou vertes. Des balcons couverts et des volets à persiennes animent les façades.*

MÉTISSAGE CULTUREL ET ARCHITECTURAL

La cohabitation de cultures d'horizons très divers a abouti à Hoi An à une synthèse d'influences étrangères et locales sans équivalent dans le pays. Elle est particulièrement évidente dans les maisons-tubes. Celles-ci sont d'un modèle classique vietnamien, mais elles sont dotées de toits de tuiles chinois, de supports de charpente à la japonaise, et de lampadaires et de volets à persiennes typiquement français.

Les maisons-tubes vietnamiennes *comportent deux cours au décor généralement sophistiqué. La cour extérieure sépare les quartiers professionnels et privés. La cour intérieure accueille les tâches domestiques.*

La maison de culte de la famille Tran *a plus de deux siècles. Elle associe des éléments architecturaux chinois et vietnamiens sous une toiture soutenue par une structure à triple poutre de style japonais.*

Le dragon chinois *apparaît partout dans les édifices de Hoi An. Il symbolise la continuité, la puissance, la stabilité et la prospérité.*

My Son ❷

Éléphants en bas-relief sur la tour B5 du Xe siècle

Le plus grand centre religieux du royaume du Champa fut en activité du IVe au XIIIe siècle. Il est sorti d'un long oubli grâce à sa redécouverte par des archéologues français à la fin des années 1890. Les traces d'environ 70 temples, construits en brique à partir du VIIe siècle, demeurent visibles. Une vingtaine d'édifices seulement sont en bon état. Les spécialistes ont divisé les monuments en onze groupes, dont les plus importants sont les groupes B, C et D *(p. 132)*. Les bombardiers américains ont presque entièrement rasé le groupe A, qui comprenait un sanctuaire considéré comme le chef-d'œuvre de l'art cham... Les trois étages des tours symbolisent, de bas en haut, la terre, le monde spirituel et le royaume entre la terre et le ciel.

Tour C1
Ce sanctuaire (kalan) *dédié à Shiva abritait une statue du dieu, sous forme humaine, représenté debout. Elle est exposée au musée de Sculpture cham.*

Ruines de B4
Avec ses pilastres sculptés et ses fausses portes, le style de ce temple dédié à Ganesh, le fils de Shiva à tête d'éléphant, rappelle celui de Dong Duong, un lieu du culte bouddhique cham.

★ Lingam de B1
Symbole phallique de Shiva, le lingam repose sur la yoni, représentation de la féminité. Celle-ci recueillait l'eau versée lors des cérémonies. Le liquide s'écoulait par une fente tournée vers le nord, direction de la prospérité.

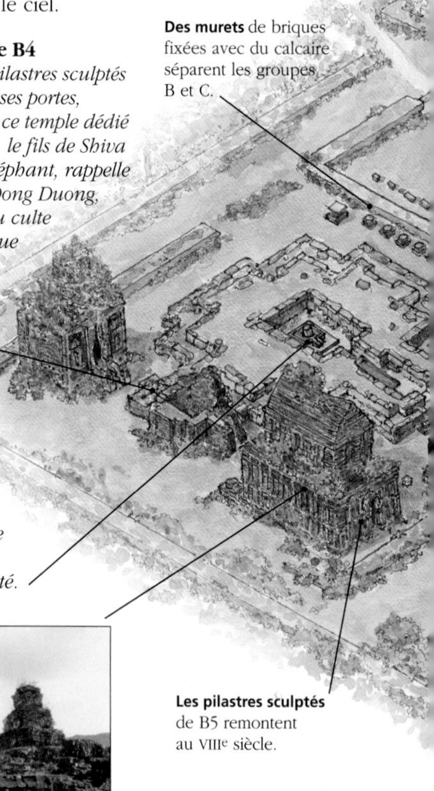

Des murets de briques fixées avec du calcaire séparent les groupes B et C.

Les pilastres sculptés de B5 remontent au VIIIe siècle.

★ Tour B5
L'édifice le mieux conservé du site date du Xe siècle. Il servait au dépôt des objets du culte. Dans la partie basse, des pilastres finement sculptés encadrent des représentations de Gajalakshmi, déesse de la prospérité.

À NE PAS MANQUER

- ★ Divinités ornant C1
- ★ Galerie de D2
- ★ Lingam de B1
- ★ Tour B5

Pour les hôtels et les restaurants de la région, voir p. 238-240 et p. 255-257

★ Divinités ornant C1
Les figures célestes sculptées au VIIIe siècle sur C1 portent de larges ceintures basses d'origine indienne. Les marques d'une influence javanaise révèlent que le style a sans doute transité par l'Indonésie.

MODE D'EMPLOI

Carte routière C4. 40 km SO de Hoi An. *de Hoi An et Da Nang.* **Tél.** *(0510) 373 1757.* *t.l.j. 6h30-16h30.* *Prévoir un chapeau, de l'écran solaire et de l'eau. Ne pas s'éloigner des sentiers car la zone a autrefois été minée.*

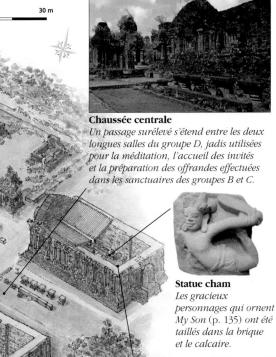

Chaussée centrale
Un passage surélevé s'étend entre les deux longues salles du groupe D, jadis utilisées pour la méditation, l'accueil des invités et la préparation des offrandes effectuées dans les sanctuaires des groupes B et C.

Statue cham
Les gracieux personnages qui ornent My Son (p. 135) *ont été taillés dans la brique et le calcaire.*

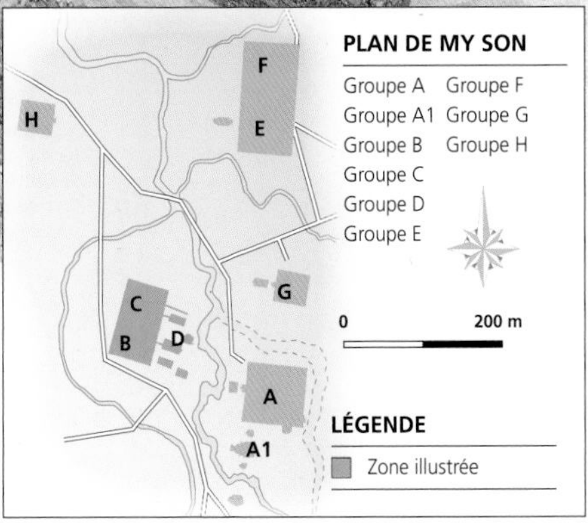

★ Galerie de D2
D2 abrite une petite exposition de fragments sculptés, de figures armées notamment, retrouvés dans les vestiges des bâtiments pillés ou ravagés par les bombes. Un toit moderne les protège des intempéries.

À la découverte de My Son

Inscrit par l'Unesco au patrimoine mondial, le site se trouve dans une vallée boisée et dominée par le mont My Son, la « Belle Montagne », également appelé Hon Quap, la « Dent de chat ». Malgré des siècles de pillage et les dégâts causés par les raids aériens, les ruines constituent le plus important témoignage artistique laissé par le royaume indianisé du Champa. Depuis l'entrée, un sentier conduit aux édifices du groupe B. Le groupe C est moins bien conservé. À l'est, les vastes vestiges du groupe D abritent des sculptures. Il faut beaucoup d'imagination pour apprécier les groupes E, F, G et H, très endommagés.

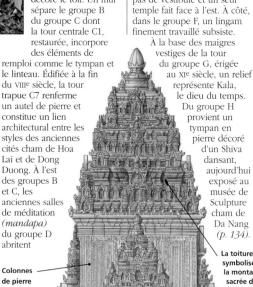

Apsara exposée dans la galerie D2

Ruines du groupe C

Groupes A et A1

Les groupes A et A1 comportaient treize édifices comptant parmi les plus intéressants du site avant d'être presque totalement détruits en 1969. Il n'en subsiste guère que des décombres dans l'attente d'une éventuelle restauration. Le monument le plus important, un splendide *kalan* (A1), se distinguait des temples cham habituels, ouvrant seulement à l'est, par le fait qu'il possédait aussi une porte à l'ouest, direction associée à la mort. Elle servait peut-être de lien avec les rois, dont les cendres étaient déposées dans les groupes B, C et D. Notez les motifs décoratifs sinueux sur les vestiges de A9.

Groupes B, C et D

Au centre du complexe, le groupe B est remarquable pour son association des éléments indiens et javanais. Le sanctuaire principal, du XIe siècle, était dédié à Shiva et au roi Bhadravarman, qui avait construit au IVe siècle le premier temple en bois du site. B6 abrite un petit bassin destiné aux ablutions rituelles. Une image du dieu hindou Vishnou, protégé par les treize capuchons du serpent de l'Éternité, décore le toit. Un mur sépare le groupe B du groupe C dont la tour centrale C1, restaurée, incorpore des éléments de remploi comme le tympan et le linteau. Édifiée à la fin du VIIIe siècle, la tour trapue C7 renferme un autel de pierre et constitue un lien architectural entre les styles des anciennes cités cham de Hoa Lai et de Dong Duong. À l'est des groupes B et C, les anciennes salles de méditation *(mandapa)* du groupe D abritent l'exposition de sculptures, dont un lingam et des statues de Shiva et de son taureau Nandi en D1, ainsi qu'un Garuda (oiseau fabuleux), un Shiva dansant et des apsaras (génies féminins) en D2.

Groupes E, F, G et H

Les monuments de la partie nord du site sont les plus endommagés, mais leurs ruines recèlent quelques beaux exemples de sculpture. Construit entre le VIIIe et le XIe siècle, le groupe E ne suit pas le modèle courant des lieux de culte cham. Le principal *kalan* ne possède pas de vestibule et un seul temple fait face à l'est. À côté, dans le groupe F, un lingam finement travaillé subsiste.

À la base des maigres vestiges de la tour du groupe G, érigée au XIe siècle, un relief représente Kala, le dieu du temps. Du groupe H provient un tympan en pierre décoré d'un Shiva dansant, aujourd'hui exposé au musée de Sculpture cham de Da Nang *(p. 134)*.

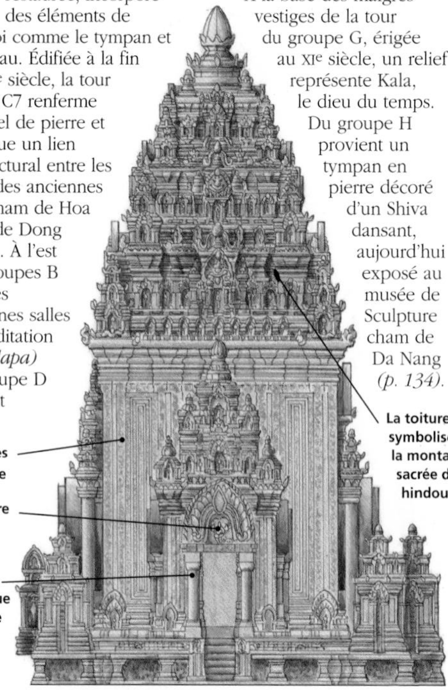

Reconstitution du temple A1

Complexe hôtelier dans les montagnes de la cordillère de Truong Son, station de Ba Na

China Beach ❸

Carte routière C4. 5 km SE de Da Nang.

Les longues bandes de sable fin situées entre la montagne de Marbre et la mer de Chine méridionale portent pour les Vietnamiens les noms de My Khe, My An et Non Nuoc. Elles ont toutefois pris, aux États-Unis, le nom de « China Beach », d'après le titre d'une série télévisée sur la guerre du Vietnam qui remporta un grand succès à la fin des années 1980. Interdit par le gouvernement, ce nom est cependant toujours utilisé par les professionnels du tourisme.

Pendant le conflit, les Américains avaient à Da Nang l'une de leurs bases les plus importantes et les plus sûres du Sud-Vietnam, et ils aménagèrent les plages de My Khe et My An en centre de repos et de distraction pour les soldats en permission. Il ne reste rien de ces équipements, mais des boutiques de souvenirs et des restaurants de poisson se sont installés sur le site. Quelques complexes hôteliers haut de gamme ont été construits, en particulier à My Khe. On peut louer des planches pour pratiquer le surf *(p. 272)*, mais la mer est fréquemment dangereuse.

Vendeur ambulant d'en-cas et de confiseries à China Beach

Station de Ba Na ❹

Carte routière C4. 40 km O de Da Nang.

Souvent enveloppée de brume ou perdue dans un nuage, à une altitude de 1 400 m, cette ancienne station de villégiature française offre un havre de fraîcheur à courte distance de Da Nang. À son apogée, au début du XXe siècle, elle renfermait plus de 200 villas et de très nombreux restaurants et clubs. Malheureusement, cet âge d'or ne dura pas. La ville fut vidée de ses habitants par la guerre d'Indochine. Elle suscite depuis peu un regain d'intérêt et les autorités touristiques s'emploient à lui rendre sa vocation de destination de vacances. On y découvre d'anciennes villas à flanc de montagne, des bars karaokés, un téléphérique, des cascades, de jolies vues de Da Nang et de la mer de Chine et la pagode de Chua Linh Ong.

SAUVER MY SON

Panneau d'avertissement à My Son

Les sites archéologiques de My Son et Dong Duong comptent parmi les plus grandes pertes non humaines liées à la guerre du Vietnam. L'un et l'autre ont souffert des bombardements intensifs de l'aviation américaine au moment de l'offensive du Têt, en 1968 *(p. 45)*. Les archéologues français avaient répertorié près de 70 bâtiments à My Son ; vingt seulement échappèrent à des dégâts irréparables. Philippe Stern, spécialiste reconnu de la culture et de l'art cham, se plaignit amèrement auprès du gouvernement américain. Ses efforts finirent par porter leurs fruits et l'ambassadeur reçut en janvier 1971 l'ordre de prendre toutes les mesures pour préserver le site historique de My Son.

Aujourd'hui, les archéologues s'efforcent, avec l'aide de l'Unesco, de reconstituer ce que les bombes ont réduit en débris. Les Français avaient effectué des relevés architecturaux détaillés, mais ces témoins du passé, qui avaient traversé les siècles, ont pour une grande part disparu à jamais.

Autel dédié à Quan Am, la déesse de la miséricorde, pagode Pho Da

Da Nang 5

Carte routière C4. 110 km S de Hué ; 960 km N de Hô Chi Minh-Ville. *890 000.* *de Hanoi, Hô Chi Minh-Ville et Nha Trang.* *train de la Réunification de Hanoi et Hô Chi Minh-Ville.* *de Hanoi, Hué, Hô Chi Minh-Ville et Nha Trang.* *Da Nang Tourism, 118, Le Loi, (0511) 382 3160.* **www**.danang.gov.vn

Située au milieu de la longue côte orientale du Vietnam, Da Nang, troisème port et quatrième ville du pays, s'étend au fond d'une baie, à l'embouchure de la Han. La ville, bien desservie par la route, le rail et l'avion, est une base idéale pour rayonner dans une région attractive. Les environs comprennent de belles plages et trois sites inscrits au patrimoine mondial : Hoi An *(p. 124-129)*, My Son *(p. 130-132)* et la citadelle de Hué *(p. 140-143)*.

Da Nang devint importante à la fin du XIXe siècle après sa conquête par les Français en 1858. Elle fut transformée en concession en 1888 sous le nom de Tourane. Elle profita de l'ensablement du port de Hoi An, mais ne prit son véritable essor qu'avec la création, en 1965, de la plus grande base aérienne et navale des États-Unis en Asie du Sud-Est.

Le fleuron de Da Nang est le **musée de Sculpture cham** (Bao Tang Dieu Khac Champa). Fondé en 1915 par l'école française d'Extrême-Orient, il possède la plus belle collection d'art du Champa, qui comprend, entre autres, des autels, des bustes de divinités hindoues comme Shiva, Brahma et Vishnou, et des reliefs illustrant des épisodes de l'épopée du Ramayana. Ces pièces datent du VIIe au XIIIe siècle et proviennent de sites proches, dont My Son, Dong Duong et Tra Kieu, la première capitale du Champa.

Construite en 1923, la **cathédrale de Da Nang** possède une charmante façade rose dominée par un coq perché sur la croix de la flèche.

Bâti en 1956, le **temple caodaïste**, le plus important après le Saint-Siège de Tay Ninh *(p. 74-75)*, mêle des influences coloniales et asiatiques. Parmi les autres lieux de culte méritant une visite se trouve la **pagode Phap Lam,** dédiée à Thich Ca, le Bouddha historique.

Vitrail de la cathédrale de Da Nang

La **pagode Pho Da** date de 1932. Deux tours à triple toit avec rives débordantes encadrent le sanctuaire, où des images de Bouddha, de Quan Am et de Dai The Chi Bo Tat dominent l'autel principal. L'institution est aussi un centre de formation de moines et de nonnes.

Le **musée Hô Chi Minh** retrace la vie du père de la nation et sa lutte pour l'indépendance. La cour renferme du matériel et des véhicules de guerre, ainsi qu'une reproduction de la maison sur pilotis d'Hanoi, où il vécut les dernières années de sa vie *(p. 168)*.

Aux environs : à 30 km au nord de Da Nang, le **col de Hai Van**, ou col des Nuages, ménage une vue splendide sur les montagnes de la cordillère de Truong Son dominant les eaux bleues de la baie.

À courte distance au sud-est de la ville, cinq collines calcaires dont on extrait une pierre de taille de haute qualité forment les **montagnes de Marbre**. La plus élevée, Thuy Son (le mont de l'eau), est creusée de plusieurs grottes qui abritent des sanctuaires bouddhiques et confucéens.

À la sortie nord-est de Da Nang, **Nui Son Tra** doit son nom de mont des Singes à sa population de primates. À l'ouest se trouvent les **tombes des soldats espagnols et français** morts lors de la conquête de la ville en 1858.

Musée de Sculpture cham
Angle de Bach Dang et Trung Nu Vuong. ***Tél.*** *(0511) 382 1951.* *t.l.j. 8h-17h.*

Temple caodaïste
63, Hai Phong. ***Tél.*** *(0511) 382 9463.* *t.l.j. 6h-18h.*

Pagode Pho Da
340, Phan Chu Trinh. ***Tél.*** *(0511) 382 6094.* *t.l.j. 5h-21h.*

Collines calcaires des montagnes de Marbre, Da Nang

Art et sculpture cham

Depuis leurs prémices au IIe siècle jusqu'à la chute de la dernière principauté en 1832, les États cham existèrent au Vietnam pendant plus de 1 600 ans. Cette culture développa une forme artistique originale qui atteignit son apogée entre le VIIIe et le Xe siècle. Elle a laissé comme principaux vestiges architecturaux les temples de brique couronnant de nombreuses collines du Vietnam central, et comme œuvres d'art, des sculptures sur pierre et, plus rarement, des bronzes. Ces œuvres proviennent de sites comme Tra Kieu, My Son et Dong Duong. Les thèmes religieux puisent dans le panthéon hindouiste, qui compte de nombreux démons à côté des dieux et de leurs montures. Les apsaras, nymphes au corps gracieux, révèlent une grande sensualité.

Déesse Uma, parèdre de Shiva

Le makara, *chimère marine dotée d'une denture de crocodile et d'une queue de poisson, était réputé favoriser la fécondité.*

DANSEUSE DE TRA KIEU

Il émane un grand charme de cette apsara sculptée au début du Xe siècle sur le socle d'un autel de Tra Kieu, près de Da Nang. Les artistes cham portaient une attention méticuleuse aux coiffures, aux vêtements et aux bijoux.

Une coiffe sophistiquée retient les cheveux de la danseuse.

La parure de l'apsara rehausse plus qu'elle ne dissimule sa féminité.

Ce socle d'autel *arbore une couronne de seins, un attribut féminin souvent représenté dans l'art cham. Il symboliserait Uma, la déesse mère et parèdre de Shiva.*

Garuda *est la monture ailée du dieu Vishnou, qui préserve le monde. Les artistes cham ont créé de splendides sculptures en pierre et en terre cuite.*

Cette frise d'autel *date de la fin du XIIe siècle. Malgré l'érosion subie par le grès, le soin apporté aux détails du cavalier et du chariot reste clairement visible.*

Ce flûtiste *abrité par un baldaquin ouvragé remonte aux VIIe-VIIIe siècles. Très bien conservé, il provient de l'autel d'un des temples de My Son.*

Sentier de la cascade des Cinq Lacs, parc national de Bach Ma

Parc national de Bach Ma ❻

Carte routière C4. 45 km SE de Hué. ***Tél.*** *(054) 387 1258.* *de Hué et Da Nang jusqu'à Cau Hai.* *de Da Nang, Hué, Hoï An et Cau Hai.* *t.l.j.*

À la frontière entre les provinces de Hué et de Da Nang, le parc national de Bach Ma a pour origine une station climatique fondée par les Français dans les années 1930 sur un plateau situé à 1 450 m d'altitude. Celle-ci compta jusqu'à 139 villas et hôtels, mais subit les attaques du Viêt-minh pendant la guerre d'Indochine *(p. 43)*, et la plupart de ses habitants l'avaient abandonnée à la fin du conflit en 1954. De nouveaux combats ravagèrent la région pendant la guerre du Vietnam, les Américains ayant installé une base d'hélicoptères sur son sommet le plus élevé.

Après leur victoire en 1975, les communistes tentèrent de développer les cultures maraîchères sur la montagne, mais la rigueur du climat fit échouer ce projet. En 1991, le gouvernement décida de créer une réserve naturelle de 22 000 ha, une protection qui permit à la forêt de commencer à se remettre des dégâts causés par les épandages de défoliant.

Faisan d'Edwards, parc national de Bach Ma

Le parc s'étend sur des pentes boisées dont la végétation varie avec l'altitude. Se trouvant à la charnière entre le Nord et le Sud du pays, il possède une biodiversité exceptionnelle, avec plus de 2 000 espèces végétales. Plusieurs essences possèdent des vertus médicinales. Parmi les 132 mammifères répertoriés figurent le muntjac géant, le muntjac de Truong Son et le saola *(p. 201)*. Les primates comprennent des entelles, des loris, des macaques et le gibbon à crête noire. De grands prédateurs comme le tigre et le léopard hanteraient encore les parties les plus isolées. Les quelque 358 espèces d'oiseaux incluent le très rare faisan d'Edwards.

Macaque, parc national de Bach Ma

S'il ne reste pas grand-chose de la station de villégiature française, le spectacle étrange offert par ses derniers vestiges, noyés dans la jungle, justifie la randonnée pour s'y rendre. Un étroit sentier grimpe jusqu'au sommet du mont Bach Ma, d'où un poste d'observation ménage par beau temps un somptueux panorama sur la cordillère de Truong Son. Seuls des transports privés conduisent au parc. Des bus et le train desservent la petite ville de **Cau Hai**, qui borde la route 1, à 3 km du portail d'accès au parc. Des motos-taxis permettent d'éviter d'effectuer la fin du trajet à pied.

Deux pensions proches de l'entrée, et quatre autres situées près du sommet, 15 km plus loin, proposent un logement sur place. Seuls les véhicules du parc sont autorisés à circuler à l'intérieur. Vérifiez avant de partir que celui-ci est bien ouvert, car des travaux sur la route peuvent occasionner sa fermeture.

Suoi Voi ❼

Carte routière C3. 65 km S de Hué ; 15 km N de Lang Co sur la route 1. ***Tél.*** *(054) 891 804.* *de Hué.* *t.l.j. 6h30-21h30.*

Destination prisée le week-end par les habitants de Hué et de Da Nang, les sources de Suoi Voi, également appelées sources de l'Éléphant d'après la forme d'un énorme rocher, attirent peu les étrangers, bien qu'elles soient une étape très agréable entre les deux villes.

En venant de Hué, il faut guetter le grand panneau dressé au début de la piste qui part à droite de la route 1. Environ 2,5 km plus loin, après avoir dépassé la vieille église Thua Lau, on atteint le portail et le parc de stationnement du site.

Déjeuner dans un restaurant de bord de mer, plage de Lang Co

Il faut ensuite marcher environ 1,5 km. Une eau fraîche et les petits bassins qu'elle a creusés dans la roche permettent à l'arrivée de se débarrasser de la sueur et de la poussière accumulées pendant le trajet. Les reliefs densément boisés de la cordillère de Truong Son se détachent à l'arrière-plan et le bord de la rivière se prête à merveille à un pique-nique. Des kiosques sur place vendent de la nourriture.

Plage de Lang Co ❽

Carte routière C3. 75 km S de Hué ; 35 km N de Da Nang sur la route 1. *de Hué et Da Nang.* *de Hué et Da Nang.*

Pour apprécier pleinement la beauté de la péninsule de Lang Co, nous conseillons de commencer par la contempler depuis le col des Nuages (col Hai Van) ou depuis le train circulant entre Hué et Da Nang. En regardant vers le nord, des surfaces vertes, blanches et d'un bleu scintillant composent un somptueux tableau. Une étroite pointe de sable court au sud depuis la commune de Loc Vinh, protégeant la surface miroitante d'une lagune, à l'ouest, des flots remuants de la mer de Chine méridionale. La plage est propice à la baignade dans une eau tiède et peu profonde, en particulier dans les mois précédant juillet, avant que le climat ne devienne maussade et pluvieux. En toute saison, il reste toutefois possible de faire un excellent repas de poisson et de fruits de mer. Plusieurs complexes hôteliers permettent de séjourner aux environs. Le village assoupi de Lang Co a gardé le mode de vie traditionnel des petites localités du littoral. À sa sortie sud, un pont franchit la lagune, menant au tunnel qu'emprunte la route 1 pour passer sous le col des Nuages. Les pêcheurs locaux profitent de l'abri offert et une promenade dans cette partie de la péninsule fait découvrir leurs bateaux peints de couleurs vives et leurs minuscules barques circulaires en vannerie calfatée, typiques du Centre du Vietnam. Un ambitieux projet de développement touristique devrait dans les années à venir transformer la région.

Plage de Thuan An ❾

Carte routière C3. 15 km NE de Hué, route 49.

Très fréquentée le week-end, la plus belle plage des environs de Hué s'étend à la pointe nord d'une longue île étroite, qui court parallèlement à la côte depuis l'embouchure de la rivière des Parfums *(p. 148)* jusqu'à atteindre quasiment le petit bourg de Phu Loc. Comme à Lang Co, de hauts cocotiers bordent le sable fin et blanc. Les eaux paisibles de la lagune de Thanh Lam la baignent au sud-ouest, tandis qu'au nord-est s'abattent les rouleaux de la mer de Chine méridionale. Thuan An est un village de pêcheurs, dont les barques aux coques en arc de cercle s'alignent sur le rivage. La fabrication de nuoc-mâm reste une activité importante. Dans certains quartiers, la forte odeur provient des bacs où les poissons sont mis en saumure. Pas moins de 10 kg de poisson et 3 kg de sel sont nécessaires pour obtenir 3 l de ce condiment.

Depuis Hué, Thuan An est un agréable but pour une excursion d'une journée à bicyclette. La route longe la rivière et passe devant plusieurs pagodes et maisons communes. Un petit pont permet de rejoindre l'île, qu'une route étroite parcourt jusqu'à la pagode Thanh Duyen à sa pointe sud.

La lagune de la plage de Lang Co, avec le col des Nuages à l'arrière-plan

Hué ⑩

Statue de la pagode Dieu De

L'ancienne capitale de la dynastie Nguyen est réputée pour ses monuments, mais aussi pour sa tradition de piété bouddhique, son rayonnement en tant que centre intellectuel et la sophistication de sa cuisine. Malgré les dégâts subis pendant les guerres d'Indochine et du Vietnam, c'est un lieu d'une grande beauté. La ville est traversée par la rivière des Parfums *(p. 148)*. La citadelle *(p. 140-143)* renfermant la Cité impériale s'étend sur la rive nord. Le marché Dong Ba s'étire entre ses remparts et le fleuve. Au sud se trouvent plusieurs pagodes et le quartier français. D'excellents restaurants et hôtels ajoutent au plaisir du séjour.

Entrée de la halle du marché Dong Ba

Cité impériale

Voir p. 140-143.

Musée des Antiquités royales de Hué

150, Nguyen Hue. ***Tél.*** *(054) 352 4429.* ◯ *t.l.j. 7h-17h.*

Le musée est situé dans l'ancienne résidence privée de l'empereur Khai Dinh et de son fils adoptif Bao Dai. Les deux hommes étaient passionnés par le style français. La villa de celui qui vivait plus comme un play-boy que comme un monarque responsable ressemble davantage à une villa française qu'à un palais vietnamien. Son style, comme celui de son tombeau *(p. 145)*, reflète surtout la personnalité flamboyante de l'empereur.

L'exposition, qui a rouvert en 2010 après une intensive restauration, comprend des objets en argent, de la porcelaine, des meubles anciens et des vêtements de la garde-robe impériale.

Pagode Dieu De

29, Lê Quy Don. ***Tél.*** *(054) 381 5161.* ◯ *t.l.j. du lever au coucher du soleil.*

La pagode des Quatre Nobles Vérités fut plusieurs fois restaurée depuis sa construction sous le règne de Thieu Tri (r. 1841-1847), le troisième empereur Nguyen. Sa forme actuelle date de 1953. Bordant le canal qui longe la Citadelle à l'est, elle se distingue par ses quatre tours basses. Dans le principal sanctuaire, deux bodhisattvas encadrent Thich Ca, le Bouddha historique. Comme de nombreux lieux de culte de Hué, Dieu De fut un pôle de résistance à la politique du président Ngo Dinh Diem *(p. 44)* : le 31 mai 1963, le bonze Nun Nu Thanh Quang s'y immola par le feu.

Marché Dong Ba

NE de Tran Hung Dao. ◯ *t.l.j.*

Le cœur du grand marché de Hué est une vaste halle sans charme, mais il s'étale jusqu'au bord de la rivière des Parfums, où viennent s'amarrer de nombreuses embarcations.

Ses éventaires débordent d'une gamme colorée de marchandises allant du poisson aux vêtements et aux chaussures, et des fruits et légumes aux jouets et aux produits de beauté. Il est ouvert toute la journée, mais c'est le matin tôt qu'y règne la plus grande effervescence.

Cathédrale Notre-Dame

80, Nguyen Hue. ***Tél.*** *(054) 382 8690.* ◯ *offices.*

Aisément identifiable à son curieux clocher à trois étages, cette grande église, édifiée entre 1958 et 1962 dans un style hybride, sert une communauté d'environ 1500 fidèles. Hors des messes célébrées à 5 h et 17 h en semaine, et à 5 h, 7 h et 17 h le dimanche, ses portes restent généralement closes.

Pagode Bao Quoc

Rue Bac Quoc. ***Tél.*** *(054) 383 6400.* ◯ *t.l.j. du lever au coucher du soleil.*

La pagode créée en 1670 par le bonze chinois Giac Phong occupe une superficie de 2 ha sur la colline Ham Long, où coule un ruisseau qui la traverse. Le seigneur Nguyen Phuc Khoat (r. 1738-1765) lui accorda le statut de sanctuaire d'État, ce qui n'empêcha pas Quang Trung, le chef des rebelles Tay Son *(p. 41)*, de l'utiliser comme dépôt d'armes. La pagode joua un rôle important dans

Colonnes sculptées à l'entrée de la pagode Bao Quoc

le renouveau du bouddhisme au Vietnam, avec l'ouverture d'une école en 1935 puis d'un séminaire en 1940. Malgré un nombre important de rénovations, Bao Quoc a conservé un charme d'une autre époque.

Pagode Tu Dam

1, Duong Lieu Quan. **Tél.** *(054) 383 6118.* *t.l.j. du lever au coucher du soleil.*

Ce sanctuaire du XVIIe siècle devint l'une des trois pagodes d'État de Hué sous la dynastie des Nguyen. Agrandie maintes fois, la pagode accueillit en 1951 la réunion de fondation de l'Association bouddhique vietnamienne dont elle devint le siège. Largement détruite par les forces armées lors de la répression des mouvements de protestation contre la politique du président Diem en 1963, elle subit de

Urne ouvragée dans la cour intérieure de la pagode Tu Dam

nouveaux dégâts en 1968 lors de l'offensive du Têt *(p. 45)*.

Le fleuron du jardin est l'arbre qui s'est développé à partir d'une bouture, plantée en 1939, de l'arbre de Bodhi, le descendant du figuier sous lequel le Bouddha historique atteignit l'Éveil.

MODE D'EMPLOI

Carte routière C3. Capitale de la province de Thue Thien-Hué, 110 km N de Da Nang.
335 000. *de Hanoi et Hô Chi Minh-Ville.* *Réunification Express, depuis Hanoi et Hô Chi Minh-Ville.* *de Hanoi, Vinh, Da Nang, Nha Trang et Hô Chi Minh-Ville.*
Hué Tourist, Chu Van An, (054) 381 6263.

Pont couvert de Thanh Toan

Village de Thanh Thuy Chan, 7 km E de Hué.

Peu connu, ce charmant petit pont date de 1778. Il ressemble, en plus modeste, au pont japonais de Hoi An *(p. 124)*, mais il repose sur des poteaux en bois et non sur des voûtes de pierre. Les paysages ruraux et les hameaux que l'on traverse pour s'y rendre justifient à eux seuls la promenade.

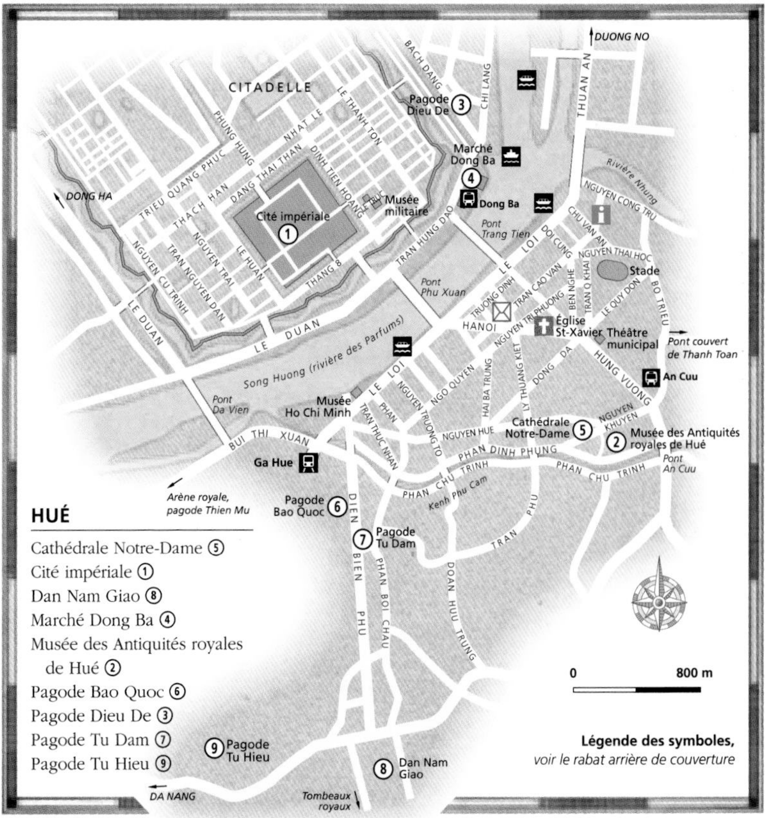

Citadelle de Hué : la Cité impériale

Personnages, Bibliothèque royale

Inscrite au patrimoine mondial de l'humanité en 1993, l'immense citadelle entreprise en 1805 par l'empereur Gia Long (r. 1802-1820) s'inspire pour ses fortifications extérieures de l'architecture militaire de Vauban. Elle s'organise en enceintes concentriques, la ville fortifiée renfermant la Cité impériale, qui elle-même contient la Cité pourpre interdite. Lors de l'offensive du Têt en 1968, les forces viêt-công y résistèrent pendant des semaines aux intenses bombardements de l'armée américaine. Une restauration a rendu une partie de sa grandeur à l'ancienne capitale féodale des Nguyen.

Autel dédié à un souverain Nguyen, Temple dynastique

Temple de la Résurrection
Bâti en 1821, ce sanctuaire, appelé Hung Mieu en vietnamien, est dédié au culte des parents de l'empereur Gia Long. Parmi les sculptures du toit, les deux grands dragons de pierre montant la garde sur la vaste cour pavée sont particulièrement remarquables.

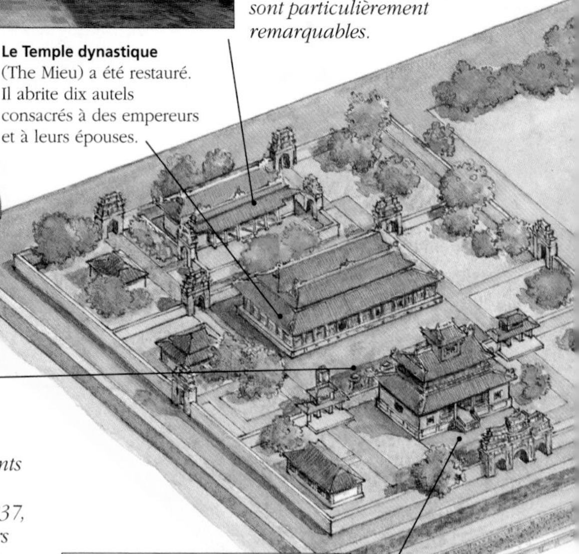

Le Temple dynastique (The Mieu) a été restauré. Il abrite dix autels consacrés à des empereurs et à leurs épouses.

★ Neuf urnes dynastiques
Ces imposants monuments funéraires en bronze, fondus entre 1835 et 1837, possèdent tous des décors différents. Chaque urne évoque symboliquement les qualités de l'empereur auquel elle est dédiée.

À NE PAS MANQUER

- ★ Palais de l'Harmonie suprême
- ★ Porte du Midi
- ★ Urnes dynastiques

Pavillon de la Splendeu
Hien Lam Cac, un bâtiment haut de 13 m élevé en 1824 par l'empereur Minh Mang, fut entièrement démonté lors de sa restauration, afin que les bois soient traités contre les insectes.

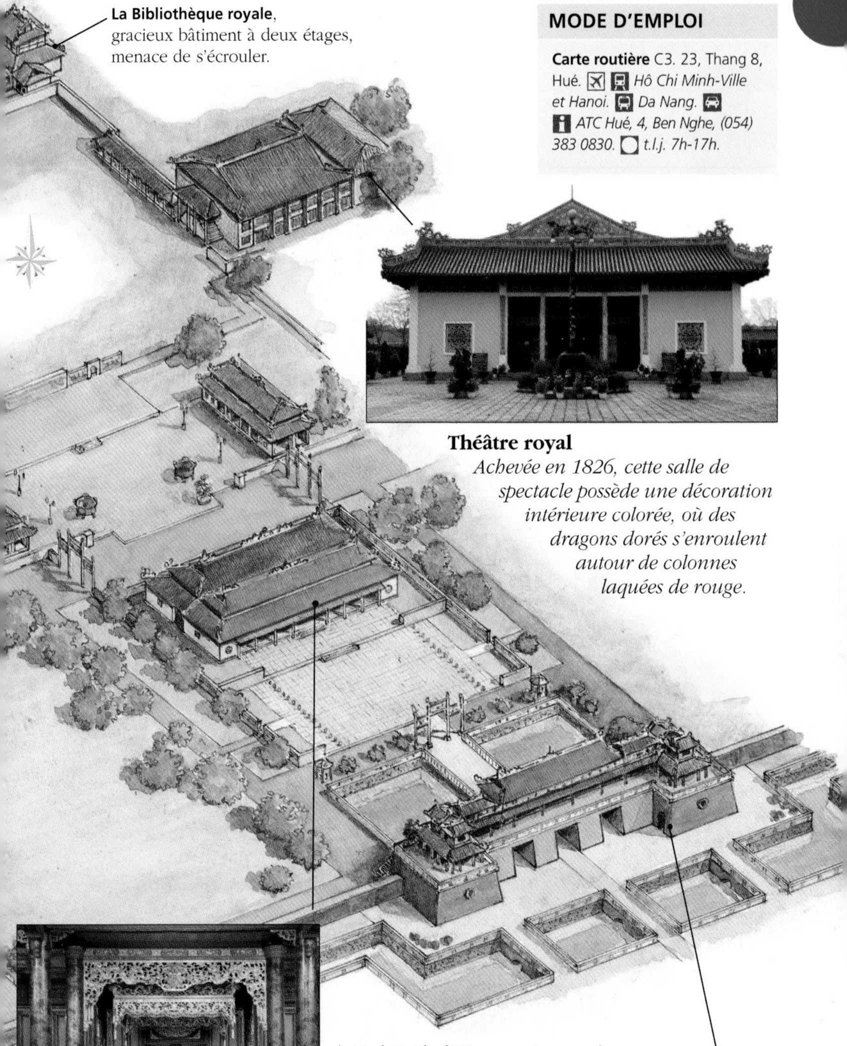

La Bibliothèque royale, gracieux bâtiment à deux étages, menace de s'écrouler.

MODE D'EMPLOI

Carte routière C3. 23, Thang 8, Hué. *Hô Chi Minh-Ville et Hanoi.* *Da Nang.* *ATC Hué, 4, Ben Nghe, (054) 383 0830.* *t.l.j. 7h-17h.*

Théâtre royal
Achevée en 1826, cette salle de spectacle possède une décoration intérieure colorée, où des dragons dorés s'enroulent autour de colonnes laquées de rouge.

★ Palais de l'Harmonie suprême
Quatre-vingts colonnes laquées dominent la salle du Trône, construite en 1805. Celle-ci a conservé le somptueux décor dans lequel les empereurs Nguyen donnaient audience à leurs hôtes de marque.

★ Porte du Midi
L'entrée principale de la citadelle, la porte Ngo Mon, est un superbe exemple de l'architecture défensive siatique. Sur de massifs blocs de pierre repose une élégante structure en bois, où l'empereur prenait place à certaines grandes occasions.

À la découverte de la citadelle de Hué : la Cité impériale

Figurine d'un musicien de la Cour royale

Également connue sous le nom de Dai Noi, « Le Grand Intérieur », la Cité impériale renfermait les palais royaux et les lieux de pèlerinage dans l'enceinte de la citadelle. D'importants travaux de restauration donnent un aperçu de son ancienne grandeur. L'imposante porte du Midi ouvre sur un pont qui franchit des bassins pour conduire au magnifique palais de l'Harmonie suprême. Derrière, une esplanade domine l'espace qu'occupait jadis la Cité pourpre interdite, où l'empereur avait ses quartiers.

Tour du Drapeau

Érigée par l'empereur Gia Long (r. 1802-1820) en 1809 sur une redoute en brique de 18 m, la tour du Drapeau (Cot Co) était à l'origine en bois. La version actuelle en béton mesure 37 m de haut. En hissant au sommet l'étendard rouge et bleu étoilé de jaune du Front national de libération, les forces communistes remportèrent le 31 janvier 1968 une victoire symbolique importante lors de l'offensive du Têt *(p. 45)*.

Neuf canons sacrés

De part et d'autre des portes Ngan et Quang Duc, les neuf canons fondus à partir d'objets en bronze et en laiton ayant appartenu aux Tay Son *(p. 41)* restent les génies protecteurs de la citadelle. Commandés par Gia Long en 1803, ils portent chacun le nom d'une des quatre saisons et d'un des cinq éléments : la terre, le métal, le bois, l'eau et le feu.

Belvédère des Cinq Phénix

Reposant sur les énormes blocs de pierre de la porte du Midi, l'élégant pavillon Ngu Phung doit son nom à sa supposée ressemblance avec un groupe de cinq Phénix vu d'en haut. L'empereur y prenait place lors de grandes occasions et des tuiles à sa couleur, le jaune, couvrent la section centrale du toit ornée de dragons, de feuilles de banian et de chauves-souris. Au-dessus du pavillon, un escalier mène à une pièce où les femmes de la Cour assistaient aux cérémonies derrière des écrans ajourés.

Palais de l'Harmonie suprême

dans la salle du Trône.

Thai Hoa, le plus bel édifice de la citadelle à avoir subsisté, a pour origine un pavillon construit par Gia Long en 1805. Magnifiquement restauré, il permet d'imaginer le faste des manifestations officielles qui s'y déroulaient, couronnements ou réceptions d'ambassadeurs. Lors de ces occasions, l'empereur, coiffé du chapeau aux neuf dragons, vêtu d'une robe tissée d'or et portant une ceinture de jade, présidait depuis son trône posé sur une estrade. Seuls les mandarins au rang le plus élevé avaient le droit de pénétrer dans la salle ; les autres attendaient dehors.

Les quatre canons sacrés portant le nom des saisons

Salles des Mandarins

L'esplanade des Grandes Salutations s'étend derrière le palais de l'Harmonie suprême. Deux pavillons l'encadrent. Les mandarins s'y rassemblaient entre militaires dans l'un, et entre fonctionnaires civils dans l'autre, pour revêtir leurs robes cérémonielles. À en juger par les exemples exposés, elles rivalisaient de somptuosité.

Chaudron en bronze de l'esplanade des Grandes Salutations

Cité pourpre interdite

À l'intérieur d'une enceinte fortifiée, les quartiers privés de l'empereur occupaient 10 ha. Il était le seul à pouvoir y pénétrer en dehors de l'impératrice, des concubines de neuf rangs distincts, des servantes et des mandarins eunuques.

Construite entre 1802 et 1833, la Cité pourpre interdite (Tu Cal Thanh) comptait plus de 60 bâtiments entourant de nombreuses cours. Il n'en restait pratiquement plus rien à la fin de l'offensive du Têt de 1968.

Théâtre royal

Reconstruit en 1825, Duyet Thi Duong a retrouvé son rôle de salle de spectacles et accueille des représentations de *nha nhac (p. 25)*, une forme de musique de Cour interprétée avec des instruments traditionnels à cordes et à vent accompagnés par des tambours. L'Unesco l'a reconnue comme un chef-d'œuvre du patrimoine mondial culturel et immatériel.

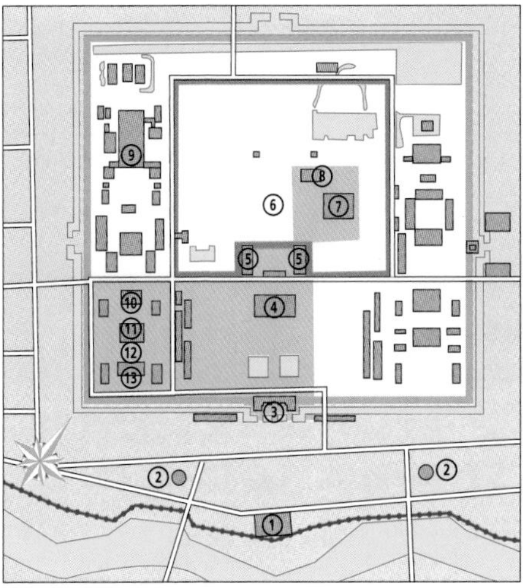

PLAN DE LA CITÉ IMPÉRIALE

Belvédère des Cinq Phénix ③
Bibliothèque royale ⑧
Cité pourpre interdite ⑥
Neuf canons sacrés ②
Neuf urnes dynastiques ⑫
Palais Dien Tho ⑨
Palais de l'Harmonie suprême ④
Pavillon de la Splendeur ⑬
Salles des Mandarins ⑤
Temple de la Résurrection ⑩
Temple dynastique ⑪
Théâtre royal ⑦
Tour du Drapeau ①

LÉGENDE

Cité impériale

Cité pourpre interdite

Zone illustrée *(p. 140-141)*

Enceinte de la citadelle

Bibliothèque royale

Érigée en 1887 par l'empereur Dong Khanh sur le site où Minh Mang avait fait élever un pavillon pour lire dans l'isolement en 1821, la Bibliothèque royale (Thai Binh Lau) se dresse dans le quart nord-est de la Cité interdite. Elle fait face à un bassin carré ayant en son centre un jardin de rocaille. De petits ponts enjambent d'autres plans d'eau pour relier diverses galeries. Le bâtiment, décrépit, accueillait des concerts et des représentations théâtrales.

Antiquités et boiseries décorent le palais Dien Tho

Palais Dien Tho

Un mur entoure Cung Dien Tho, édifié en 1803 pendant le règne de l'empereur Gia Long pour servir de lieu de résidence et de réception à la mère du souverain en exercice. On le franchit au sud par la porte de l'Éternelle Longévité (Cua Tho Chi). Le bâtiment abrite des meubles raffinés aux délicates incrustations de nacre. Des lanternes sculptées pendent du plafond décoré d'éventails en plumes. À l'est de l'entrée, le **pavillon Truong Du**, agrémenté d'un petit lac artificiel et d'une gracieuse rocaille, servait de lieu de divertissement à la reine mère et à sa suite.

Temple de la Résurrection

Construit en 1821 par l'empereur Minh Mang pour rendre hommage à ses grands-parents, Hung Mieu fut ravagé par un incendie en 1947 au début de la guerre d'Indochine. Restauré depuis, il est renommé pour son style raffiné et les belles sculptures qui se dressent sur le toit.

Temple dynastique

Dans la partie sud-ouest de la Cité impériale, The Mieu est dédié au culte des rois Nguyen. Entrepris en 1821, il renferme dix autels à la mémoire des membres de la dynastie et de leurs épouses. Ils possèdent une ornementation d'un grand raffinement, mais ne portent plus comme jadis des piles de lingots d'or déposés en offrande.

Urne funéraire miniature, Temple dynastique

Neuf urnes dynastiques

Fondues sur l'ordre de Minh Mang, les neuf urnes dynastiques (Cuu Dinh) jouent un grand rôle dans le culte des ancêtres royaux. Chacune porte en décor 17 reliefs représentant une richesse ou une beauté naturelle du Vietnam. Aucun de ces motifs n'est jamais répété.

Pavillon de la Splendeur

En 1824, Minh Mang fit élever au centre de la cour du Temple dynastique un monument à triple toiture, Hien Lam Cac, rendant hommage aux mandarins, dont le dévouement avait permis à sa famille d'accéder à sa position. Aucun édifice de la citadelle ne devait le dépasser en hauteur. Les gravures de sa façade en bois rehaussent son élégance.

Dan Nam Giao

3 km S du centre, extrémité sud de la rue Diên Biên Phu.

t.l.j. 8h-17h.

Entrepris par l'empereur Gia Long en 1802, le tertre du Sacrifice au ciel se trouve au-delà de l'ancien quartier français, sur la rive est de la rivière des Parfums *(p. 148)*. De 1806 à 1945, il servit de cadre au rituel le plus important de la vie du pays. Celui-ci reproduisait la cérémonie pratiquée à Pékin dans le temple du Ciel (Tiantan), bâti au XVe siècle. Au solstice d'hiver, le souverain venait avec danseuses et musiciens présenter ses respects à l'Empereur céleste et lui rendre des comptes sur sa gestion de l'année écoulée. Il implorait sa clémence par une série de sacrifices élaborés et renouvelait ainsi la légitimité de son pouvoir.

Aujourd'hui, il reste peu de choses de ce site en dehors de trois terrasses. Les deux premières sont de forme carrée. La plus basse représente l'humanité, l'autre la terre. Circulaire, la troisième, au sommet, symbolise le ciel. Les édifices liés au culte ont disparu, mais le lieu conserve une aura particulière.

Pagode Tu Hieu

2, Thon Thuong, village de Thuy Xuan, 5 km SO de Hué.

***Tél.** (054) 383 6389. t.l.j. 6h-18h.*

Au sein d'une pinède qui s'étend au nord du tombeau de Tu Duc, un étang en forme de croissant entoure l'un des lieux de culte les plus sereins de la région. Fondée par un bonze en 1843, la pagode Tu Hieu prit son ampleur actuelle en 1848, à la demande d'eunuques impériaux. Ne pouvant avoir d'enfants, ils s'assuraient, en finançant le sanctuaire, que des générations de moines y célèbreraient les cérémonies nécessaires au confort de leur existence dans l'au-delà. L'autel principal est dédié au Bouddha historique, dit Sakyamuni ou Thich Ca. Sur d'autres, des tablettes entretiennent le souvenir d'eunuques de haut rang. Leurs tombes sont toujours dans le jardin.

Bassin aux lotus devant la petite pagode Tu Hieu

Les arènes royales, bien conservées

Pagode Thien Mu

5 km SO de la citadelle de Hué.

t.l.j. du lever au coucher du soleil.

Fondée en 1601 par le seigneur Nguyen Hoang, la pagode de la Dame céleste se dresse sur la rive nord-ouest de la rivière des Parfums. Sa tour de la Source de la félicité, Thap Phuoc Duyen, possède six étages. Thieu Tri ordonna la construction de ce monument octogonal en brique en 1841. Un pavillon proche abrite une énorme cloche. Fondue en 1710, elle pèse plus de 2 t et peut être entendue à plus de 10 km. Un deuxième pavillon renferme une grande stèle de pierre posée sur le dos d'une tortue. Les inscriptions relatent l'histoire de Thien Mu. À l'intérieur du sanctuaire, un bouddha riant en bronze et les statues des dix rois de l'enfer et de 18 *arhat*, des sages libérés du cycle des réincarnations, dominent l'autel principal près d'une image du Bouddha historique.

Les habitations des moines et leurs jardins se trouvent à l'arrière du temple. Un garage ouvert, à l'ouest, conserve la voiture qu'utilisa le moine Thich Quang Duc *(p. 44)* en juin 1963 pour se rendre à Saigon où il s'immola. Les images de son suicide discréditèrent le régime de Diem dans le monde entier.

Austin de Thich Quang Duc, pagode Thien Mu

Arènes royales

Phuong Duc, 4 km SO de Hué.

t.l.j. du lever au coucher du soleil.

Cet édifice circulaire s'appelle aussi les arènes des Tigres (Ho Quyen). L'empereur et ses mandarins venaient y voir s'affronter des tigres et des éléphants. Le pachyderme, symbole du royaume de Champa, en sortait toujours vainqueur. Pour éviter que le félin, symbole du désordre, ne perturbe ce résultat, on lui coupait les crocs et les griffes. Le dernier combat s'est déroulé en 1904.

Un haut portail, entre les escaliers menant aux tribunes, permettait le passage des éléphants. Cinq petites portes, en face, ouvraient sur les cages des tigres.

À la découverte des tombeaux royaux

Statue du tombeau de Tu Duc

Accessibles à bicyclette, en taxi ou en bateau, les sépultures des empereurs de la dynastie Nguyen *(p. 41)* sont une visite incontournable quand on séjourne dans leur ancienne capitale. Parmi les treize souverains qui prirent place sur le trône du Vietnam entre 1802 et 1945, sept seulement eurent leur propre mausolée, ou *lang*. Les autres sont morts en exil ou en disgrâce. Ces monuments, conçus également pour le séjour des vivants, comportent de nombreux bâtiments au sein de parcs aménagés.

Façade en béton du temple du tombeau de Khai Dinh

Tombeau de Tu Duc

6 km SO de Hué. ***Tél.*** *(054) 836 427.* *t.l.j. 7h-17h.*

Tu Duc, qui régna de 1848 à 1883, dessina lui-même son propre mausolée, véritable résidence de campagne comptant plusieurs dizaines de bâtiments dans un parc clos de 12 ha, agrémenté de plans d'eau et planté de nombreux arbres tels que des frangipaniers et des longaniers.

L'empereur aimait venir y réciter de la poésie. Une légende prétend qu'il aurait été enterré avec un grand trésor dans un lieu secret. Pour éviter une profanation, les participants aux funérailles auraient été exécutés.

Tombeau de Dong Khanh

500 m SE de Lang Tu Duc. ***Tél.*** *(054) 836 428.* *t.l.j. 7h-18h.*

Érigé après la mort de Dong Khanh, qui régna de 1885 à 1888, le temple de la plus modeste des sépultures des Nguyen révèle à l'intérieur une nette influence française, avec entre autres des représentations de l'empereur Napoléon Ier. Il a été restauré en 2009.

Tombeau de Thieu Tri

Village de Cu Chanh, 1,5 km S de Lang Tu Duc. *t.l.j. 7h-17h.*

Le parc du mausolée de Thieu Tri, qui régna sur Hué de 1842 à 1847, est agrémenté de plans d'eau artificiels. Sa construction dura 10 mois. Le temple, avec ses rangées de statues, se trouve à l'est, le tombeau lui-même, à l'ouest.

Tombeau de Khai Dinh

10 km S de Hué. ***Tél.*** *(054) 865 875.* *t.l.j. 6h-17h30.*

L'avant-dernier empereur de la dynastie régna de 1916 à 1925. Son tombeau fut le dernier construit à Hué. Il est unique par l'usage du béton et le mélange de styles architecturaux européens. Situé à flanc de colline, cet ouvrage s'étend sur trois niveaux. Au sommet, un temple renferme un buste en bronze de Khai Dinh, fondu à Marseille en 1922.

Tombeau de Minh Mang

12 km S de Hué. ***Tél.*** *(054) 560 277.* *t.l.j. 7h30-17h30.*

Sur la rive gauche de la rivière des Parfums, le tombeau dessiné par l'empereur Minh Mang (r. 1820-1841), mais érigé après sa mort, compte divers bâtiments qui jalonnent un cadre paysager le long d'un axe de 700 m.

Tombeau de Gia Long

16 km SE de Hué.

Louer un bateau, soit depuis Hué, soit depuis le hameau de Tuan, en face de Lang Minh Mang, est le meilleur moyen de rejoindre le mausolée du fondateur de la dynastie. C'est le plus isolé des tombeaux royaux et il a beaucoup souffert des bombardements pendant la guerre du Vietnam.

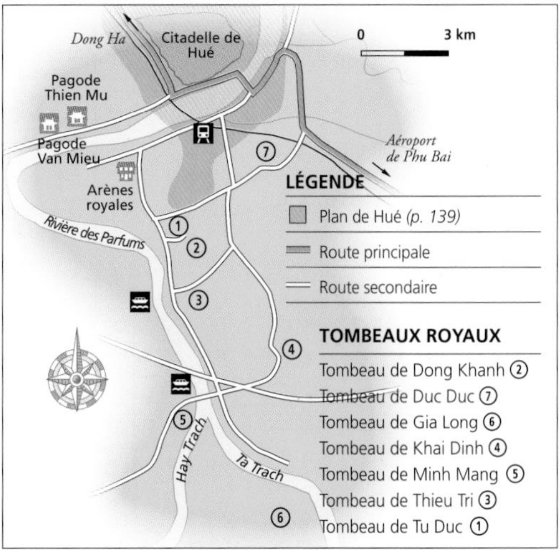

Tombeau de Khai Dinh, l'avant-dernier empereur Nguyen ▷

Croisière sur la rivière des Parfums

Pagode Thien Mu, symbole de Hué

Une promenade sur la rivière des Parfums, ou Song Huong, compte parmi les plaisirs à s'accorder lorsque l'on séjourne à Hué. Le fleuve est magnifique. De superbes monuments édifiés dans des paysages ruraux jalonnent son cours. Au panorama offert par ces temples et ces souvenirs de l'époque impériale s'ajoute le spectacle de la circulation sur l'eau : paysannes naviguant sur de petits sampans, barges chargées de poissons ou de fruits et légumes, pêcheurs relevant filets et nasses…

Bateau de pêche sur les eaux paisibles de la rivière des Parfums

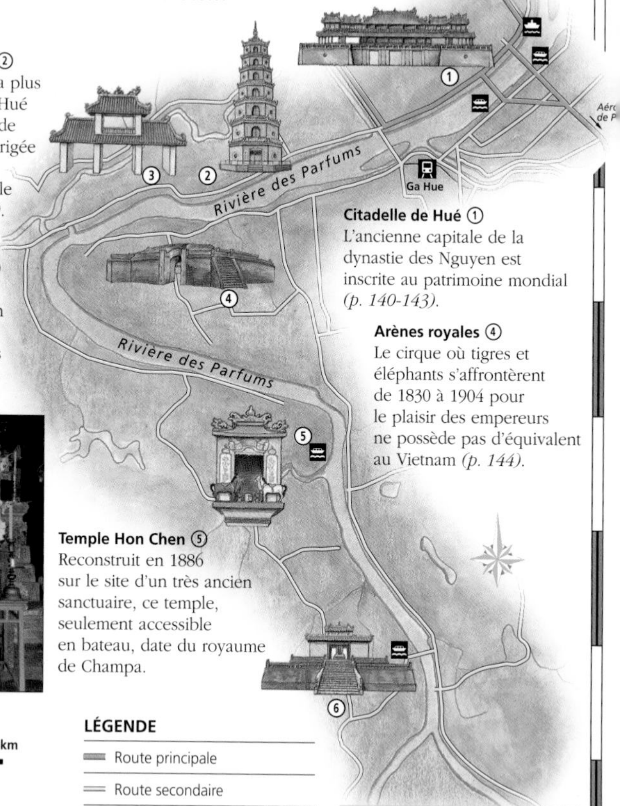

Pagode Thien Mu ②
Fondée en 1601, la plus vieille pagode de Hué possède une tour de 21 m de hauteur érigée en 1841. Elle est devenue le symbole de la ville *(p. 144)*.

Temple de la Littérature ③
Dans ce petit lieu de culte confucéen bâti par Gia Long en 1808, des stèles rendent hommage à des mandarins.

Citadelle de Hué ①
L'ancienne capitale de la dynastie des Nguyen est inscrite au patrimoine mondial *(p. 140-143)*.

Arènes royales ④
Le cirque où tigres et éléphants s'affrontèrent de 1830 à 1904 pour le plaisir des empereurs ne possède pas d'équivalent au Vietnam *(p. 144)*.

Temple Hon Chen ⑤
Reconstruit en 1886 sur le site d'un très ancien sanctuaire, ce temple, seulement accessible en bateau, date du royaume de Champa.

0 2 km

LÉGENDE

- Route principale
- Route secondaire

Tombeau de Minh Mang ⑥
Statues, plans d'eau et jardins paysagers ajoutent à la grandeur du tombeau impérial qui a sans doute le mieux résisté aux outrages du temps *(p. 145)*.

MODE D'EMPLOI

Bateaux : *des bateliers proposent leurs services au quai de la rue Lê Loi. N'hésitez pas à marchander. Il existe aussi des promenades organisées.*
Durée : *une demi-journée.*
Où faire une pause ? *Des en-cas sont en vente à Thien Mu et à Minh Mang. On peut prévoir un déjeuner sur le bateau.*

Pour les hôtels et les restaurants de la région, voir p. 238-240 et p. 255-257

Base de Khe Sanh ⓫

Carte routière B3. 145 km NO de Hué sur la route 9. ***Tél.*** *(053) 388 0840.* *minibus des Hué.* **Musée** 1,5 km N de Khe Sanh. *t.l.j. 7h-17h.*

Près de la frontière avec le Laos, l'ancienne base militaire de Khe Sanh se trouve à environ 3 km du village qui lui a donné son nom mais qui s'appelle aujourd'hui Hoang Ho. En 1962, les Américains aménagèrent un aéroport sur ce site proche de la zone démilitarisée. Puis, ils le transformèrent en un camp des forces spéciales chargées d'interrompre la circulation sur la piste Hô Chi Minh *(p. 151)*. En 1968, le général William Westmoreland y amassa des troupes pour contraindre l'armée nord-vietnamienne à un assaut frontal. Son adversaire, le général Vo Nguyen Giap, utilisa les combats comme diversion. Ils débutèrent en effet une semaine avant l'offensive du Têt *(p. 45)*. La bataille dura du 20 janvier au mois d'avril. Encerclée, la base resta sous le feu de l'artillerie ennemie pendant deux mois. Elle était approvisionnée par voie aérienne. Dépourvus d'aviation et ne possédant pratiquement pas de chars, les attaquants ne réussirent pas à s'en emparer et finirent par se replier après avoir perdu 9000 hommes, selon les estimations. Les pertes américaines s'élevaient à 207 morts. Il y eut aussi des milliers de victimes civiles.

Même si le siège ne s'était pas transformé en un nouveau Diên Biên Phu *(p. 195)*, comme l'avait redouté un temps le président Johnson, les États-Unis durent abandonner la base quelques mois plus tard.

Le site est devenu une destination de visites guidées. Les Américains ayant pris le plus grand soin de ne laisser aucun matériel militaire derrière eux, les Vietnamiens en ont fait venir des localités du Sud pour garnir un petit **musée** aux documents légendés en anglais.

Évocations de la guerre du Vietnam, zone démilitarisée

Pont Hien Luong sur la Ben Hai, DMZ

Zone démilitarisée (DMZ) ⓬

Carte routière B3. 90 km NE de Khe Sanh sur la route 9. ***Tél.*** *(053) 385 2927.* *minibus de Hué.* *de Hué.* *t.l.j. 7h-17h.*

L'ancienne zone démilitarisée (DMZ), censée séparer le Nord et le Sud-Vietnam avant la réunification de 1975, est devenue un site qui se visite. Des agences proposent des circuits d'une journée au départ de Hué ou de Dong Ha. La plupart commencent au **pont Hien Luong**, ancien poste-frontière sur la rivière Ben Hai, et comprennent une visite des tunnels de Vinh Moc *(p. 150)*. Le cimetière national de Truong Son, à l'ouest de la route 1, entretient le souvenir des soldats nord-vietnamiens et viêt-công qui périrent dans la région. Depuis Dong Ha, la route 9 s'enfonce dans l'intérieur des terres pour rejoindre des sites comme Camp Carroll, Khe Sanh et Hamburger Hill *(p. 45)*. La DMZ offre peu à voir et sa visite engendre surtout de la tristesse. L'excursion intéressera principalement des visiteurs américains et des passionnés d'histoire militaire.

HISTOIRE DE LA DMZ

Les participants à la conférence de Genève de 1954 décidèrent d'établir une « ligne de démarcation provisoire » partageant le Vietnam au niveau du 17e parallèle *(p. 44-45)* et une zone démilitarisée large de 2 km de part et d'autre de la rivière Ben Hai. Dès le début, cependant, l'armée nord-vietnamienne s'y infiltra, creusant des tunnels, ouvrant des sentiers et introduisant des maquisards. Les Américains réagirent en établissant ce qui prendrait le nom de ligne McNamara : un rempart de champs de mines et de barbelés électrifiés et équipés de détecteurs sophistiqués. Ironie de l'histoire, la zone démilitarisée fut le théâtre de combats particulièrement âpres, en particulier lors du siège de Khe Sanh et de l'offensive de Pâques 1972, où les Nord-Vietnamiens s'emparèrent de la région, déclenchant des bombardements de représailles massifs.

Canon exposé à Khe Sanh, près de la DMZ

Galerie des tunnels de Vinh Moc

Tunnels de Vinh Moc ⓭

Carte routière C3. 13 km E de Ho Xa sur la route 1 ; 20 km NE de la DMZ. ***Tél.*** *(053) 382 3184.* *minibus de Hué et Dong Hoi.* *t.l.j. 7h30-17h.*

Ce réseau de galeries diffère de celui de Cu Chi *(p. 72),* même s'il témoigne, lui aussi, de l'incroyable capacité d'adaptation des Vietnamiens aux conditions extrêmes imposées par les conflits qu'ils subirent. En effet, il n'abrita pas de combattants, mais servit de refuge à la population d'un village que sa situation avait transformé en cible militaire.

Vinh Moc borde la mer de Chine méridionale, et ses ennuis commencèrent en 1954 avec la division du pays et la création de la zone démilitarisée *(p. 149).* Le bourg devint en effet un enjeu stratégique, car il faisait face à l'île de Con Co utilisée par les Nord-Vietnamiens comme relais d'approvisionnement des maquis du Sud. L'armée du Sud-Vietnam, puis les Américains soumirent Vinh Moc à d'intenses bombardements. Plutôt que de s'enfuir, une partie de ses habitants décida de s'enterrer pour se protéger. Sans autre matériel que des bêches et des paniers, ils creusèrent en 18 mois environ 3 km de tunnels répartis sur trois niveaux à 12 m, 15 m et 23 m de profondeur. Ces galeries, accessibles par treize entrées, permirent la survie, entre 1968 et 1972, de quelque 400 personnes. Du matériel militaire et des provisions (près de 12000 tonnes) y transitèrent en route pour Con Co.

Ouverts à la visite, les tunnels n'ont presque pas changé depuis que leurs occupants ont quitté les lieux. Ils sont plus hauts et moins étroits que ceux de Cu Chi : on peut s'y déplacer debout, même si les personnes de grande taille sont obligées de se courber. Les aménagements comprenaient des cellules où logeaient les familles, des espaces pour faire la cuisine, une salle commune pouvant accueillir une cinquantaine de personnes et un hôpital où naquirent 17 enfants. Un musée retrace l'histoire de Vinh Moc et de ses souterrains. Les plages des environs ajoutent à l'intérêt du déplacement.

Église bombardée de Dong Hoi

Dong Hoi ⓮

Carte routière B3. 160 km N de Hué sur la route 1. *100000.* *de Vinh, Dong Ha et Hué.* *Quang Binh Tourist, Huu Nghi, (052) 382 2669.* **www**.quangbinh.gov.vn

La capitale de la province de Quang Binh n'est souvent qu'une étape sur la route de la grotte de Phong Nha. Il existe pourtant de belles plages à proximité, dont celle de Nhat Le, à 3 km au nord de la ville.

Devenue un important centre de transit, Dong Hoi ne possède pas d'édifices remarquables, mais il est intéressant de voir à quelle vitesse elle s'est remise des ravages de la guerre. Là où, il y a peu, ne s'étendaient que des décombres, des édifices bien entretenus bordent de larges avenues. Son marché mérite que l'on y flâne.

La cité marqua pendant près de 150 ans la frontière entre les territoires contrôlés respectivement par les seigneurs Trinh et Nguyen *(p. 41).* Des deux grands remparts élevés par ces familles ennemies ne subsiste qu'une porte décrépite.

Grotte de Phong Nha ⓯

Carte routière B3. Village de Son Trach, 55 km NO de Dong Hoi. ***Tél.*** *(052) 367 5323.* *de Dong Hoi.* *de Son Trach.* *6h-17h.*

Inscrit en 2003 au patrimoine mondial par l'Unesco, le parc national de Phong Nha-Ke Bang protège une vaste zone karstique réputée pour son réseau de galeries et de rivières souterraines. Les spéléologues en ont exploré 35 km. Phong Nha, la plus grande et la plus spectaculaire des grottes du Vietnam, dont le nom signifie « grotte des Dents du vent », a été formée il y a environ 250 millions d'années et arborait jadis à l'entrée des crocs de calcaire aujourd'hui brisés. Une nuée de sampans attend les visiteurs au centre d'accueil pour les transporter 5 km en amont jusqu'à la caverne profonde de 8 km. À environ 1,5 km à l'intérieur, la paroi porte une inscription à l'endroit où des Cham avaient aménagé un lieu de culte bouddhique aux IXe et Xe siècles.

À l'extérieur de Phong Nha, un escalier pentu conduit 125 m plus haut à la **grotte de Tien Son** aux formations étonnantes. Dans les deux grottes, des éclairages parfois criards mettent en valeur leurs formes étranges. En 2009, une équipe de spéléologues anglais a annoncé la découverte dans le parc de la grotte de Son Doong. Considérée comme la plus grande du monde, elle reste néanmoins difficile d'accès.

Sampan à l'intérieur de la grotte de Phong Nha

Kim Lien 16

Carte routière B2. 14 km NO de Vinh. minibus de Vinh.

C'est dans ce hameau, dont le nom signifie « Lotus d'or », que Hô Chi Minh *(p. 169)* passa les premières années de sa vie. Il y resta jusqu'à l'âge de cinq ans, puis accompagna son père à Hué, avant de revenir en 1901 pour cinq ans. Il vécut cette dernière période dans la maison à toit de chaume construite par les villageois pour remercier son père d'avoir obtenu le titre de vice-docteur, un accomplissement dont le prestige rejaillissait sur toute la communauté. Une reconstitution de cette maison abrite des ustensiles de la vie quotidienne d'une famille paysanne. Hô Chi Minh s'était opposé de son vivant à la création d'un musée en son honneur, mais les lieux lui rendant hommage se sont multipliés depuis sa mort en 1969. Hoang Tru, le village voisin où il vint au monde, propose ainsi une reconstruction de sa maison natale contenant photos et souvenirs.

Métier à tisser en bambou dans la maison de Hô Chi Minh à Kim Lien

LA PISTE HÔ CHI MINH

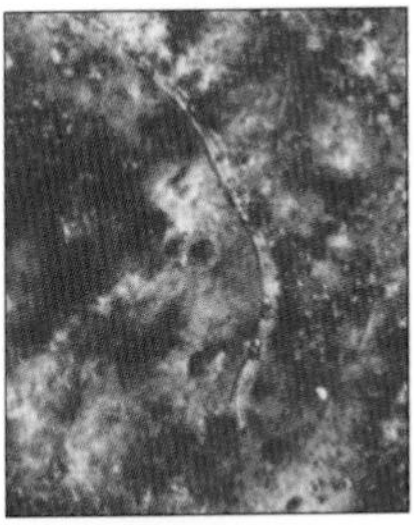

Section bombardée de la piste Hô Chi Minh

Construite à travers la jungle à partir de 1959, la piste Hô Chi Minh, ou Duong Truong Son, joua un rôle essentiel dans la guerre du Vietnam *(p. 44-45)* en permettant aux maquis du Front national de libération de recevoir du Nord les armes, les vivres et les combattants qui leur étaient indispensables. En 1975, ce fut l'armée nord-vietnamienne qui la suivit dans sa marche victorieuse sur Saigon. La piste reprenait le tracé des anciens sentiers et formait un maillage dont les historiens ont estimé la longueur totale à 20 000 km. Partant près du port de Vinh, elle serpentait ensuite à travers la cordillère de Truong Son, longeait la frontière laotienne, et enfin traversait le Laos et le Cambodge pour pénétrer au Sud-Vietnam par divers points tenus secrets. Les bombardements, les épandages de défoliant et même les interventions, comme une incursion de grande ampleur menée en 1972 au Laos par les troupes sud-vietnamiennes, ne parvinrent jamais à arrêter le flux des véhicules qui l'empruntaient. Ceux-ci comprenaient aussi bien des bicyclettes adaptées au transport de marchandises que des camions qui circulaient de nuit en convoi.

Quán Bia
Minh
Quán Bia

HANOI

La plus vieille capitale de l'Asie du Sud-Est, qui a fêté son millénaire en 2010, possède une grâce et une intemporalité qui en font l'une des villes les plus captivantes de l'Extrême-Orient. De chaque côté du lac Hoan Kiem, un dédale de ruelles inchangé depuis des siècles et les larges boulevards de l'ancienne concession française forment un patrimoine préservé malgré la modernisation de la ville.

Fondée par l'empereur Ly Thai To en 1010, la « ville en deçà du fleuve » s'étend sur la rive droite du fleuve Rouge, protégée par des digues. La cité s'est développée autour d'une citadelle, aujourd'hui réduite à de maigres vestiges, qui abritait la Cour. Les artisans qui répondaient à ses besoins s'établirent à proximité. Au XVe siècle, ils s'étaient regroupés par activité, donnant au vieux quartier *(p. 156-157)* le visage qu'il a conservé jusqu'à aujourd'hui.

Une période de régression suivit l'installation du pouvoir politique à Hué en 1806, puis l'arrivée des Français bouleversa l'organisation de la ville à partir de 1873. Ceux-ci démolirent la majeure partie de ce qui restait de la citadelle ainsi que plusieurs temples pour aménager un quartier à l'européenne. Ses bâtiments Belle Époque font désormais pleinement partie de l'héritage architectural revendiqué par les Hanoïens. La capitale de l'Indochine française traversa presque intacte la guerre de décolonisation *(p. 43)* pour devenir en 1954 la capitale du Vietnam indépendant. Dix ans plus tard, elle subit en revanche des bombardements quand les Américains s'investirent directement dans le conflit entre Nord et Sud. Une fois de plus, le centre-ville échappa pour l'essentiel aux destructions. Hanoi a ainsi pu entrer dans le XXIe siècle en ayant conservé son patrimoine, même s'il était un peu décrépit après de longues années d'austérité économique.

La ville se transforme maintenant en une métropole élégante et aisée, fière de sa vie culturelle intense, de ses musées et de ses édifices rénovés, tels l'Opéra ou l'hôtel Sofitel Legend Métropole. Boutiques chic et restaurants raffinés ont ouvert depuis la libéralisation des années 1990. Son histoire lui a légué une cuisine sophistiquée marquée par des influences chinoises et françaises.

Bâtiment bien conservé dans le quartier français de Hanoi

◁ **Vue de nuit d'une rue du vieux quartier *(p. 156-157)***

À la découverte de Hanoi

Ce plan montre les zones et les sites les plus intéressants pour un visiteur. Apprécié des amoureux et des adeptes du tai-chi, le lac Hoan Kiem se prête à toute heure à une agréable flânerie. Au nord, le quartier des 36 rues forme un dédale où les boutiques regorgent de toutes les marchandises imaginables, des chaussures et soieries aux objets en laque ou en bambou. Au sud, les édifices construits par les Français bordent toujours les larges boulevards du quartier administratif. À l'ouest, le temple de la Littérature offre un havre de paix, et le mausolée de Hô Chi Minh rend hommage au père de l'Indépendance.

HANOI D'UN COUP D'ŒIL

Lieux de culte

Cathédrale Saint-Joseph 5
Pagode au Pilier unique 17
Pagode des Ambassadeurs 7
Pagode du Lotus d'or 21
Pagode Lien Phai 12
Pagode Tay Phuong 25
Pagode Thay 24
Temple de la Littérature p. 166-167 13
Temple des Deux Sœurs Trung 11
Temples des Rois Hung 26
Temple du Cheval blanc 2

Bâtiments historiques

Citadelle de Co Loa 22
Maison sur pilotis de Hô Chi Minh 19

Marché

Marché Dong Xuan 1

Musées et théâtres

Mausolée de Hô Chi Minh 18
Musée de la Prison Hoa Lo 6
Musée d'Ethnographie 23
Musée national d'Histoire vietnamienne 10
Musée vietnamien des Beaux-Arts 14
Musée d'Histoire militaire du Vietnam 15
Opéra 9
Théâtre de marionnettes sur eau Thang Long 3
Musée Hô Chi Minh 16

Lacs

Lac de l'Ouest 20
Lac Hoan Kiem 4

Hôtel

Hôtel Sofitel Legend Métropole 8

VOIR AUSSI

- ***Hébergement*** p. 240-243
- ***Restaurants*** p. 257-259

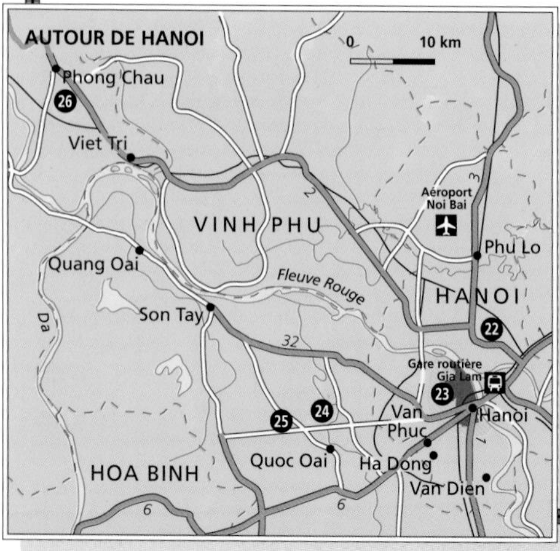

LÉGENDE

- Le vieux quartier pas à pas : *p. 156-157*
- Aéroport international
- Gare ferroviaire
- Gare routière
- Embarcadère
- Route nationale
- Route secondaire
- Voie ferrée
- Frontière provinciale

CIRCULER

Le vieux quartier et les alentours du lac Hoan Kiem sont peu étendus et peuvent être découverts à pied. Il n'est pas encore possible de louer une voiture, mais les plus audacieux tenteront leur chance à vélo ou à moto. Hors du centre, mieux vaut prendre un taxi. Les hôtels et les agences de voyages peuvent servir d'intermédiaire pour des excursions en taxi ou en minibus, à l'intérieur comme en dehors de la ville.

CARTE DE SITUATION

Voir atlas des rues p. 174-177

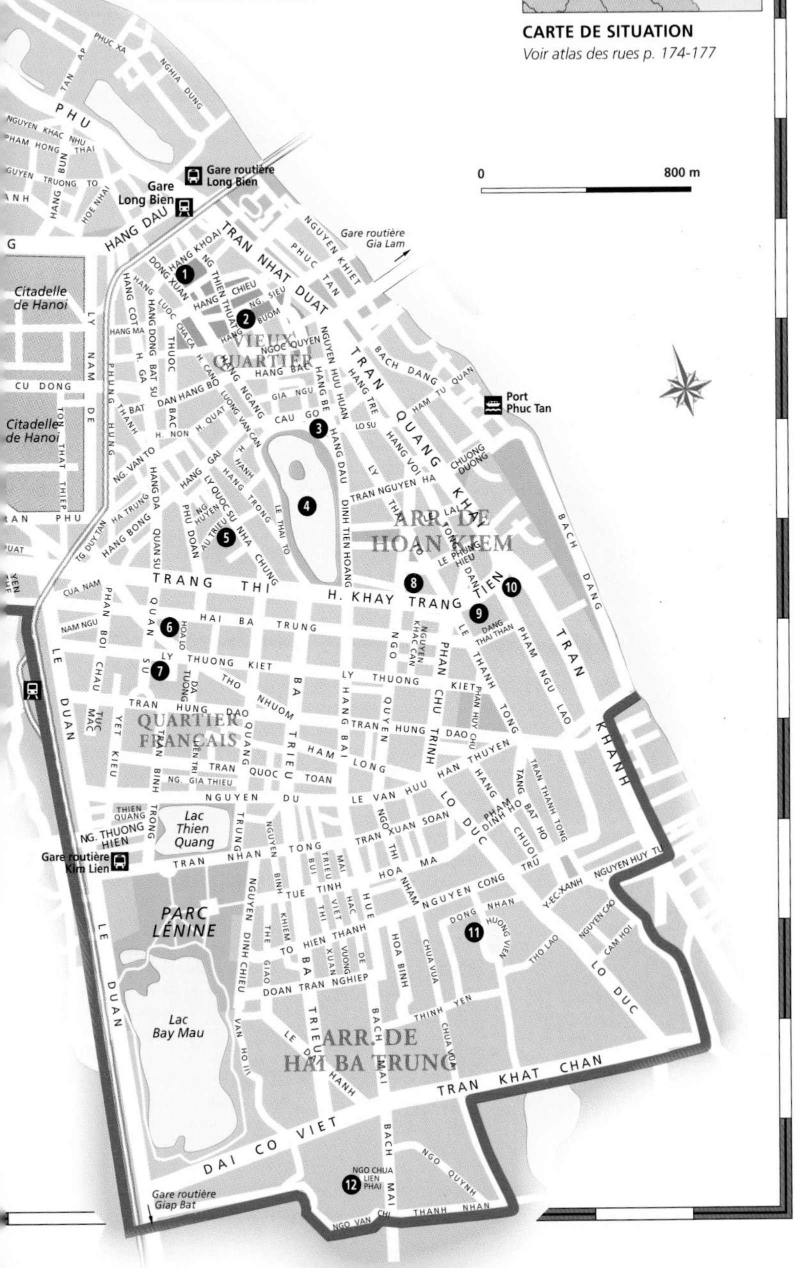

Le vieux quartier pas à pas

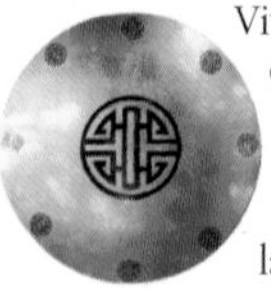

Plateau en laque, rue Hang Gai

Vivant et coloré, le plus ancien quartier marchand de Hanoi a commencé à prendre sa forme actuelle au XIIIe siècle, quand des artisans se sont établis sur la rive du fleuve Rouge pour répondre aux besoins de la Cour. Ils se sont ensuite regroupés par activité. Au XVe siècle, l'existence de 36 corporations occupant chacune une rue a été officialisée et le quartier a pris le nom de « quartier des 36 rues ». Ses venelles bordées de petites boutiques, de restaurants et de maisons-tubes *(p. 27)* ont conservé un cachet unique.

Aperçu des étroites et profondes maisons-tubes du vieux quartier

★ Marché Dong Xuan ❶

Le plus grand marché couvert de la ville occupe une halle à deux étages. Ses éventaires proposent un très large choix de produits.

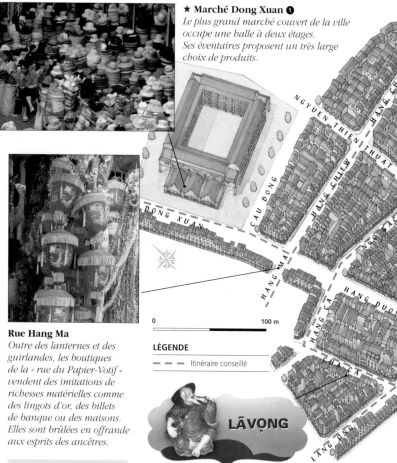

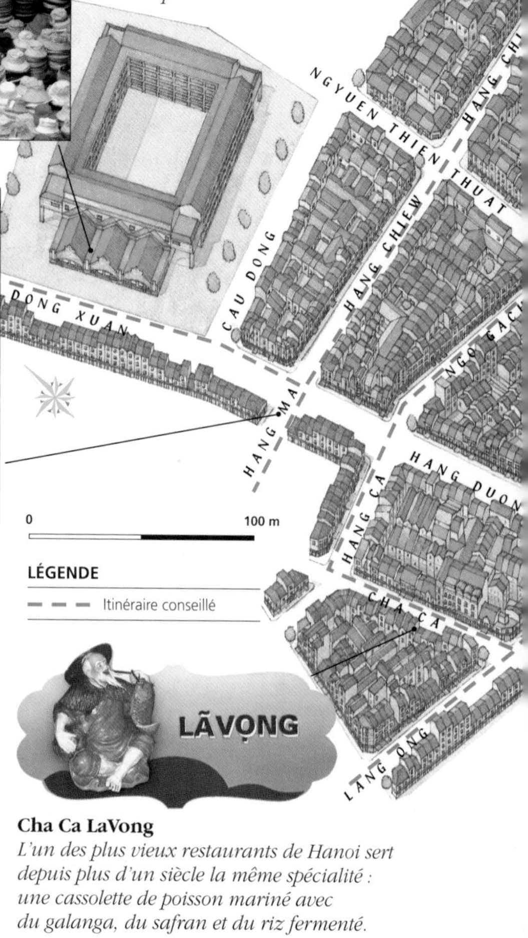

Rue Hang Ma

Outre des lanternes et des guirlandes, les boutiques de la « rue du Papier-Votif » vendent des imitations de richesses matérielles comme des lingots d'or, des billets de banque ou des maisons. Elles sont brûlées en offrande aux esprits des ancêtres.

À NE PAS MANQUER

- ★ Marché Dong Xuan
- ★ Temple du Cheval blanc

Cha Ca LaVong

L'un des plus vieux restaurants de Hanoi sert depuis plus d'un siècle la même spécialité : une cassolette de poisson mariné avec du galanga, du safran et du riz fermenté.

Pour les hôtels et les restaurants de la ville, voir p. 240-243 et p. 257-259

Rue Hang Buom
Les commerces de l'ancienne rue des Voiliers regorgent de friandises vietnamiennes, de diverses variétés de cafés fraîchement moulus et d'alcools importés, principalement du vin, du whisky et du cognac.

Quan Chuong, la porte du Commandant du régiment, était l'une des seize portes qui fermaient le quartier. Aucune autre n'a subsisté.

La rue Hang Mam, la « rue du Poisson-en-Saumure », accueille maintenant des marbriers souvent spécialisés dans les stèles funéraires.

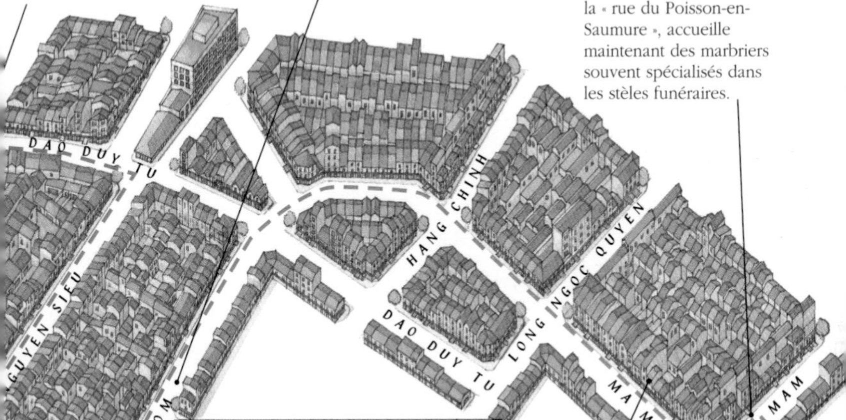

★ Temple du Cheval blanc ❷
Fondé au XIe siècle, le plus ancien lieu de culte du quartier est dédié à l'esprit gardien de la ville, représenté par un cheval blanc magique.

Musée de la Maison du patrimoine
Cette maison-tube superbement restaurée offre un aperçu du mode de vie des commerçants du vieux quartier au XIXe siècle.

LES NOMS DES RUES DU VIEUX QUARTIER

Les rues du quartier portent pour la plupart des noms liés aux corporations qui les occupaient. Ces noms commencent en général par le mot *hang* qui signifie « marchandise », le mot suivant définissant le type de produit. Il existe, par exemple, une rue de la Soie (Hang Gai), une rue de l'Argent (Hang Bac) et une rue de l'Encens (Hang Huong). De nos jours, nombre de leurs boutiques proposent également des articles sans rapport avec ces spécialités. Ce système de rues corporatives n'en reste pas moins exceptionnel en Asie du Sud-Est.

Instruments, rue Hang Non

Autel en hommage au général Ma Vien, temple du Cheval blanc

Marché Dong Xuan ❶

Croisement de Dong Xuan et Hang Chieu, vieux quartier .**Plan** 2 E2. ***Tél.*** *(04) 3829 5006.* *t.l.j. 6h-18h.*

L'administration coloniale française décida à la fin du XIXe siècle d'édifier une vaste halle à l'endroit où s'était longtemps tenu le marché du pont de l'Est. Ravagé par un incendie en 1994 et reconstruit en 1996, le bâtiment n'a conservé que sa façade d'origine, datant de 1889. Il abrite le plus ancien et le plus important marché couvert de Hanoi, Cho Dong Xuan. Ses étals proposent aussi bien des produits alimentaires que des vêtements, articles ménagers, plantes d'intérieur, animaux domestiques et importations bon marché.

Non loin, le pont Long Bien, jadis baptisé pont Paul-Doumer, fut longtemps le seul ouvrage d'art de la ville à franchir le fleuve Rouge. Son importance stratégique en fit l'une des cibles privilégiées de l'US Air Force pendant la guerre du Vietnam *(p. 44-45)*. Les bombes n'en sont pas venues à bout, et piétons et cyclistes s'y pressent de part et d'autre d'une voie ferrée.

Temple du Cheval blanc ❷

76, Hang Buom, vieux quartier. **Plan** 2 E2. *t.l.j. du lever au coucher du soleil.*

Élégant, le petit temple Den Bach Ma est le plus ancien bâtiment du centre-ville, car sa fondation remonte au début du XIe siècle et à l'établissement de Than Long *(p. 160)*, la capitale du premier véritable État viet.

Selon la tradition, après la reconquête de la ville sur les Chinois en 1010, les murailles rebâties par les vainqueurs ne cessèrent de s'effondrer jusqu'à ce qu'un cheval blanc magique apparaisse pour indiquer où les édifier. Pour exprimer sa gratitude, Ly Thai To commanda la construction d'un sanctuaire en son honneur et Bach Ma devint l'esprit protecteur de la cité. La communauté hoa d'origine chinoise installée dans la rue Hang Buom contribua financièrement à la restauration du temple au XIXe siècle. Un cheval blanc tient toujours la première place à l'intérieur, mais les Hoa en ont fait un lieu de culte de Ma Vien, le général qui rétablit le contrôle de la Chine sur le Vietnam en 43 apr. J.C.

Théâtre de marionnettes sur eau Thang Long ❸

57 B, Dinh Tien Hoang, arr. de Hoan Kiem. **Plan** 2 E3. ***Tél.*** *(04) 3825 5450.* *spectacles t.l.j. à 16h, 17h15, 18h30 et 20h ; séances supp. dim. à 9h30.* *pour les caméras et les appareils photo.* **www.** thanglongwaterpuppet.org

La meilleure salle du Vietnam pour assister à un spectacle de *roi nuoc* porte aussi le nom de théâtre municipal de marionnettes sur eau. La compagnie se distingue par la qualité de l'interprétation, l'entente avec l'orchestre traditionnel qui joue la musique d'accompagnement et la maîtrise d'effets pyrotechniques tels que pétards, fumigènes et dragons cracheurs de feu. À la fin du spectacle, le rideau de bambou barrant le fond du plan d'eau se lève pour révéler les manipulateurs immergés jusqu'aux hanches. Toutes les places offrent une bonne visibilité, mais mieux vaut être devant pour prendre des photographies.

Façade du théâtre de marionnettes sur eau Thang Long

Marionnettes sur eau

Né dans le delta du fleuve Rouge il y a près d'un millier d'années, pense-t-on, le *roi nuoc* compte parmi les expressions les plus authentiques de la culture vietnamienne. Les représentations tiraient jadis parti du décor offert par des rivières, des lacs ou des rizières. Elles se déroulent désormais dans de grands bassins. Les manipulateurs, dissimulés par un rideau, dirigent leurs figurines grâce à de longues perches. Ils transmettent leurs techniques de génération en génération. Le répertoire puise dans le fonds légendaire du monde rural. Dans toutes les histoires, un petit personnage espiègle, Chu Teu, sert de meneur de jeu. Les héros affrontent des méchants emblématiques, comme le propriétaire terrien corrompu.

Marionnettes en vente

Un orchestre de chanteurs et de musiciens *accompagne le spectacle de bout en bout. Il contribue beaucoup à son rythme et à la tension dramatique.*

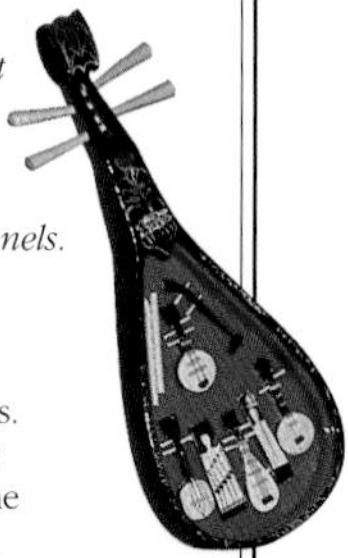

Le ty ba *est un instrument à quatre cordes pincées qui entre dans la composition de nombreux orchestres traditionnels.*

THÈMES POPULAIRES

Le répertoire comprend environ 200 scènes et pièces traditionnelles. Des animaux domestiques comme le buffle, ou mythologiques comme le dragon, le phénix ou la licorne, y tiennent une grande place.

Un riche mandarin, le méchant archétypal, arrive en palanquin.

L'ombrelle symbolise rang et autorité.

Un palmier artificiel apporte une touche rurale.

Des villageois *entourent un dragon, une créature mythique bienveillante qui compte parmi les personnages de premier plan.*

Les marionnettes, *taillées dans un bois résistant à l'eau, souvent du* sung, *une variété de figuier, arborent des couleurs vives.*

Les marionnettistes *sortent de derrière le rideau de fond pour être applaudis à la fin du spectacle.*

Le pont des Rayons du soleil levant sur le lac Hoan Kiem

Lac Hoan Kiem ❹

Arr. de Hoan Kiem. **Plan** 2 E3.
t.l.j. 24 h/24.
Den Ngoc Son Lac Hoan Kiem.
t.l.j. 7h-19h.

Le charmant plan d'eau entouré de flamboyants occupe une place particulière dans le cœur des habitants. En effet, selon la tradition, une tortue dorée en émergea au début du XVe siècle pour remettre au leader nationaliste Lê Loi une épée magique qui lui permit de chasser les Chinois, alors maîtres du pays et de Than Long. Quand il organisa une parade nautique pour fêter sa victoire sur les soldats des Ming, la tortue apparut à nouveau pour lui reprendre l'arme, d'où le nom du lac, Ho Hoan Kiem, qui signifie « lac de l'Épée restituée ». Le glaive avait rempli sa mission et Lê Loi pouvait se détourner de la guerre pour se consacrer à la paix en fondant la dynastie des Lê postérieurs, sous le nom de Lê Thai To *(p. 40)*. Depuis le milieu du XIXe siècle, **Thap Rua**, la petite tour de la Tortue, commémore l'événement mythique sur un îlot au centre du lac.

Le **temple de la Montagne de Jade** (Den Ngoc Son) se dresse sur une île proche de la rive nord. Gracieux arc de bois peint en rouge, le **pont des Rayons du soleil levant** (The Huc) permet de le rejoindre. Bâti sous les Nguyen au début du XIXe siècle à l'emplacement d'un palais de leurs vieux ennemis, les Trinh, le sanctuaire a conservé l'aspect que lui donnèrent les restaurations effectuées en 1864 par le mandarin Nguyen Van Sieu. Un bâton d'encre stylisé décore le sommet de son portail. Non loin, un pilier de pierre pointu représente un pinceau à calligraphie. Les caractères sur la stèle signifient « écrire sur le ciel bleu ». L'antichambre du temple renferme la dépouille naturalisée d'une grosse tortue retrouvée dans le lac en 1968. Den Ngoc Son est dédié à trois personnages historiques déifiés : Tran Hung Dao, vainqueur des Mongols au XIIIe siècle *(p. 40)*, le lettré Van Xuong et le précurseur de la médecine vietnamienne La To.

À l'est du plan d'eau, la **statue en bronze de Ly Thai To**, le fondateur de Than Long, fait elle aussi l'objet d'un culte.

Apprécié le matin par les adeptes du tai-chi, les joueurs d'échecs dans la journée et les couples en soirée, le lac Hoan Kiem offre un cadre romantique à une promenade. Il joue un rôle central lors des célébrations du Têt *(p. 28-29)*. Des scènes dressées en plein air accueillent alors des concerts, et un grand feu d'artifice, clou des festivités, attire une foule enthousiaste.

La tour de la Tortue, ou Thap Rua, au centre du lac Hoan Kiem

FONDATION DE THANG LONG

Marionnettes de dragons, une créature mythique de bon augure

En 968, Tien Hoang De, le premier souverain viet de la dynastie des Dinh, déplaça sa capitale alors située à Dai Lai, tout près du site de la Hanoi moderne, pour l'établir à Hoa Lu, 80 km plus au sud, dans la province de Nin Binh. Il se mettait ainsi à la plus grande distance possible de son puissant voisin du Nord. Toutefois, cette nouvelle localisation ne présentait pas que des avantages et, 42 ans plus tard, Ly Thai To, le fondateur de la dynastie Ly, prit la décision de regagner Dai Lai, au cœur du delta du fleuve Rouge. En 1010, il infligea une cuisante défaite aux Chinois au terme d'une violente bataille et reprit la ville. Selon la légende, quand il y fit son entrée, un dragon doré s'élança depuis le sommet de la citadelle et disparut dans les cieux. L'empereur considéra cet événement comme un auspice favorable et rebaptisa sa capitale Thang Long, ce qui signifie « Dragon prenant son essor ».

Statue de la Vierge devant la cathédrale néogothique Saint-Joseph

Cathédrale Saint-Joseph ❺

Rue Nha Tho, arr. de Hoan Kiem. **Plan** 2 E3. ***Tél.*** *(04) 3828 5967.* ◯ *t.l.j. 5h-19h.* **Chua Ba Da** 3, Nha Tho, arr. de Hoan Kiem. ◯ *t.l.j. du lever au coucher du soleil.*

Une congrégation de fidèles se retrouve dans la plus grande église de la ville, baptisée Nha Tho Lon en vietnamien. Les autorités coloniales décidèrent de raser l'un des sanctuaires les plus fréquentés de Hanoi, la pagode Bao Thien, pour permettre la construction, entre 1883 et 1891, de ce monument néogothique plus ambitieux qu'harmonieux, avec sa façade alourdie par deux tours massives. L'intérieur présente davantage d'intérêt avec son autel ouvragé, ses vitraux d'origine française et, sur le mur du fond, un bas-relief peint représentant les Rois mages. La cathédrale est en général bondée le dimanche et lors des grandes célébrations catholiques comme Noël et Pâques. Certains offices sont célébrés en français. Si vous trouvez le portail principal fermé, essayez la porte latérale.

Située au sud de Saint-Joseph, **Chua Ba Da**, la pagode de la Dame de pierre, portait à l'origine le nom de Linh Quang, ou « Lumière sacrée ». Fondée au XVe siècle et reconstruite au XVIIIe, elle fut rebaptisée lors de la découverte d'un rocher dont la forme évoquait une divinité féminine. Une sculpture en bois l'a aujourd'hui remplacé. Une venelle conduit à cette oasis de sérénité au cœur du vieux Hanoi. Le sanctuaire renferme plusieurs images de Thich Ca, le bouddha Sakyamuni, ainsi que de grosses cloches anciennes en bronze.

Musée de la Prison Hoa Lo ❻

1, Hoa Lo, arr. de Hoan Kiem. **Plan** 2 D4. ***Tél.*** *(04) 3934 2253.* ◯ *t.l.j. 8h-11h30, 13h30-16h30.* ▢ ▢

En plein centre de la capitale, l'ancienne prison centrale a conservé son portail d'origine. L'administration française entreprit sa construction en 1886. Prévue pour accueillir 450 détenus, elle finit par en renfermer près de 2000 dans les années 1930. La majorité d'entre eux étaient des prisonniers politiques. Pendant la guerre du Vietnam, la prison Hoa Lo acquit une notoriété mondiale en servant de cadre aux premières « confessions » de pilotes américains. Leur présence dans le vieux quartier explique qu'elle échappa aux bombardements. En 1997, une grande partie du corps de bâtiment a cédé la place aux Hanoi Towers. Seul un espace a été gardé pour aménager un musée.

Bas-relief dénonçant les sévices des coloniaux, musée de la Prison Hoa Lo

L'exposition traite des mauvais traitements infligés aux militants nationalistes pendant la période coloniale. Parmi les objets présentés se trouvent fers, fouets et autres instruments de torture. Des éléments préservés figurent des cachots et une partie du réseau d'égouts qu'empruntèrent plus de 100 évadés en août 1945.

Une petite section dédiée aux prisonniers de guerre américains montre qu'ils étaient bien traités, une version très divegente des témoignages des intéressés. La cour abrite une guillotine.

Pagode des Ambassadeurs ❼

73, Quan Su, arr. de Hoan Kiem. **Plan** 2 D4. ***Tél.*** *(04) 3942 4633.* ◯ *t.l.j. 7h30-11h30, 13h30-17h30.* ▢

Cha Quan Su doit son nom à sa proximité avec une maison d'hôtes du XVIIe siècle qui recevait des ambassadeurs venus de pays bouddhistes. Fondée au XVe siècle, elle a pris sa forme actuelle lors d'une reconstruction en 1936, puis d'une restauration en 1942. Siège officiel du bouddhisme Mahayana à Hanoi, elle attire beaucoup de fidèles, en particulier lors des célébrations importantes comme la fête du Têt. Elle possède un mobilier harmonieux, notamment des images d'A Di Da ou Amithaba, le bouddha du Passé, de Thich Ca ou Sakyamuni, le bouddha du Présent, et de Di Lac ou Maitreya, le bouddha du Futur. Une petite boutique, près de l'entrée, vend des objets rituels.

Bouddha aux bras multiples, pagode des Ambassadeurs

Hôtel Sofitel Legend Métropole 8

15, Ngo Quyen, arr. de Hoan Kiem. **Plan** 2 F4. ***Tél.*** *(04) 3826 6919.* *24h/24.* **www**.sofitel-legend.com **Maison des Hôtes du gouvernement** 10, Ngo Quyen, arr. de Hoan Kiem. *au public.*

Ouvert en 1901 sous le nom de Grand Métropole Palace, le plus prestigieux et le plus ancien des hôtels de luxe de Hanoi possède un style Belle Époque caractéristique du tournant du XIXe siècle. Haut lieu de la vie sociale et intellectuelle de la capitale de l'Indochine française, il a accueilli de nombreuses célébrités de la littérature, du cinéma et de la politique, dont Somerset Maugham (1874-1965), Charlie Chaplin (1889-1977), Graham Greene *(p. 58)*, Noël Coward (1899-1973), et plus récemment Jacques Chirac ou Vladimir Poutine. Après plusieurs années de décrépitude entre 1954 et 1986, sous le régime austère du socialisme d'État, il a retrouvé splendeur et confort. Son paisible jardin est agréable pour prendre un verre. À quelques pas au nord, l'ancienne résidence supérieure du Tonkin, édifiée en 1919 dans le style néoclassique, abrite désormais la maison des Hôtes du gouvernement.

Opéra 9

1, Trang Tien, arr. de Hoan Kiem. **Plan** 2 F4. ***Tél.*** *(04) 3933 0132.* *lors des représentations.*

Construit entre 1901 et 1911, le premier opéra d'Extrême-Orient de style européen, baptisé Nha Hat Long, (« la maison du Grand Chant »), évoque, en plus sobre, l'Opéra de Paris dessiné par Charles Garnier. Après avoir servi de lieu de parade à la bourgeoisie coloniale, il entra dans l'histoire révolutionnaire du pays le 16 août 1945, quand le Comité des citoyens annonça de son balcon la libération de la ville.

Après la partition du Vietnam en 1954, il souffrit

Restaurant et bar du jardin de l'hôtel Sofitel Legend Métropole

d'un manque d'entretien chronique et, pendant des années, sa programmation se limita à des spectacles comme *Le Détachement rouge de femmes*, un classique du répertoire de ballet de la Chine maoïste, ou à des concerts de musiciens venus d'URSS. Mais au milieu des années 1980, même ces maigres échanges culturels cessèrent.

En 1994, les autorités décidèrent de rénover cette institution emblématique. Les travaux durèrent trois ans et coûtèrent plusieurs millions de dollars. Aujourd'hui, l'édifice a retrouvé ses miroirs dorés et le faste de ses escaliers d'apparat. La salle de 600 places, équipée du matériel de sonorisation et d'éclairage dernier cri, accueille des opérettes vietnamiennes, des ballets et de grandes coproductions internationales. L'Orchestre symphonique de Hanoi y a son siège.

Façade de l'Opéra

Musée national d'Histoire vietnamienne 10

1, Pham Ngu Lao, arr. de Hoan Kiem. **Plan** 2 F4. ***Tél.*** *(04) 824 1384.* *mar.-dim. 8h-11h30, 13h30-16h.* *sur r.-v.* **www**.nmvnh.com.vn

En dessinant le bâtiment de l'ancienne École française d'Extrême-Orient en 1925, Ernest Hébrard répondait à une démarche architecturale propre à l'Indochine. Celle-ci se distinguait par l'association d'éléments européens, khmers et vietnamiens. Le bâtiment, d'une sobre élégance asiatique, a été restauré et abrite le musée national d'Histoire vietnamienne, ou Bao Tang Lich Su.

Céramique, musée national d'Histoire vietnamienne

La collection illustre le passé du pays depuis la préhistoire, et comprend des pièces laissées par ses plus anciennes civilisations connues : la culture de Dong Son dans le delta du fleuve Rouge, la culture de Sa Huynh sur la côte centrale *(p. 119)* et la culture d'Oc-èo dans le delta du Mékong *(p. 98)*. De la bataille de Bach Dang en 1288 *(p. 40)* subsistent certains des pieux de bois qui servirent à couler la flotte mongole. L'étage de la rotonde renferme

Pour les hôtels et les restaurants de la ville, voir p. 240-243 et p. 257-259

Jardin du musée national d'Histoire vietnamienne

une splendide sélection de sculptures du royaume du Champa *(p. 39)*. Meubles, céramiques et objets incrustés de nacre évoquent le faste qui règnait à la Cour des empereurs vietnamiens.

Temple des Deux Sœurs Trung 11

Rue Dong Nhan, arr. de Hai Ba Trung.
seul. pendant les fêtes. *fête de Hai Ba Trung (déb. mars).*

Dans un quartier du sud de la ville, ce petit sanctuaire se dresse sur la rive occidentale du lac Huong Vien. Deux hautes colonnes blanches encadrent son large portail. Couronnées par des fleurs de lotus stylisées, elles portent des inscriptions de bon augure en caractères chinois. Fondé par l'empereur Ly Anh Ton en 1142, Den Hai Ba Trung est dédié aux sœurs Trung, les premières héroïnes des luttes d'indépendance du peuple viet *(p. 38)*. Il renfermerait leurs dépouilles pétrifiées, retrouvées au bord de la rivière où elles se seraient suicidées après la reconquête de la région par les Chinois.

Le temple est fermé au public, mais les dévots s'y pressent par centaines pour la fête annuelle *(p. 30)*. Les effigies des sœurs sont lavées avec de l'eau puisée dans le fleuve Rouge avant d'être revêtues de robes.

Pagode Lien Phai 12

Rue Ngo Chua Lien Phai, arr. de Hai Ba Trung. **Tél.** *(04) 3863 2562.*
t.l.j. 7h-11h, 13h30-17h30.

La pagode de la Secte du lotus est l'un des rares vestiges des seigneurs Trinh *(p. 41)* visibles à Hanoi. D'après l'inscription de la stèle centrale, le seigneur Trinh Thap avait un palais dans les environs. Un jour, ses ouvriers déterrèrent un rocher en forme de racine de lotus. Leur maître interpréta ce signe comme un message de Bouddha l'invitant à se faire moine. Il fit bâtir en 1726 un temple à l'endroit où la pierre avait été mise au jour, et y passa la fin de sa vie. Des exemples de sa calligraphie sont accrochés près de l'autel principal. Le bâtiment le plus imposant, la tour de la Lumière miraculeuse, ou Dieu Quang, possède neuf étages.

La secte du Lotus fondée par Trinh Thap suit la doctrine de la Terre pure, très populaire en Chine et au Vietnam : le dévot s'efforce d'échapper aux réincarnations en psalmodiant le nom du bouddha Amithaba et en se libérant de tout désir. Il accède alors au nirvana, paradis de la béatitude.

Esprit gardien, Den Hai Ba Trung

LES SŒURS TRUNG

Pour assurer leur contrôle sur le Vietnam à partir de 111 av. J.-C., les empereurs chinois envoyèrent des émissaires occuper les postes les plus élevés, mais laissèrent en place les seigneurs féodaux locaux. Selon la tradition, le gouverneur Chiao Chi décida en 39 apr. J.-C. d'affirmer son autorité en assassinant l'un d'eux, le mari de Trung Trac. Avec l'aide de sa sœur Trung Nhi, celle-ci obtint l'assistance des aristocrates menacés et réussit à chasser les occupants. Les deux femmes fondèrent alors leur propre royaume à Me Linh, dans le delta du fleuve Rouge. Mais les Chinois revinrent en force en 43. Pour leur échapper, les sœurs Trung se jetèrent dans la rivière Hat. Leurs restes pétrifiés auraient été repêchés sous la dynastie des Ly *(p. 40)*.

Autel dédié au culte des sœurs Trung

Temple de la Littérature ⓭

Voir p. 166-167.

Image de Quan Am aux 1 000 bras, musée des Beaux-Arts

Musée des Beaux-Arts ⓮

66, Nguyen Thai Hoc, arr. de Ba Dinh. **Plan** 1 B3. ***Tél.*** *(04) 3823 3084.*
mar.-dim. 8h30-17h30.
www.vnfam.vn

Installé dans un ancien pensionnat de jeunes filles de l'époque coloniale, le musée des Beaux-Arts (Bao Tang My Thuat) propose une intéressante exposition chronologique. Elle débute par un bel ensemble de bronzes du Dong Son. Les sculptures sur bois et en pierre offrent un riche aperçu de l'art vietnamien entre le XIe et le XVIIIe siècle, notamment une image de Quan Am, le bodhisattva de la compassion, représenté sous sa forme aux 1 000 bras.

Le premier étage accorde une large place aux peintures sur laque. Consacré à la période moderne, le reste de la collection comporte des œuvres aux supports très variés, notamment des peintures sur soie et des aquarelles. Beaucoup ont pour thème les luttes anticoloniales ou les réalisations du socialisme. La section d'arts populaires abrite, entre autres, des costumes traditionnels et des sculptures des hauts plateaux du Centre.

Musée d'Histoire militaire du Vietnam ⓯

28A, Diên Biên Phu, arr. de Ba Dinh. **Plan** 1 C3. ***Tél.*** *(04) 3823 4264.*
mar.-jeu., sam.-dim. 8h-16h30, 13h-16h.

À la pointe sud de la citadelle, d'anciennes casernes françaises abritent 30 galeries d'exposition. Le musée d'Histoire militaire du Vietnam (Bao Tang Quan Doi) retrace l'évolution des forces armées vietnamiennes au fil des siècles et les premières batailles livrées contre des occupants étrangers, les Chinois et les Mongols. Toutefois, les conflits du XXe siècle sont les plus développés. Des documents illustrent les combats menés contre les colonisateurs français, puis contre les Américains et leurs alliés du Sud, et enfin contre d'anciens alliés communistes : les Khmers rouges cambodgiens et les Chinois. Commenté en français, le diorama de la bataille de Diên Biên Phu *(p. 195)* justifie à lui seul la visite.

La cour renferme des armes et des équipements militaires français, soviétiques et américains, dont un Mig-21 bien conservé. À côté du musée, la tour du Drapeau (Cot Co) de plan hexagonal date de 1812. Haute de 60 m, elle témoigne des fortifications édifiées par l'empereur Gia Long. L'armée vietnamienne l'a élevée au rang de symbole. Contrairement à la majeure partie de la citadelle, considérée comme une zone militaire, cette tour est accessible au public. Du sommet, on a l'un des plus beaux panoramas de la ville.

Blindé du Front national de libération, musée d'Histoire militaire du Vietnam

Fronton à la gloire du communisme, musée Hô Chi Minh

Musée Hô Chi Minh ⓰

19, Ngoc Ha, arr. de Ba Dinh. **Plan** 1 B2. ***Tél.*** *(04) 3823 0899.*
mar.-jeu., sam.-dim. 8h-11h30, 14h-16h.

Inauguré en 1990 pour le centenaire de la naissance du libérateur du Vietnam *(p. 169)*, ce musée cofinancé par l'Union soviétique retrace le parcours du grand chef politique. Un mélange éclectique de souvenirs et de photographies en noir et blanc illustre la jeunesse du révolutionnaire et la longue période d'exil qu'il passa en Europe et en Chine. Des documents évoquent le militant indépendantiste qui participa à la création du Parti communiste indochinois et combattit durant près de 30 ans la colonisation française et l'intervention américaine. Ouvertement partisane, l'exposition se révèle néanmoins instructive et bien présentée.

Escalier menant à la charmante petite pagode au Pilier unique

Pagode au Pilier unique ⓱

8, Chua Mot, arr. de Ba Dinh. **Plan** 1 B2. ***Tél.*** *(04) 3843 6299.* *t.l.j.*

Autre grand emblème de la ville, avec la tour du Drapeau, la pagode au Pilier unique (Chua Mot Cot) s'élève au-dessus d'un bassin aux lotus situé à l'intérieur de la pagode Dien Huu. Selon la légende, l'empereur Ly Thai Thong commanda sa construction en 1049 à la suite d'un rêve. Désespéré de ne pas avoir de descendant mâle, il vit une nuit dans son sommeil Quan Am, assise sur un lotus, qui lui tendait un garçon. Peu après, Ly Thai Thong prit une nouvelle épouse, une jeune femme, qui lui donna un fils. Pour exprimer sa gratitude, il fit construire ce petit temple dont la forme évoque la fleur sur laquelle était apparue la déesse de la compassion. Le petit sanctuaire est resté un modèle unique en dehors d'une copie bâtie à Saigon, lorsque Hanoi passa sous contrôle communiste *(p. 72)*. Il se dressait à l'origine sur un poteau en bois, remplacé par un pilier en béton après sa démolition par les Français au moment où ils quittèrent la ville en 1954.

FOUILLES À LA CITADELLE DE HANOI

Jusqu'à l'établissement de la capitale à Hué en 1802 par l'empereur Gia Long, la citadelle de Hanoi renferma la Cité royale et la Cité interdite, qui furent occupées par plusieurs souverains depuis Ly Thai To en 1010. Fermée au public, la citadelle a fait l'objet de fouilles complètes. Certains des trésors mis au jour – ornements de toiture, têtes de licornes en marbre – datent de l'apogée culturel de la ville, du XIe au XVe siècle. Ils ont été exposés en 2004, puis en 2010 lors des célébrations du millénaire de la fondation de Hanoi, l'année où l'Unesco a inscrite la citadelle au patrimoine mondial.

Drapeau vietnamien au-dessus de la citadelle

Mausolée de Hô Chi Minh ⓲

Place Ba Dinh, arr. de Ba Dinh. **Plan** 1 B2. *mar.-jeu., sam.-dim. 7h30-10h30.* *deux mois par an, oct.-nov., pour la maintenance de l'embaumement.*

Sur le côté ouest de la place Ba Dinh se dresse la dernière demeure d'Hô Chi Minh, imposant édifice construit dans la pierre des montagnes de Marbre près de Da Nang *(p. 134)*. Le monument ne possède rien de la légèreté de la fleur de lotus que ses architectes prétendent avoir voulu évoquer.

Modeste mais fier de donner l'image d'un homme austère, voire d'un ascète, Hô Chi Minh avait demandé par testament à être incinéré. Il voulait que ses cendres soient dispersées au sommet de trois collines, l'une dans le Nord, l'une dans le Centre et la dernière dans le Sud du pays, en un symbole de l'unité nationale à laquelle il avait consacré sa vie. Dans le même esprit, il s'était opposé à la construction d'un musée à sa mémoire dans son hameau natal de Kim Lien *(p. 151)*. Il estimait que les fonds seraient mieux utilisés s'ils servaient à bâtir une école. Cependant, à sa mort en 1969, la direction du parti communiste prétexta que le Sud n'était pas encore libéré pour remettre la crémation à une date ultérieure. Depuis 1975, un mausolée expose la dépouille du grand homme, embaumée avec l'aide de spécialistes soviétiques.

La visite suit des règles strictes : porter une tenue correcte, laisser en consigne sacs, appareils photo et couvre-chefs, ne pas mettre les mains dans les poches, rester silencieux et ne pas s'attarder. Venir se recueillir devant le corps brillamment éclairé dans un cercueil transparent correspond à une forme de pèlerinage pour de nombreux Vietnamiens ; de longues files se forment avant l'ouverture, en particulier le dimanche.

L'imposant mausolée de Hô Chi Minh

Temple de la Littérature ⓭

Gardien de porte

Construit en 1070 pendant le règne de Ly Thanh Tong, le plus ancien et le plus beau corps de bâtiment de Hanoi, le temple de la Littérature (Van Mieu), a fait fonction d'établissement d'enseignement supérieur pendant plus de sept siècles. C'était là qu'étaient formés les mandarins. Le complexe s'inspire du temple de Confucius bâti à Qufu, ville natale du philosophe, et s'organise autour de cinq cours séparées par des murs et des portails ornementaux. Les bâtiments se répartissent de façon symétrique. Dans les deux premières cours, une allée suit cet axe jusqu'à Khue Van Cac.

Un portail monumental marque l'entrée du temple de la Littérature

Échecs humains

Pendant les fêtes du Têt, des parties d'échecs aux pièces remplacées par des personnages en costume se déroulent dans la quatrième cour.

Puits de la Clarté céleste

Le bassin carré appelé Thien Quang Tinh occupe le centre de la troisième cour. De part et d'autre, des pavillons protègent 82 stèles dédiées aux lettrés qui avaient réussi les examens donnant accès aux plus hautes fonctions de l'État.

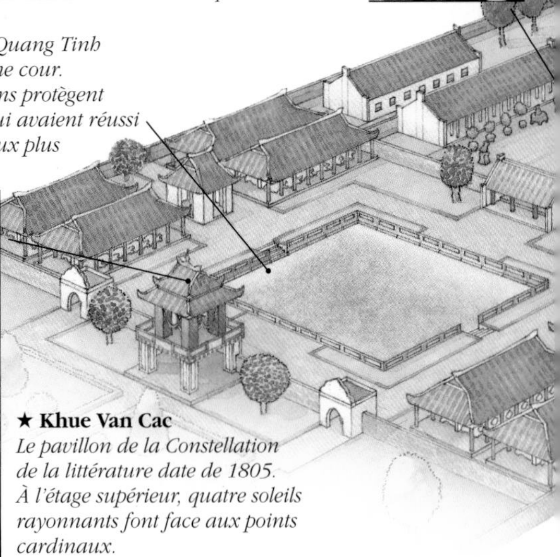

★ Khue Van Cac

Le pavillon de la Constellation de la littérature date de 1805. À l'étage supérieur, quatre soleils rayonnants font face aux points cardinaux.

À NE PAS MANQUER

- ★ Autel de Confucius
- ★ Khue Van Cac
- ★ Stèles des Tortues
- ★ Temple de Confucius

Bonzes traversant la première cour

Pour les hôtels et les restaurants de la ville, voir p. 240-243 et p. 257-259

MODE D'EMPLOI

Rue Quoc Tu Giam.
Plan 1 B4. ***Tél.*** *(04) 3823 5601.*
avr.-sept. 7h30-18h, oct.-mars 8h-17h.

Salle de musique
Un petit orchestre de chanteuses et de musiciennes jouant d'instruments traditionnels (p. 24-25) *donne régulièrement des concerts près de l'autel de Confucius.*

Grand tambour
Conformément à la tradition architecturale chinoise, le clocher a pour pendant, de l'autre côté du Collège national, une tour renfermant un tambour.

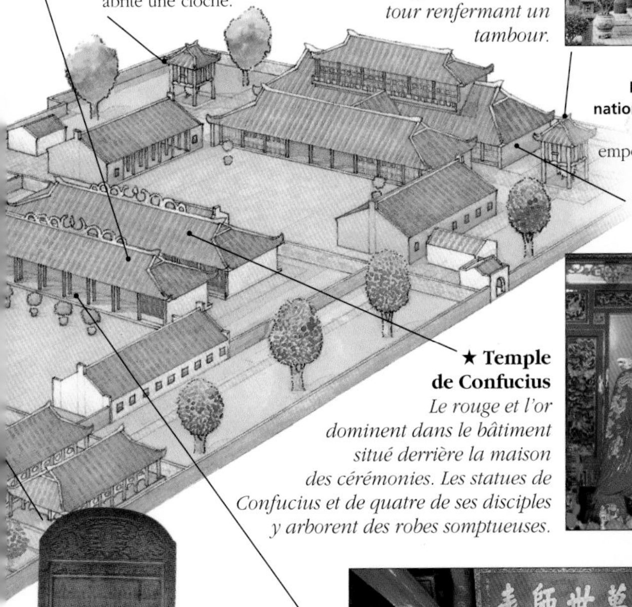

La tour de la cinquième cour abrite une cloche.

Dans l'ancien Collège national (Quoc Tu Giam), les effigies de trois empereurs de la dynastie Ly veillent sur des manuels historiques.

★ Temple de Confucius
Le rouge et l'or dominent dans le bâtiment situé derrière la maison des cérémonies. Les statues de Confucius et de quatre de ses disciples y arborent des robes somptueuses.

★ Stèles des tortues
Dressées chacune sur la carapace d'une tortue, support du monde dans la mythologie extrême-orientale, 82 hautes stèles datant du XVe *au* XVIIIe *siècle dressent des listes de lauréats aux concours annuels. Selon les annales, elles étaient 112 à l'origine.*

★ Autel de Confucius
Dans la maison des Cérémonies (Bai Duong), deux grues, oiseaux censés transporter l'âme au ciel, encadrent l'autel où le souverain et ses mandarins venaient faire des offrandes devant une tablette votive de Confucius.

Embarcations à pédales en forme de cygne au bord du lac de l'Ouest

Maison sur pilotis de Hô Chi Minh 19

1, Bach Thao, Palais présidentiel, arr. de Ba Dinh. **Plan** 1 B2. *mar.-jeu., sam.-dim. 7h30-11h30, 14h-16h.*
Jardin botanique rue Hoang Hoa Tham. *t.l.j. 7h30-22h.*

Quand il devint président de la République démocratique du Vietnam en 1955, Hô Chi Minh jugea que l'ancien palais du gouverneur de l'Indochine était trop pompeux pour lui, et il se fit construire dans le parc une demeure en bois plus modeste. S'inspirant des habitations sur pilotis de minorités ethniques, il conçut lui-même l'élégant pavillon Nha Bac Ho, la « maison de l'Oncle Hô ». Tables et chaises au milieu des plantes, près des pilotis, servaient à ses réunions avec le Bureau politique. Un escalier à l'arrière conduit aux deux pièces spartiates où il vivait : un bureau et une chambre, conservés tous deux en l'état. Le bureau abrite une vieille machine à écrire et une bibliothèque remplie de livres en de nombreuses langues. Dans la chambre, les seules concessions au confort consistent en un lit, un réveil électrique, un téléphone et un poste de radio. Hô Chi Minh habita la maison de 1958 à 1969, se chargeant lui-même d'arroser son jardin et de nourrir les poissons du bassin.

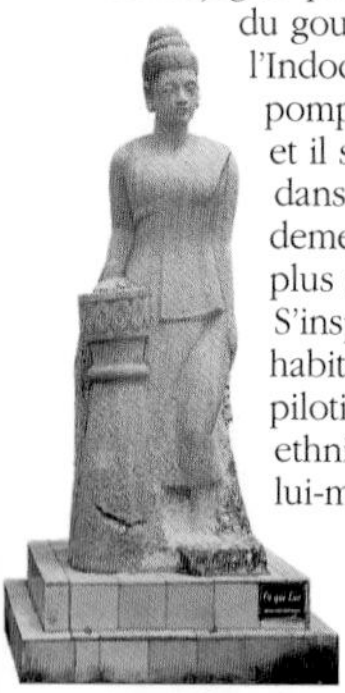

Statue du Jardin botanique

Lac de l'Ouest 20

Plan 1 A1.
Temple Quan Thanh croisement de la chaussée Thanh Nien et de la rue Quan Thanh. *t.l.j. du lever au coucher du soleil.*
Pagode de la Défense du pays île Kim Ngu, chaussée Thanh Nien. *t.l.j. du lever au coucher du soleil.*

Au nord du mausolée de Hô Chi Minh, une grande digue isole du fleuve Rouge le vaste lac de l'Ouest (Ho Tay) où le club nautique de Hanoi a son siège. Les palais et les pavillons des seigneurs Trinh ont disparu, remplacés par des hôtels de luxe et les villas de la nouvelle élite du Vietnam. En revanche, plusieurs temples subsistent. Les deux plus intéressants bordent la chaussée qui sépare le plan d'eau du petit lac de la Soie blanche (Truch Bach). Celui-ci devrait son nom à une demeure où les concubines en disgrâce passaient jadis le temps à tisser. L'empereur Ly Thai To (r. 1010-1028) aurait fréquenté le **temple Quan Thanh**. Reconstruit en 1893, il est dédié au gardien du Nord (Tran Vo), une divinité taoïste dont une grande statue en bronze domine l'autel. Fondue en 1677, elle mesure près de 4 m. La fondation de la vénérable **pagode de la Défense du pays** (Chua Tran Quoc) remonterait au règne du seigneur Ly Nam De (544-548). Bâtie à l'origine sur la berge du fleuve Rouge, elle dut être déplacée au XVIIe siècle après un glissement de terrain. Son aspect actuel date d'une restauration en 1815. Plus au nord, de nombreux restaurants ont pour spécialité la viande de chien *(thit cho)*.

Bouddha de la pagode de la Défense du pays

Pagode du Lotus d'or 21

Ho Tay, arr. de Tu Liem. ***Tél.** (04) 3852 9962. t.l.j. du lever au coucher du soleil.*

Cette très jolie pagode justifie l'effort de se rendre sur la rive nord du lac de l'Ouest. D'après la légende, une fille de l'empereur Ly Than Tong (r. 1128-1138), Tu Hoa, s'installa dans le village de Nghi Tam pour apprendre à ses habitantes à élever les vers à soie et à tisser leur fil. Au XVIIe siècle, les villageois bâtirent un temple bouddhique sur les fondations de son palais. Le seigneur Trinh Sam ordonna sa restauration en 1771, lui donnant alors le nom de pagode du Lotus d'or (Chua Kim Lien) en l'honneur de la princesse. Un imposant portail à la toiture sophistiquée marque l'entrée de l'enceinte. À l'intérieur, trois pavillons sont disposés en trois lignes qui sont supposées reproduire le caractère chinois *san*, correspondant au chiffre trois.

Hô Chi Minh

Nguyen Sinh Cung, l'« oncle Hô », est né en 1890 dans le village de Hoang Tru, près de Kim Lien. Il fit ses études à Hué puis quitta le Vietnam en 1911 et s'installa à Paris en 1917. Il participa à la fondation du parti communiste français, travailla pour le Komintern à Moscou et milita en Chine. À son retour au pays en 1941, il créa le Front pour l'indépendance du Vietnam, ou Viêt-minh, sous le pseudonyme de Hô Chi Minh, « Celui qui éclaire ». Au terme d'une longue guerre de libération contre la France, il devint en 1955 le président de la République démocratique du Vietnam. Sa mort six ans avant la fin du conflit avec le Sud l'empêcha de voir son pays réunifié. Il n'en est pas moins universellement considéré comme le père de son indépendance.

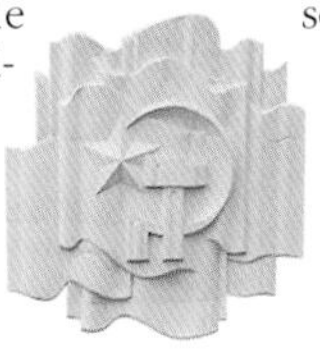

Emblèmes communistes, musée de Hô Chi Minh

La prestigieuse école Quoc Hoc de Hué *compta non seulement Hô Chi Minh parmi ses élèves, mais également le futur général Vo Nguyen Giap et Pham Van Dong, qui deviendra Premier ministre.*

Nguyen Ai Quoc, *qui signifie « Nguyen le Patriote », est le nom qu'adopta Hô Chi Minh à 25 ans. Profondément marxiste, il associa tout au long de sa vie combat de libération nationale et lutte des classes. En 1930, il créa en Chine le parti communiste indochinois.*

Une photographie de 1945 *montre Hô Chi Minh en combattant. Le conflit entre le Viêt-minh et la puissance coloniale française devint une véritable guerre à compter de 1946. Elle dura huit longues années.*

Vivant dans la clandestinité, *Hô Chi Minh passa des heures à parfaire ses stratégies militaires et politiques. Avec des groupes de résistants, il réussit à créer une force capable de vaincre les Français en 1954.*

Homme doux et discret, *apprécié des enfants comme des adultes, Hô Chi Minh, grâce à ses voyages, parlait couramment plusieurs langues, dont le chinois, le russe, le français et l'anglais.*

Révéré comme le père du Vietnam moderne *et l'incarnation de son unité retrouvée, Hô Chi Minh reste une figure partout présente dans le pays sous forme de statues et de portraits. Kim Lien* (p. 151)*, son village d'enfance, est un lieu de pèlerinage national.*

Le pont des Rayons du soleil levant (The Huc) sur le lac Hoan Kiem de Hanoi *(p. 160)* ▷

Reconstitution d'édifices des hauts plateaux centraux, musée d'Ethnographie

Citadelle de Co Loa 22

16 km N de Hanoi, arr. de Dong Anh. *t.l.j. 8h-17h.*
fête de Co Loa (fév.).

La première capitale connue d'un État viet indépendant appartient à une époque, avant la colonisation chinoise, où l'épopée commençait seulement à se muer en histoire factuelle. Les récits liés à sa création et à sa chute reposent sur une tradition orale depuis longtemps couchée par écrit, mais qui n'en demeure pas moins invérifiable. An Duong Vuong *(p. 37)* en aurait été le fondateur en 258 av. J.-C. Selon la légende, la ville tomba aux mains des Chinois parce que sa fille, My Chau, succomba au charme du fils du général ennemi et se laissa convaincre de lui confier l'arbalète magique de son père. Retournée contre le peuple qu'elle avait protégé, l'arme causa sa perte. Réalité ou fiction ? Le très grand nombre de têtes de flèche retrouvées sur le site indique que des combats s'y déroulèrent. Trois enceintes sont encore visibles. Au centre se dressent des temples dédiés à An Duong et à My Chau. Leur bon état de conservation suggère que leur construction est postérieure de plusieurs siècles à la destruction de la cité. Deux lions stylisés gardent l'entrée du temple d'An Duong où une fête rend hommage chaque année au roi légendaire. Une procession accompagne son effigie, portée en palanquin du sanctuaire jusqu'au *dinh* (maison commune) local. Les célébrations ont pris une dimension touristique et comptent des parties d'échecs humains, des combats de coqs, des chants et des danses. Le dernier jour, An Duong retourne dans son temple. Le Département d'architecture et d'urbanisme de Hanoi a entrepris la restauration de la vaste zone qu'occupait la citadelle.

Musée d'Ethnographie 23

60, Nguyen Van Huyen, arr. de Cau Giay. **Tél.** *(04) 3756 2193.* *mar.-dim. 8h30-17h30.*
www.vme.org.vn

À l'ouest du centre-ville, le musée d'Ethnographie (Bao Tang Dan Toc Hoc), inauguré en 1997, possède une collection de milliers d'objets illustrant la diversité ethnique d'un pays qui compte 53 peuples distincts en plus du groupe dominant des Viets, ou Kinh *(p. 20-21)*. On y voit des costumes traditionnels, des tissages, des instruments domestiques, des outils, du matériel de pêche et de chasse et des peintures rituelles. Dans le vaste parc ont été rassemblés des exemples de l'architecture des minorités des hauts plateaux du Centre : habitations, maisons communes ou sépultures. La reconstitution d'une maison typique des Thaïs noirs est remarquable. L'institution est aussi un centre de recherche ethnographique sur ces peuples.

Évocation de la culture de Dong Son, citadelle de Co Loa

Imposante sculpture d'un esprit protecteur, pagode Thay

Pagode Thay 24

32 km O de Hanoi, province de Ha Tay. *t.l.j. du lever au coucher du soleil.* *fête de la Pagode Thay (5-7 avr.).*

Consacrée à Thich Ca, le Bouddha historique, la pagode du Maître se dresse dans un cadre idyllique au bord d'un plan d'eau. Elle doit son nom à Tu Dao Hanh, un moine du XIIe siècle, excellent manipulateur de marionnettes. Le sanctuaire abrite plus de 100 statues religieuses, dont deux immenses effigies de génies protecteurs, en argile et en papier mâché, pesant plusieurs tonnes. À l'intérieur de la pagode dite « d'en haut », une image du maître se dresse à gauche de l'autel principal. L'empereur représenté de l'autre côté, Ly Than Tong (r. 1128-1138), serait sa réincarnation. Lors de la fête annuelle du temple ont lieu des spectacles de marionnettes sur eau *(p. 159)*.

Pagode Tay Phuong 25

38 km O de Hanoi, province de Ha Tay. *t.l.j. du lever au coucher du soleil.*

Il faut gravir 239 marches pour atteindre ce petit temple perché au sommet d'une colline supposée ressembler à un buffle. Fondé au VIIIe siècle et maintes fois remanié, il se trouve non loin à l'ouest de la pagode Thay, d'où son nom qui signifie « pagode occidentale ». Ses bâtiments se distinguent par l'élégance de leur toiture à deux étages, aux avant-toits recourbés et aux charpentes abondamment sculptées. Leur aspect actuel date de 1794. Le sanctuaire est également réputé pour les quelque 70 statues en bois laqué très expressives, qui décorent ses autels. Datant des XVIIe et XVIIIe siècles, elles représentent des incarnations de Bouddha, des disciples de Confucius et de divers *arhat*, sages ayant atteint le nirvana. La pagode possède aussi une grande cloche fondue en 1796.

Statue en bois laqué, pagode Tay Phuong

Temples des rois Hung 26

100 km NO de Hanoi, arr. de Phong Chau, province de Phu Tho. **Musée *Tél.*** *(021) 3860 026.* *t.l.j. 8h-11h30, 13h-16h.* *dans le musée.* *fête des Temples des rois Hung (avr.).*

Accrochés au flanc du mont Nghia Linh, les temples des rois Hung sont considérés par les Vietnamiens comme des témoignages des origines de leur civilisation. Ces sanctuaires occupent un site que les souverains du royaume de Vang Lang avaient consacré au culte entre le VIIe et le IIIe siècle av. J.-C. Bien que beaucoup plus récents, ils font l'objet d'une grande vénération dont témoigne l'état dans lequel ils sont conservés.

Un escalier en pierre abrupt grimpe à travers les arbres jusqu'à **Den Ha**, le plus bas sur la pente, puis **Den Hung** et enfin **Den Thuong**, proche du sommet. Dans les alentours vous verrez aussi des pagodes, des bassins couverts de lotus et de petits sanctuaires. Des bougies et des bâtons d'encens brûlent devant le plus important, baptisé **Lang Hung** et situé en dessous de Den Thuong, monument censé symboliser le tombeau du premier roi Hung. Le point culminant du mont Nghia Linh ménage un beau panorama sur la campagne de la province de Phu Tho. Au pied de la montagne, un petit **musée** expose des pièces archéologiques : tambours en bronze de la culture de Dong Son, fragments de poterie et têtes de flèche.

Les temples des rois Hung se nichent dans une végétation touffue

ATLAS DES RUES DE HANOI

La capitale administrative du Vietnam compte quatre principaux arrondissements : Hoan Kiem, Hai Ba Trung, Ba Dinh et Dong Da. Le premier tient son nom du lac situé au cœur de la ville et présente le plus d'intérêt pour les visiteurs. C'est dans sa partie nord que se trouve le vieux quartier, aux rues jadis spécialisées par activité commerçante *(p. 156)*, tandis qu'au sud, l'ancienne concession française conserve son élégance surannée. Ba Dinh contient plusieurs musées et monuments. Les noms propres des rues peuvent être précédés du mot *pho* (rue centrale), *duong* (rue moins importante) ou *dai lo* (grande avenue ou boulevard). Certains noms courants ont été abrégés sur les plans, notamment Nguyen (Ng) et Hang (H). Les symboles sont expliqués ci-dessous.

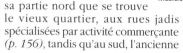

Musiciens Cham

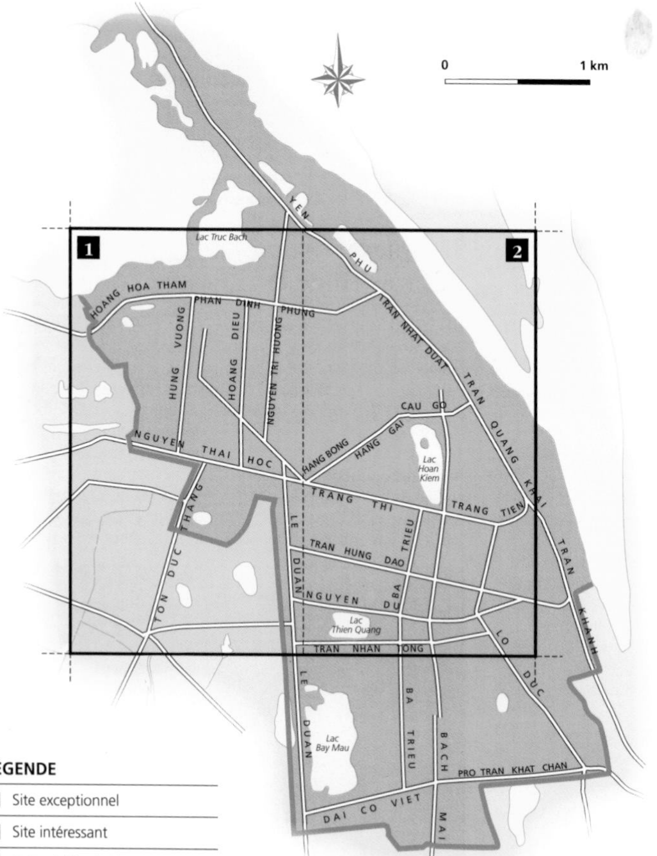

LÉGENDE

- Site exceptionnel
- Site intéressant
- Autre édifice intéressant
- Gare ferroviaire
- Gare routière
- Embarcadère
- Information touristique
- Hôpital
- Bureau de poste
- Pagode ou temple
- Église

ÉCHELLE DES PLANS 1-2

0 250 m

Index des rues

A

Au Trieu 2 D3

B

Ba H Thanh Quan 1 B2
Ba Trieu 2 E5
Bac Son 1 C2
Bach Dang 2 F3
Bat Dan 2 D3
Bat Su 2 D2
Bich Cau 1 B4

C

Cam Chi 2 D3
Cao Ba Quat 1 C3
Cao Thang 2 E2
Cat Linh 1 A3
Cau Dong 2 E2
Cau Go 2 E3
Cha Ca 2 E2
Chau Long 1 C1
Cho Kham Thien 1 C5
Chu Van An 1 B3
Chua Mot Cot 1 B2
Chuong Duong 2 F3
Cong Trang 1 C5
Cua Dong 2 D2
Cua Bac 1 C1
Cua Nam 1 C4

D

D. That 2 E2
Da Tuong 2 D4
Dang Dung 1 C1
Dang Tat 1 C1
Dang Thai Than 2 F4
Dang Tran Con 1 B4
Dao Duy Tu 2 E2
Diên Biên Phu 1 C3
Dinh Le 2 E4
Dinh Liet 2 E3
Dinh Tien Hoang 2 E4
Doan Thi Diem 1 B4
Doc Lap 1 B2
Doi Can 1 A2
Dong Cac 1 A5
Dong Xuan 2 E2

G

Gam Cau 2 D2
Gia Ngu 2 E3
Giac 1 C4
Giang Van Minh 1 A3
Giang Vo 1 A3

H

Ha Hoi 2 D5
Hai Ba Trung 2 D4
Ham Long 2 E5
Ham Tu Quan 2 F3
Hang Can 2 E2
Hang Chinh 2 E2
Hang Hom 2 D3
Hang Thiec 2 D3
Hang Thung 2 F3
Hang Bac 2 E3
Hang Bai 2 E5
Hang Be 2 E3
Hang Bo 2 D3
Hang Bong 2 D3
Hang Bun 2 D1
Hang Buom 2 E2
Hang Chao 1 B3
Hang Chieu 2 E2
Hang Chuoi 2 F5
Hang Cot 2 D2
Hang Da 2 D3
Hang Dao 2 E3
Hang Dau 2 E3
Hang Dieu 2 D3
Hang Dong 2 D2
Hang Duong 2 E2
Hang Ga 2 D2
Hang Gai 2 D3
Hang Giay 2 E2
Hang Hanh 2 E3
Hang Khoai 2 E2
Hang Luoc 2 D2
Hang Ma 2 D2
Hang Manh 2 D3
Hang Ngang 2 E3
Hang Non 2 D3
Hang Phuc 2 D1
Hang Quat 2 E3
Hang Than 2 D1
Hang Tre 2 F3
Hang Trong 2 E3
Hang Vai 2 D2
Hang Voi 2 F3
Ha Trung 2 D3
Han Thyen 2 F5
Ho Giam 1 B4
Ho Xuan Huong 2 D5
Hoa Lo 2 D4
Hoang Dieu 1 C2
Hoang Hoa Tham 1 A1
Hoang Van Thu 1 C2
Hoe Nhai 2 D1
Hoi Vu 2 D3
Hung Vuong 1 B2

K

Kham Thien 1 B5
Khay Trang Tien 2 E4
Kim Ma 1 A3

L

La Thanh 1 A5
Lan Ong 2 D2
Lê Duan 1 C4
Lê Hong Phong 1 B3
Lê Lai 2 E4
Lê Phung Hieu 2 F4
Lê Thach 2 F4
Lê Thai To 2 E3
Lê Thanh Tong 2 F5
Lê Truc 1 B3
Lê Van Huu 2 E5
Lien Tri 2D5
Lo Duc 2 F5
Lo Ren Hang 2 D2
Lo Su 2 F3
Luong Ngoc Quyen 2 E2
Luong Van Can 2 E3
Ly Nam De 2 D2
Ly Quoc Su 2 E3
Ly Thai To 2 F4
Ly Thuong Kiet 2 E4
Ly Van Phuc 1 B3

N

N. C. Nghia 2 E5
Nam Ngu 1 C4
Nghia Dung 2 E1
Ngo 1 1 A3
Ngo 15 1 A2
Ngo 55 1 A2
Ngo 82 1 A3
Ngo 93 1 A2
Ngo Bai 1 A4
Ngo Chua Nam Dong 1 A5
Ngo Hang Bot 1 B3
Ngo Hao Nam 1 A4
Ngo Huy Van 1 B5
Ngo Lenh Cu 1 B5
Ngo Linh Quang 1 C4
Ngo Luong Su 1 C4
Ngo Ngoc Ha 1 A2
Ngo Quan Tho 1 A5
Ngo Quyen 2 E5
Ngo Si Lien 1 C4
Ngo Tat To 1 B4
Ngo Thinih Hao 1 A4
Ngo Tho Quan 1 B5
Ngo Thong Phong 1 B4
Ngo Trai Toc 1 A5
Ngo Tram 2 D3
Ngo Trung Truc 2 D1
Ngo Van Chuong 1 B5
Ngo Van Hoang 1 B4
Ngo Van So 2 E5
Ngoc Ha 1 A2
Nguyen Bieu 1 C1
Nguyen Canh Chan 1 C2
Nguyen Du 2 D5
Nguyen Gia Thieu 2 D5
Nguyen Huu Huan 2 E2
Nguyen Huyen 2 D3
Nguyen Khac Can 2 F4
Nguyen Khac Hieu 1 C1
Nguyen Khac Nhu 2 D1
Nguyen Khiet 2 E2
Nguyen Khuyen 1 C4
Nguyen Nhu Do 1 C4
Nguyen Sieu 2 E2
Nguyen Thai Hoc 1 B3
Nguyen Thien Thuat 2 E2
Nguyen Thuong Hien 1 C5
Nguyen Tri Phuong 1 C2
Nguyen Truong To 2 D1
Nguyen Van To 2 D3
Nha Chung 2 E4
Nha Dau 1 C5
Nha Tho 2 E3

O

Ong Ich Khiem 1 B2

P

Pham Hong Thai 2 D1
Pham Ngu Lao 2 F4
Phan Boi Chau 2 D4
Phan Chu Trinh 2 F5
Phan Dinh Phung 1 C1
Phan Huy Chu 2 F5
Phan Huy Ich 2 D1
Phan Phu Tien 1 B3
Phan Van Tri 1 B4
Phu Doan 2 D3
Phuc Tan 2 E2
Phung Hung 2 D2

Q

Quan Su 2 D4
Quan Thanh 1 C1
Quang Trung 2 D5
Quoc Tu Giam 1 B4

S

Son Tay 1 A3

T

Ta Hien 2 E2
Tang Bat Ho 2 F5
Thanh Bao 1 A3
Thanh Ha 2 E2
Thanh Nien 1 B1
Thanh Thanh 2 D3
Thanh Yen 2 E2
Thien Hung 1 C5
Thien Quang 2 D5
Tho Nhuom 2 D4
Thuoc Bac 2 D2
Thuy Khue 1 B1
Ton Duc Thang 1 B5
Ton That Thiep 1 C3
Tong Dan 2 F4
Tong Duy Tan 2 D3
Tran Binh Trong 2 D5
Tran Hung Dao 2 D4
Tran Nguyen Ha 2 F3
Tran Nhan Tong 2 D5
Tran Nhat Duat 2 E2
Tran Phu 1 B3
Tran Quang Khai 2 F3
Tran Quoc Toan 2 D5
Tran Quy Cap 1 C4
Tran Thanh Tong 2 F5
Tran Xuan Soan 2 E5
Trang Thi 2 D4
Trieu Quoc Dat 2 D4
Trinh Hoai Duc 1 B3
Truc Bach 1 C1
Truong Han Sieu 2 E5
Tuc Mac 1 C4

V

Van Kiep 2 D4
Van Mieu 1 B4
Vong Duc 2 E5
Vu Thach 1 A4

Y

Yen Ninh 2 D1
Yen Phu 2 D1
Yen Thai 2 D3
Yen The 1 C4
Yet Kieu 2 D5

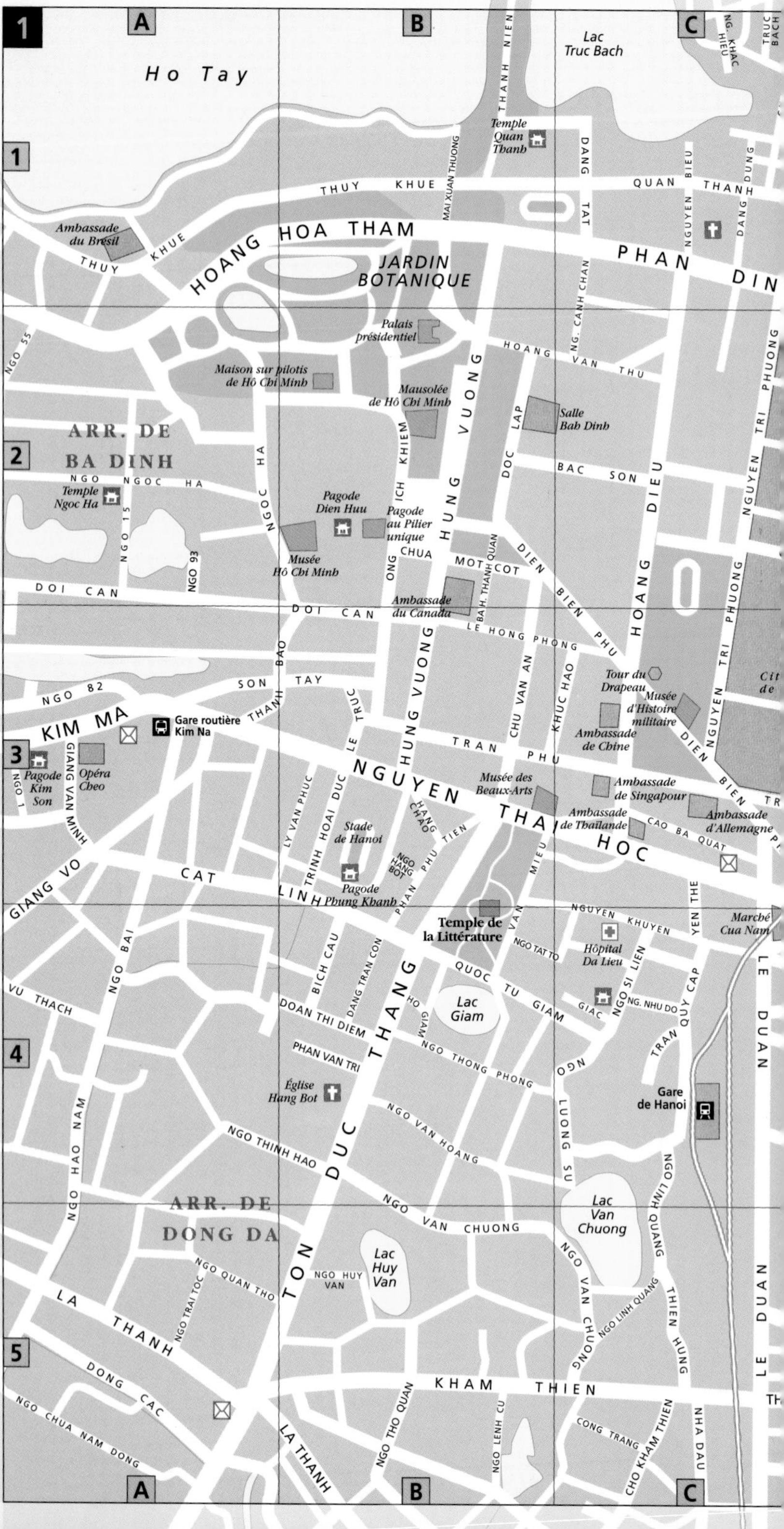

1
A
B
C
1
2
3
4
5
Ho Tay
Lac Truc Bach
Temple Quan Thanh
THANH NIEN
MAI XUAN THUONG
THUY KHUE
QUAN THANH
DANG TAT
NGUYEN BIEU
DANG DUNG
NG. KHAC HIEU
TRUC BACH
Ambassade du Brésil
HOANG HOA THAM
JARDIN BOTANIQUE
PHAN DIN
NG. CANH CHAN
Palais présidentiel
HOANG VAN THU
Maison sur pilotis de Hô Chi Minh
Mausolée de Hô Chi Minh
Salle Bah Dinh
ARR. DE BA DINH
NGO NGOC HA
Temple Ngoc Ha
NGO 15
NGO 55
NGOC HA
ONG ICH KHIEM
HUNG VUONG
DOC LAP
BAC SON
HOANG DIEU
NGUYEN TRI PHUONG
Pagode Dien Huu
Pagode au Pilier unique
CHUA MOT COT
Musée Hô Chi Minh
NGO 93
DOI CAN
BAH. THANH QUAN
DIEN BIEN PHU
Ambassade du Canada
LE HONG PHONG
CHU VAN AN
KHUC HAO
Tour du Drapeau
Musée d'Histoire militaire
Ambassade de Chine
NGO 82
SON TAY
THANH BAO
LE TRUC
KIM MA
Gare routière Kim Na
Pagode Kim Son
Opéra Cheo
GIANG VAN MINH
NGO 1
TRAN PHU
NGUYEN THAI HOC
Musée des Beaux-Arts
Ambassade de Singapour
Ambassade de Thaïlande
Ambassade d'Allemagne
CAO BA QUAT
LY VAN PHUC
TRINH HOAI DUC
HANG CHAO
PHU TIEN
Stade de Hanoi
NGO HANG BOT
Pagode Phung Khanh
GIANG VO
CAT LINH
VAN MIEU
Temple de la Littérature
NGUYEN KHUYEN
YEN THE
Marché Cua Nam
NGO TAT TO
Hôpital Da Lieu
NGO SI LIEN
GIAC
NG. NHU DO
TRAN QUY CAP
LE DUAN
NGO BAI
VU THACH
BICH CAU
DANG TRAN CON
QUOC TU GIAM
Lac Giam
HO GIAM
DOAN THI DIEM
PHAN VAN TRI
NGO THONG PHONG
Église Hang Bot
TON DUC THANG
NGO LUONG SU
Gare de Hanoi
NGO VAN HOANG
NGO THINH HAO
NGO HAO NAM
ARR. DE DONG DA
NGO VAN CHUONG
Lac Van Chuong
NGO LINH QUANG
Lac Huy Van
NGO HUY VAN
NGO QUAN THO
NGO TRAI TOC
LA THANH
THIEN HUNG
DONG CAC
KHAM THIEN
NGO THO QUAN
NGO LENH CU
CONG TRANG
CHO KHAM THIEN
NHA DAU
NGO CHUA NAM DONG

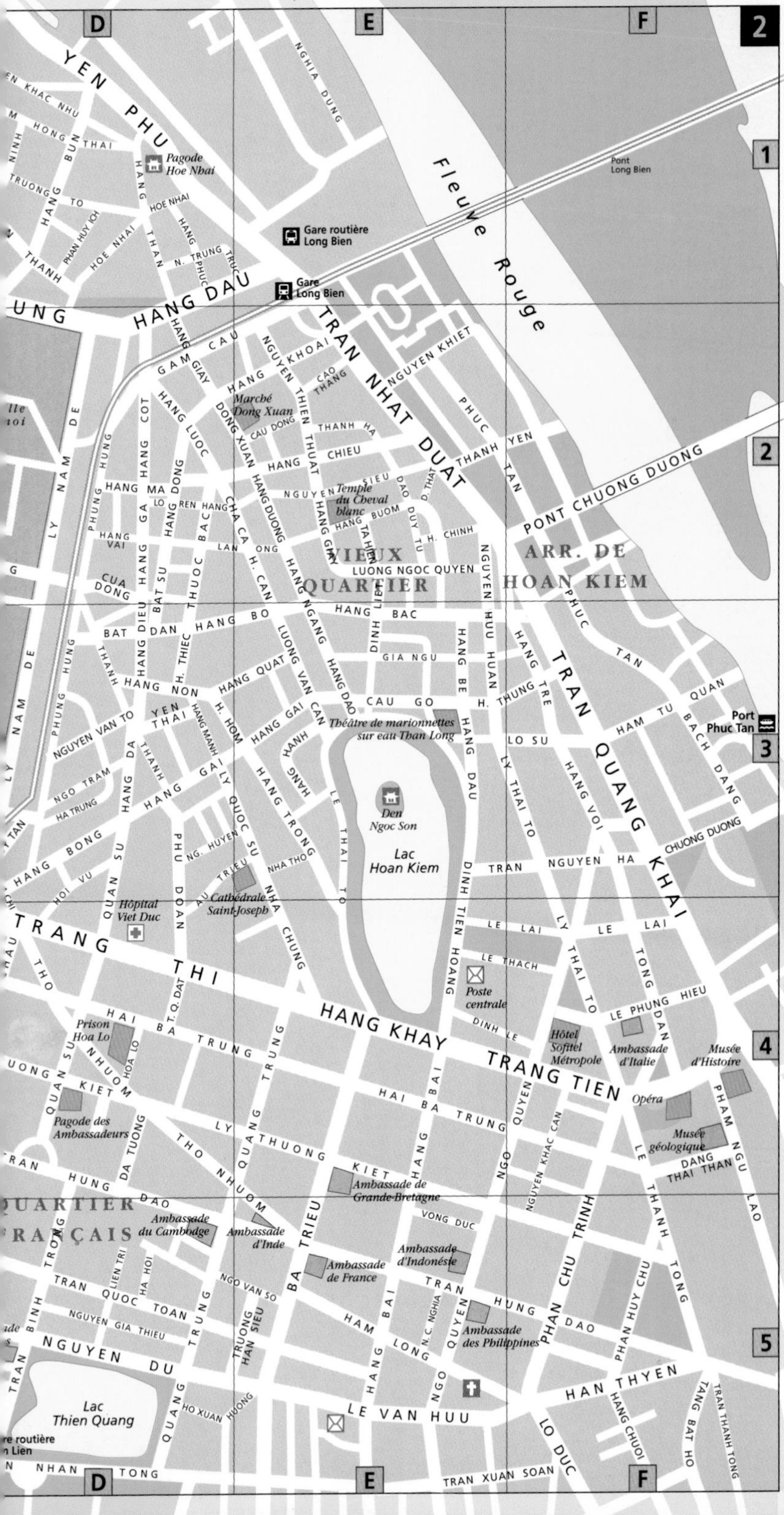

2
D
E
F
1
2
3
4
5
YEN PHU
Pagode Hoe Nhai
Gare routière Long Bien
Gare Long Bien
Fleuve Rouge
Pont Long Bien
HANG DAU
TRAN NHAT DUAT
NGHIA DUNG
NGUYEN KHIET
PHUC TAN
THANH YEN
PONT CHUONG DUONG
Marché Dong Xuan
HANG KHOAI
NGUYEN THIEN THUAT
HANG CHIEU
THANH HA
Temple du Cheval blanc
HANG BUOM
HANG MA
LAN ONG
VIEUX QUARTIER
ARR. DE HOAN KIEM
LUONG NGOC QUYEN
NGUYEN HUU HUAN
HANG BAC
HANG BO
BAT DAN
GIA NGU
HANG BE
CAU GO
HANG QUAT
HANG NON
H. THUNG
HANG TRE
TRAN QUANG KHAI
HAM TU QUAN
BACH DANG
Port Phuc Tan
Théâtre de marionnettes sur eau Than Long
LO SU
HANG GAI
HANG TRONG
LE THAI TO
HANG DAU
LY THAI TO
HANG VOI
Den Ngoc Son
Lac Hoan Kiem
TRAN NGUYEN HAN
CHUONG DUONG
DINH TIEN HOANG
LE LAI
LE THACH
Poste centrale
DINH LE
LE PHUNG HIEU
Hôtel Sofitel Métropole
Ambassade d'Italie
Musée d'Histoire
TRANG TIEN
Opéra
Musée géologique
PHAM NGU LAO
Cathédrale Saint-Joseph
NHA THO
NHA CHUNG
Hôpital Viet Duc
TRANG THI
HANG KHAY
Prison Hoa Lo
HAI BA TRUNG
QUANG TRUNG
HANG BAI
NGO QUYEN
LY THUONG KIET
Pagode des Ambassadeurs
Ambassade de Grande-Bretagne
QUARTIER FRANÇAIS
TRAN HUNG DAO
Ambassade du Cambodge
Ambassade d'Inde
Ambassade de France
Ambassade d'Indonésie
VONG DUC
BA TRIEU
PHAN CHU TRINH
LE THANH TONG
TRAN QUOC TOAN
NGUYEN GIA THIEU
HAM LONG
Ambassade des Philippines
PHAN HUY CHU
NGUYEN DU
Lac Thien Quang
HAN THYEN
LE VAN HUU
LO DUC
TRAN XUAN SOAN
NGUYEN KHAC CAN
NHAN TONG
TANG BAT HO
TRAN THANH TONG
HANG CHUOI

VIETNAM DU NORD

C'est dans le delta du fleuve Rouge et dans les montagnes qui l'entourent que s'est développée la culture viet. La région est riche en beautés naturelles, depuis les hauts sommets et les gorges profondes de l'ouest jusqu'aux féeriques îlots karstiques de la baie d'Along, qui abrite de nombreuses ethnies minoritaires.

Dominé par les cimes dentelées de la chaîne de Hoang Lien Son, le Vietnam du Nord a gardé une grande authenticité tant dans ses paysages que dans sa diversité culturelle. Les reliefs couverts de forêts et les vallées profondes des provinces du Nord et du Nord-Ouest abritent des dizaines de minorités ethniques, comme les Hmong, les Thaïs, les Dao et les Nung. Autour de Son La, Lai Chau, Bac Ha et Sapa, leurs villages et leurs maisons souvent sur pilotis, au milieu de terrasses cultivées, sont autant de buts de promenade. Plus à l'ouest, la cuvette de Diên Biên Phu attire davantage les visiteurs pour son passé que pour sa beauté. Un musée, des monuments et des vestiges évoquent la terrible bataille qui s'y déroula en 1954.

Le Nord-Est possède de superbes sites karstiques hérissés de centaines d'éperons rocheux. Si la baie d'Along est le site le plus connu, la baie de Bai Tu Long et l'île de Cat Ba sont presque aussi spectaculaires, mais moins fréquentées. Sur les fonds peu profonds de l'île se sont développés de somptueux récifs de coraux. Haiphong, le grand port de la région, révèle une atmosphère plus détendue que ne le laisserait supposer sa vocation industrielle.

Au sud s'étendent les riches terres agricoles du delta du fleuve Rouge. Ninh Binh y constitue une bonne base d'où partir à la découverte des curiosités des alentours et des sanctuaires bouddhiques de la pagode des Parfums. Les fidèles s'y pressent par milliers pendant les trois mois de la période de pèlerinage. Autre destination proche de la ville, le parc national de Cuc Phuong protège une forêt primaire dont la dense végétation offre un cadre luxuriant et paisible à la promenade.

Modeste hameau entouré de rizières près de Sapa

◁ **Hmong fleurs au marché dominical de Bac Ha** ***(p. 197)***

À la découverte du Vietnam du Nord

La région d'où le peuple viet s'est lancé dans sa « marche vers le sud » possède une histoire particulièrement riche, et les plaines fertiles du fleuve Rouge sont ponctuées de temples et pagodes, ainsi que de vénérables maisons communes. Les sites de pèlerinage comprennent le mont Yên Tu, à la fois proche du port industriel de Haiphong et de la baie d'Along, le site naturel le plus visité du pays. En remontant vers le nord, les champs cèdent la place aux reliefs du massif de Hoang Lien Son, où la station climatique de Sapa permet de rayonner dans une région qui abrite de nombreuses minorités ethniques. Plus à l'est dans les montagnes, le parc national de Ba Be recèle un vaste lac à découvrir en barque.

Cascade d'Argent (Thac Bac), près de Sapa *(p. 197)*

LE NORD D'UN COUP D'ŒIL

Localités

Along 2
Bac Ha 16
Cao Bang 18
Diên Biên Phu 14
Haiphong 5
Hoa Binh 10
Moc Chau 12
Ninh Binh 7
Sapa 15
Son La 13
Tam Dao 19

Beautés naturelles

Baie d'Along p. 182-184 1
Baie de Bai Tu Long 4
Vallée de Mai Chau 11

Parcs nationaux

Parc national de Ba Be 17
Parc national de Cuc Phuong 9

Île

Île de Cat Ba 6

Sites religieux

Pagode des Parfums p. 192-193 8
Sites de pèlerinage du Yên Tu 3

Jeunes Hmong fleurs en tenue traditionnelle au marché de Bac Ha, près de Sapa *(p. 197)*

VOIR AUSSI

• ***Hébergement*** p. 243-244
• ***Restaurants*** p. 259-260

Îlots karstiques de la baie d'Along *(p. 182-184)*

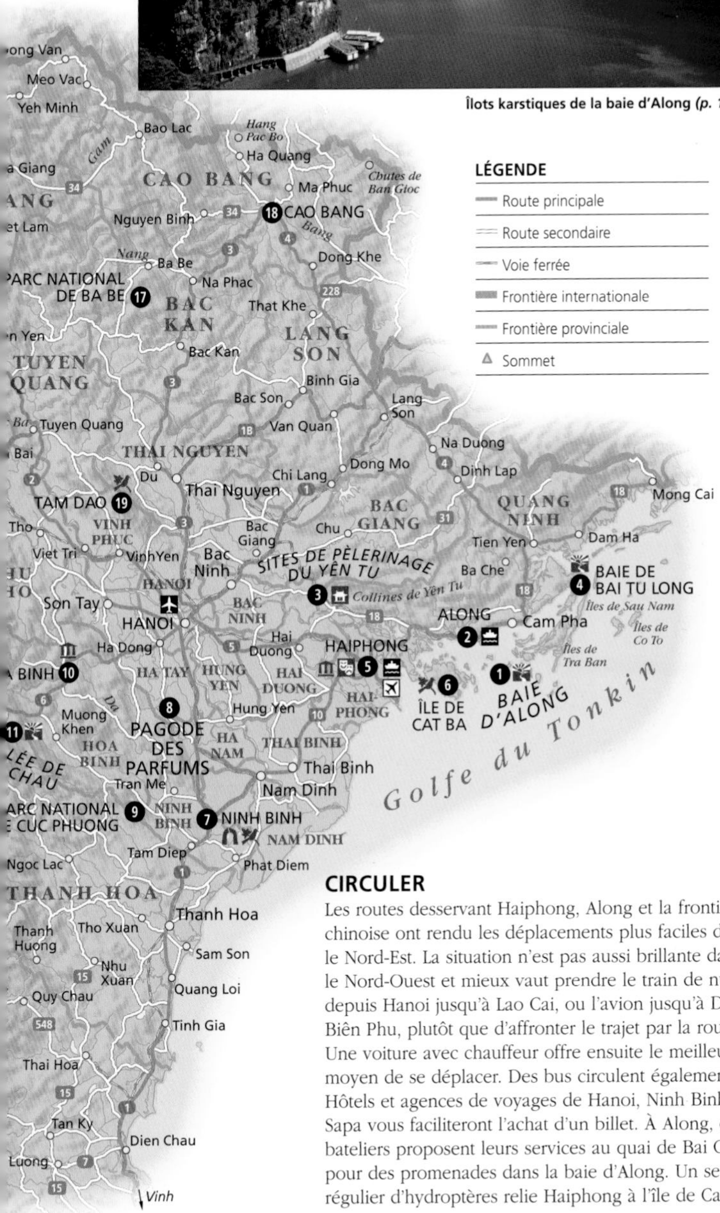

CIRCULER

Les routes desservant Haiphong, Along et la frontière chinoise ont rendu les déplacements plus faciles dans le Nord-Est. La situation n'est pas aussi brillante dans le Nord-Ouest et mieux vaut prendre le train de nuit depuis Hanoi jusqu'à Lao Cai, ou l'avion jusqu'à Diên Biên Phu, plutôt que d'affronter le trajet par la route. Une voiture avec chauffeur offre ensuite le meilleur moyen de se déplacer. Des bus circulent également. Hôtels et agences de voyages de Hanoi, Ninh Binh et Sapa vous faciliteront l'achat d'un billet. À Along, des bateliers proposent leurs services au quai de Bai Chay pour des promenades dans la baie d'Along. Un service régulier d'hydroptères relie Haiphong à l'île de Cat Ba.

Baie d'Along ❶

Monticole bleu, baie d'Along

Inscrit par l'Unesco au patrimoine mondial, le plus vaste site karstique marin du monde possède une superficie de 1 500 km². Le cinéma a rendu célèbre le paysage fantastique créé par ses quelque 2 000 îles et pitons calcaires, dont les parois abruptes dominent une eau étale *(p. 184)*. Along signifie « descente du dragon » et, selon la légende, c'est l'un de ces animaux mythiques qui creusa la baie, découpant les rochers avec les battements de sa queue. Les géologues donnent une explication moins poétique à leur formation : l'érosion d'un épais plateau sous-marin remonté à la surface.

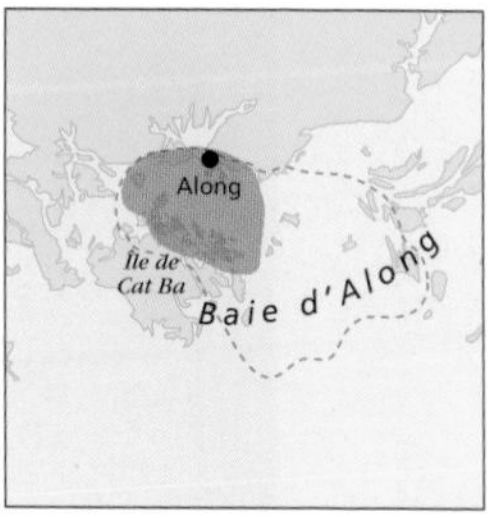

CARTE DE SITUATION

Zone illustrée

--- Aire du patrimoine mondial

Bateaux-dragons
Signe de bon augure partout visible au Vietnam, le dragon fait aussi référence à la légende sur les origines de la baie d'Along.

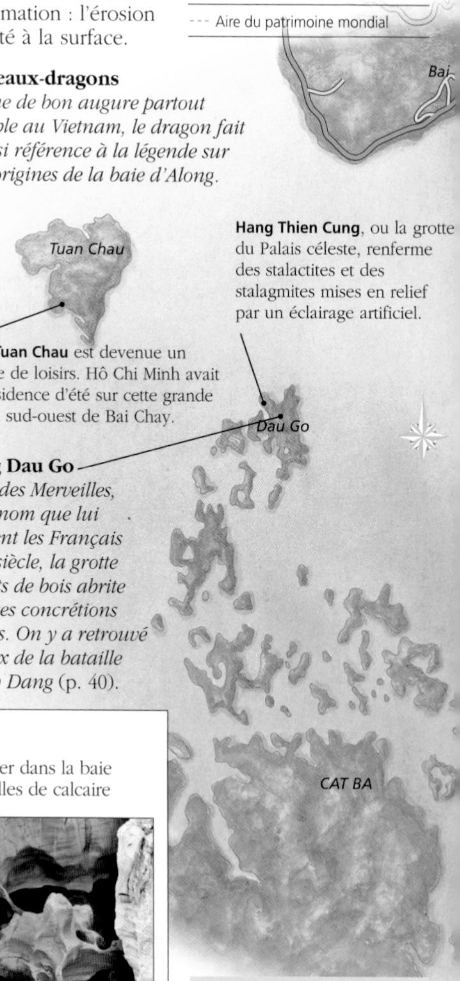

Hang Thien Cung, ou la grotte du Palais céleste, renferme des stalactites et des stalagmites mises en relief par un éclairage artificiel.

Dao Tuan Chau est devenue un centre de loisirs. Hô Chi Minh avait sa résidence d'été sur cette grande île au sud-ouest de Bai Chay.

★ Hang Dau Go
Sur l'île des Merveilles, selon le nom que lui donnèrent les Français au XIXe siècle, la grotte des Bouts de bois abrite d'étranges concrétions calcaires. On y a retrouvé des pieux de la bataille du Bach Dang (p. 40).

FORMATION DU KARST

Dans la région du golfe du Tonkin, en mer dans la baie d'Along et sur terre à Tam Coc, des aiguilles de calcaire dressent des parois presque verticales. Elles ont pour origine un dépôt de sédiments fossilisés sur le plancher océanique. Soulevé et fracturé par des mouvements de la croûte terrestre, il s'est retrouvé exposé à la dissolution provoquée par des pluies acides. Les eaux de ruissellement ont alors creusé de profondes tranchées, de vastes cavernes et des gouffres, sculptant dans le rocher d'étranges reliefs.

Relief sculpté dans le rocher par des pluies acides

À NE PAS MANQUER

- ★ Hang Bo Nau
- ★ Hang Dau Go
- ★ Hang Sung Sot

Pour les hôtels et les restaurants de la région, voir p. 243-244 et p. 259-260

Villages flottants
Les habitations flottantes proches du port de Hong Gai possèdent leurs niches à chien, leurs jardins d'aromates et même des abris à cochons.

MODE D'EMPLOI

Carte routière C1. 165 km E de Hanoi ; 60 km NE de Haiphong. *de Hanoi.* *de Haiphong.* *du quai de Bai Chay.* *de Hanoi et Haiphong.* *certains îlots et grottes.* *à engager à Hanoi, Along et Haiphong.* *Along.*
Attention : *suite à divers problèmes, renseignez-vous sur les gilets de sauvetage et la sécurité avant de réserver.*

Les bacs de la ville d'Along effectuent en permanence des allers-retours entre Bai Chay, à l'ouest, et Hong Gai, à l'est.

Dao Titop possède une petite plage. Il est aussi possible de grimper jusqu'au sommet de l'îlot.

Dong Tam Cung, découverte au milieu des années 1990, compte parmi les grottes les plus impressionnantes de la baie.

Hang Trong, la grotte du Tambour, émet, quand le vent la traverse, un bruit qui ressemble à un lointain roulement de tambour.

Jonques
Les jonques traditionnelles sont devenues rares. Taillées dans un épais coton et cousues à la main, les voiles doivent leur couleur au bain végétal utilisé pour les renforcer.

★ Hang Bo Nau
La grotte du Pélican ménage depuis la voûte de son entrée une vue de la baie appréciée des photographes.

★ Hang Sung Sot
La grotte de la Surprise est la plus visitée de la baie ; elle abrite dans sa chambre inférieure des concrétions calcaires censées évoquer des sentinelles en train de bavarder.

À la découverte de la baie d'Along

Se promener en bateau entre les étranges îlots sculptés par l'érosion peut faire vivre un grand moment, comme se révéler décevant tant le site attire de monde. Les îlots méritent néanmoins qu'on leur consacre une journée. Les sites les plus connus se situent pour la plupart à l'ouest de la baie. Si vous souhaitez une approche plus paisible de ce paysage unique, nous vous conseillons de louer un bateau privé, d'engager un guide informé et de vous aventurer dans des zones moins fréquentées.

Hang Dau Go

Étape sur le trajet pour l'île Cat Ba *(p. 189)*, l'île des Merveilles *(p. 182)* renferme l'une des cavités les plus connues de la baie d'Along. Riche en stalactites et en stalagmites, la grotte des Bouts de bois (Hang Dau Go) aurait servi en 1288 au général Tran Hung Dao *(p. 40)* à cacher des pieux armés de fer. Ceux-ci, une fois plantés dans le lit du Bach Dang, permirent à l'officier de couler une flotte mongole venue conquérir le pays.

Hang Thien Cung

Également sur l'île des Merveilles – l'île Dau Go en vietnamien – la grotte du Palais céleste s'ouvre au sommet d'une raide volée de marches. Découverte dans les années 1990, elle est équipée de projecteurs qui colorent ses stalactites.

Hang Sung Sot

Sur l'île Ho Bon, la grotte de la Surprise compte trois salles. Dans la première, un éclairage rose sans équivoque attire l'attention sur un rocher évoquant un phallus, qui fait l'objet d'un culte local comme symbole de fertilité. Les concrétions calcaires de la vaste caverne intérieure, surnommée le Château serein, présentent davantage d'intérêt. Elles semblent prendre vie quand les reflets de la mer jouent sur elles.

À courte distance, **Hang Bo Nau**, la grotte du Pélican, n'a pas été aménagée en profondeur. L'entrée offre cependant un superbe point de vue sur la baie.

Son éclairage teinte de rose le rocher de forme phallique de Hang Sung Sot

Dong Tam Cung

Comme son nom l'indique, la grotte des Trois Palais comporte elle aussi trois salles, toutes remplies d'étranges et souples formes minérales. Leur éclairage accentue encore la dimension fantastique du décor qu'elles créent. Aux dires de certains, Dong Tam Cung est encore plus impressionnante que Hang Dau Go.

Hang Trong

À courte distance au sud-est de Hang Bo Nau, la petite grotte du Tambour doit son nom au bruit produit par le vent quand il souffle avec force entre ses piliers de calcite. Il donne l'impression de porter un bruit ténu de percussion.

Dao Tuan Chau

Cette grande île au sud-ouest de Bai Chay héberge un centre de loisirs. Elle a conservé quelques villas datant de la colonisation française. Un complexe hôtelier présente quelques spectacles plutôt ternes d'orques, de dauphins et d'otaries.

Dao Titop

Le principal attrait de la petite Dao Titop est une plage où il est possible de se baigner. Les amateurs de planche à voile apprécieront également de pouvoir s'y livrer à leur passe-temps. Un sentier conduit au sommet de l'îlot rocheux, d'où s'ouvre un panorama spectaculaire sur la baie d'Along.

Village flottant dans la baie d'Along

Pour les hôtels et les restaurants de la région, voir p. 243-244 et p. 259-260

Bacs assurant les navettes entre Bai Chay et Hon Gai, Along

Along ❷

Carte routière C1. 165 km de Hanoi sur la route 18 ; 60 km NE de Haiphong sur la route 10. *185 000. de Haiphong et Hanoi. de Haiphong. Quang Ninh Tourism Departement fête de la Pagode Long Tien (fin avr.).*

Née officiellement en 1994 de la réunion de deux localités jusqu'alors distinctes, **Bai Chay** et **Hon Gai**, la ville d'Along s'étend de part et d'autre du détroit de Cua Luc. En attendant l'achèvement d'un pont, des bacs effectuent la traversée 24 h/24.

À l'ouest du bras de mer, Bai Chay est une station balnéaire en plein essor. Elle compte de nombreux hôtels, restaurants et agences de voyages. Les Vietnamiens la fréquentent aussi pour sa vie nocturne, centrée sur les bars à karaoké et les salons de massage de réputation douteuse. Sans grand intérêt pour les visiteurs étrangers, cette station fournit cependant des hébergements agréables. Les autorités ont bien tenté de construire deux plages artificielles, mais l'eau reste boueuse et le sable pollué.

À l'est de Cua Luc, la partie la plus ancienne de la ville possède aussi des restaurants et des hôtels. Toutefois la vie n'y tourne pas autour du tourisme. La prospérité de Hon Gai découle surtout de l'industrie, notamment de l'exploitation des immenses mines de charbon à ciel ouvert creusées dans la région depuis l'époque coloniale. Derrière les quais noircis par la poussière s'élève **Nui Bai Tho**, la montagne du Poème. Elle tourne vers la mer une falaise haute de 106 m gravée de l'inscription érodée qui lui vaut son nom. Cette inscription aurait pour origine une poésie composée par le roi Lê Thanh Tong en 1468. La pagode Long Tien, le plus intéressant des lieux de culte d'Along, se dresse sur le versant nord de la colline.

Sites de pèlerinage du Yên Tu ❸

Carte routière B1. 130 km NE de Hanoi ; 14 km N d'Uong Bi. *de Hanoi, Along et Haiphong jusqu'à Uong Bi. fête de la Pagode du Yên Tu (mi-fév.-fin avr.).*

Plus haut sommet de la chaîne de Dâng Triêu, le mont Yên Tu culmine à 1060 m d'altitude. Il doit son nom et son statut de montagne sacrée à Yên Ky Sinh, un moine qui y atteignit le nirvana il y a environ 2000 ans. Son prestige augmenta encore au XIIIe siècle quand l'empereur Tran Nhan Tong (r. 1278-1293) s'y retira pour mener une vie de bonze et fonder Truc Lâm, la secte bouddhique de la Forêt de bambous. Les quelque 800 édifices religieux attribués au souverain et à ses successeurs existent toujours. Depuis des siècles, des milliers de pèlerins effectuent à pied la pénible ascension jusqu'au sommet du Yên Tu. Aujourd'hui, un téléphérique facilite une partie du trajet et conduit à la pagode Hoa Yên située à mi-pente. De là, il faut tout de même marcher pour rejoindre le lieu de culte le plus important : **Chua Dong**, la pagode de Bronze. Ce petit temple du XVe siècle en forme de fleur de lotus et réalisé en bronze, a été superbement restauré.

Aux environs : à quelque 5 km au nord de Sao Dao, sur la route 18, l'une des plus jolies pagodes du Nord, **Chua Con Son**, se détache du versant occidental du massif. Elle est dédiée à Nguyen Van Trai. Ce poète et lettré aida le propriétaire terrien Lê Loi à chasser les Chinois du Vietnam au XVe siècle, et lui permit de se proclamer empereur sous le nom de Lê Thai To *(p. 40)*. Le sanctuaire est un lieu de culte très actif où moines et nonnes psalmodient des soutras presque en permanence.

Non loin se dresse un petit temple : **Den Kiep Bac**. Tous les ans au cours du huitième mois lunaire, il sert de cadre à une fête en l'honneur du héros national déifié Tran Hung Dao, le général de la dynastie Tran qui s'illustra à la bataille du Bach Dang.

Escalier d'accès à Chua Con Son, mont Yên Tu

Îles monolithiques de la baie d'Along *(p. 182-184)* ▷

Village flottant près de Cai Rong, dans la baie de Bai Tu Long

Baie de Bai Tu Long ❹

Carte routière C1. 60 km E d'Along. *d'Along.* *d'Along et Cai Rong.*

Recouvrant un plateau continental hérissé de reliefs karstiques, la baie de Bai Tu Long, ou baie des Bébés-Dragons, est moins populaire et fréquentée que la baie d'Along, mais des centaines de pitons rocheux et d'îlots y composent des paysages tout aussi magnifiques. De grandes îles et de belles plages aux eaux limpides offrent un cadre plus préservé.

La plus vaste et la plus développée des îles, **Van Don**, est accessible par la route et en bateau depuis le port industriel de Cua Ong. Sur sa côte sud-ouest, Van Don est bordée de plages et de forêts de mangrove qui invitent au farniente et à la promenade. La plupart des hébergements de la baie se trouve dans la ville principale de cette île, le joli port de pêche de **Cai Rong**. De là, il est facile de rayonner dans les environs.

Éperons karstiques près de l'île Van Don, baie de Bai Tu Long

Du fait de sa situation isolée – un peu au-delà de la zone d'extraction minière entre Hon Gai et le petit bourg de Cam Pha – et de son peu d'infrastructures touristiques, les voyageurs ne restent souvent qu'une journée.

Pour faire une excursion dans la baie, des bateaux partent du quai de Bai Chay à Along. Une autre option consiste à effectuer le trajet en voiture depuis Hon Gai, en passant par Cam Pha et Cua Ong, et à louer une embarcation en arrivant sur place. La route découvre d'impressionnantes mines de charbon à ciel ouvert.

Aux environs : Quan Lan, la plus éloignée des trois îles au sud de Van Don, possède une splendide plage de sable blanc : Bai Dien. C'est l'un des rares endroits, au-delà de Cai Rong, où il est possible de se loger.

Cinq heures de bateau sont nécessaires pour rejoindre **Co To**. Avec sa petite plage et son village abritant une pension sans prétention, l'île est un havre de paix.

À environ 20 km de Cai Rong se trouve le **parc national de Bai Tu Long**, d'une superficie de 16 000 ha. Créé en 2001, il protège trois îles et une vingtaine d'îlots aux forêts encore vierges.

Haiphong ❺

Carte routière B1. 100 km E de Hanoi sur la route 5. *1 837 000.* *de Hô Chi Minh-Ville et Da Nang.* *de Hanoi.* *de Hanoi et Along.* *de l'île de Cat Ba.* *Vietnam Tourism, 55, Diên Biên Phu, (031) 374 7216.* **www**.haiphong.gov.vn

La troisième ville du pays après Hô Chi Minh-Ville et Hanoi est aussi le plus grand port du Nord. Son bombardement en 1946 par la marine française causa la mort de milliers de civils et marqua le début de la guerre d'Indochine *(p. 43)*. Son importance stratégique lui valut également de subir les attaques de l'aviation américaine. La cité s'est rétablie des dommages causés par les guerres pour devenir une métropole industrielle spécialisée dans la cimenterie, le raffinage du pétrole et le transport du charbon.

Les bâtiments les plus remarquables du centre sont les monuments datant de l'époque coloniale, dont la cathédrale du XIXe siècle au bord de la rivière Tam Bac, l'**Opéra** sur la rue Quang Trung et le **musée de Haiphong**. Au sud du centre, la **pagode Du Hang** borde la rue Chua Hang. Fondée au Xe siècle, elle a connu plusieurs remaniements et abrite de nombreuses statues. Sur Nguyen Cong Tru, **Dinh Hang Kenh** est une belle maison commune de 1781.

Musée de Haiphong
11, Dien Tien Hoang.
mar., jeu. 8h-11h30 ; mer., dim. 7h30-21h30.

Entrée de la pagode Du Hang dans le quartier sud de Haiphong

Île de Cat Ba ❻

Carte routière C1. 45 km E de Haiphong ; 22 km S d'Along. *22 000.* *hydroptère de Haiphong, bateaux de location à Along et Bai Chay* **www**.catbalangur.org

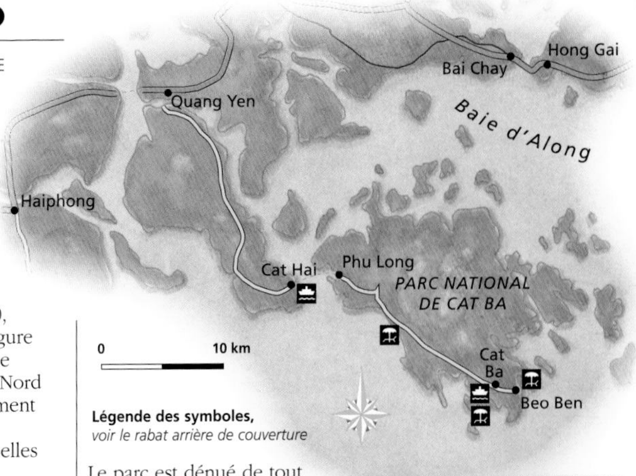

Légende des symboles,
voir le rabat arrière de couverture

La plus grande île d'un archipel qui en compte plus de 350, à l'est de Haiphong, figure parmi les lieux de visite les plus séduisants du Nord du Vietnam. Son isolement relatif et ses beautés naturelles, parmi lesquelles cascades, lacs, collines boisées, forêts de mangrove et récifs coralliens, attirent de nombreux visiteurs.

Le **village de Cat Ba**, où arrivent la majorité des bateaux, est le seul endroit de l'île où les hébergements sont confortables. Il a toutefois perdu de son charme avec l'ouverture de bars à karaoké, de discothèques bruyantes et de salons de massage peu engageants. Sur le marché, des pêcheurs vendent des limules, crustacés reconnaissables à leur épaisse carapace et leur longue queue. Les Vietnamiens l'appellent le crabe des amoureux, car le mâle reste longuement accroché à la femelle en période de reproduction. Il est d'usage de le manger par couple et en couple.

Deux jolies plages payantes, **Cat Co I** et **Cat Cot II**, se trouvent au nord-est du centre.

Créé en 1986, le **parc national de Cat Ba** protège environ 10 000 ha de collines calcaires et 4 000 ha de fonds marins. Parmi les 800 espèces végétales de la flore, 160 sont considérées comme médicinales. La faune compte plus de 70 oiseaux différents ainsi que des sangliers, des cerfs, des singes, des porcs-épics et des loutres. Un programme international veille sur le langur (primate) de Cat Ba, qui n'existe que sur l'île. On n'en dénombre plus aujourd'hui que 68 individus.

Le parc est dénué de tout équipement, mais on peut éventuellement y camper à condition d'apporter son propre matériel. Les randonneurs apprécieront ses sentiers. Le plus court grimpe jusqu'au sommet du mont Ngu Lam, haut de 200 m, où une tour d'observation offre une vue exceptionnelle. Une promenade plus longue, (4 à 6 h) conduit à travers la forêt jusqu'au vaste lac Ech, le lac aux Grenouilles, puis au hameau de Viet Hai d'où l'on peut louer un bateau pour rentrer à Cat Ba Town. Il est préférable de s'assurer les services d'un guide.

Depuis Cat Ba, il est également possible d'affréter une embarcation pour partir à la découverte de la baie d'Along *(p. 182-184)*, située à courte distance au nord, ou de la plus petite et moins connue baie de Lan Ha, qui s'étend au nord-est. En acquittant un modeste droit d'accès, vous profiterez de plages très agréables.

Lotus d'or, une variété de bananier, dans le parc national de Cat Ba

Parc national de Cat Ba
20 km NO de Cat Ba Town.
t.l.j. du lever au coucher du soleil. *petit droit d'entrée.*

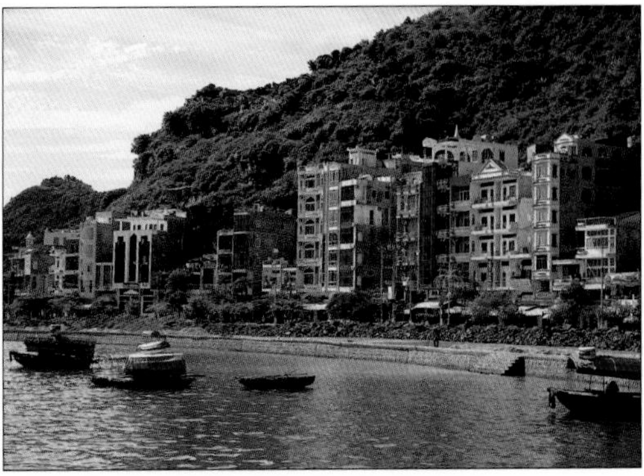

Hôtels et pensions dominant le front de mer, ville de Cat Ba

Récifs de coraux et faune marine au Vietnam

Longue de 3260 km entre le tropique du Cancer et l'équateur, la côte du Vietnam et ses îles offrent des conditions propices au développement du corail, qui a besoin d'une mer propre. Des récifs embellissent les fonds marins depuis les eaux relativement fraîches de la baie d'Along, dans le Nord, jusqu'à celles plus tièdes de Nha Trang, de Phu Quoc et des parages des îles de Con Dao, dans le Sud. Formés de près de 280 espèces de coraux, sur les quelque 800 connues dans le monde, ils procurent un habitat adapté à une faune encore plus variée. Il va s'en dire que la pêche à la dynamite et au cyanure, et le réchauffement planétaire mettent en danger ces écosystèmes fragiles, mais plusieurs organisations travaillent à leur préservation.

La rascasse est l'un des habitants du récif

ÉCOSYSTÈME DU RÉCIF

Les récifs coralliens se construisent à partir des squelettes calcaires de millions de petites créatures qui ne peuvent vivre que dans des eaux chaudes, claires et peu profondes. Elles constituent des colonies aux formes diverses où prospèrent des hôtes d'une infinie variété de tailles et de couleurs.

La tortue verte, *la plus grande des tortues de mer à carapace dure, peut atteindre 1,50 m de longueur et peser jusqu'à 200 kg.*

Les murènes *sont des prédateurs qui se cachent dans les crevasses pour guetter leurs proies. Elles vivent à une profondeur allant jusqu'à 200 m.*

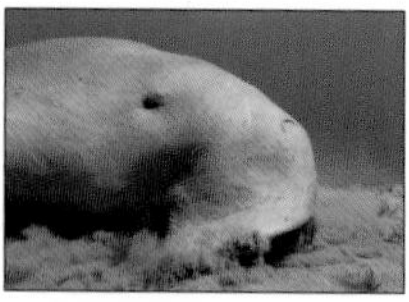

Le dugong *est un pacifique mammifère qui peut atteindre 3 m de longueur. Il vit dans des eaux peu profondes où il se nourrit d'algues.*

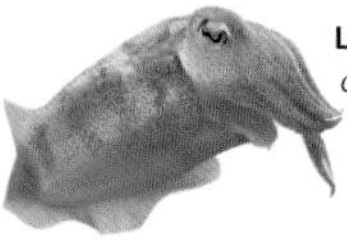

La seiche *appartient à la famille des céphalopodes, comme la pieuvre. Elle possède huit bras et deux tentacules qui lui servent à attraper ses proies.*

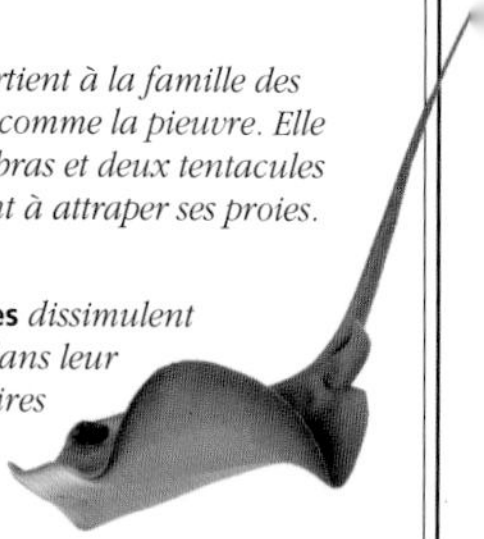

Les raies pastenagues *dissimulent un dard venimeux dans leur queue. Leurs nageoires pectorales donnent l'impression qu'elles se déplacent en volant.*

MAMMIFÈRES MARINS DU VIETNAM

Le grand dauphin aime jouer

De nombreux spécimens de grands mammifères marins fréquentent les eaux du Vietnam. Menacé de disparition, le dauphin de l'Irrawaddy vit près des côtes et dans les estuaires. Il remonte parfois le Mékong jusqu'à 1500 km à l'intérieur des terres. Les rorquals à bosse, les grands dauphins et les baleines franches australes font partie des espèces rares de mammifères marins qui vivent aussi dans les eaux du Vietnam.

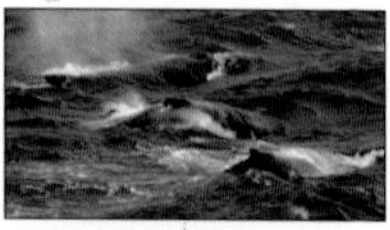

Rorqual à bosse

Baleine franche australe

Cultivateurs de Kenh Ga irriguant un champ avec des seaux

Ninh Binh 7

Carte routière B2. 95 km S de Hanoi sur la route 1. *111 000. train de la Réunification entre Hanoi et Hô Chi Minh-Ville. de Hanoi. Ninh Binh Tourist, Tran Hung Dao, arr. de Hoa Lu, (030) 387 1263.*

La petite ville de Ninh Binh offre une base idéale à la découverte du sud du delta du fleuve Rouge. Elle n'offre pas d'intérêt particulier en elle-même, mais les sites des alentours en ont fait une destination touristique.

À 12 km au nord-ouest, c'est à **Hoa Lu** que l'empereur Tien Hoang De, le fondateur de la dynastie Dinh (968-980), établit sa capitale en 968. Il y fit construire une citadelle et un palais dont il ne reste que des ruines impressionnantes. En revanche, sur le même site se dresse, intact, un imposant temple du XVIIe siècle dédié au souverain. Au bout d'une longue allée, deux piliers sculptés marquent l'entrée de la cour qui renferme au centre, devant le sanctuaire, le piédestal en pierre du trône royal. Au fond de la salle, des statues représentent Tien Hoang et ses trois fils. Un long escalier mène jusqu'à son tombeau, au sommet de la plus proche colline d'où se déploie un superbe panorama. Un peu plus loin, un autre temple est consacré à Lê Dai Hanh (r. 980-1009), fondateur de la dynastie des Lê antérieurs. L'histoire leur attribue le remplacement de la monnaie chinoise par des pièces vietnamiennes.

À 10 km au sud-ouest de Ninh Binh, le site de **Tam Coc**, dont le nom signifie « Les Trois Grottes », est souvent présenté comme « la baie d'Along terrestre ». Les reliefs karstiques dominent ici des rizières et les méandres de la rivière Ngo Dong. La promenade en bateau dure environ 3 h et passe par trois longues cavités parfois si basses que les passagers doivent se baisser. À 3 km au nord de Tam Coc, **Bich Dong**, la grotte de Jade, est un sanctuaire bouddhique en partie taillé dans le rocher.

Non loin, le charmant village de pêcheurs de **Kenh Ga**, accessible uniquement par voie d'eau depuis Tran Me, à 7 km au sud de Ninh Binh, mérite aussi le détour. Au pied des collines rocheuses déchiquetées, ses maisons flottantes entourent une petite île. La promenade sur la rivière Hoang Long dure presque 3 h également. Elle passe par la grotte Van Trinh. À environ 1,5 km à l'est de Tran Me s'étendent les marais envahis de roseaux de la **réserve naturelle de Van Long**. Elle protège une communauté de langurs de Delacour, primates menacés d'extinction.

À une trentaine de kilomètres au sud de Ninh Binh, la **cathédrale de Phat Diem** est un but d'excursion très agréable. C'est un prêtre local, Tran Luc, le « père Six », qui entreprit sa construction en 1875. Achevé en 1898, le bâtiment possède un style sino-vietnamien qui le rend unique. Sans les anges et les croix qui les dominent, les toits aux angles recourbés de son clocher évoquent davantage l'entrée d'un temple bouddhique que celle d'un sanctuaire chrétien. Le mobilier de la longue nef ne laisse toutefois aucun doute. Un retable ouvragé coiffe le maître-autel, et la voûte est soutenue par 48 colonnes taillées d'une pièce dans du bois de fer. Un bombardement faillit détruire l'édifice en 1972. Des réparations le sauvèrent de l'effondrement.

Réserve naturelle de Van Long Arr. de Gia Vien, province de Ninh Binh. ***Tél.*** *(030) 364 0246. t.l.j. sur r.-v.*

Cathédrale de Phat Diem ***Tél.*** *(030) 386 2058. t.l.j.*

Au débouché d'une des grottes de Tam Coc

Pour les hôtels et les restaurants de la région, voir p. 243-244 et p. 259-260

Pagode des Parfums ❽

Statue, pagode Thien Tru

Au sein d'un splendide paysage karstique et luxuriant, le complexe de pèlerinage bouddhique de la pagode des Parfums (Chua Huong) domine la rivière Suoi Yen, sur le flanc de Nui Huong Tich, la montagne de l'Empreinte parfumée. Uniquement accessible en bateau, il compte une trentaine de sanctuaires. Le plus impressionnant, la pagode Huong Tich, occupe une vaste grotte. Chaque année au printemps *(p. 30)*, une foule fervente vient s'y recueillir et prier Quan Am, la déesse de la miséricorde, de bien vouloir accorder à tous de bonnes récoltes et aux couples stériles la joie d'avoir des enfants.

La pagode Thien Tru s'inscrit dans la luxuriante végétation

★ Pagode Huong Tich
Cent vingt marches mènent à la pagode de l'Empreinte parfumée, située dans la « plus belle caverne sous le ciel méridional », selon une inscription gravée près de l'entrée. Des autels occupent les moindres replis des concrétions calcaires.

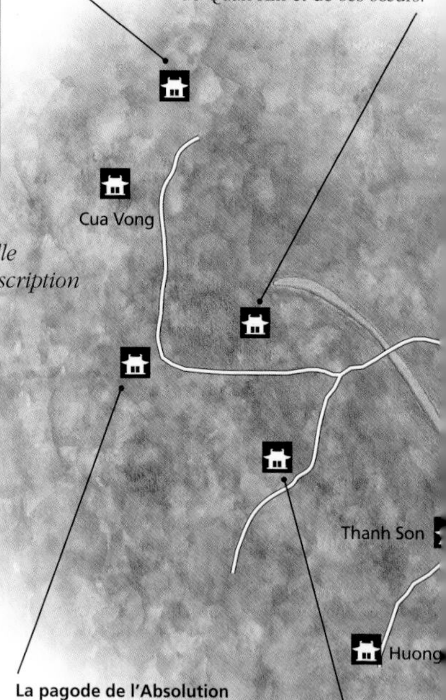

La pagode Tien Son renferme dans une grotte des statues rubis de Quan Am et de ses sœurs.

La pagode de l'Absolution (Giai Oan Chua) attire les pèlerins en quête de purification et de justice.

Escalier menant à Huong Tich
En période de pèlerinage, il faut compter au moins une heure pour rejoindre la pagode de l'Empreinte parfumée, au milieu de milliers de personnes qui se saluent d'un pieux « Nam mo A Di Da phat », *« Loué soit le bouddha Amitabha ».*

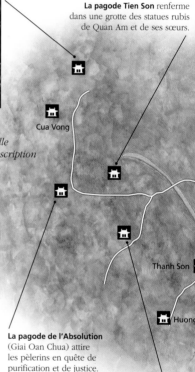

★ Pagode Thien Tru
Également connu sous le nom de Cuisine céleste, ce sanctuaire du XVIIIe *siècle s'étage sur trois niveaux au flanc de la montagne. Un élégant clocher à triple toiture se dresse devant le sanctuaire qui abrite une image de Quan Am.*

★ Rivière Suoi Yen
Une myriade de barques en métal, toutes menées par des femmes, conduit les visiteurs jusqu'au site de pèlerinage. La promenade au milieu des rizières, dans un silence seulement brisé par les rames, dure une heure et demie.

Dans le temple de la Présentation (Den Trinh), premier arrêt sur la montagne, les fidèles se purifient une dernière fois avant d'entrer en territoire sacré.

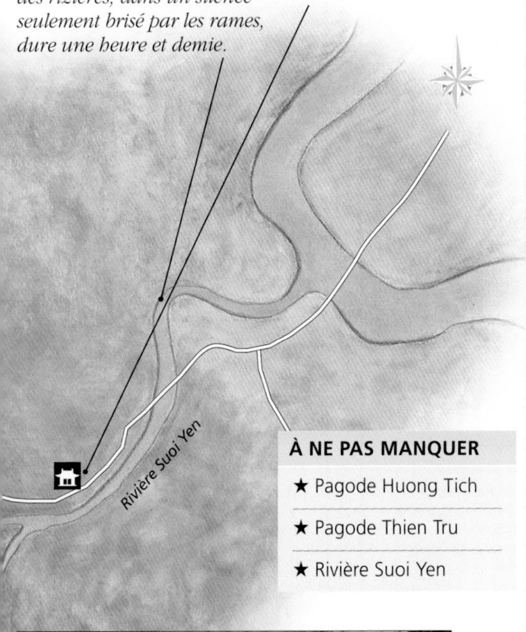

MODE D'EMPLOI

Carte routière B1. 65 km SO de Hanoi sur la route 21, fbg de My Duc. *du centre-ville de Hanoi et Ninh Binh.* *t.l.j.* *une télécabine relie la pagode Thien Tru à la pagode Huong Tich. Le prix n'est pas compris dans le billet d'entrée.*

À NE PAS MANQUER

★ Pagode Huong Tich

★ Pagode Thien Tru

★ Rivière Suoi Yen

Embarcadères de départ
Depuis le faubourg de My Duc, des barques métalliques assurent le transport des pèlerins jusqu'à la pagode des Parfums.

Cerfs sika *(Cervus nippon)* dans le parc national de Cuc Phuong

Parc national de Cuc Phuong ❾

Carte routière B2. District de Nho Quan, 45 km O de Ninh Binh ; 140 km SO de Hanoi. ***Tél.*** *(030) 384 8006.* *minibus à Ninh Binh.* *t.l.j. 8h-17h30.* *avec accord des autorités du parc.* **www**.cucphuongtourism.com

Créé en 1962, le plus ancien parc national du Vietnam, d'une superficie de 222 km², est principalement couvert de forêt tropicale primaire. La faune y compte près de 100 espèces de mammifères, une quarantaine de reptiles et 300 sortes d'oiseaux. Les scientifiques ont dénombré 2000 plantes différentes et 1000 insectes, dont de nombreux papillons. Un centre international, l'**Endangered Primate Rescue Center**, a ouvert en 1993. Il soigne des singes blessés par des chasseurs, anime des programmes de reproduction et de préservation, et prépare les individus d'espèces menacées à un retour à la vie sauvage. Il abrite de nombreux langurs, gibbons et entelles, et offre une occasion rare de voir ces animaux de près. Les sentiers du parc permettent des randonnées de durée variable *(p. 273)*. Les visiteurs peuvent loger sur place ou dans des villages muong des environs.

Endangered Primate Rescue Center
Tél. *(030) 384 8002.* *t.l.j.*
www.primatecenter.org

Hoa Binh ⑩

Carte routière B1. 75 km SO de Hanoi. *83 000.* *de Hanoi.* *Hoa Binh Tourist, 54, Phuong Lam, (018) 385 4327.*

Dans une région à forte population muong, cette petite ville moderne porte un nom qui signifie « La Paix ». Ironie de l'Histoire, sa situation stratégique près de la vallée de la rivière Noire (Song Da) lui valut d'être l'enjeu de nombreux combats pendant la guerre d'Indochine *(p. 43)*. Ses restaurants en font une bonne étape lors d'une excursion à Moc Chau ou dans la vallée de Mai Chau depuis Hanoi. Le **musée de Hoa Binh** possède quelques reliques des guerres de libération et surtout d'intéressantes collections préhistoriques. À quelques kilomètres au nord-ouest, la construction du plus grand barrage hydroélectrique du Vietnam a créé un lac long de 230 km. On peut y faire des promenades en bateau.

Musée de Hoa Binh
6, An Duong Vuong.
Tél. *(018) 385 2177.* *t.l.j. 7h-11h, 13h30-16h30.*

Épave d'un blindé français, musée de Hoa Binh

Vallée de Mai Chau ⑪

Carte routière B2. 140 km SO de Hanoi ; 70 km SE de Moc Chau sur la route 6. *50 000.* *de Hanoi et Son La.*

Au pied des contreforts de la cordillère de Truong Son, vertes rizières et petits groupes de maisons sur pilotis donnent un grand charme à cette vallée fertile. Dans les villages comme

Jeunes danseuses en costume traditionnel des Thaïs blancs, Mai Chau

Ban Lac et Ban Van, peuplés surtout de Thaïs blancs, des familles proposent un hébergement chez l'habitant *(p. 229)*. Le logement en chambre commune est rustique, mais l'expérience offre un bon aperçu de la vie quotidienne. Certaines maisons d'hôtes parmi les plus touristiques organisent des spectacles de musique et de danse folkloriques. Les visiteurs peuvent aussi participer à une dégustation d'alcool de riz, bu en commun avec une paille de roseau. Les sentiers qui parcourent les rizières offrent de belles randonnées.

Moc Chau ⑫

Carte routière B1. 200 km SO de Hanoi ; 120 km SE de Son La sur la route 6. *152 000.* *de Hanoi et Son La.*

Moc Chau est le plus grand marché de ce plateau, réputé pour l'élevage bovin et l'industrie laitière qui y sont en pleine croissance. Ses entreprises approvisionnent tous les jours Hanoi en lait frais, yaourts crémeux et sucreries. Moc Chau ne se prête pas plus que Mai Chau à une longue étape. On ne s'y arrête que le temps de prendre une boisson entre Hanoi et Son La. Les environs renferment toutefois des hameaux de Thaïs et de Hmong *(p. 198-199)*, entre autres minorités ethniques, qui méritent un détour.

Son La ⑬

Carte routière A1. 320 km NO de Hanoi sur la route 6 ; 150 km E de Diên Biên Phu sur la route 6. *92 000.* *Hanoi.* *de Hanoi et Diên Biên Phu.*

La dynamique petite capitale de la province de Son La s'étend de chaque côté de l'étroite rivière Nam La. Elle porta un temps le surnom de « Sibérie du Vietnam » à cause du pénitencier, baptisé **Nha Tu Cu Cua Phap**, bâti sur une colline boisée du centre-ville. Les Français l'édifièrent en 1908 quand les Hmong de la région se révoltèrent contre les conditions imposées par les autorités coloniales qu'ils fournissaient en opium. Le pénitencier servit ensuite à l'incarcération de militants du Front pour l'indépendance du Vietnam*(p. 43)*. Malgré la dureté des conditions de détention, il remplit l'office

Vendeuses de la minorité des Thaïs noirs au marché de Son La

de centre de formation idéologique. Des responsables politiques comme Truong Chinh et Lê Duan, deux futurs secrétaires du parti communiste, purent en effet y diffuser leurs théories marxistes et nationalistes. Les raids aériens ont détruit une partie des cellules, mais les cachots se visitent. Une exposition présente divers documents et des photographies. Dans les anciens locaux administratifs, un musée abrite des costumes traditionnels et des objets usuels de diverses minorités ethniques de la région.

Sur la rive orientale de la rivière, le marché constitue une attraction plus gaie. Les visiteurs pourront y trouver de l'artisanat et des tissages des Thaïs noirs et blancs. De petits stands vendent des spécialités culinaires locales, dont la viande de chèvre *(thit de)* et le *tiet canh*, du sang coagulé garni d'échalotes et d'éclats de cacahuètes.

À 5 km au sud de la ville, il suffit de s'acquitter d'un modeste droit d'entrée pour se baigner dans les sources chaudes de Suoi Nuoc Nong. La route qui mène à Diên Biên Phu traverse de beaux paysages ponctués de hameaux et de maisons isolées.

Nha Tu Cu Cua Phap
Dai Khao Ca. ***Tél.*** *(022) 385 2022.*
t.l.j. 7h30-11h, 13h30-16h30.

Diên Biên Phu ⓮

Carte routière A1. 470 km NO de Hanoi ; 150 km O de Son La.
48 000. *Hanoi.*
de Hanoi, Son La et Lai Chau.
www.dienbienphu.org

Dans une vallée fertile près de la frontière du Laos, la petite ville de Diên Biên Phu doit à la victoire remportée par le Viêt-minh en 1954 *(p. 43)* d'être entrée dans l'Histoire. Après des mois de préparation de la part du général Vo Nguyen Giap, le camp retranché du corps expéditionnaire français ne résista pas à l'assaut frontal qu'il était justement supposé provoquer, pour renverser le cours d'un conflit où les forces coloniales ne cessaient de perdre du terrain. Il tomba le 1er mai. Dix mille soldats furent capturés. Un tiers survécut à la détention.

La vallée faisait partie de la province de Lai Chau, dont une partie a disparu sous le lac créé par le barrage de Son La. La constitution de la province de Diên Biên Phu a entraîné la construction de bâtiments administratifs et d'habitations destinées aux populations déplacées. Cette expansion urbaine empiète sur le site du principal champ de bataille, sur la rive orientale de la Nam La, où gisent toujours les épaves rouillées de blindés. Non loin se dresse un monument aux morts français.

Le **musée de Diên Biên Phu** illustre le déroulement des combats des Vietnamiens contre les Français et présente des armes, des chars, des uniformes et des effets personnels de soldats. En face, le **cimetière des martyrs de Diên Biên Phu** renferme les tombes des Viêt-minh tombés pendant l'assaut. Au nord, au sommet de la **colline A1**, subsistent les vestiges d'un bunker. Un monument rend hommage aux héros vietnamiens. Plus au nord, le plus grand monument de l'ensemble du pays – un bronze de 120 t – commémore le 50e anniversaire de la victoire.

Musée de Diên Biên Phu
1, Muong Thanh. ***Tél.*** *(023) 383 1341/830 870.* *t.l.j. 7h30-11h, 13h30-16h30.*

Maisons traditionnelles dominant des rizières près de Son La

Pierre tombale du cimetière des martyrs de Diên Biên Phu

Le spectaculaire col de Tram Ton, sur le versant nord du mont Fan Si Pan, Sapa

Sapa ⓯

Carte routière A1. 380 km NO de Hanoi. *54 000. de Hanoi jusqu'à Lao Cai. de Lao Cai. Sapa Tourism, rue Cau May, (020) 387 1975. sam.-dim.*

En 1912, peu après l'inauguration de la ligne de chemin de fer qui traverse la région entre Haiphong et le Yunnan, l'armée française construisit un sanatorium et une station météorologique sur un balcon montagneux situé à 1650 m d'altitude, sur le flanc oriental de la chaîne de Hoang Lien Son, près du Fan Si Pan, le point culminant du Vietnam. La fraîcheur du climat et la beauté de ces « Alpes tonkinoises » séduisirent les hauts fonctionnaires coloniaux, et Sapa devint en 1922 une station de villégiature où l'élite locale menait dans les hôtels et les villas une vie confortable.

La Seconde Guerre mondiale et l'invasion japonaise de 1941 mirent un terme à ces privilèges. Victimes de démolition ou de décrépitude, peu de bâtiments de cette époque ont survécu aux trois décennies marquées par la guerre d'Indochine, puis par celle du Vietnam *(p. 43-45)*. La ville subit en outre des raids aériens pendant le conflit sino-vietnamien de 1979.

Revenue à la vie depuis que les réformes économiques entamées dans les années 1990 ont rouvert le pays au tourisme, elle possède à nouveau de nombreux hôtels. Leurs prix augmentent beaucoup l'été, lorsque affluent les citadins.

Hôtels à flanc de colline, Sapa

Sapa s'étage sur trois niveaux reliés par d'étroites rues en pente et de raides volées de marches. Un petit lac artificiel est entouré de locaux administratifs. Sur la grand-place se tient le marché. Il a lieu tous les jours de la semaine, mais il est surtout important le dimanche. Les membres de minorités ethniques de la région, principalement des Hmong noirs et des Dao rouges, y affluent pour vendre leurs produits agricoles et artisanaux. Les jeunes femmes se parent de leurs plus beaux atours : tuniques et vestes brodées, lourds bijoux d'argent et coiffes élaborées. Le parvis de la petite église élevée en 1930 est particulièrement fréquenté les jours de fête.

Les environs se prêtent à de splendides randonnées, qui longent des hameaux ouverts à tous. Au sud-est de la ville, la **colline de la Gueule du dragon** (Ham Rong) est l'occasion d'une agréable promenade à travers

Jeune fille et enfant dao noirs en tenue traditionnelle

Pour les hôtels et les restaurants de la région, voir p. 243-244 et p. 259-260

des rocailles fleuries. Son sommet ménage un somptueux panorama sur les trois vallées. Les minorités ethniques y donnent également des spectacles de danse.

Aux environs : à une quarantaine de kilomètres au nord-est, **Lao Cai** se présente comme la « porte de Sapa ». La route pour l'atteindre traverse de superbes paysages, mais cette ville-frontière est surtout une étape pour les voyageurs allant en Chine, ou faisant étape en direction de Sapa et Bac Ha.

Désormais protégé par une réserve naturelle, le mont **Fan Si Pan** (3 143 m), point culminant du Vietnam, s'élève à environ 8 km de Sapa. Beaucoup d'hôtels proposent son ascension avec l'assistance de porteurs. Mais même ainsi, les conditions climatiques et la difficulté du terrain n'autorisent cette randonnée qu'aux marcheurs chevronnés et équipés de vêtements chauds et de solides chaussures *(p. 273)*. Disposer de son propre sac de couchage est vivement recommandé. La dense végétation tropicale qui couvre la base de la montagne cède la place en altitude à une forêt tempérée.

Accessoires brodés par des Dao rouges

À 3 km de Sapa s'élève le charmant village hmong noir *(p. 198)* de **Cat Cat**. Ses habitants vivent dans des maisons en argile, en clayonnage, en bambou et en chaume. De grandes cuves d'indigo servent à la teinture des vêtements. Des motos-taxis permettent d'éviter la remontée à pied. À 4 km de Cat Cat, **Sin Chai**, un autre village hmong est moins fréquenté. Le village dao rouge *(p. 21)* de **Ta Phin** se situe à environ 10 km au nord de Sapa. Pour s'y rendre, le chemin emprunte une vallée peu profonde, ponctuée de rizières en terrasses et traverse les ruines d'un monastère français de 1942. À environ 15 km au nord-ouest de Sapa, sur la route du col de Tram Ton, la **cascade d'Argent** (Thac Bac) dévale la paroi rocheuse d'une hauteur de 100 m. Cette chute d'eau attire de nombreux visiteurs. Des vendeuses viets, hmong noires et dao rouges y vendent des fruits.

Bac Ha ⓰

Carte routière A1. 330 km NO de Hanoi, 70 km E de Lao Cai.
54 000. *de Lao Cai et Sapa.*
(020) 388 0264. *dim.*
www.bachatourist.com

En semaine, il règne une atmosphère paisible dans ce village situé à 900 m d'altitude, au sein du massif de la rivière Chay. Mais l'animation règne le dimanche matin quand les membres des tribus montagnardes – Dao, Tay, Thaïs et, surtout, Hmong fleurs – affluent de toute la région pour la grande foire. Tenant en longe de petits chevaux chargés de bois de chauffage, ils viennent vendre, entre autres, des aromates, des fruits, des légumes, des orchidées sauvages, du gibier, des animaux d'élevage et de splendides objets brodés. Le marché permet à ces ethnies vivant dans des régions très isolées de

Femmes hmong vêtues de costumes colorés au marché de Bac Ha

se procurer des biens de première nécessité ou de luxe, surtout des articles de toilette, des bâtonnets d'encens et des objets servant au culte, ainsi que des aiguilles, du fil et des tissus à broder.

Aux environs : un deuxième marché se tient le samedi au village de **Can Cau**, situé 20 km au nord de Bac Ha. Extrêmement coloré et vivant, il réunit dans un amphithéâtre de rizières en terrasses les membres de diverses minorités ethniques, notamment des Hmong fleurs. La route pour l'atteindre traverse des paysages spectaculaires. Parmi les spécialités, la région compte l'alcool de maïs distillé dans le hameau hmong fleurs de **Ban Pho**. Situé à 4 km à l'ouest de Bac Ha, il offre un joli but de promenade avec ses maisons entourées de vergers.

Marché dominical de Bac Ha

Les Hmong du Vietnam du Nord

Les Hmong, ou Méo, forment l'une des minorités ethniques les plus importantes du Vietnam. À l'origine nomades, ils ont migré de Chine au début du XIXe siècle pour se fixer dans les montagnes du Nord. Connus pour leur esprit d'indépendance – *hmong* signifie « libre » dans leur langue –, ils ont toujours résisté à l'assimilation, restant attachés à leurs coutumes bien qu'ayant renoncé à une vie itinérante et à un mode traditionnel de culture sur brûlis. Ils tirent leur subsistance de l'élevage et de maigres récoltes. Cinq grands groupes, distingués par la tenue des femmes, les composent : les Hmong fleurs, noirs, verts, rouges et blancs.

Le vietnamien est enseigné à l'école pour favoriser l'intégration

Le village hmong, *ou* giao, *est une petite communauté d'habitations en bois, à toit de chaume, reposant sur le sol et non sur pilotis. Leur construction obéit à des rites anciens, et les maisons doivent occuper un terrain béni par des ancêtres.*

Des bandes de couleurs vives, brodées de fleurs, d'oiseaux et de motifs géométriques, parent les tuniques des femmes.

Les célébrations *incluent souvent le sacrifice rituel de buffles, dont la viande apaisera les esprits gardiens de la région. Les instruments de musique utilisés lors de ces cérémonies comprennent de grands tambours, des cornes de buffles et le* queej *qui ressemble à une guimbarde.*

Les Hmong noirs *aux vêtements sombres teints à l'indigo vivent en majorité autour de Sapa. Les hommes portent une culotte ample, une tunique courte et une calotte ; les femmes une robe sur des jambières. Elles serrent leurs cheveux dans des coiffes ouvertes.*

La riziculture sèche *en zone montagneuse est une survivance de la technique traditionnelle de culture sur brûlis. Les autres productions comprennent le maïs, le seigle, le chanvre et le coton. Certaines zones isolées sont plantées de pavot destiné à la fabrication illégale de l'opium.*

L'indigo *sert à la teinture des pantalons, tuniques et ceintures en chanvre tissé à la main par les Hmong noirs et verts. Des réserves à la cire créent une ornementation plus claire.*

Les éventaires de textiles *des Hmong comptent parmi les valeurs sûres des marchés dominicaux des montagnes du Nord. Leurs travaux de broderie et de couture ont beaucoup de succès auprès des étrangers.*

Des paniers en osier permettent aux mères de porter leurs bébés et de garder les mains libres pour d'autres tâches.

Au marché de Bac Ha, *des Hmong fleurs viennent vendre du miel, des bambous et des aromates, et acheter des articles de première nécessité – allumettes, aiguilles et fil.*

Les motifs brodés sur les sacs et les tabliers indiquent la situation familiale et le rang social.

LES HMONG FLEURS

Également appelés Hmong bariolés pour l'exubérance colorée de leurs tenues, les Hmong fleurs forment le sous-groupe le plus important. La tenue des femmes se compose d'un foulard, d'une tunique et d'une jupe plissée, ainsi que de bijoux en argent ou en étain. Les femmes se chargent elles-mêmes de la vente de leurs travaux de couture, de broderie et de batik.

Chez les Hmong rouges, *les femmes conservent précieusement les cheveux qu'elles perdent pour qu'ils étoffent d'énormes chignons formés autour d'une coiffe. Elles y intègrent parfois les chevelures de parentes décédées.*

Les lourdes parures d'argent *sont aussi une marque de statut. Un serpent apparaît souvent dans le décor des boucles d'oreilles, colliers et bracelets, car il s'agit d'un talisman protecteur. Les bijoux sont censés lier l'esprit au corps, et les hommes et les enfants en portent aussi.*

Premières lueurs de l'aube sur le lac du parc national de Ba Be

Parc national de Ba Be 17

Carte routière B1. 240 km N de Hanoi ; 60 km N de Bac Kan. ***Tél.*** *(0281) 389 4026.* Hanoi. *sur accord des autorités du parc.*

Dans une magnifique région isolée, ce parc créé en 1992 a pour cœur le plus grand plan d'eau douce du pays, le lac Ba Be, dont la forme a inspiré son nom qui signifie « trois baies ». Des bateliers proposent des excursions d'une journée sur le lac.

D'une superficie de 100 km^2, la réserve naturelle protège une zone hérissée de reliefs karstiques, couverts d'une dense forêt tropicale. La faune comprend notamment le langur de François et le rhinopithèque du Tonkin, un primate en voie de disparition.

À son extrémité nord-ouest coule la **cascade de Dau Dang**, haute de 53 m. **Hang Puong**, une grotte qui traverse une colline de part en part, se trouve à environ 12 km en amont sur la rivière Nang. Des minorités ethniques peuplent les montagnes des environs.

Au sud du lac, **Pag Ngoi** est un charmant village tay aux maisons sur pilotis. Il est possible d'y loger chez l'habitant. Le parc abrite un hôtel moderne *(p. 243)*.

Cao Bang 18

Carte routière B1. 270 km N de Hanoi sur la route 3. *45 000.* *de Hanoi et Lang Son.*

Hors des sentiers battus dans les hautes montagnes à la frontière chinoise, la petite ville de Cao Bang sert de point de ralliement aux membres des minorités ethniques des environs – des Tay, des Dao et des Nung entre autres. Les marchandes de produits agricoles installées à l'extérieur du marché présentent plus d'intérêt que celles qui vendent de la pacotille chinoise dans la halle.

Jeune fille nung à Cao Bang

La région a joué un rôle essentiel dans l'histoire du Vietnam, car c'est de là que Hô Chi Minh *(p. 169)* a lancé sa campagne de libération en 1941.

Aux environs : à 60 km, au nord-ouest de la ville, **Hang Pac Bo**, la grotte de la Roue à eau, servit de camp de base à Hô Chi Minh pour diriger les premiers maquis du Viêt-minh. Il y séjourna jusqu'en 1945, l'année où il déclara l'indépendance du pays *(p. 43)*.

À 90 km au nord-est de Cao Bang, **Thac Ban Gioc**, la plus grande chute d'eau du Vietnam, haute de 60 m environ, coule aux confins de la Chine. Cette région n'est accessible qu'avec un permis de la police de Cao Bang.

Tam Dao 19

Carte routière B1. 85 km NO de Hanoi. *de Hanoi.*

Ancienne station climatique créée par les Français en 1907 non loin de Hanoi, Tam Dao doit son nom aux « trois îles », les plus hauts sommets de sa chaîne montagneuse. Ils atteignent tous les trois une altitude d'environ 1 400 m et, quand les conditions climatiques sont favorables, ils semblent émerger des nuages comme d'une mer de brume. La route entre Vinh Yen et Tam Dao traverse des forêts de résineux et suit d'étroites vallées qui offrent de beaux panoramas. Si la campagne alentour a du charme, le bourg lui-même est peu engageant : de sinistres hôtels de style soviétique y côtoient des maisons coloniales délabrées. Les reconstructions et les rénovations en cours laissent espérer un changement.

La principale attraction de la région est le **parc national de Tam Dao**. Apprécié des amoureux de la nature vivant à Hanoi, il abrite de nombreux oiseaux et plus de 60 espèces de mammifères. Tous les hôtels fournissent des informations sur les possibilités de randonnée à l'intérieur de la réserve.

Parc national de Tam Dao
Commune de Ho Son, arr. de Tam Duong. ***Tél.*** *(0211) 389 6710.* *t.l.j. 7h-11h30, 13h30-16h30.*

Les « trois îles » de Tam Dao émergeant de la brume

Pour les hôtels et les restaurants de la région, voir p. 243-244 et p. 259-260

Flore et faune du Vietnam du Nord

Sous le dais épais de forêts à feuillage persistant, l'intérieur montagneux du Nord du pays abrite une biosphère exceptionnelle. Plusieurs espèces d'oiseaux, de mammifères et de reptiles y prospèrent dans un monde végétal luxuriant comprenant près de 1 000 plantes différentes. De graves dangers pèsent cependant sur nombre de ces animaux. On compte parmi les plus menacés d'extinction un bovidé, le kouprey, et un primate, le rhinopithèque du Tonkin. L'éléphant d'Asie et le langur de Delacour sont aussi en grand danger. Les autorités s'efforcent de lutter contre le braconnage et les plantations commerciales. Des mesures de protection et de reboisement visent à rendre à la région son équilibre écologique.

Jeunes pousses de fougère dans une forêt

FLORE

De denses forêts poussent dans les vallées et couvrent les reliefs. Leur végétation, tropicale et subtropicale, comprend des arbres gigantesques, des bambous nains, des lianes envahissantes, de délicates orchidées et de chatoyants rhododendrons.

Les formations karstiques dominent autour de Tam Coc, de Cao Bang et de la baie d'Along.

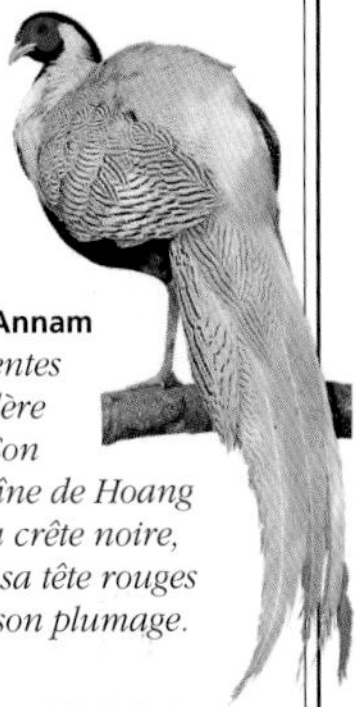

Le faisan d'Annam *vit sur les pentes de la cordillère de Truong Son et de la chaîne de Hoang Lien Son. Sa crête noire, ses pattes et sa tête rouges rehaussent son plumage.*

Les orchidées *comptent 19 variétés endémiques, dont 18 qui poussent sur le mont Fan Si Pan* (p. 197).

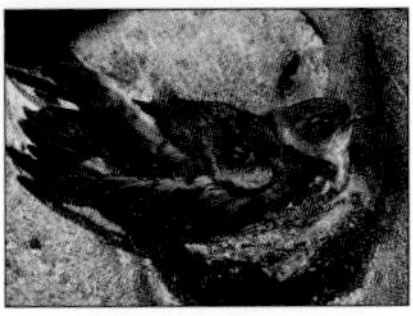

Des millions de salanganes, *de petits insectivores habitant les cavernes calcaires du Nord, quittent leur nid à l'aube pour ne rentrer qu'au crépuscule.*

FAUNE

Les scientifiques ont découvert à la fin du XXe siècle, dans la cordillère de Truong Son, plusieurs grands mammifères jusqu'ici inconnus, dont le saola, le muntjac géant et le muntjac de Truong Son. Des cerfs, des sangliers et de nombreux primates peuplent la forêt, notamment à Cuc Phuong *(p. 193)*.

Le douc *vit dans les forêts primaires et secondaires de basse altitude. Sa longue queue lui donne une grande agilité dans les arbres.*

Le saola *est un bovidé d'habitat forestier dont les zoologues ont constaté l'existence pour la première fois en 1992 dans la réserve naturelle de Vu Quang. Il pèse environ 90 kg à l'âge adulte. Les deux sexes portent de longues cornes.*

Le tigre d'Indochine *souffre du braconnage suscité par son utilisation dans la médecine traditionnelle chinoise. L'espèce ne compterait plus que 150 individus au Vietnam.*

EXCURSION À ANGKOR

PRÉSENTATION D'ANGKOR 204-207
LES TEMPLES D'ANGKOR 208-221
RENSEIGNEMENTS PRATIQUES 222-225

PRÉSENTATION D'ANGKOR

L'ancienne capitale de l'Empire khmer, qui compte des sites archéologiques d'une importance exceptionnelle, est l'une des merveilles du monde. Au milieu de la dense végétation des plaines tropicales du Cambodge occidental, ses immenses temples transportent le visiteur dans un monde mystérieux empreint de la mélancolie d'une grandeur déchue.

Pays de plaine mesurant environ 180 000 km², le Cambodge s'étend entre le Vietnam à l'est, le Laos et la Thaïlande au nord et à l'ouest, et le golfe de Thaïlande au sud. Depuis 1434, sa capitale est Phnom Penh, au confluent du Mékong et du Tonlé Sap, issu de l'immense lac situé au sud de Siem Reap *(p. 208)*. Le pays a toutefois connu son âge d'or à une époque antérieure, au temps du grand Empire khmer, qui s'étendit de la mer de Chine méridionale jusqu'aux abords du golfe du Bengale. Pendant près de six siècles, de 802 à 1432, Angkor en resta le centre politique et religieux. Ses dieux-rois en firent une somptueuse métropole dont les ruines s'étendent sur 200 km². Leurs sujets construisaient les bâtiments en bois – aujourd'hui disparus – destinés aux hommes, mais les temples de pierre et de brique édifiés en l'honneur des dieux hindous et de Bouddha témoignent toujours de leur génie. Angkor Vat, le plus impressionnant d'entre eux, est le plus grand monument d'Asie du Sud-Est.

Danseuse classique, Ballet royal cambodgien

Méandre de la rivière près de Siem Reap *(p. 208)*, porte des temples d'Angkor

RELIGION

Pendant le haut Moyen Âge, la religion officielle du Cambodge était l'hindouisme, et ses souverains révéraient les dieux Shiva et Vishnou. À partir du Xe siècle, le bouddhisme Mahayana se répandit dans tout l'Empire khmer. Son influence, qui s'accrut pendant le règne de Jayavarman VII (r. 1181-1215), eut des effets spectaculaires sur l'architecture d'Angkor. Après un retour au brahmanisme, ce fut finalement le bouddhisme Theravada, la « doctrine des Anciens », qui devint, comme en Thaïlande et au Laos, la religion dominante du pays.

HISTOIRE

Les historiens situent la fondation de l'Empire khmer au début du IXe siècle, quand Jayavarman II (r. 802-850) se proclama *devajara*, ou dieu-roi. Adorateur de Shiva, il commanda la construction d'un temple-montagne pyramidal à l'image du mont Meru, axe de l'univers, donnant au pays

Bonzes traversant les douves d'Angkor Vat

un centre où le temporel ne se distinguait pas du sacré. Ses successeurs développeront ce modèle *(p. 214-215)*. Indravarman Ier (r. 877-889) étendit l'empire, puis Yasovarman Ier (r. 889-910) déplaça la capitale de Roluos à Angkor. Il sacralisa le nouveau siège du pouvoir en édifiant un superbe sanctuaire sur la colline de Phnom Bakheng et un autre dans le vaste réservoir du Baray oriental. Sûryavarman II (r. 1113-1150) et Jayavarman VII construisirent les deux plus majestueux ensembles architecturaux : les villes-temples d'Angkor Vat et d'Angkor Thom. Le pays entra ensuite dans une période de déclin marquée par plusieurs invasions thaïes, puis l'abandon d'Angkor en 1431. La colonisation de l'Indochine ouvrit la voie à des explorateurs européens. Un naturaliste, Henri Mouhot, découvrit en 1860 ces ruines envahies par la jungle et en fit des dessins qui enflammèrent l'imagination des Français. Jusqu'aux années 1970, des archéologues se succédèrent pour faire revivre les sublimes bâtiments.

Si les édifices n'ont pas directement souffert des combats liés à l'extension de la guerre du Vietnam *(p. 44-45)* au Cambodge puis à la prise du pouvoir par les Khmers rouges, des pilleurs ont en revanche commis des ravages jusqu'au début des années 1980.

ANGKOR AUJOURD'HUI

Depuis les accords de paix signés en 1991, Angkor a progressivement rouvert au public. Ses monuments ont traversé sans dommages excessifs la période extrêmement dévastatrice pour le reste du pays. Après un minutieux déminage de la zone, les travaux de restauration et d'entretien ont pu reprendre. Inscrit au patrimoine mondial par l'Unesco, le site archéologique attire chaque année des millions de visiteurs, représentant, pour le Cambodge en pleine reconstruction, une importante source de devises.

DATES CLÉS

802 Établissement de l'Empire khmer

900 Déplacement de la capitale de Roluos à Angkor

1113-1150 Sûryavarman II construit Angkor Vat

1181-1201 Jayavarman VII construit le Bayon et Angkor Thom

1352-1431 Le Siam attaque Angkor à quatre reprises

1863 Le Cambodge devient un protectorat français

1953 Le roi Norodom Sihanouk obtient la pleine indépendance du Cambodge

1970 Premiers bombardements américains dans le Nord et l'Est du Cambodge

1975 Les Khmers rouges s'emparent du pouvoir

1979 L'armée vietnamienne renverse les Khmers rouges

1998 Mort de Pol Pot, le chef des Khmers rouges

2005 L'ONU donne son accord au jugement des dirigeants Khmers rouges survivants

À la découverte d'Angkor

Dans une région constituée de forêts et de rizières soigneusement entretenues, les imposants monuments de l'ancienne capitale de l'Empire khmer sont sans doute les plus grands chefs-d'œuvre historiques de l'Asie du Sud-Est. Au nord de Siem Reap, le visiteur découvre tout d'abord les hautes tours du temple-montagne d'Angkor Vat, puis la vaste cité d'Angkor Thom, où d'immenses visages affichent depuis des siècles un sourire mystérieux. Bien que plus modestes, les temples de Preah Khan et Preah Neak Pean, situés plus au nord, ne manquent pas d'intérêt. À l'est d'Angkor Thom, Ta Prohm reste pris dans les racines de fromager et offre un spectacle très romantique. Les sites plus éloignés de la ville comprennent, au nord-est, les joyaux en grès rose de Banteay Srei et, au sud-est, le groupe de Roluos, dont les édifices sont plus anciens.

Apsaras dansant, bas-relief du Bayon, Angkor Thom

ANGKOR D'UN COUP D'ŒIL

Monuments historiques

Angkor Thom p. 216-219 ❹
Angkor Vat p. 212-213 ❷
Banteay Srei ❾
Groupe de Roluos ❿
Phnom Bakheng ❸
Prasat Kravan ❽
Preah Khan ❺
Preah Neak Pean ❻
Ta Prohm ❼

Ville

Siem Reap ❶

VOIR AUSSI

- ***Hébergement*** p. 244-245
- ***Restaurants*** p. 260-261

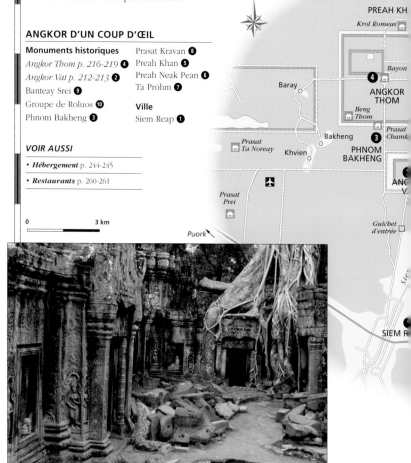

Racines de fromager envahissant les monuments de Ta Prohm

CIRCULER

Il faut à la fois du temps et un moyen de transport pour visiter Angkor. Une motocyclette peut convenir, voire une bicyclette comme le font un nombre croissant de visiteurs, mais la chaleur qui règne dans la région rend une voiture climatisée avec chauffeur nettement plus confortable. Il existe deux circuits au départ d'Angkor Vat. Le « petit circuit » (18 km, une journée minimum) inclut les monuments les plus centraux, puis Ta Prohm et enfin Banteay Srei. Le « grand circuit » (27 km, deux jours minimum) passe en outre par Preah Neak Pean, puis continue jusqu'à Ta Som, avant de rejoindre Pre Rup au sud.

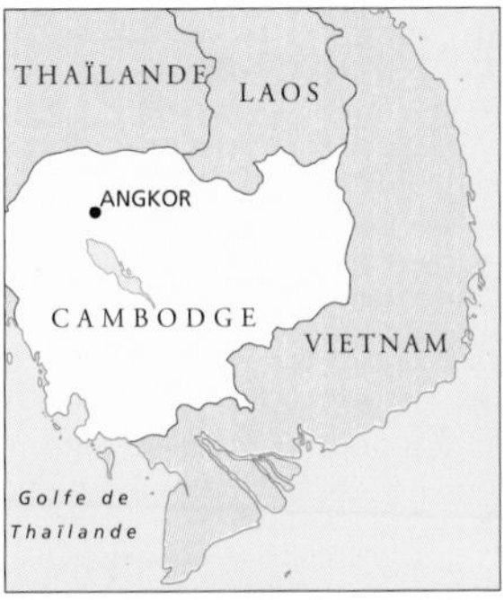

CARTE DE SITUATION

LÉGENDE

- Zone urbaine
- Aéroport international
- Temple
- Site archéologique
- Route principale
- Route secondaire

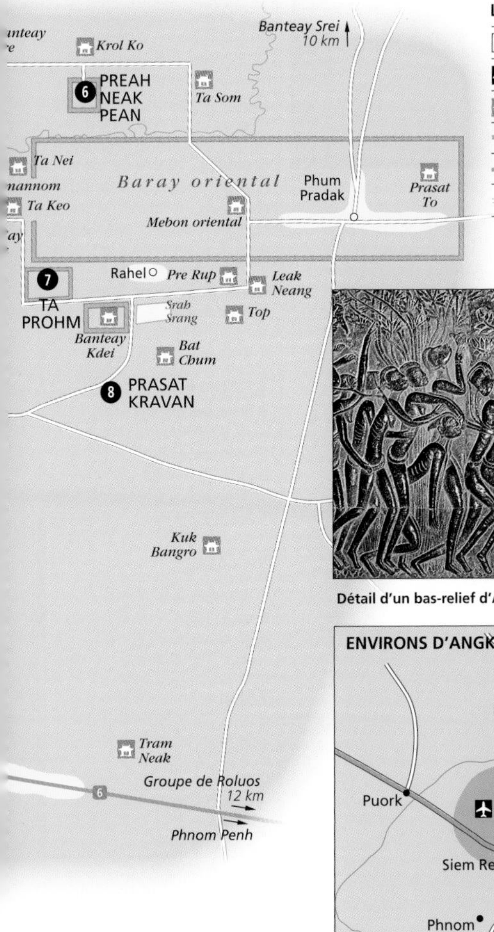

Détail d'un bas-relief d'Angkor Vat

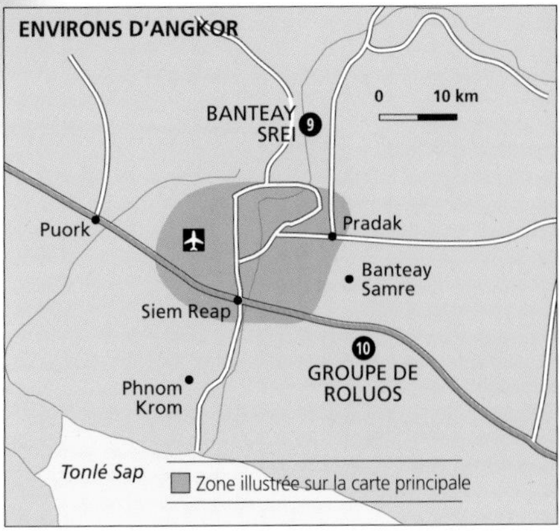

Siem Reap ❶

Le chef-lieu de la province de Siem Reap porte un nom qui signifie littéralement « le Siam vaincu », en souvenir de la victoire des Khmers sur le royaume thaï d'Ayutthaya au XVIIe siècle. Située dans le nord-ouest du Cambodge, la ville doit sa prospérité actuelle à la proximité des temples d'Angkor et de Roluos. Centre touristique en pleine croissance depuis l'ouverture d'un aéroport, elle conserve un paisible quartier colonial et abrite de nombreux hôtels et restaurants.

Façade du Grand Hôtel d'Angkor *(p. 245)*, Siem Reap

À la découverte de Siem Reap
Malgré l'afflux de visiteurs – près de 2 millions par an –, le centre-ville a conservé son cachet et une atmosphère reposante. Bars, commerces et restaurants en font un lieu agréable où se détendre après une journée de visite.

Au nord, le **Grand Hôtel d'Angkor**, superbement restauré, compte parmi les souvenirs emblématiques de l'époque coloniale. Il domine le Jardin royal, non loin du **Palais royal** qui est rarement occupé par Sihamoni, le souverain.

Au sud d'une statue de Vishnou, l'avenue Pokambor suit la rive droite de la rivière Siem Reap en longeant le quartier français. Elle mène au **Psar Chaa**, le vieux marché, riche en boutiques d'artisanat où se procurer souvenirs et cadeaux. Bordée de maisons sur pilotis peintes en bleu et de norias en bambou, la berge de la rivière invite à la flânerie.

À 10 km au sud de la ville s'étend le **Tonlé Sap**, le plus vaste lac d'eau douce d'Asie du Sud-Est. Classé réserve de la biosphère par l'Unesco, il quadruple de surface à la saison des pluies, caractéristique unique au monde. Sur la route des temples, au nord de Siem Reap, l'ONG Krousar Thmey propose l'exposition **« Le lac Tonlé Sap, source de vie »**.

Les principaux monuments d'Angkor, la billetterie et le conservatoire se trouvent à 3 km au nord du Jardin royal. À mi-chemin, le **Vat Thmei** renferme un stupa vitré contenant les ossements de victimes des Khmers rouges.

MODE D'EMPLOI

250 km NO de Phnom Penh.
de Battambang et Phnom Penh. *Khmer Angkor Tour Guide Association, (063) 964 347.*

« Le lac Tonlé Sap, source de vie »
Sur la route d'Angkor Vat.
Tél. *(063) 964 694.*
t.l.j. 8h-18h. *12h-14h.*

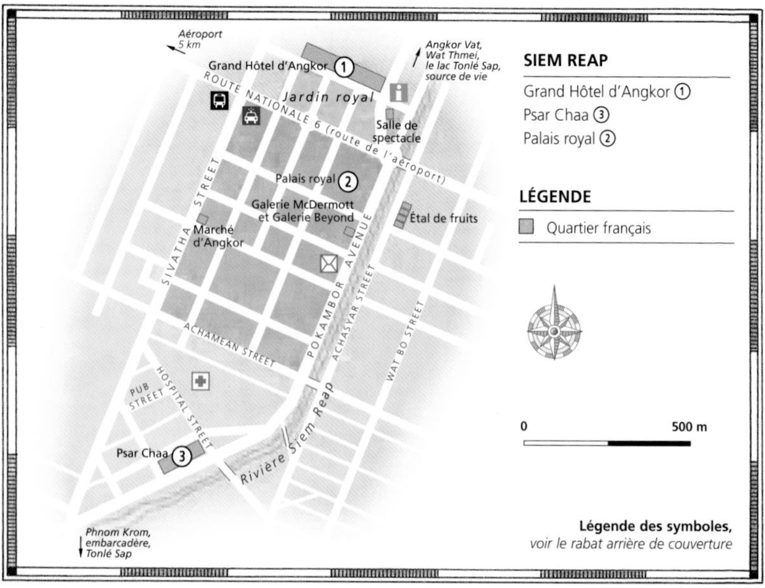

Pour les hôtels et les restaurants de la région, voir p. 244-245 et p. 260-261

Sommet du Phnom Bakheng au coucher du soleil

Angkor Vat ❷

Voir p. 212-213.

Phnom Bakheng ❸

Au S d'Angkor Thom. *t.l.j. du lever au coucher du soleil. billet général.*

Lorsqu'il établit sa capitale sur le site d'Angkor, Yasovarman Ier (r. 889-910), le « roi protégé par la gloire », fit construire l'un des tout premiers temples-montagnes *(p. 214)*, typiques de l'architecture religieuse khmère. Ses vestiges dominent la plaine depuis une colline haute de 67 m. Dédié à Shiva, le sanctuaire en forme de pyramide à cinq gradins comportait à l'origine 109 tours. Beaucoup ont disparu, mais des lions assis gardent toujours l'escalier. Sur la terrasse supérieure, quatre tours d'angle entourent le temple principal en ruine. Il a conservé de beaux portails sculptés et les représentations de divinités féminines et de *makara*, une créature marine mythique *(p. 135)*. Sur le versant oriental de la colline, des marches de pierre mènent au sommet. Un autre sentier parfois fermé serpente sur le côté sud. En haute saison, on peut le gravir à dos d'éléphant. Le point de vue découvre un panorama ébouissant sur Angkor et le Baray occidental, surtout au crépuscule, quand le soleil couchant illumine le Tonlé Sap et nimbe les flèches d'Angkor Vat.

Angkor Thom ❹

Voir p. 216-219.

Preah Khan ❺

1,6 km NE d'Angkor Thom. *t.l.j. du lever au coucher du soleil. billet général.*

Fermée par un mur de latérite long de 3 km, l'enceinte de Preah Khan possède une superficie de 57 ha. Elle abritait un monastère, une université religieuse et un *baray*, vaste bassin à la fois rituel et réservoir pour l'irrigation. Le roi Jayavarman VII (r. 1181-1215) y aurait temporairement établi sa capitale pendant la restauration d'Angkor Thom, dévastée par le royaume du Champa en 1177 *(p. 39)*.

Selon une stèle gravée retrouvée en 1939, la construction du temple, dédié au bouddhisme Mahayana, date de 1191. Son nom, qui signifie « épée sacrée » en khmer, rappelle qu'il occupait le centre d'une ancienne cité baptisée Nagarajayacri, la « Ville de l'épée sacrée » en siamois, une référence à l'arme mythique de Jayavarman II, le fondateur de l'empire au IXe siècle. Le sanctuaire principal est bâti selon un plan en croix. Ses quatre portes font face aux points cardinaux. Il faut entrer à l'est pour respecter la logique rituelle. Les hindouistes ont détruit au XIIIe siècle la majorité des bouddhas qui ornaient le temple à l'origine. Ils ont aussi remanié des bas-reliefs pour leur donner l'aspect d'ascètes en prière. Des sculptures d'apsaras décorent la salle des Danseuses. Les habitants de la région continuent de faire des offrandes de fleurs et d'encens à la Dame blanche, une effigie féminine, épouse de Jayavarman VII. Le bâtiment le plus remarquable porte sur sa tour centrale quatre visages du bodhisattva Lokeçvara. Comme Ta Prohm *(p. 220)*, Preah Khan subit les assauts d'une végétation luxuriante, et les racines de grands arbres couvrent – voire perforent par endroits – les édifices en latérite et en grès sur lesquels ils poussent. Contrairement à Ta Prohm, le temple a été restauré, et plusieurs arbres ont été abattus afin que les murs puissent être remontés.

Ascète en prière, Preah Khan

Frise d'apsaras de la salle des Danseuses, Preah Khan

Bonzes en méditation devant la tour des Visages du Bayon, Angkor Thom ▷

Angkor Vat ❷

Angkor Vat signifie littéralement « La ville qui est un temple ». Dédié à Vishnou, le protecteur de la création, le sanctuaire offre une image terrestre du cosmos hindou. Ses cinq tours en forme de bouton de fleur de lotus s'organisent en une pyramide figurant le mont Meru, séjour des dieux. L'enceinte et ses douves représentent les limites du monde baigné par l'océan sacré, source de toute vie. Le roi Sûryavarman II (r. 1113-1150) qui en commanda la construction y voyait probablement un monument funéraire, car l'enceinte sacrée s'écarte de la tradition religieuse khmère pour faire face au soleil couchant, symbole de mort. Remarquablement bien conservées, ses sculptures forment le plus long bas-relief existant. Elles comprennent quelque 2000 représentations d'apsaras, les nymphes du paradis d'Indra aux danses et aux chants envoûtants.

Sculptures raffinées d'un mur extérieur du sanctuaire central

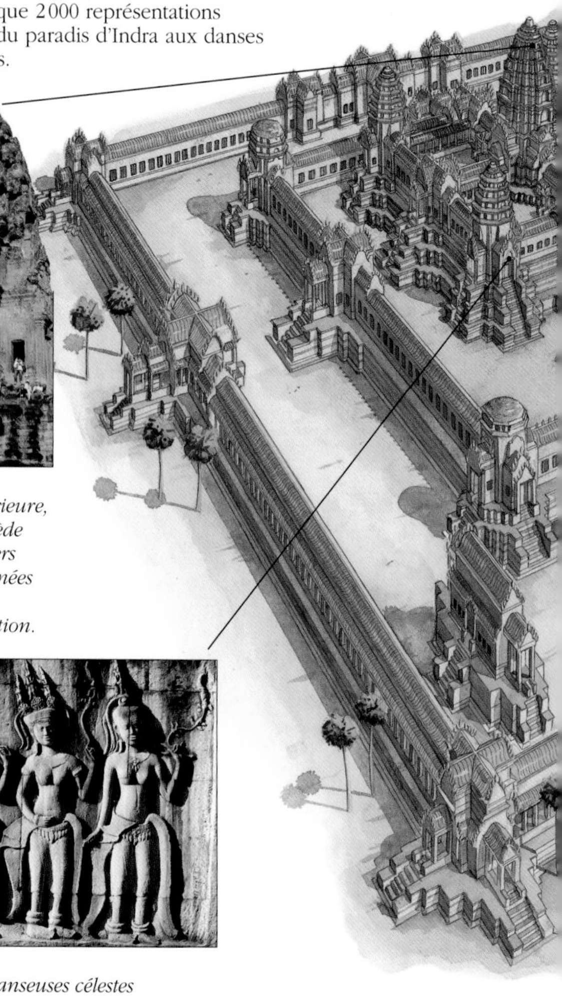

★ Sanctuaire central
Au sein de l'enceinte intérieure, le sanctuaire central possède quatre entrées tournées vers les points cardinaux et ornées d'images de Bouddha, postérieures à sa construction.

★ Apsaras
Malgré leur nombre, les danseuses célestes présentent toutes de légères différences, notamment dans leurs parures et leurs coiffures, d'une extraordinaire variété.

Pour les hôtels et les restaurants de la région, voir p. 244-245 et p. 260-261

Vue des tours
Le temple s'étage sur trois niveaux entre l'enceinte extérieure et la chambre de la tour centrale. Son reflet dans la douve ajoute une dimension immatérielle.

MODE D'EMPLOI

6 km N deSiem Reap.
jusqu'à Siem Reap.
Khmer Angkor Tour Guide, Association Siem Reap, (063) 964 347. *t.l.j. 5h-18h (5h30-17h30 en hiver).*
billet général. **www.** khmerangkortourguide.com

★ Galerie des bas-reliefs
Dans la moitié sud de la galerie ouest, de grands panneaux sculptés illustrent la bataille de Kurukshetra, un épisode de l'épopée indienne du Mahabharata. *Elle met en scène des centaines de guerriers.*

Les bas-reliefs de la galerie sud montrent le roi Sûryavaram II, qui entreprit la construction d'Angkor Vat.

Chaussée
Depuis le pont franchissant la douve, une chaussée longue de 350 m offre une vue saisissante du temple auquel elle donne accès. Ses balustrades de pierre représentent un naga, *génie protecteur à corps de cobra.*

À NE PAS MANQUER

- ★ Apsaras
- ★ Galerie des bas-reliefs
- ★ Sanctuaire central

Architecture

Devada, sculpture d'Angkor Thom

Les historiens d'art datent les styles architecturaux d'Angkor (cinq principaux) à compter de l'établissement par Jayavarman II de sa capitale près de Roluos *(p. 221)*, au début du IXe siècle. Le plus ancien, le style de Preah Ko, s'inscrit dans les traditions préangkoriennes de Sambor Prei Kuk (600-650), à l'est d'Angkor, et de Kompong Preah (706-800), dont les vestiges de Prasat Ak Yum, près du Baray occidental, offrent un exemple. L'architecture khmère atteignit son apogée lors de la construction d'Angkor Vat, puis déclina.

Bibliothèque en grès rose de l'enceinte intérieure de Banteay Srei

PREAH KO (875-890)

Les temples de l'époque de Preah Ko gardent un plan assez simple, avec une ou plusieurs tours de brique sur un socle de latérite. Ils sont les premiers à abriter des « bibliothèques », qui servaient peut-être à protéger un feu sacré, à l'intérieur d'enceintes concentriques dont l'entrée est commandée par un gopura, un pavillon de forme pyramidale.

Cette représentation en grès *d'un esprit gardien décore le mur en brique d'une tour-sanctuaire du temple de Lolei (IXe siècle), du groupe de Roluos.*

La chaussée orientale de Bakong *relie le principal gopura à la pyramide carrée censée évoquer le massif montagneux où se dresse le mont Meru, représenté par la tour centrale.*

DE BAKHENG À PRE RUP (890-965)

Phnom Bakheng *(p. 209)*, Phnom Krom et Phnom Bok possédaient déjà l'organisation classique du temple-montagne inspiré du mont Meru : quatre tours disposées en quinconce autour du sanctuaire principal, placé sur une plate-forme au sommet de la pyramide. Le style de Pre Rup évolua pendant le règne de Rajendravarman II (r. 944-968). Les tours devinrent plus hautes, avec des gradins plus nombreux accentuant les pentes.

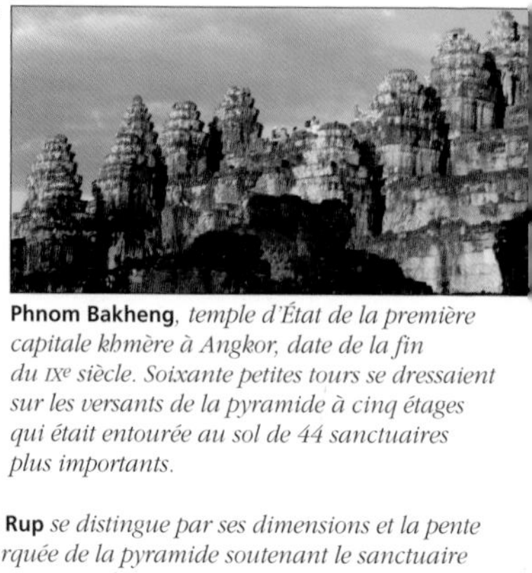

Phnom Bakheng, *temple d'État de la première capitale khmère à Angkor, date de la fin du IXe siècle. Soixante petites tours se dressaient sur les versants de la pyramide à cinq étages qui était entourée au sol de 44 sanctuaires plus importants.*

Pre Rup *se distingue par ses dimensions et la pente marquée de la pyramide soutenant le sanctuaire principal. Les linteaux portent des sculptures plus détaillées que les styles antérieurs. Les archéologues supposent qu'il s'agissait d'un crématorium royal, car son nom signifie « retourner le corps ».*

DE BANTEAY SREI AU BAPHUON (965-1080)

Le style auquel Banteay Srei *(p. 221)* a donné son nom est caractérisé par l'importance et la finesse des sculptures, notamment de *devada*, des divinités féminines, et d'apsaras, nymphes sensuelles souvent représentées en train de danser. Au XIe siècle, les sculpteurs du Baphuon donnèrent encore plus de réalisme à leurs œuvres et développèrent les séquences narratives. Le temple prit davantage d'ampleur et fut doté de galeries voûtées.

Le Baphuon à cinq étages, *temple d'État du roi Udayadityavarman II (r. 1050-1066), suscita au XIIIe siècle cette description du voyageur chinois Zhou Daguan : « un spectacle réellement impressionnant avec plus de dix salles à sa base ».*

Banteay Srei, *construit entre 967 et 1000, est l'un des plus beaux temples khmers pour la délicatesse de ses bas-reliefs et de ses linteaux sculptés.*

ANGKOR VAT (1080-1175)

Avec Angkor Vat *(p. 212-213)*, le plus majestueux des temples-montagnes, l'art khmer atteignit son sommet. Cette magnifique réussite architecturale abrite aussi les plus beaux récits réalisé en bas reliefs. Le décor des linteaux témoigne d'un raffinement qui ne sera plus égalé.

Une vue aérienne d'Angkor Vat *révèle les dimensions de l'ensemble, dont le plan obéit à des règles symboliques. La plus haute tour représente le mont Meru, axe de l'univers, mais également le centre du royaume dont le souverain est d'essence divine.*

Les bas-reliefs de Sûryavarman II, *dans la section occidentale de la galerie sud, montrent le roi sur son trône au milieu de courtisans tenant éventails et ombrelles, avec, en dessous de lui, des femmes de la Cour en palanquin. Dans une autre scène, il monte un grand éléphant de guerre.*

LE BAYON (1175-1240)

L'esthétique du Bayon, le dernier des grands temples construits à Angkor, offre une synthèse des styles précédents, mais révèle aussi un déclin de la qualité d'exécution. La latérite est privilégiée aux dépens du grès. Les sculptures associent les imageries hindouistes et bouddhistes.

Les scènes de bataille *ornant le temple du Bayon à Angkor Thom* (p. 216-219) *constituent une chronique de la guerre entre l'Empire khmer et le royaume du Champa. Elle se conclut par la victoire du roi Jayavarman VII en 1181.*

La porte sud d'Angkor Thom *est surmontée de quatre grands visages, peut-être Jayavarman VII, le dieu-roi ou* devaraja, *représenté en bodhisattva Avalokitesvara. Il fixe pour l'éternité les points cardinaux avec une expression indéchiffrable.*

Angkor Thom ❹

Remarquable par ses dimensions, la « grande ville royale » fondée par le roi Jayavarman VII (r. 1181-1215) après l'incursion cham de 1177 possède une enceinte fortifiée haute de 8 m et longue de 12 km, elle-même protégée par des douves larges de 100 m. Des chaussées encadrées de géants portant le *naga* sacré franchissent le fossé jusqu'aux cinq portes monumentales surmontées d'une tiare de pierre. À l'intérieur de la ville ne subsistent que les résidences des dieux, dont le Bayon, le grand temple central aux visages sereins tournés à jamais vers les points cardinaux.

Géants bordant la chaussée menant à la porte sud d'Angkor Thom

★ Visages énigmatiques
Le temple possédait 54 tours, le nombre des provinces de l'Empire. Celles qui ont subsisté arborent des visages tournés vers les quatre points cardinaux. Ils représenteraient le bodhisattva Avalokitesvara personnifié par Jayavarman VII.

Galerie ouest
Une fidèle fait brûler de l'encens devant une statue de Vishnou, le dieu indien protecteur de l'univers. Située dans la partie sud de la galerie ouest, elle daterait de la fondation du temple.

★ Bas-reliefs de la galerie sud
Ces sculptures représentent des scènes de la vie quotidienne à Angkor au XIIe siècle, notamment un combat de coqs, la préparation de repas, des festivités, des scènes de marché et même un accouchement.

À NE PAS MANQUER

- ★ Bas-reliefs de la galerie sud
- ★ Visages énigmatiques
- ★ Vue sud du Bayon

Pour les hôtels et les restaurants de la région, voir p. 244-245 et p. 260-261

★ **Vue sud du Bayon**
De loin, le temple ressemble à un chaos de pierre. De plus près, la disposition de ses tours sculptées d'étranges sourires devient un peu plus intelligible, mais l'atmosphère du lieu n'en reste pas moins empreinte de mystère.

MODE D'EMPLOI

1 km N d'Angkor Vat ;
7 km N de Siem Reap.
Khmer Angkor Tour Guide, av. Pokambor. *t.l.j. 5h-18h (5h30-17h30 en hiver).*
billet général.

Détails de *devada*
Le terme « devada » *désigne une divinité masculine ou féminine. Elle peut être représentée en danseuse, mais sans la volupté attribuée aux apsaras* (p. 212).

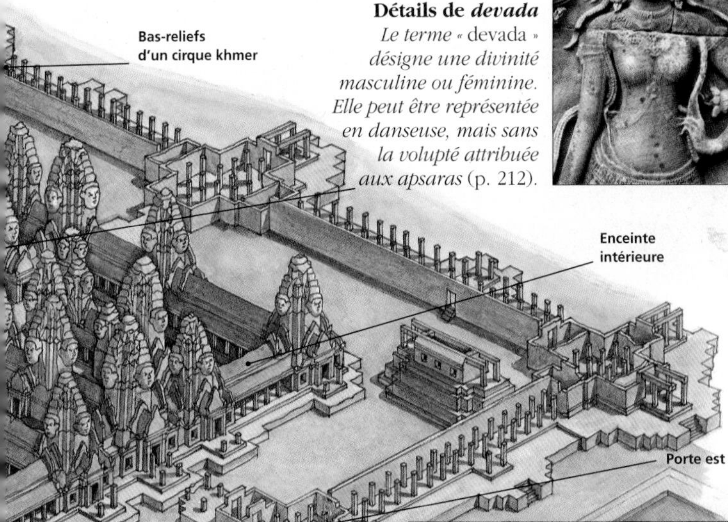

Armée khmère en marche
Les sculptures de la galerie est racontent les combats légendaires qui opposèrent les deux grands royaumes hindous de la péninsule indochinoise. Ici, le roi khmer, montant un éléphant, conduit ses troupes à la bataille contre les Cham.

LE BAYON

Le sanctuaire au cœur d'Angkor Thom évoque à un dédale où ombre et lumière jouent sur les traits d'immenses visages au regard insondable. Huit pavillons donnent accès à l'enceinte extérieure, dont les galeries, jadis couvertes et en cours de restauration, abritent de remarquables bas-reliefs – entre autres, des scènes de bataille et de la vie quotidienne.
Le temple-montagne s'étage sur trois niveaux. Au centre de la plate-forme circulaire reposant sur les deux premiers étages carrés, la tour centrale s'élève jusqu'à une hauteur de 43 m.

À la découverte d'Angkor Thom

Sculpture de la terrasse du Roi lépreux

La cité fortifiée occupe une superficie de près de 10 km². À son apogée, elle eut une population d'environ un million d'habitants. Il ne reste aucune trace de leurs habitations. Depuis la porte sud, la plus utilisée des cinq ouvertures dans les remparts, une allée mène tout droit au Bayon. Les vestiges d'autres monuments, dont le Baphuon et Phimeanakas, s'élèvent au-delà. Malgré leur état délabré, ces ruines ornées de sculptures et de délicats bas-reliefs offrent un reflet de la splendeur et de la puissance de l'Empire khmer.

La porte sud et l'un de ses visages à l'expression sereine et énigmatique

Porte sud

Angkor Thom possède quatre portes situées sur les axes cardinaux de la ville. Une cinquième, la porte de la Victoire, s'ouvre à l'est dans le prolongement de l'ancien palais royal. Il faut passer entre deux longues rangées de dieux, à gauche, et de démons, à droite, chacune portant un *naga* géant, pour atteindre la porte sud, la mieux conservée. Haute de 23 m, elle s'ouvre sous une triple tour sculptée de quatre visages d'Avalokitesvara qui auraient les traits de Jayavarman VII.

Bayon

Le grand temple entrepris par Jayavarman VII à la fin du XIIe siècle mèle éléments bouddhiques et hindouistes. Cela lui confère une place à part dans l'art khmer. Ses bas-reliefs offrent une image animée du peuple à l'origine de tous ces chefs-d'œuvre.

Baphuon

Une chaussée sur colonnettes longue de 200 m mène au temple commandé par le roi Udayadityavarman II au XIe siècle, avant la fondation d'Angkor Thom. D'élégants bas-reliefs ornent les quatre portes. Ils illustrent par petits tableaux des épisodes des épopées indiennes du *Mahabharata*, du *Ramayana* et de la légende de Krishna. À l'intérieur, un grand bouddha couché, datant sans doute du XVe ou du XVIe siècle, s'étend au 2e étage sur la face ouest du temple-montagne. Suite à une belle restauration, le sanctuaire est entièrement ouvert au public.

Phimeanakas

Construit au Xe siècle par Rajendravarman II et agrandi par Jayavarman VII, le « Palais céleste », se trouve à l'intérieur de l'enceinte de l'ancienne résidence royale. Fermée par un mur de latérite de 5 m de haut, sa superficie est de 15 ha. Rien ne subsiste des édifices d'habitation en bois. Selon la légende rapportée par un émissaire chinois du XIIIe siècle, seul le souverain pouvait pénétrer dans le sanctuaire, décrit comme une « tour d'or » où vivait un serpent sacré. La créature prenait tous les soirs la forme d'une femme, avec qui l'empereur avait pour obligation de s'accoupler s'il voulait préserver son royaume.

Quatre escaliers gardés par des lions assis s'élèvent au milieu des côtés du temple-montagne. Aux angles des trois gradins leur répondent des statues d'éléphants. Il ne subsiste pratiquement rien de la tour centrale en grès, mais l'on a de la terrasse supérieure une vue superbe du Baphuon.

Preah Palilay et Tep Pranam

Non loin vers le nord-est de la terrasse du « Roi lépreux » se trouvent les vestiges de deux intéressants lieux de culte bouddhiques. Preah Palilay date du XIIIe ou du XIVe siècle et se dresse à l'intérieur d'une enceinte carrée en latérite de 50 m de côté. Elle est percée d'un pavillon d'entrée à triple passage. Du temple très endommagé est surtout resté une haute tour en forme de cheminée reposant sur un soubassement à trois gradins. Une chaussée longue de 33 m conduit à l'est à une terrasse cruciforme bordée de beaux *naga* formant des balustrades.

Lors sa construction au XVIe siècle, Tep Pranam, situé un peu plus loin à l'est, était sans doute dédié à l'école Mahayana. C'est aujourd'hui un sanctuaire Theravada. Son fleuron est une grande

Phimeanakas, temple-montagne à trois gradins

Pour les hôtels et les restaurants de la région, voir p. 244-245 et p. 260-261

Terrasse des Éléphants

image du « Bouddha prenant la terre à témoin », assis la main droite tournée vers le sol.

Terrasse du Roi lépreux

À quelques pas au sud-est de Tep Pranam, cette petite plate-forme remonte à la fin du XIIe siècle. Elle doit son

Bas-reliefs en cours de restauration de la terrasse du Roi lépreux

nom à une statue sans tête dont on a longtemps cru qu'elle représentait Jayavarman VII. Le roi, selon la légende, souffrait en effet de la lèpre. Il s'agirait en réalité d'une représentation de Yama, le seigneur de la Mort selon les mythes hindouistes. La sculpture est une réplique, les autorités ayant préféré mettre l'original à l'abri au musée national de Phnom Penh.

La terrasse possède deux murs parés de ravissants bas-reliefs, qui font l'objet d'une restauration. Le mur intérieur, le plus remarquable, est couvert de personnages illustrant des créatures du monde souterrain : divinités, rois, *naga* (animaux à corps de serpent) à cinq, sept et neuf capuchons, *devada*, apsaras et créatures marines.

La fonction exacte du site, qui semble être une extension de la terrasse des Éléphants, reste un sujet d'interrogation. Il servait peut-être de lieu de crémation.

Terrasse des Éléphants

Construite par Jayavarman VII, cette terrasse longue de 300 m s'étend du Baphuon à la terrasse du « Roi lépreux ». Elle doit son nom aux sculptures d'éléphants presque grandeur nature défilant avec leurs cornacs. Elle comporte trois plates-formes principales et deux plus petites. Proches du Palais royal, elles accueillaient la Cour lors des défilés militaires et autres parades. Parmi les autres sculptures sont représentés tigres, lions, serpents, oies sacrées et Garuda, la monture du dieu Vishnou.

Khleang nord et Khleang sud

À l'est de la grande allée passant devant la terrasse des Éléphants, ces édifices possèdent une similitude profonde malgré des dates de construction différentes. Le premier remonte au règne du roi Jayaviravarman et le second à celui de son successeur, Sûryavarman Ier (r. 1002-1050). Vous pouvez admirer leurs imposants linteaux en grès et les pignons sculptés qui soutenaient jadis des toitures de tuiles. Leurs fonctions restent inconnues. Le terme « *khleang* » désigne un entrepôt, mais cette appellation est trompeuse selon les archéologues.

ANGKOR THOM

Baphuon ③
Bayon ②
Khleang nord et Khleang sud ⑧
Phimeanakas ④
Porte sud ①
Preah Palilay et Tep Pranam ⑤
Terrasse des Éléphants ⑦
Terrasse du Roi lépreux ⑥

0 500 m

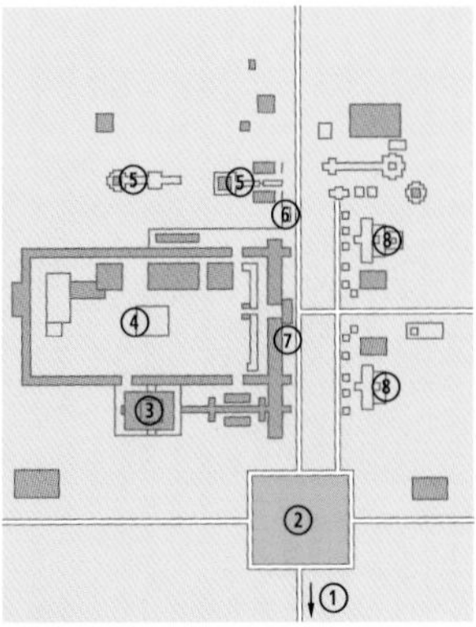

LÉGENDE DU PLAN

Zone illustrée *(voir p. 216-217)*

Preah Neak Pean ❻

4 km NE d'Angkor Thom. *t.l.j. du lever au coucher du soleil.* *billet général.*

Le temple des Serpents enroulés est unique à Angkor. Fondé à la fin du XIIe siècle, il est attribué à Jayavarman VII. De culte bouddhique, il occupe le centre du Baray nord, un vaste lac artificiel parfois asséché.

Sa visite présente surtout de l'intérêt à la saison des pluies tant l'eau y joue un rôle essentiel. Des gradins entourent une grande piscine au centre de laquelle se trouve une petite île circulaire portant une tour-sanctuaire dédiée au bodhisattva Avalokitesvara. Le site doit son nom au couple de *naga* entrelacés qui ceinture sa base. À l'est se dresse une sculpture du cheval Balaha, une manifestation d'Avalokitesvara qui aurait pris cette forme pour sauver des naufragés d'une créature marine. Le plan d'eau symbolise le lac sacré Anavatapta, dans l'Himalaya, où les quatre grands fleuves de la mythologie hindoue prennent leur source. À chacun correspond une tête – à l'est d'homme, au sud de cheval, à l'ouest de lion et au nord d'éléphant. Elles servent de déversoirs et alimentent quatre bassins extérieurs plus petits. Jadis, les dévots venaient demander conseil aux bonzes, puis se purifiaient en se baignant dans l'eau coulant de la bouche que le religieux leur avait attribuée.

Déversoir en forme de tête humaine, Preah Neak Pean

Ta Prohm ❼

1 km E d'Angkor Thom. *t.l.j. du lever au coucher du soleil.* *billet général.*

Le plus évocateur et le plus romantique des temples d'Angkor porte un nom qui signifie « Ancêtre de Brahma », mais il s'agissait à l'origine d'un monastère et d'une université bouddhiques construits pendant le règne du roi Jayavarman VII. Une stèle de pierre décrit la puissance conférée à l'établissement religieux. À son zénith, plus de 3000 villages étaient affectés à son entretien et plus de 12000 personnes vivaient dans l'enceinte, dont 18 grands prêtres et 600 danseuses. L'inscription indique aussi la richesse en pierres précieuses de l'institution et de son fondateur royal : plus de 35 diamants et 40000 perles. La restauration commença pendant la période coloniale, et l'École française d'Extrême-Orient prit la décision de préserver autant que possible l'apparence qu'avait le site au moment de sa mise au jour au début du XXe siècle. Les travaux effectués pour stabiliser les ruines restent donc invisibles. Celles-ci semblent soumises aux effets destructeurs d'immenses racines de fromager paraissant étreindre les pierres comme de monstrueux tentacules.

Longue de 1000 m et large de 600 m, l'enceinte rectangulaire en latérite coiffe le sommet d'une colline. De grands arbres procurent une ombre rafraîchissante dans les étroits passages reliant des galeries sombres à l'odeur de renfermé. Des images de Bouddha retrouvées parmi les ruines décorent l'entrée principale. À l'intérieur, la salle des Danseuses repose sur des piliers carrés. Ornée de fausses portes, elle doit son nom aux frises d'apsaras qui la parent. À l'ouest, le sanctuaire principal est un édifice en pierre également envahi par la végétation.

Racines de fromager intimement mêlées aux ruines de Ta Prohm

Prasat Kravan ❽

3 km E d'Angkor Vat. *t.l.j. du lever au coucher du soleil.* *billet général.*

Fondé par Harshavarman Ier (r. 915-923), ce petit temple hindou dédié à Vishnou se compose de cinq tours de brique disposées sur un axe nord-sud et ouvertes à l'est. Son nom signifie « sanctuaire du Cardamome ».

Le temple conserve de remarquables bas-reliefs. Dans l'édifice central, une pierre dressée au milieu de la salle recevait l'eau lustrale lors des cérémonies de purification. Vishnou apparaît au fond sous sa forme à huit bras et, sur le mur de droite, chevauchant Garuda, sa monture à corps d'aigle, à tête et à membres d'homme. Le linteau en grès de la tour la plus au sud reprend cette représentation du dieu. La tour la plus au nord abrite une magnifique image

Pour les hôtels et les restaurants de la région, voir p. 244-245 et p. 260-261

sculptée de Lakshmi, sa parèdre, déesse de la beauté et de la prospérité.

Banteay Srei ❾

30 km NE de Siem Reap. ◯ *t.l.j. du lever au coucher du soleil.* *billet général.*

La citadelle des Femmes, entreprise en 967, se distingue des autres monuments d'Angkor à plus d'un titre. Très isolée, elle n'a pas été fondée par un souverain, mais par un prêtre. De plus, le temple se présente comme une véritable miniature formée de bâtiments de taille très réduite, puisque leurs portes mesurent moins de 1,30 m de hauteur. Cette particularité, la teinte rosée des blocs de grès et la finesse des bas-reliefs lui ont valu le surnom de « joyau de l'art khmer ». À l'intérieur d'une enceinte close par trois murs et le vestige d'un fossé, le sanctuaire central contient des autels dédiés à Shiva, le dieu de la destruction et de la régénération. Les linteaux délicatement sculptés illustrent des épisodes de l'épopée indienne du *Ramayana*. Les images de Shiva, de sa parèdre Parvati, du roi-singe Hanuman, de Krishna le divin chevrier et du démon Ravana sont d'un tracé remarquable. Des niches renferment les sculptures d'êtres divins. Avec leurs longs cheveux noués en chignon et en tresses, et les lourds bijoux parant des tenues amples à l'indienne, les déesses tranchent par leur sophistication sur la simplicité de leurs équivalents masculins.

Déesse du sanctuaire central, enceinte intérieure, Banteay Srei

Sanctuaire central de Lolei, groupe de Roluos

Statue de Banteay Srei

Groupe de Roluos ❿

12 km SE de Siem Reap. ◯ *t.l.j. du lever au coucher du soleil.* *billet général.*

Tirant leur nom de la petite ville de Roluos, ces édifices, les plus anciens d'Angkor, marquent l'emplacement de Hariharalaya, la toute première capitale khmère établie par Indravarman Ier (r. 877-889). Trois principaux temples ont survécu.

Fondé par Yasovarman Ier (r. 889-910), **Lolei** se trouve au nord de la route 6, en direction de Phnom Penh depuis Siem Reap. Il occupe le centre d'un *baray*, l'un de ces vastes réservoirs construits à des fins à la fois religieuses et d'irrigation, et aujourd'hui asséché. Rectangulaire, le bassin mesure 3800 m de long sur 750 de large. Quatre hautes tours de brique reposent sur un large soubassement à deux étages. Leurs fausses portes et leurs inscriptions étonnent par leur bon état de conservation. Les sculptures représentent Ganesh, le dieu à tête d'éléphant, fils de Shiva, et de gracieuses divinités féminines.

Au sud de Lolei, **Preah Ko**, le bœuf sacré, date du règne d'Indravarman Ier. Dédié au culte de Shiva, c'était aussi le temple funéraire de Jayavarman II et de ses ancêtres. Une chaussée dallée mène aux vestiges d'une salle où les dévots pouvaient se reposer. Derrière, trois statues d'un taureau couché représentent Nandi, la monture de Shiva. Elles ont inspiré le nom du site. Le sanctuaire est formé d'une plate-forme de latérite où se dressent six tours. Des motifs en excellent état parent les fausses portes, les linteaux et les colonnes. Ils montrent, entre autres, Garuda, la monture ailée de Vishnou. Des *makara* *(p. 135)* entourent Kala, une créature à la large bouche et aux yeux protubérants, maîtresse du Temps.

En allant vers le sud, la masse imposante de **Bakong** ne peut être manquée. Fondé au IXe siècle par Indravarman Ier et également dédié à Shiva, il est le premier temple-montagne connu. Un *naga* à sept têtes protège la voie d'accès, flanquée de maisons d'hôtes pour les pèlerins. Cinq terrasses superposées, ornées d'éléphants de pierre pour les trois premières, symbolisent la chaîne où s'élève le mont Meru, axe du monde et résidence des dieux, figuré par la tour centrale en forme de lotus. Huit tours de brique entourent l'éminence. Comme les autres bâtiments du groupe de Roluos, elles possèdent des décors en grès sculpté.

Aller à Angkor

Vélo électrique en location, Siem Reap

La plupart des visiteurs d'Angkor arrivent en avion à l'aéroport de Siem Reap, qui est desservi par plusieurs compagnies nationales et internationales. C'est le mode de transport le plus facile. Une autre solution, plus économique, est le bus longue distance au départ du Vietnam ou de Thaïlande, mais le très mauvais état des routes, à l'exception du tronçon Phnom Penh-Siem Reap, rend le voyage long et éprouvant. Le voyage en bateau depuis Phnom Penh ou Chau Doc au Vietnam *(p. 100)* est plus spectaculaire (des hydroglisseurs assurent une liaison régulière). Sur place à Angkor, il existe plusieurs moyens de transport bon marché.

Avion de la Bangkok Airways, aéroport international de Siem Reap

QUAND PARTIR

La meilleure période pour visiter Angkor est la « saison froide » (de novembre à février), même si le climat reste objectivement encore assez chaud. Autrement, pendant la saison des pluies (de juin à octobre), le site d'Angkor est verdoyant et les températures relativement basses, mais les précipitations sont très abondantes. À cette époque, les *baraya* (réservoirs d'eau) débordent et certains temples comme Preah Neak Pean *(p. 220)* sont inondés. Éviter en revanche la saison chaude (de mars à mai), car les températures sont souvent très élevées.

VENIR PAR AVION

Il y existent deux aéroports internationaux au Cambodge : l'**aéroport international de Phnom Penh**, la capitale du pays, et l'**aéroport internationnal de Siem Reap**, qui se situe tout près des temples d'Angkor. Tous deux sont desservis par les grandes compagnies internationales depuis l'Europe, notamment **Air France**.

Depuis le Vietnam, le choix est plus restreint. **Vietnam Airlines** (la compagnie nationale vietnamienne), **Cambodia Angkor Air** (la compagnie nationale cambodgienne), **Jetstar** et **Silkair** proposent des vols pour Phnom Penh et Siem Reap au départ d'Hô Chi Minh-Ville, Hanoi et, plus rarement, Da Nang. Le choix est beaucoup plus large en comptant une escale, mais le trajet sera plus long et parfois aussi plus cher.

Attention, les horaires des vols peuvent changer à la dernière minute, et les liaisons peuvent s'interrompre du jour au lendemain. Consultez votre agence de voyages pour avoir les dernières informations.

Pour les vols internationaux, la taxe d'aéroport s'élève à 25 $ par personne – elle coûte plus cher que le visa d'entrée – et est incluse dans le prix du billet. Cette taxe est de 18 $ pour les vols nationaux.

AUTRES MODES DE TRANSPORTS

Passer la frontière entre le Vietnam et le Cambodge en bus est possible et meilleur marché. Il y a plusieurs départ par jour entre Hô Chi Minh-Ville et Phnom Penh, le trajet dure environ 6 h et coûte environ 11 $. Il existe aussi des liaisons en bus de Chau Doc à Phnom Penh ou de Moc Bai à Bavet.

Les voyageurs peuvent aussi emprunter la voie fluviale depuis le Vietnam en remontant le Mékong jusqu'à Phnom Penh puis en empruntant le Tonlé Sap jusqu'à Siem Reap. Des bateaux réguliers partent de Chau Doc jusqu'à Phnom Penh (durée : 3 à 4 h ; prix : 17 à 22 $), puis des hydroglisseurs relient Phnom Penh à Siem Reap en 5 à 6 h (prix : 22 à 25 $).

FORMALITÉS

L'obtention d'un visa pour le Cambodge est relativement simple. Un visa touristique d'un mois vous sera délivré sur présentation de votre passeport aux aéroports ou aux postes-frontières terrestres et fluviaux (coût : 20 $).

Un des nombreux bus touristiques à destination de Siem Reap

Il peut être prolongé. Si vous dépassez la durée de séjour autorisée, vous devrez payer 5 $ par jour supplémentaire. Vous pouvez acheter, pour 28 $, un e-visa en ligne sur le site Internet du gouvernement cambodgien.

DOUANE

Si vous transportez plus de 3 000 $, vous serez obligé de les déclarer. Les douanes sont très vigilantes en ce qui concerne le trafic d'antiquités et de drogues.

VOYAGES ORGANISÉS

Plusieurs agences de Hô Chi Minh-Ville et Hanoi jouissant d'une bonne réputation proposent des circuits pour Angkor et peuvent aussi vous organiser un itinéraire sur mesure. Le prix inclut en principe le transport et le guide ; en revanche, visa, taxe d'aéroport et billet d'entrée pour Angkor ne sont généralement pas compris.

Les motos-taxis sont un mode de transport très répandu à Siem Reap

Des voyagistes comme **Asia**, la **Compagnie fluviale du Mékong**, **la Maison de l'Indochine** *(p. 281)* ou **Pandaw Cruises** proposent des croisières complètes entre le Vietnam et Angkor – les tarifs sont nettement plus élevés que ceux des liaisons régulières.

CIRCULER À ANGKOR

Entre le cyclo-pousse, la moto-taxi *(moto)*, le minibus, le tuk tuk (tricycle à moteur) et l'éléphant, vous aurez l'embarras du choix pour vous déplacer à Siem Reap et dans le vaste périmètre des temples d'Angkor. Les tarifs varient de 1 à 40 $ selon que vous les prenez pour quelques heures ou pour la journée entière.

Le vélo (à louer à votre hôtel ou chez un loueur) est un mode de transport sympathique pour découvrir Angkor, mais la voiture de location est plus confortable. Vous en trouverez dans les hôtels du centre-ville. Une voiture climatisée avec chauffeur coûte entre 25 et 50 $ par jour.

ADRESSES

AMBASSADE DU CAMBODGE

En France
4, rue Adolphe-Yvon, 75016 Paris. ***Tél.*** *01 45 03 47 20.* **www**.ambcambodgeparis.info

Au Canada
Consulat : 903-168 Chadwick Court, North Vancouver, BC, V7M 3L4. ***Tél.*** *1-604-980-1718.*

AMBASSADE AU CAMBODGE

France
1, bd Monivong, Phnom Penh. ***Tél.*** *(023) 430 020.*

Belgique
Av. Preah Sihanouk, 7e ét., Sangkat Tonlé Bassac, Phnom Penh. ***Tél.*** *(023) 214 024.*

Canada
Représenté par l'ambassade d'Australie : 16B National Assembly St., Phnom Penh. ***Tél.*** *(023) 213 470.*

AÉROPORTS

Phnom Penh
Tél. *(023) 890 022.* **www**.cambodia-airports.com

Siem Reap
Tél. *(063) 761 261.*

COMPAGNIES AÉRIENNES

Air France
Tél. *3654 (en France).* ***Tél.*** *(0033) 892 70 26 54 (depuis le Cambodge).* **www**.airfrance.fr

Cambodia Angkor Air
Tél. *(023) 6666 786 (au Cambodge).* **www**.cambodia angkorair.com

Jetstar
Tél. *(063) 964 388 ou 862 999 399 (au Vietnam).* ***Tél.*** *(023) 220-909* (au Cambodge). **www**.jetstar.com

SilkAir
Tél. *511 356 2708 (au Vietnam).* ***Tél.*** *(023) 98 8629 (au Cambodge).* **www**.silkair.com

Vietnam Airlines
Tél. *01 44 55 39 90 (en France).* ***Tél.*** *(063) 964 488 (au Vietnam).* **www**.vietnam airlines.com

CROISIÈRES

Fleuves du Monde
Tél. *01 44 32 12 85 (France).* **www**.fleuves-du-monde.com

Compagnie fluviale du Mékong
www.cfmekong.com

Maison de l'Indochine
Tél. *01 40 51 95 15 (Paris).* **www**.maisonde lindochine.com

Pandaw Cruises
www.pandaw.com

VOYAGISTES

Asia
Tél. *0825 897 602 (France).* **www**.asia.fr

Areca Travel
app. 1205, bat. N04, rue Tran Dang Ninh, arrdt. Cau Giay, Hanoi. ***Tél.*** *(084) 4 6273 4455.* **www**.amicatravel.com

FORMALITÉS

Ministère des affaires étrangères du Cambodge
Pour l'obtention d'un e-visa. **www**.mfaic.gov.kh/evisa.

Angkor mode d'emploi

Enseigne de pharmacie

Après des années de troubles sanglants, le Cambodge connaît aujourd'hui une phase de développement économique important dû en grande partie au boom de l'industrie du tourisme. Le sublime patrimoine culturel d'Angkor attire chaque année des millions de visiteurs. Le village autrefois assoupi de Siem Reap, porte d'accès au parc archéologique d'Angkor, est devenu un centre touristique actif, avec des hébergements et des restaurants pour tous les budgets. Le système de billet unique pour la visite du site, la commodité des transports et des communications contribueront à vous faciliter la vie pendant votre séjour.

Entrée du Victoria Angkor Resort and Spa à Siem Reap *(p. 245)*

DROITS D'ENTRÉE ET HEURES D'OUVERTURE

Pour accéder à l'ensemble du site d'Angkor, les visiteurs doivent s'acquitter d'un droit d'entrée à la billetterie du parc, ouverte tous les jours d'environ 5 h à 18 h (selon la saison). Le prix du billet peut paraître cher, mais l'argent sert à la sauvegarde des monuments d'Angkor.

Il y a trois sortes de billets pour l'ensemble du site (sauf Phnom Kulen, Koh Ker et Beng Melea, pour lesquels il faut payer un supplément) : celui d'une journée à 20 $ est idéal pour une visite rapide des principaux temples ; celui de trois jours à 40 $ (à utiliser sur une semaine) est suffisant pour découvrir les temples les plus connus ; et celui de sept jours à 60 $ (à utiliser sur un mois) permet une visite détaillée de tout le parc archéologique.

Une photo d'identité est obligatoire (que vous pouvez faire faire à la billetterie). Le laissez-passer doit être montré à l'entrée de chaque monument.

INFORMATION TOURISTIQUE

Le bureau du **Tourist Office** de Siem Reap est un organisme privé qui vous sera utile uniquement pour vos réservations.

La **Khmer Angkor Tour Guide Association**, en revanche, vous aidera à trouver un guide parlant français ou bien à louer une voiture avec chauffeur bien informé et parlant anglais.

Le magazine *Siem Reap Angkor Visitors Guide* donne des informations sur les magasins, les services de transport et une liste d'hôtels et de restaurants. Cette revue est gratuite et disponible dans de nombreux hôtels.

OÙ DORMIR

Aujourd'hui, à Siem Reap, des hôtels ouvrent tous les mois. Il en existe de toutes sortes et pour toutes les bourses, depuis les hôtels cinq-étoiles comme le Raffles Grand Hôtel d'Angkor *(p. 245)* aux petits hôtels familiaux et *guest-houses* à prix très raisonnables.

Les visiteurs qui ne sont pas en voyage organisé trouveront de nombreuses adresses d'hébergement au guichet d'information de l'aéroport. Attention aux rabatteurs qui guettent les nouveaux arrivants. Montrez-vous prudents, car les arnaqueurs ne sont pas rares. La plupart des établissements, même les *guest-houses* les plus modestes, enverront une voiture pour vous chercher à l'aéroport. Une solution plus simple et souvent nettement plus économique consiste à réserver votre chambre en ligne. Sachez que les tarifs hôteliers varient entre la haute saison (novembre à mars) et la basse saison (mai à octobre).

OÙ MANGER

Siem Reap propose un grand choix de restaurants de cuisine de monde entier : thaïe, cambodgienne, vietnamienne, chinoise, française, indienne et italienne *(p. 260-261)*. Les prix sont généralement raisonnables, notamment autour de Psar Chas (vieux marché). Des cantines de rue proposent des plats locaux, mais on trouve aussi des baguettes de pain, du pâté et du bon café à presque tous les coins de rue.

La plupart des *guest-houses* disposent d'un petit café, et les hôtels ont de beaux restaurants. Certains établissements peuvent vous proposer et vous préparer un panier de pique-nique.

Terrasse du restaurant Red Piano *(p. 261)* à Siem Reap

SANTÉ ET SÉCURITÉ DES PERSONNES

Le Cambodge est un pays pauvre, aussi n'est-il pas très avancé en matière de services médicaux. Dans les cas graves, nous vous conseillons de vous rendre à Bangkok pour vous faire soigner. Toutefois, si vous suivez quelques règles d'hygiène simples, vous devriez éviter tout problème.

Consommez uniquement de l'eau en bouteille cachetée et des aliments bien cuits, évitez les glaçons et lavez-vous les mains avant de manger. Pour éviter la déshydratation ou les coups de chaleur, emportez une bouteille d'eau et un chapeau. Ne sortez pas aux heures les plus chaudes. Les voyageurs peuvent prendre un traitement contre le paludisme et ont intérêt à consulter leur médecin pour une éventuelle vaccination contre l'hépatite et la rage. Les MST et le sida sévissent au Cambodge. La présence des mines étant un problème bien réel à Siem Reap, il ne faut jamais sortir des sentiers balisés.

En matière de sécurité, il convient de prendre les précautions d'usage : éviter de circuler dans les endroits isolés la nuit, ne pas porter de bijoux voyants ni de tenues suggestives pour les femmes, laisser les objets de valeur dans le coffre de l'hôtel. La police touristique et des gardes sont postés en de nombreux points du parc archéologique.

BANQUES ET MONNAIE

L'unité monétaire du Cambode est le riel (KHR). Les billets vont de 100 à 100 000 riel. Toutefois, la devise la plus utilisée est le dollar. Les petites coupures en riel sont utiles pour les pourboires et les menus achats. **Taux de change** : en juin 2013, 1 € vaut 5 200 riel, et 1 $ vaut 3 830 riel.

Les banques de Siem Reap sont ouvertes du lundi au vendredi de 9 h à 16 h. Elles changent les devises étrangères et les chèques de voyage. Attention, l'attente peut être longue ! Les principales cartes de paiement sont acceptées dans les hôtels, les restaurants de catégorie supérieure et les boutiques de luxe. Elles permettent de retirer facilement des espèces aux guichets des banques et aux distributeurs automatiques de billets.

COMMUNICATIONS

Le réseau de communications est assez bien développé à Angkor. Il est facile d'appeler à l'international avec une carte téléphonique prépayée depuis une cabine publique, ou via Internet d'un des nombreux cybercafés. Il est également possible de téléphoner depuis son hôtel, mais cela reste l'option la plus coûteuse.

Il est aisé de trouver des cybercafés ou d'accéder à Internet par le Wi-Fi. Les tarifs sont abordables. Pour les services postaux et de messagerie, rendez-vous à la poste principale ou dans une agence telle que **DHL** et **EMS**.

Une des nombreuses banques de Siem Reap avec un guichet de change

VOYAGEURS HANDICAPÉS

Les équipements pour les handicapés sont pratiquement inexistants, mais les hôtels de luxe font des efforts pour répondre à leurs besoins.

La visite des temples d'Angkor est très difficile en fauteuil roulant car il y a des marches partout et les passages sont très étroits. Mais il sera possible de voir l'extérieur des monuments.

ADRESSES

INFORMATION TOURISTIQUE

Khmer Angkor Tour Guide Association
Tél. *(063) 964 347.* **www.**khmerangkortourguide.com

URGENCES

Pompiers
Tél. *(063) 760 133, (012) 784 464.*

Police touristique
En face du guichet de vente principal. ***Tél.*** *(012) 402 424, (012) 969 991.*

CENTRES MÉDICAUX

Hôpital d'Angkor pour enfants
PO Box 50, Siem Reap.
Tél. *(063) 963 409.*
www.angkorhospital.org

Hôpital international de Jin Hua I
Route 6 (route de l'aéroport), Siem Reap. ***Tél.*** *(063) 963 299.*

Naga International Clinic
Route 6 (route de l'aéroport), Siem Reap. ***Tél.*** *(063) 964 500.*

BANQUES

ANZ Royal Bank
566-570, Tep Vong, Siem Reap. ***Tél.*** *(023) 726 900.* Aéroport de Siem Reap. ***Tél.*** *(023) 726 900.* **www.**anzroyal.com

Cambodia Asia Bank
Angkor Holiday Hotel, angle bd Sivutha et Airport Road, Siem Reap. ***Tél.*** *(063) 964 7412.*

Cambodia Commercial Bank
130, Sivatha, Siem Reap.
Tél. *(063) 965 315.* Aéroport de Siem Reap. ***Tél.*** *(063) 963 152.*

COMMUNICATION

Indicatif
Indicatif international du Cambodge : 00855.
Indicatif local de Siem Reap : 063.
Indicatif local de Phnom Penh : 023

DHL Express
Tél. *(063) 964 949.*

EMS
Tél. *(063) 765 678.*

LES BONNES ADRESSES

HÉBERGEMENT 228-245

RESTAURANTS 246-261

FAIRE DES ACHATS AU VIETNAM 262-267

SE DISTRAIRE AU VIETNAM 268-271

SÉJOURS À THÈME ET ACTIVITÉS DE PLEIN AIR 272-275

HÉBERGEMENT

Des hôtels de luxe charmants aux complexes hôteliers, des *guest-houses* aux hôtels peu chers ou aux chambres d'hôtes, le Vietnam dispose d'un large choix d'hébergement. Si les établissements de luxe sont limités aux grandes villes et aux stations balnéaires, vous trouverez ailleurs un logement plus économique et néanmoins confortable. Les grands hôtels possèdent souvent piscines, salles de gym, restaurants et boîtes de nuit. Les complexes hôteliers, situés en général sur le littoral de la région du Centre, sont munis d'équipements de loisirs. Bien que simples, tous les hôtels bon marché et *guest-houses*, hormis les moins chers, sont dotés de la climatisation, de toilettes à l'occidentale et d'eau chaude. Campings et dortoirs sont inexistants, mais dans les villages, les chambres chez l'habitant donnent un aperçu de la vie quotidienne dans le Vietnam rural et de ses spécialités culinaires.

Serveur de l'hôtel Continental

CATÉGORIES D'HÔTEL

Les hôtels ne faisant l'objet d'aucune classification officielle, seuls les prix peuvent vous indiquer leur niveau de confort. De manière générale, les établissements où la nuitée dépasse 150 $ sont équivalents aux cinq-étoiles européens. Sachez que dans un même hôtel, les chambres peuvent aller de la somptueuse suite à la chambre de type motel. Rappelez-vous aussi qu'à la différence d'un hôtel *(khach san)*, une *guest-house (nha khach)* ne propose aucun service en chambre et possède un nombre restreint d'équipements.

HÔTELS DE LUXE

Le Vietnam n'est plus seulement une destination pour les routards, il attire désormais une clientèle fortunée et célèbre.

Façade de l'hôtel Continental d'Hô Chi Minh-Ville *(p. 58)*

Ses grandes destinations touristiques comptent toutes des établissements de luxe. Les grandes chaînes internationales comme Novotel, Sofitel, Hilton, Sheraton, Marriott et Ana Mandara/Six Senses ont investi Hô Chi Minh-Ville, Hanoi, Nha Trang et la côte de Mui Ne. Le groupe Victoria Hotels & Resorts propose des chambres très luxueuses dans des endroits pittoresques. Équipements et services (salle de gym, salles de réunion et de congrès, personnel s'efforçant de satisfaire tous les *desiderata* des clients) correspondent aux normes internationales. La plupart de ces établissements disposent de salles de conférence avec service Internet et multimédia (à des prix élevés). Les chambres y sont spacieuses, climatisées, avec tout le confort moderne (Wi-Fi, minibar, TV par câble). Pratiquement tous les hôtels quatre et cinq-étoiles proposent une cuisine soignée réalisée par de grands chefs internationaux. Leurs magnifiques restaurants servent de la haute cuisine, qu'elle soit française, italienne, chinoise ou japonaise. Le petit déjeuner, aux influences tant américaines, françaises que vietnamiennes, est une pure merveille.

Le soir, de nombreux hôtels huppés accueillent des groupes de musiciens dans leurs salons, et leurs discothèques sont les meilleurs endroits pour passer une soirée glamour à l'occidentale.

Le cinq-étoiles Fusion Maia Da Nang, China Beach *(p. 239)*

◁ **Clientes d'une cantine de rue, Hoi An *(p. 124-129)***

COMPLEXES HÔTELIERS

Le Vietnam possède encore des hôtels de villégiature datant de l'époque coloniale. D'une grande élégance, ces établissements de charme ont souvent été rénovés, tel le Dalat Palace *(p. 237)*. Néanmoins, la tendance actuelle est plutôt à la construction de complexes hôteliers de plusieurs étages, avec tout le confort moderne, principalement le long du littoral. Les plus luxueux sont l'Evason Ana Mandara à Nha Trang *(p. 238)* et le Six Senses Ninh Van Bay à Ninh Hoa *(p. 238)*. Nha Trang et Phan Thiet sont devenus des lieux de villégiature appréciés. Tous les établissements de bord de mer possèdent les infrastructures habituelles : une piscine, de bons restaurants et, bien sûr, une plage de sable blanc avec de confortables chaises longues. La plupart proposent des sports d'aventure tels que surf et plongée.

Beaucoup organisent aussi des excursions à prix forfaitaires comme, par exemple, des treks dans les montagnes habitées par des minorités ethniques, avec des guides de Sapa. À Hué, plusieurs hôtels proposent des croisières sur la rivière des Parfums. Le Sun Spa Resort de Dong Hoi *(p. 239)* suit la vogue du moment en proposant des programmes de remise en forme et des soins, avec notamment régime alimentaire, cours de yoga, de phytothérapie et d'aromathérapie.

Hall de réception de Miss Loi's Guest-house *(p. 233)* avec son billard

GUEST-HOUSES ET HÔTELS ÉCONOMIQUES

Les chambres des *guest-houses* vietnamiennes sont propres et confortables. Elles disposent de toilettes à l'occidentale, de l'eau chaude, de la TV par câble, et souvent d'un réfrigérateur et d'un minibar. Elles sont la plupart du temps tenues par une famille qui habite au même endroit. Certaines proposent un service de lingerie, de réservations (visites guidées, billets de bus, de train ou d'avion), de consigne pour les bagages ainsi que le petit déjeuner, la location de vélos ou de motos et le Wi-Fi gratuit.

Dans les villes qui ont un intéressant passé touristique comme Hô Chi Minh-Ville ou Nha Trang, les hôtels bon marché sont regroupés (par exemple, dans le quartier de Pham Ngu Lao pour Hô Chi Minh-Ville). On peut y négocier le prix, contrairement aux autres hôtels ou *guest-houses* disséminés dans les villes.

Dans ces établissements, vous devrez laisser votre clé à la réception quand vous quittez votre chambre. Sinon, le personnel pensera que vous y êtes et que vous désirez ne pas être dérangé : aussi le ménage ne sera-t-il pas fait.

Le prix d'une chambre varie de 8 $ à 25 $ dans des villes comme Dalat, et de 10 $ à 15 $ dans des agglomérations comme Hô Chi Minh-Ville

Les voyageurs à petit budget trouveront des chambres basiques sans fenêtre, mais avec un ventilateur, pour 6 $ la nuit. Attention, toutefois, la propreté peut alors laisser à désirer et aucun service n'est proposé.

Piscine du Victoria Can Tho *(p. 235)*

CHAMBRES D'HÔTES

Cette option se développe de plus en plus, notamment dans les régions où se trouvent les minorités ethniques. Pour le moment, les chambres d'hôtes sont surtout situées dans le delta du Mékong, à Vinh Long *(p. 90)* par exemple, et dans les montagnes du Nord.

Plusieurs spécialistes locaux de circuits individuels proposent des nuits chez l'habitant. Quelques agences de Hô Chi Minh-Ville et Hanoi en présentent à partir de 10 $. Vous pouvez aussi contacter les offices de tourisme.

L'hôtel Majestic *(p. 233)* sur Dong Khoi, Hô Chi Minh-Ville

TARIFS

Les voyageurs trouveront des hôtels à des prix raisonnables dans toutes les catégories. Les établissements les plus luxueux sont plutôt moins chers qu'en Europe.

Une chambre simple avec TV et climatisation coûte 15 $ *(p. 229)* dans les grandes villes, entre 8 et 12 $ dans les petites villes. Le prix moyen d'une chambre est de 25 à 50 $ dans la catégorie moyenne, et de 150 $ et plus dans la catégorie luxe *(p. 232)*. Les tarifs ne sont pas les mêmes pour les Vietnamiens que pour les étrangers et varient même en fonction du pays d'origine. Ces différences s'observent surtout dans les hôtels dirigés par l'État.

RÉSERVATIONS

En haute saison *(p. 278)*, il est conseillé de réserver sa chambre, surtout dans les grands hôtels.

À Hô Chi Minh-Ville et à Hanoi, les hôtels pour la clientèle d'affaires sont souvent complets, quelle que soit la saison.

Les réservations peuvent se faire auprès d'un voyagiste, mais la plupart des établissements ont un site Internet avec un service de réservation en ligne. Si ce n'est pas le cas, ils disposent en principe d'une adresse électronique. Vous pouvez aussi aller sur le site Internet d'agences comme **Hotels in Vietnam**, **Vietnam Stay** et **Vietnam Lodging**, qui représentent un certain nombre d'hôtels, de *guest-houses* et de propriétaires d'appartements en location. Fiables, efficaces et rapides, elles négocient les prix pour vous obtenir les meilleurs tarifs.

ENREGISTREMENT

À votre arrivée à l'hôtel, vous devrez généralement présenter votre passeport, que l'on gardera jusqu'à votre départ. Les hôtels doivent déclarer leurs clients auprès des autorités locales. Les grands hôtels à Hô Chi Minh-Ville ou Hanoi se contentent de recopier les informations dont ils ont besoin et vous rendent votre passeport. Vous pourrez éventuellement laisser une simple photocopie. Sachez que légalement, un visiteur étranger ne peut occuper la même chambre qu'un Vietnamien du sexe opposé.

LOCATION D'APPARTEMENTS

Si vous restez dans une région plusieurs semaines, vous pouvez louer un appartement et réduire ainsi vos dépenses tout en vivant confortablement. L'offre est encore faible, mais de nouvelles agences se créent régulièrement pour répondre à la demande. Parmi les sites existants sur Internet, celui d'**Immobilier Vietnam** propose des appartements ou des villas meublées à Hô Chi Minh-Ville. Une autre solution, plus économique mais aussi plus pénible, est de consulter les agences immobilières. Il vous faudra alors remplir de nombreux papiers et vous enregistrer auprès de la police locale. Nous vous conseillons plutôt de louer chez un particulier, ce qui vous permettra de vivre la vie quotidienne

Piscine et jardin luxuriant de l'Ancient House *(p. 239)* à Hoi An

des Vietnamiens et de vous imprégner davantage de l'ambiance du pays. Vous trouverez des petites annonces dans les cafés et restaurants pour routards.

TAXES

Les hôtels de catégorie supérieure prélèvent 10 % de taxes et 5 % pour le service, qui viennent s'ajouter au prix de la chambre (et sont affichés séparément sur la note). En revanche, dans les hôtels économiques, ces taxes sont déjà incluses dans le prix de la chambre.

Villa de Bao Dai *(p. 110)*, Nha Trang

MARCHANDAGE

Quand ils ne sont pas complets, les hôtels acceptent de faire des remises. Si vous réservez par Internet ou par téléphone, il sera difficile de négocier les prix, mais vous pourrez toujours essayer à votre arrivée. Les grands hôtels peuvent accorder jusqu'à 30 % de remise si vous acceptez de loger dans une chambre moins agréable ou si votre séjour dépasse une semaine. Si vous choisissez un hôtel peu cher, ne vous faites pas d'illusion : la marge de négociation reste faible.

POURBOIRES

Si autrefois le pourboire n'était pas de mise, il est en train de devenir la norme avec l'essor du tourisme. Il n'est pas obligatoire dans les grands hôtels, qui prélèvent déjà 5 % pour le service, mais, si un employé se montre très obligeant, un pourboire de 1 $ lui semblera généreux.

AVEC DES ENFANTS

Les équipements spéciaux pour les enfants sont quasi inexistants dans les établissements *(p. 280)*, hormis ceux de luxe, mais les enfants sont partout les bienvenus. Lorsqu'ils ont plus de 12 ans, ils peuvent, moyennant un petit supplément, dormir dans un lit d'appoint dans la chambre de leurs parents. Même les hôtels les plus simples s'efforceront de rendre votre séjour agréable, et on pourra partout vous trouver, si vous en avez besoin, une baby-sitter expérimentée pour un prix raisonnable.

ÉQUIPEMENTS POUR PERSONNES À MOBILITÉ RÉDUITE

Les équipements pour les personnes à mobilité réduite sont très restreints dans les hôtels vietnamiens *(p. 280)*. Les rampes, les grands ascenseurs et autres aménagements n'existent presque uniquement que dans les établissements de luxe et de construction récente. Dans les hôtels datant de l'époque coloniale, les ascenseurs ne sont pas adaptés. En revanche, le personnel se fera un plaisir de vous fournir les services d'une personne pour vous assister (mais probablement sans qualification).

ADRESSES

CHAMBRES D'HÔTES

Innoviet
158 Bui Vien, arr.1, HCMV.
Plan 2 D5. ***Tél.*** *(08) 6295 8840.*
www.innoviet.com

RÉSERVATIONS

Agoda
www.agoda.fr/asia/vietnam.html

Hotels in Vietnam
Hoa Linh Hotel, 35 Hang Bo, arr. Hoan Kiem, Hanoi.
Plan 2 E3.
Tél. *(04) 3825 0034.*
www.hotels-in-vietnam.com

Vietnam Lodging
216 De Tham, arr. 1, HCMV.
Plan 2 D5. ***Tél.*** *(08) 3920 5847/3920 4767.*
www.vietnamlodging.net

Vietnam Stay
Bâtiment IBC, 1A Me Linh, arr. 1, HCMV. **Plan** 2 F4.
Tél. *(08) 3823 3771.*
91 Ly Nam De, arr. Hoan Kiem, Hanoi. **Plan** 2 D2. ***Tél.*** *(04) 3747 3482.* **www**.vietnamstay.com

LOCATION D'APPARTEMENTS

Immobilier Vietnam
28/7B Quang Trung, salle 11, arr. Go Vap, HCMV.
Tél. *(084) 913 030 056.*
www.immobilier-vietnam.com

Caravelle Hotel *(p. 233)*, place Lam Son, Hô Chi Minh-Ville

Choisir un hôtel

Les hôtels, présentés ici par région et par ville, ont été sélectionnés dans un large éventail de prix (transcrits en dollars) pour leurs équipements, leur situation, leur caractère et leur bon rapport qualité/prix. Ici sont indiqués les prix officiels, mais une remise est possible hors saison ou par l'intermédiaire d'un voyagiste.

CATÉGORIES DE PRIX
Les prix sont indiqués par nuitée en haute saison pour une chambre double standard, petit déjeuner, taxes et service compris.

- $ moins de 20 $
- $$ entre 20 et 50 $
- $$$ entre 50 et 100 $
- $$$$ entre 100 et 150 $
- $$$$$ plus de 150 $

HÔ CHI MINH-VILLE

CHOLON Arc en Ciel $$$
52, Tan Da **Tél.** *(08) 3855 2550* **Chambres** *86* **Plan** *4 E4*

Cet hôtel historique à l'imposante façade Art déco est évoqué dans le célèbre roman de Graham Greene *Un Américain bien tranquille*. La décoration intérieure est à tonalité chinoise, les chambres sont petites mais bien équipées. Il y a un bar sur le toit et une discothèque karaoké au 3e étage. **www.arcencielhotel.com.vn**

CHOLON Hôtel Equatorial $$$
242, Tran Binh Trong **Tél.** *(08) 3389 7777* **Chambres** *333* **Plan** *4 F3*

Situé à la limite du 1er et du 5e arrondissement, ce luxueux hôtel est proche à la fois du quartier chinois et de Pham Ngu Lao. Il compte plusieurs étages non-fumeurs. Les chambres sont spacieuses et élégantes. Les restaurants chinois et japonais sont toujours pleins, et le Spa est très bien équipé. **www.equatorial.com**

CHOLON Windsor Plaza $$$$
18, An Duong Vuong **Tél.** *(08) 3883 6888* **Chambres** *405* **Plan** *4 F4*

Ce cinq-étoiles ultramoderne est au cœur de l'agitation chaotique de Cholon. Il comprend des restaurants gastronomiques, une galerie marchande, un Spa et le plus grand dancing du Vietnam, l'America Discotheque. Les chambres sont très belles (certaines sont aménagées pour les handicapés). **www.windsorplazahotel.com**

1er ARRONDISSEMENT Hôtel An An $$
40, Bui Vien **Tél.** *(08) 3837 8087* **Chambres** *22* **Plan** *2 D5*

Situé au cœur de la ville, cet hôtel propose des chambres spacieuses avec tout le confort moderne (TV câblée, téléphone direct vers l'international). Il n'y a pas de service de chambre, mais le ménage est fait tous les jours. Le petit déjeuner n'est pas inclus dans le prix. **www.ananhotel.com**

1er ARRONDISSEMENT Hôtel Dong Do $$
35, Mac Thi Buoi **Tél.** *(08) 3827 3637* **Chambres** *26* **Plan** *2 F4*

Le principal atout du Dong Do est sa situation centrale, à proximité du quartier de Dong Khoi. Les chambres au sol parquetté ou couvert de tomettes, sont simples mais confortables. Toutes disposent du Wi-Fi gratuit et d'un coffre-fort, ainsi que de l'air conditionné et de la TV par satellite.

1er ARRONDISSEMENT Hôtel Le Le $$
171, Pham Ngu Lao **Tél.** *(08) 3836 8686* **Chambres** *30* **Plan** *2 D5*

Le bâtiment se remarque de loin. L'établissement est d'un excellent rapport qualité/prix. La décoration est sommaire, mais les chambres sont propres, confortables et bien équipées. Service de baby-sitting, accès Internet et restaurant correct. Vous avez la possibilité de louer une voiture pour les excursions à l'agence de voyages située dans le hall.

1er ARRONDISSEMENT Hôtel Linh Linh $$
175/14, Pham Ngu Lao **Tél.** *(08) 3837 3004* **Chambres** *12* **Plan** *2 D5*

Situé dans une rue transversale, cet hôtel est plus tranquille et son ambiance plus décontractée que d'autres établissements du secteur. Le Linh Linh abrite uniquement des suites avec un coin salon, une salle de bains spacieuse et un grand balcon. C'est l'adresse idéale pour les familles – les enfants y sont les bienvenus – avec un petit budget.

1er ARRONDISSEMENT Hôtel Mogambo $$
20 bis, Thi Sach **Tél.** *(08) 3825 1311* **Chambres** *10* **Plan** *2 F3*

Connu dans tout le Vietnam pour sa salle à manger et son bar à l'américaine du rez-de-chaussée, le Mogambo propose des chambres très bien équipées (les salles de bains sont beaucoup plus agréables et fonctionnelles que dans beaucoup d'autres endroits). L'ambiance est décontractée et le personnel sympathique. Prix abordables.

1er ARRONDISSEMENT Hôtel Phoenix 74 $$
74, Bui Vien **Tél.** *(08) 3837 0538* **Chambres** *20* **Plan** *2 D5*

Ce petit hôtel est tenu par une famille chaleureuse qui veille au confort de ses hôtes. Les chambres sont petites et sommairement décorées, mais celles sur la rue ont de larges fenêtres avec vue sur l'animation environnante. Le petit déjeuner est simple et authentique.

Légende des symboles, *voir le rabat arrière de couverture*

1er ARRONDISSEMENT Lac Vien $$

28/12-14, Bui Vien ***Tél.*** *(08) 3920 4899* ***Chambres*** *36* ***Plan*** *2 D5*

L'hôtel est à 10 km de l'aéroport international (des navettes circulent entre les deux). Les chambres sont joliment décorées et bien équipées avec un service 24 h/24. Le restaurant de spécialités vietnamiennes (de toutes les régions du pays) est également connu pour sa cuisine occidentale et asiatique.

1er ARRONDISSEMENT Madame Cuc $$

64, Bui Vien ***Tél.*** *(08) 3836 5073* ***Chambres*** *16* ***Plan*** *2 D5*

Madame Cuc a fait des adeptes au fil des ans et le n° 64 n'est que l'une des trois excellentes *guest-houses* qu'elle possède. La décoration est sobre, le service remarquable, et l'atmosphère conviviale. Les repas faits maison sont inclus dans le prix. Du thé et des en-cas sont servis gracieusement à toute heure. **www.madamcuchotels.com**

1er ARRONDISSEMENT Miss Loi's Guest-house $$

178/20, Co Giang ***Tél.*** *(08) 3837 9589* ***Chambres*** *15* ***Plan*** *2 E5*

C'est l'une des adresses les plus courues dans sa catégorie. La *guest-house* est située dans une sorte de villa tranquille à 5 min à pied de l'animation du 1er arrondissement. Le hall aux couleurs chaudes est orné d'un bassin à poissons rouges. Les chambres sont confortables et gaies, et le personnel toujours aimable.

1er ARRONDISSEMENT Hôtel Continental $$$

132-134, Dong Khoi ***Tél.*** *(08) 3829 9203* ***Chambres*** *80* ***Plan*** *2 F3*

L'architecture coloniale de cet hôtel – parmi les meilleurs de sa catégorie – en fait une curiosité en soi *(p. 58)*. Il est surtout connu aujourd'hui pour son restaurant et son bar installés dans un jardin intérieur. La plupart des chambres sont vastes et somptueusement décorées. **www.continentalvietnam.com**

1er ARRONDISSEMENT Huong Sen $$$

66-70, Dong Khoi ***Tél.*** *(08) 3829 1415* ***Chambres*** *76* ***Plan*** *2 F4*

L'atout majeur du Huong Sen est sa situation centrale à côté des boutiques et des restaurants, et ses principaux attraits sont la piscine et le bar sur le toit. La façade, qui rappelle un peu l'architecture coloniale, est de style asiatique et la décoration intérieure est somptueuse. Le petit déjeuner est savoureux. **www.huongsenhotel.com.vn**

1er ARRONDISSEMENT Liberty 3 $$$$

187, Pham Ngu Lao. ***Tél.*** *(08) 3836 9522* ***Chambres*** *61* ***Plan*** *2 D5*

Établissement moderne de la chaîne Que Huong avec un bon rapport qualité/prix, le Liberty est l'épicentre du quartier routard. Les chambres, spacieuses, ont tout le confort moderne. Le restaurant-bar est un endroit agréable pour prendre tranquillement un verre ou un repas léger. **www.libertyhotels.com**

1er ARRONDISSEMENT Somerset Chancellor Court $$$$

21-23 Nguyen Thi Minh Khai ***Tél.*** *(08) 3822 9197* ***Chambres*** *172* ***Plan*** *2 E2*

Du studio aux quatre-pièces, cette résidence hôtelière propose des logements entièrement meublés et dotés d'une cuisine équipée. De style contemporain, la plupart ont un balcon avec une jolie vue. Entre autres installations, la piscine extérieure, le supermarché et la buanderie en font une alternative intéressante. **www.somerset.com**

1er ARRONDISSEMENT Somerset HCMC $$$$

8A Nguyen Binh Khiem ***Tél.*** *(08) 3822 8899* ***Chambres*** *165* ***Plan*** *2 E1*

Filiale du Somerset Chancellor Court, ce complexe luxueux s'adresse avant tout aux familles. Spacieux et élégants, les appartements sont dotés d'une salle de bains par chambre. La piscine aménagée et les aires récréatives pour les enfants, dehors comme dedans, font la joie des parents. Accessible en fauteuil roulant. **www.somerset.com**

1er ARRONDISSEMENT Hôtel Caravelle $$$$$

19, pl. Lam Son ***Tél.*** *(08) 3823 4999* ***Chambres*** *335* ***Plan*** *2 F3*

Cet établissement historique *(p. 58)* domine la place Lam Son de toute sa hauteur. À l'intérieur, le marbre poli côtoie les riches tapis. Les chambres spacieuses sont décorées avec goût et dotées de tout le confort. La cuisine est gastronomique et le service de haut vol. **www.caravellehotel.com**

1er ARRONDISSEMENT Majestic $$$$$

1, Dong Khoi ***Tél.*** *(08) 3829 5517* ***Chambres*** *175* ***Plan*** *2 F4*

Situé au bord de la rivière Saigon, le Majestic est un bel exemple d'architecture coloniale du début du XXe siècle avec un intérieur Art déco. Le dernier étage de l'aile ancienne et de l'aile nouvelle abritent chacun un bar : le premier a plus de charme, le second une vue plus large sur le fleuve. **www.majesticsaigon.com.vn**

1er ARRONDISSEMENT New World Saigon Hotel $$$$$

76, Lê Lai ***Tél.*** *(08) 3822 8888* ***Chambres*** *538* ***Plan*** *2 E4*

Le plus vaste hôtel de la ville dispose d'un grand espace intérieur, de hauts plafonds et de boutiques. Les chambres sont spacieuses et confortables ; le petit-déjeuner, servi par une équipe efficace et sympathique, est excellent. Le restaurant est réputé servir la meilleure cuisine chinoise de la ville.

1er ARRONDISSEMENT Park Hyatt $$$$$

2, pl. Lam Son ***Tél.*** *(08) 3824 1234* ***Chambres*** *252* ***Plan*** *2 E4*

La silhouette massive mais harmonieuse du Park Hyatt domine un côté de la place Lam Son. Bien que l'édifice ait été bâti en 2005, sa façade est dépourvue du métal et du chrome habituels dans les tours. La décoration intérieure est élégante. Le service est excellent, et le restaurant italien sublime. **www.saigon.park.hyatt.com**

1er ARRONDISSEMENT Hôtel Rex $$$$$

141, Nguyen Hue ***Tél.*** *(08) 3829 2185* ***Chambres*** *286* ***Plan*** *2 E4*

Avec son style et son décor intemporels, le Rex *(p. 60)* est l'un des lieux marquants de la ville. Les chambres sont de dimensions modestes mais le service est de grande qualité. Le soir, le bar aménagé sur le toit de cet hôtel d'État offre un superbe panorama à perte de vue. **www.rexhotelvietnam.com**

1er ARRONDISSEMENT Sheraton Towers $$$$$

88, Dong Khoi ***Tél.*** *(08) 3827 2828* ***Chambres*** *470* ***Plan*** *2 F4*

Les tours jumelles du Sheraton s'élèvent majestueusement au cœur du quartier des affaires. Ici, tout est gigantesque, du hall aux salles de bal, salons ou chambres cossues. La boîte de nuit chic du 22e étage est le rendez-vous des habitants et des expatriés. **www.sheratongrandtower.com**

1er ARRONDISSEMENT Sofitel Saigon Plaza $$$$$

17, Lê Duan ***Tél.*** *(08) 3824 1555* ***Chambres*** *286* ***Plan*** *2 E2*

La tour du Sofitel est facile à repérer au milieu du quartier des ambassades. Les chambres modernes joliment décorées sont à la fois élégantes et douillettes. Les restaurants ont une excellente réputation, et la piscine sur le toit offre l'une des plus belles vues sur la ville. **www.sofitelplazasaigon.com**

3e ARRONDISSEMENT Chancery Saigon $$$

196, Nguyen Thi Minh Khai ***Tél.*** *(08) 3930 4088* ***Chambres*** *96* ***Plan*** *2 D4*

Cet hôtel a une atmosphère typiquement américaine. Les chambres ne sont pas très grandes mais confortables, avec TV, minibar, balcon et bonne literie. Deux restaurants, un salon à cocktails et une boulangerie, qui fait des pains, des pâtisseries et des biscuits, sont autant d'atouts. **www.chancerysaigonhotel.com**

ARRONDISSEMENT DE PHU NHUAN Mövenpick Hotel Saigon $$$$

253, Nguyen Van Troi ***Tél.*** *(08) 3844 9222* ***Chambres*** *278* ***Plan*** *1 A1*

Cet établissement, qui était le QG de la CIA pendant la guerre du Vietnam, ressemble un peu à une caserne, mais, à l'intérieur, il a tout d'une luxueuse demeure. Situé à proximité de l'aéroport, il propose de belles chambres, de superbes restaurants chinois et japonais et un authentique pub irlandais. **www.moevenpick-hotels.com**

ARRONDISSEMENT DE TAN BINH Novotel Garden Plaza $$$$

309B, Nguyen Van Troi ***Tél.*** *(08) 3842 1111* ***Chambres*** *193* ***Plan*** *1 A1*

Idéal pour les voyages d'affaires, cet hôtel moderne se trouve à 5 min en taxi de l'aéroport et loin de la bousculade du centre-ville. Les chambres, spacieuses, ont tout le confort moderne. Le personnel est aimable et efficace. Le restaurant et le salon sont des endroits courus. **www.asiatraveltips.com/NovotelGardenPlazaSaigon.htmi**

ENVIRONS DE HÔ CHI MINH-VILLE

LONG HAI Hôtel Palace $$$

11, Nguyen Trai ***Tél.*** *(064) 386 8364* ***Chambres*** *120*

Cette haute bâtisse blanche est située près de l'extrémité de la péninsule. L'établissement est l'une des adresses les plus prisées et les moins chères de la région. Les chambres sont vastes, lumineuses et bien équipées. L'hôtel dispose d'un salon agréable où prendre un cocktail le soir.

LONG HAI Anoasis Beach Resort $$$$

Domain Ky Van ***Tél.*** *(064) 386 8227* ***Chambres*** *48*

L'ancien domaine de l'empereur Bao Dai a été primé. Il compte 30 bungalows au milieu de jardins luxuriants. Les chambres, charmantes, sont meublées en bambou et dotées d'une grande salle de bains. Le complexe abrite une plage privée, des terrains de tennis et des aires de jeux. **www.anoasisresort.com.vn**

VUNG TAU Son Thuy Resort $$

165C, Thuy Van ***Tél.*** *(064) 352 3460* ***Chambres*** *44*

Le complexe est composé de bâtiments en forme de « A » faisant cercle autour d'une piscine ronde. L'ambiance balnéaire ainsi que l'aménagement des chambres sont idéales pour les familles. La plage Bai Sau (ou Back Beach) est juste de l'autre côté de la rue.

VUNG TAU Hôtel Palace $$$

1, Nguyen Trai ***Tél.*** *(064) 385 6411* ***Chambres*** *94*

À quelques minutes à pied de l'embarcadère des hydroglisseurs, le Palace est l'une des plus grandes constructions de la ville. L'intérieur est clair et spacieux, les chambres sont bien équipées, et le service de qualité. L'hôtel a également un court de tennis et organise des concerts de musique populaire. **www.palacehotel.com.vn**

VUNG TAU Petro House $$$

63, Tran Hung Dao ***Tél.*** *(064) 385 2014* ***Chambres*** *53*

Cet hôtel-boutique est installé dans une bâtisse restaurée de l'époque coloniale, avec fenêtres cintrées et galeries à colonnades. Vous avez le choix entre des chambres bien équipées et décorées avec goût et des appartements avec services. Le restaurant français, réputé, sert aussi de la cuisine vietnamienne.

Catégories de prix, *voir p. 232.* **Légende des symboles,** *voir le rabat arrière de couverture.*

DELTA DU MÉKONG ET VIETNAM DU SUD

BAC LIEU Thong Nhat Guest-house $

50, Thong Nhat ***Tél.*** *(0781) 382 1085* ***Chambres*** *7*

Située près du pont principal de Bac Lieu, en retrait de la rue, cette petite *guest-house* familiale est un endroit tranquille. Les chambres sont fonctionnelles et confortables. La galerie à colonnades du 1er étage est agréable pour prendre le thé l'après-midi. Le service de laverie est gratuit.

BAC LIEU Hôtel Bac Lieu $$

4-6, Hoang Van Thu ***Tél.*** *(0781) 382 2437* ***Chambres*** *70*

Cet hôtel à la haute façade en verre est sans doute le meilleur de Bac Lieu. Mais malgré ses trois étoiles, les chambres sont inégales, allant de la chambre basique avec ventilateur à la chambre spacieuse avec tout le confort moderne. Il est possible de louer une voiture ou une moto. L'office de tourisme est à côté.

BEN TRE Hung Vuong $

166, Hung Vuong Rd ***Tél.*** *(075) 382 2408* ***Chambres*** *40*

L'établissement le mieux situé de Ben Tre, au bord du fleuve et à proximité du centre, est d'un excellent rapport qualité/prix. Les chambres à haut plafond sont modernes et spacieuses, et beaucoup donnent sur le fleuve. Les courts de tennis sont ouverts jusque tard dans la nuit.

CAN THO Phuong Dong $$$

62, 30 Thang 4 ***Tél.*** *(071) 381 2199* ***Chambres*** *46*

L'hôtel, central, a été le premier de la ville à se déclarer de classe internationale. Il accueille une clientèle de voyageurs d'affaires et de visiteurs et offre pratiquement tout le confort d'un trois-étoiles, même s'il manque un peu de caractère. Les meilleures chambres sont spacieuses et modernes, à l'européenne.

CAN THO Victoria Can Tho $$$$$

Cai Khe Ward ***Tél.*** *(071) 381 0111* ***Chambres*** *92*

Ce complexe chic de classe internationale est situé sur la péninsule de Cai Khe, face à la ville. Le bel édifice de style colonial est entouré de jardins luxuriants. Les chambres spacieuses sont joliment décorées avec du mobilier en bois et offrent une belle vue. **www.victoriahotels-asia.com**

CHAU DOC Song Sao $$

12, Nguyen Huu Canh ***Tél.*** *(076) 356 1777* ***Chambres*** *25*

Dans une rue tranquille, le Song Sao est assez chic en restant bon marché. Son cadre extrême-oriental moderne est agrémenté de plantes et de mobilier en rotin. Les chambres (dont beaucoup disposent d'un balcon) sont sobre et agréable, et dotées d'une TV et d'un minibar. Le restaurant est réputé pour sa cuisine vietnamienne.

CHAU DOC Nui Sam $$$

Vinh Te Village ***Tél.*** *(076) 386 1666* ***Chambres*** *21*

Situé au pied du mont Sam *(p. 100)*, cet hôtel sur deux niveaux propose des chambres quadruples pour les familles d'un bon rapport qualité/prix. Balcons, TV et minibar se trouvent dans toutes les chambres. Le restaurant sert des spécialités locales ; bar et parking fermé en sous-sol.

CHAU DOC Victoria Chau Doc $$$$

32, Lê Loi ***Tél.*** *(076) 386 5010* ***Chambres*** *92*

Cette grande bâtisse au bord du fleuve est située à la périphérie sud de la ville. L'intérieur est clair et spacieux avec de hauts plafonds et un beau mobilier. Les chambres sont élégantes et certaines ont vue sur le fleuve. Des forfaits alliant séjour de luxe et excursions sont possibles. **www.victoriahotels-asia.com**

CON DAO, ARCHIPEL DE Hôtel ATC $$

16B, Ton Duc Thang ***Tél.*** *(064) 383 0345* ***Chambres*** *8*

L'ATC est aménagé dans une ancienne villa française du début du XXe siècle et propose des bungalows au milieu d'un beau jardin. Les chambres sont correctement équipées avec des éléments de décoration en bois exotique, en osier ou en rotin. La famille qui tient l'hôtel est très accueillante.

CON DAO, ÎLE DE Con Dao Resort $$$

8 Nguyen Duc Thuan ***Tél.*** *(064) 383 0939* ***Chambres*** *40*

À proximité du village principal, ce complexe hôtelier est installé au bord de la plage de An Hai, au cœur d'une végétation tropicale. D'un bon rapport qualité/prix, il propose des chambres confortables et ménage de jolies vues sur la mer et les montagnes. Le petit-déjeuner buffet est inclus dans le prix. Le personnel est serviable et accueillant.

CON DAO, ÎLE DE Six Senses Con Dao $$$$$

Plage de Dat Doc ***Tél.*** *(064) 383 1222* ***Chambres 50***

De loin le plus bel hôtel du Vietnam, Six Senses arbore 50 luxueuses villas avec piscine privée. Son célèbre Spa et ses nombreux restaurants, dont un sur la plage, sont personnalisés pour répondre aux goûts de chaque hôte. Le cadre est somptueux dans un site protégé pour ses richesses terrestres et aquatiques. **www.sixsenses.com**

HA TIEN Hôtel Ha Tien $$

36D Tran Hau ***Tél.*** *(077) 385 1563* ***Chambres*** *32*

Au bord du fleuve, le Ha Tien est le plus agréable hôtel de la ville. Ses chambres aux meubles de bois sont simples mais confortables. L'établissement dispose de tous les équipements modernes, dont la TV par satellite et l'air conditionné, ainsi qu'un grand restaurant et un petit Spa, avec sauna et Jacuzzi.

MY THO Hôtel Chuong Duong $$

10, 30 Thang 4 ***Tél.*** *(073) 387 0875* ***Chambres*** *27*

Cet élégant bâtiment avec murs chaulés, arcades et toits de tuiles a une allure méditerranéenne. L'hôtel, situé au bord du fleuve, propose de grandes chambres à la décoration sobre, mais non austère, d'une propreté immaculée et d'un confort standard. Le restaurant est bon *(p. 253)*.

PHU QUOC, ÎLE DE Hong Tuyet $

14, Bach Dang ***Tél.*** *(077) 384 8879* ***Chambres*** *9*

L'hôtel, sans prétention, est construit sur quatre niveaux. Il est situé à quelques mètres seulement de l'aéroport. Les chambres sont sobres mais grandes et fonctionnelles, avec TV satellite et minibar ; celles sur la rue disposent d'un balcon. Les services (dont une garderie) sont excellents.

PHU QUOC, ÎLE DE Tropicana Resort $

Duong To, Long Beach ***Tél.*** *(077) 384 7127* ***Chambres*** *30*

Le long d'une plage isolée, on accède par un sentier pavé aux charmants bungalows à toit de chaume. Les chambres sont spacieuses et confortables. L'hôtel organise des excursions de plongée sous-marine (avec bouteille ou masque et tuba) et de pêche.

PHU QUOC, ÎLE DE Saigon Phu Quoc Resort $$$$

1, Tran Hung Dao, bd du bord de mer ***Tél.*** *(077) 384 6999* ***Chambres*** *90*

Ce luxueux complexe balnéaire est composé de villas avec terrasse entourant une piscine. L'endroit, idyllique, n'est qu'à 10 min de l'aéroport. Les chambres sont belles, les plages superbes, le service et les installations de loisirs de qualité. Possibilités d'excursions et de sports nautiques à réserver à l'accueil de cet hôtel d'État.

RACH GIA Hung Tai $

E11, Thu Khoa Huan ***Tél.*** *(077) 387 7508* ***Chambres*** *15*

Cette bâtisse rose de deux étages est située à l'angle du marché central et donc proche de l'animation du cœur de la ville. Les chambres sont fonctionnelles et bien équipées, même si les matelas ne sont pas très épais, comme le veut la coutume dans cette région du delta.

RACH GIA Phuong Hoang $

6, Nguyen Trung Truc ***Tél.*** *(077) 386 6525* ***Chambres*** *20*

Situé face à la rive sud de la rivière Cai Lon, l'hôtel est proche du centre mais néanmoins au calme. L'architecture et la décoration sont simples mais plaisantes. Les chambres, relativement petites, sont propres et bien équipées avec une literie confortable et une belle salle de bains. Le personnel est très sympathique.

SOC TRANG Phong Lan I $

124, Dong Khoi ***Tél.*** *(079) 382 1619* ***Chambres*** *16*

L'hôtel bénéficie d'une situation centrale avec vue sur le fleuve. Les chambres sont quelconques mais d'un bon rapport qualité/prix. Le restaurant sert des spécialités locales de poisson, telles que fritures et soupes. Il y a également un petit bar karaoké avec piste de danse.

SOC TRANG Phong Lan II $

133, Nguyen Chi Thanh ***Tél.*** *(079) 382 1757* ***Chambres*** *28*

L'édifice, qui date de l'époque coloniale, est doté de grandes arcades et, au dernier étage, d'un *penthouse*. Si l'aspect extérieur est resté imposant, ses chambres sont en revanche médiocres. Le restaurant est correct, et le sauna se situe largement au-dessus de la moyenne des établissements de la région.

TRA VINH Cuu Long $

999, Nguyen Thi Minh Khai ***Tél.*** *(074) 386 2615* ***Chambres*** *52*

Situé dans un quartier paisible à la périphérie de Tra Vinh, le Cuu Long est un hôtel d'aspect banal, mais c'est le plus confortable de la ville. Les chambres sont bien équipées, avec TV, minibar et meubles simples en bambou ; les plus grandes ont une baignoire et une douche, celles sur la rue possèdent un balcon.

VINH LONG Hôtel Phuong Hoang I $

3, Hoang Thai Hieu ***Tél.*** *(070) 382 5185* ***Chambres*** *30*

Beaucoup de voyageurs choisissent ce vieil hôtel pour sa situation un peu à l'écart – même s'il n'est pas tout près du fleuve, la plupart des curiosités touristiques sont assez proches –, pour son bon restaurant et son court de tennis. Les chambres sont assez ordinaires, mais plutôt grandes et dotées d'un mobilier confortable.

VINH LONG Hôtel Cuu Long $$

1, 1 Thang 5 ***Tél.*** *(070) 823 656* ***Chambres*** *54*

Cette tour en verre haute de huit étages surplombe le fleuve. L'intérieur est lumineux et spacieux, avec un mobilier moderne minimaliste. Les grandes chambres sont simples mais disposent de la TV, d'un minibar et d'une corbeille de fruits offerte gracieusement. Courts de tennis, billards et bar karaoké. **www.cuulongtourist.com**

Catégories de prix, *voir p. 232.* **Légende des symboles,** *voir le rabat arrière de couverture.*

CÔTE ET HAUTS PLATEAUX DU SUD

BUON MA THUOT Thang Loi $$

1, Phan Chu Trinh ***Tél.*** *(050) 385 7615* ***Chambres*** *40*

Situé en plein centre de Buon Ma Thuot, à côté de l'office de tourisme et du distributeur de billet en service 24 h/24, cet hôtel propose des chambres peu attrayantes mais spacieuses, avec salle de bains et TV satellite. Le restaurant, très apprécié de la population locale, propose quelques plats internationaux.

DALAT Hôtel Dreams $$

151-164 B, Phan Dinh Phung ***Tél.*** *(063) 383 3748* ***Chambres*** *13*

Cette pension de famille ouverte de longue date dispose des chambres petites mais propres, bien équipées et joyeusement décorées. Le personnel anglophone est sympathique et très serviable. Le petit déjeuner est bon et copieux. Accès Internet gratuit dans le hall. Réservez longtemps à l'avance.

DALAT Hôtel du Parc Dalat $$$

7 Tran Phu ***Tél.*** *(063) 382 5777* ***Chambres*** *140*

L'ancien Hôtel du Parc fut ouvert par les Français dans les années 1930 : l'atmosphère de l'époque coloniale y est toujours présente. L'établissement est l'un des meilleurs de la ville, avec de belles chambres confortables et propres. L'excellent restaurant propose de la cuisine française. **www.hotelduparc.vn**

DALAT Dalat Palace $$$$$

12, Tran Phu ***Tél.*** *(063) 382 5444* ***Chambres*** *43*

L'un des plus somptueux hôtels du Vietnam, construit en 1922, allie la splendeur de l'époque coloniale à l'hospitalité de l'Asie du Sud-Est. Les chambres sont dotées d'une cheminée et ornées de lourdes tentures et d'antiquités. Les tarifs sont très raisonnables pour la qualité proposée. Il y a un terrain de golf juste à côté. **www.dalatpalace.vn**

KONTUM Hôtel Dakbla $

2, Phan Dinh Phung ***Tél.*** *(060) 386 3333* ***Chambres*** *42*

Le Dakbla est l'un des meilleurs hôtels de la ville. Son architecture bahnar typique de la région lui donne un caractère et un charme particuliers. Les chambres sont propres et disposent des équipements de base. Le personnel est sympathique et efficace, tout comme celui de l'office de tourisme, dans le hall. Le restaurant est passable.

MUI NE, PLAGE DE Mui Ne Backpapers $

88 Nguyen Dinh Chieu ***Tél.*** *(062) 384 7047* ***Chambres*** *20*

Mui Ne Backpapers (anciennement Vietnam-Austria House) fut l'un des premiers hébergements de Mui Ne. Bungalows, dortoirs ou chambres d'hôtel classiques vous font vous sentir comme chez vous. Les prix restent bas malgré la présence de complexes plus luxueux à côté. **www.muinebackpackers.com**

MUI NE, PLAGE DE Joe's Garden Resort $$

86 Nguyen Dinh Chieu ***Tél.*** *(062) 384 7507* ***Chambres*** *22*

Ce charmant hôtel de bord de mer propose des bungalows en bois avec minibar, accès Wi-Fi gratuit et un hamac sous le porche. Le petit déjeuner est inclus dans le prix. Comptez un peu plus cher pour les chambres qui donnent sur la plage. L'hôtel abrite aussi le célèbre Joe's Café *(p. 254)*. **www.joescafegardenresort.com**

MUI NE, PLAGE DE Mia Resort Mui Ne $$$

24 Nguyen Dinh Chieu ***Tél.*** *(062) 384 7440* ***Chambres*** *30*

Dans un ancien club de voile, ce complexe fait partie d'un grand groupe de restaurants du Vietnam. Le Storm Koteboarding est l'un des meilleurs centres sportifs de Mui Ne. Les jardins tropicaux sont ravissants, et l'emplacement sur la plage est idyllique. **www.miamuine.com**

MUI NE, PLAGE DE Coco Beach $$$$

58, Nguyen Dinh Chieu ***Tél.*** *(062) 384 7111* ***Chambres*** *34*

C'est l'un des complexes les plus attrayants et les plus confortables de Mui Ne, composé de cabanons en bois et de villas de deux pièces. Les chambres, lumineuses, sont équipées de tout le confort moderne, excepté la TV. Il y a également une bibliothèque, une aire de jeux et une agence de voyages. **www.cocobeach.net**

MUI NE, PLAGE DE Pandanus Resort $$$$

Mui Ne, Phan Thiet ***Tél.*** *(062) 384 7111* ***Chambres*** *134*

L'ensemble haut de gamme, derrière le village de Mui Ne, est digne d'une carte postale : cocotiers et dunes de sable rouge. Amateurs de solitude et d'atmosphère intime, abstenez-vous ! Une autoroute relie directement le complexe au golf de Sea Links. **www.pandanusresort.com**

NHA TRANG Hôtel Sao Mai $

99, Nguyen Thien Thuat ***Tél.*** *(058) 352 6412* ***Chambres*** *20*

C'est l'un des meilleurs hôtels économiques de la ville. Les chambres, spacieuses et propres, ont des balcons collectifs, un réfrigérateur, la TV, l'air conditionné ou un ventilateur. Le propriétaire Mai Loc propose un excellent tour du centre du Vietnam à moto : la location à 3 $ par jour est l'une des moins chères en ville.

NHA TRANG Hôtel Melia Sunrise $$$$

12-14, Tran Phu ***Tél.*** *(058) 382 0999* ***Chambres*** *123*

Dans un somptueux bâtiment qui domine le boulevard de la mer, à deux pas de la plage. L'intérieur est tout de marbre et de verre, avec des lustres sophistiqués et une grande piscine. La plupart des chambres ont une vue spectaculaire sur la mer. L'hôtel compte plusieurs restaurants de qualité. **www.sunrisehotelvietnam.com.vn**

NHA TRANG Evason Ana Mandara Spa $$$$$

Tran Phu ***Tél.*** *(058) 352 2222* ***Chambres*** *78*

Ce magnifique complexe est composé de 17 villas au milieu d'un jardin tropical parsemé de fontaines, avec sa plage privée. Le Six Senses Spa est réputé pour son décor et la qualité des soins proposés. Les deux restaurants proposent de la haute cuisine, vietnamienne et internationale. **www.sixsenses.com/Evason-Ana-Mandara-Nha-Trang**

NHA TRANG Mia Resort Nha Trang $$$$$

Bai Dong, Cam Hai Dong, Cam Lam, province de Khanh Hoa ***Tél.*** *(058) 398 9666* ***Chambres*** *48*

Bénéficiant d'une plage privée et de son propre Spa, ce somptueux éco-resort adossé à la montagne est l'endroit idéal pour se ressourcer. Les chambres spacieuses disposent toutes d'une véranda. Cuisine *fusion* d'Asie et fruits de mer sont à l'honneur au Sandals, le restaurant de l'hôtel qui propose parfois des buffets. **www.mianhatrang.com**

NHA TRANG Vinpearl Resort $$$$$

7, Tran Phu, Vinh Nguyen ***Tél.*** *(058) 359 8188* ***Chambres*** *485*

C'est le plus grand et le plus luxueux complexe hôtelier de Nha Trang avec tous les équipements d'affaires et de loisirs imaginables. Le Vinpearl Resort se trouve sur l'île des Bambous (Hon Tre), à 10 min en bateau de Nha Trang. Le mobilier en bois et en rotin accentue l'exotisme de la décoration. **www.vinpearland.com**

NINH HOA Six Senses Ninh Van Bay $$$$$

Baie de Ninh Van ***Tél.*** *(058) 372 8222* ***Chambres*** *55*

L'hôtel est situé au nord de Nha Trang, dans un endroit protégé accessible uniquement en bateau (20 min) depuis Ninh Hoa, avec les montagnes à l'arrière-plan. Cet ensemble hôtelier offre tout le luxe possible et fait face à une plage de sable blanc proche d'un récif corallien. **www.sixsenses.com/SixSensesNinhVanBay/**

PHAN RANG-THAP CHAM Hotel Ho Phong $

363, Ngo Gia Tu ***Tél.*** *(068) 392 0333* ***Chambres*** *30*

Tout prêt de l'autoroute et à proximité du centre-ville, de ses cafés et de son marché, Ho Phong est d'un bon rapport qualité/prix : les chambres sont lumineuses et confortables. Toutes ont la TV, quelques-unes disposent d'un balcon. C'est une bonne adresse pour les petits budgets. **www.hophong.vn**

PHAN THIET DuParc Phan Thiet Ocean Dunes and Golf Resort $$$

1A, Ton Duc Thang ***Tél.*** *(062) 382 2393* ***Chambres*** *135*

Le DuParc et son accès au golf Ocean Dunes est la seule raison de séjourner à Phan Thiet. Les balcons privatifs des chambres ont des vues superbes, que ce soit côté mer ou côté golf et montagnes. Les équipements comprennent un Spa et des courts de tennis. Concert de musique *live* le soir. **www.phanthietresorts.com**

QUANG NGAI My Khe Resort $

Tinh Khe ***Tél.*** *(055) 368 6111* ***Chambres*** *12*

Cet établissement est une base idéale pour visiter Quang Ngai, à 17 km plus au sud. L'endroit est tranquille, et la plage de My Khe souvent déserte. Les chambres sont propres et lumineuses, et le personnel sympathique. Le restaurant propose divers plats vietnamiens et de savoureux produits de la mer.

QUY NHON Hôtel Quy Nhon $$

8, Nguyen Hue ***Tél.*** *(056) 389 2401* ***Chambres*** *43*

C'est peut-être le meilleur hébergement de la ville. Propre, spacieux et relativement calme, l'hôtel est situé à proximité de la plage municipale. Les chambres sont banales mais correctes. Le restaurant, en revanche, sert de délicieuses spécialités vietnamiennes. Les clients de l'hôtel peuvent aussi profiter d'un sauna.

QUY NHON Life Resort Quy Nhon $$$$

Ghenh Rang, plage de Bai Dai ***Tél.*** *(056) 384 0132* ***Fax*** *(056) 384 0138* ***Chambres*** *63*

Situé sur la plage, à 16 km au sud de Quy Nhon, ce complexe est la meilleure adresse de la région avec une belle architecture qui rappelle celle des temples cham, et tout le luxe possible. Le Spa propose divers soins ainsi que des cours de tai-chi, de yoga et de relaxation. **www.life-resorts.com**

VIETNAM CENTRAL

BA NA Ba Na Resort $$$

100, Bach Dang ***Tél.*** *(0511) 379 1000* ***Chambres*** *45*

Cet ensemble situé tout en haut de la station climatique de Ba Na bénéficie de belles vues et de l'air frais de la montagne. Les chambres et les bungalows individuels sont correctement équipés. Le restaurant sert une cuisine vietnamienne appréciée de tous, habitants comme visiteurs. **www.banahills.com.vn**

Catégories de prix, *voir p. 232.* **Légende des symboles,** *voir le rabat arrière de couverture.*

CHINA BEACH Furama Resort Danang $$$$$

68, Ho Xuan Huong ***Tél.*** *(0511) 384 7333* ***Chambres*** *198*

C'est l'un des plus luxueux établissement balnéaires du pays, à 10 min en voiture du centre de Da Nang. Les chambres offrent de superbes vues. Chic et tranquille, le Furama possède sa plage privée, un restaurant recommandé et des équipements de loisirs, des sports nautiques au billard. **www.furamavietnam.com**

CHINA BEACH Fusion Maia Da Nang $$$$$

Son Tra Dien Ngoc, route côtière ***Tél.*** *(0511) 396 7999* ***Chambres*** *87*

À la périphérie de Da Nang, le Fusion Maia est un complexe superbe doté d'une foule d'équipements. Le restaurant est fabuleux, le buffet du petit déjeuner délicieux et les soins du Spa sont à volonté. Si l'on ajoute que les bungalows disposent d'une piscine privée, vous comprendrez que c'est un petit paradis. **www.fusionmaiadanang.com**

DA NANG Hôtel Modern $$

186, Bach Dang ***Tél.*** *(0511) 382 0113* ***Chambres*** *40*

Cet hôtel économique d'une propreté parfaite est situé en plein centre-ville. Les chambres ont la TV câblée et une salle de bains. Le restaurant propose une cuisine vietnamienne, chinoise et internationale. L'établissement comprend également un comptoir de réservation de billets de train et d'avion, un sauna et un bar karaoké.

DA NANG Hôtel Royal $$

17, Quang Trung ***Tél.*** *(0511) 382 3295* ***Chambres*** *60*

Le Royal, du niveau d'un trois-étoiles, dispose de grandes chambres avec de bonnes prestations, dont la connexion Internet. Le restaurant agréable propose une carte très éclectique. Bar karaoké, boîte de nuit, agence de voyages et location de voiture font partie des autres offres et services. **www.royaldananghotel.com.vn**

DA NANG Hôtel Bamboo Green Harbourside $$$

177 Tran Phu ***Tél.*** *(0511) 382 2722* ***Chambres*** *70*

Situé prés de la cathédrale, cet hôtel date de 1923. Modernisé, il abrite désormais un centre d'affaires, une boutique de souvenirs et un Spa. Joliment meublées, les chambres ont la TV par satellite. Le restaurant sert des classiques de la cuisine vietnamienne, chinoise et européenne. **www.bamboogreenhotel.com**

DONG HA Hieu Giang $

138, Lê Duan ***Tél.*** *(053) 385 6856* ***Chambres*** *31*

Dong Ha n'étant pas touristique, sa capacité hôtelière est réduite. Le Hieu Giang passe pour être le meilleur établissement de la ville. Bien qu'un peu austères, les chambres, propres, avec TV câblée, font parfaitement l'affaire pour une nuit. Le restaurant sert une bonne cuisine sans chichi à prix raisonnables.

DONG HOI Cosevco Nhat Le $

16, Quach Xuan Ky ***Tél.*** *(052) 384 0088* ***Chambres*** *44*

Le plus grand et le meilleur hôtel du centre-ville – assez restreint à Dong Hoi – est situé au bord de la rivière. L'endroit est plutôt quelconque, mais les chambres, simples, sont propres et dotées de tout le confort moderne, dont la TV câblée. Cuisine vietnamienne (bonne) et internationale (passable). Sauna et courts de tennis.

DONG HOI Sun Spa Resort $$$$

My Canh, Bao Ninh ***Tél.*** *(052) 384 2999* ***Chambres*** *234*

Situé dans un cadre agréable, avec de l'eau sur trois côtés, cet établissement est le plus luxueux que l'on puisse trouver entre Hué et Hanoi. Les chambres pleines de charme sont lumineuses et disposent d'un équipement haut de gamme, incluant Jacuzzi, TV câblée et ordinateur portable.

HOI AN Hôtel Cua Dai $$

18A, Cua Dai ***Tél.*** *(0510) 386 2231* ***Chambres*** *24*

Situé sur la route de la plage de Cua Dai, cet hôtel propose de belles chambres de style colonial à des prix très raisonnables. Les jardins luxuriants, qui abritent quelques belles espèces rares, incitent à la détente. Des vélos sont à la disposition des clients qui veulent explorer les environs. Le personnel est sympathique.

HOI AN Thanh Xuan (Long Life) $$

30, Ba Trieu ***Tél.*** *(0510) 391 6696* ***Chambres*** *20*

Ce bel hôtel moderne, situé au nord de Hoi An, offre les meilleurs tarifs de la ville pour la qualité proposée. Les chambres sont gaies et lumineuses. Le personnel est serviable et la cuisine excellente. Sur place, on trouve également une agence de voyages et de location de voitures. Vélos mis à disposition. **www.longlifehotels.com**

HOI AN Ancient House $$$

377, Cua Dai ***Tél.*** *(0510) 392 3377* ***Chambres*** *52*

Aménagées dans des villas construites dans le style traditionnel de Hoi An, au milieu d'un jardin, les chambres sont agréables. Boîte de nuit, salon de beauté, sauna et Spa ajoutent encore au charme de l'endroit. Mise à disposition de vélos et d'une navette pour le centre historique. **www.ancienthouseresort.com**

HOI AN Hoi An Riverside Resort $$$$

175, Cua Dai ***Tél.*** *(0510) 386 4800* ***Chambres*** *62*

Composé de villas de style colonial, cet hôtel situé au bord d'un cours d'eau est l'un des plus attrayants de la région. Il dispose d'un Spa, d'une salle de billard, d'une galerie d'art, de boutiques et d'un service de baby-sitting et de conciergerie. Un bel endroit loin de tout. **www.hoianriverresort.com**

HOI AN Life Resort Hoi An $$$$$

1, Pham Hong Thai ***Tél.*** *(0510) 391 4555* ***Chambres*** *94*

Ce complexe de luxe à 5 min à pied du centre historique propose de somptueuses chambres et une cuisine raffinée. Une grande piscine borde la rivière. Au nombre des services disponibles : demande de visa, confirmation de vols, change, garderie, agence de voyages. La presse quotidienne est offerte gracieusement. **www.life-resorts.com**

HOI AN Victoria Hoi An Beach Resort and Spa $$$$$

Plage de Cam An ***Tél.*** *(0510) 392 7040* ***Chambres*** *104*

Haut de gamme et très bien équipé, cet ensemble a beaucoup de charme et offre les services d'un établissement cinq-étoiles. Il dispose aussi d'une bibliothèque, d'une navette gratuite pour le centre historique, de terrains de volley-ball et de badminton, d'attractions et d'équipements nautiques. **www.victoriahotels-asia.com**

HUÉ Thuan Hoa $$

7, Nguyen Tri Phuong ***Tél.*** *(054) 382 3340* ***Chambres*** *69*

Situé au cœur du quartier français, le Thuan Hoa n'a pas le charme colonial, mais compense par un service sympathique et des prix raisonnables. Les chambres sont agréables et le jardin est beau. Le Thuan Hoa propose également sauna, court de tennis, agence de voyages, location de voiture et de vélo et un service de baby-sitting.

HUÉ Best Western Premier Indochine Palace $$$

105A Hung Vuong ***Tél.*** *(054) 393 6666* ***Chambres*** *218*

Cet hôtel de standing international séduit par ses nombreuses infrastructures : centre d'affaires et de conférences, Spa, piscine, centre de remise en forme. Situé dans le centre-ville, il est généralement classé parmi les cinq-étoiles, notamment pour ses suites meublées dans le style de la dynastie Nguyen. **www.bestwestern.com**

HUÉ Hôtel Lê Loi $$$

2, Lê Loi ***Tél.*** *(054) 382 4668* ***Chambres*** *199*

L'hôtel Lê Loi, proche de la gare ferroviaire, est d'un bon rapport qualité/prix vu les prestations proposées. Les chambres standard ont une douche et tout le confort ; les suites ont une baignoire et un balcon. Le restaurant sert une cuisine vietnamienne et internationale soignée. **www.greenhotel-hue.com**

HUÉ Century Riverside $$$

9, Lê Loi ***Tél.*** *(054) 382 3391* ***Chambres*** *135*

Cet imposant bâtiment sur la rive sud de la rivière des Parfums offre de belles vues sur la citadelle. Dans les chambres richement décorées, fruits, thé et café sont offerts en guise de bienvenue. À l'Imperial Restaurant, des spectacles traditionnels accompagnent les dîners (spécialités royales de Hué). **www.centuryriversidehue.com**

HUÉ Hôtel et Spa La Résidence $$$$$

5, Lê Loi ***Tél.*** *(054) 383 7475* ***Chambres*** *122*

Le meilleur hôtel de Hué est aménagé dans l'ancienne résidence du gouverneur français, avec vue sur la rivière et la citadelle. Les chambres ont des lits à baldaquin, et les suites sont thématiques (des oiseaux à l'Égypte). Les équipements sont du dernier cri mais l'atmosphère est délicieusement surannée. **www.la-residence-hue.com**

LANG CO BEACH Lang Co Beach Resort $$

Commune de Loc Hai, Lang Co ***Tél.*** *(054) 387 3555* ***Chambres*** *88*

Construit dans le style architectural de Hué en bordure de l'une des plus belles plages du Vietnam, ce complexe comprend 57 villas avec balcons et 27 chambres classiques, toutes avec de belles vues et tout le confort. Parmi les services, on trouve un salon de beauté, un sauna et des courts de tennis. **www.langcobeachresort.com.vn**

VINH Phu Nguyen Hai $$

81, Lê Loi ***Tél.*** *(038) 384 8429* ***Chambres*** *25*

L'établissement est réputé pour être le meilleur hôtel économique de Vinh. Les grandes chambres sont propres et bien équipées. Le personnel est serviable, et la cuisine vietnamienne de qualité et à prix très raisonnables. Le Phu Nguyen Hai bénéfice d'une situation centrale à quelques mètres de la grande poste et de la gare routière principale.

HANOI

À L'OUEST DU LAC HOAN KIEM Hôtel Spring $

38, Pho Au Trieu ***Tél.*** *(04) 3826 8500* ***Chambres*** *16* ***Plan*** *2 D3*

L'hôtel a beaucoup de cachet, une atmosphère chaleureuse et vue sur la cathédrale Saint-Joseph. Les boutiques et restaurants branchés de Nha Tho et du vieux Hanoi ne sont pas loin. Les équipements sont un peu restreints, mais les chambres très propres sont meublées avec soin et ont un balcon. Le personnel, serviable, parle anglais.

À L'OUEST DU LAC HOAN KIEM Thu Giang $

5A, Tam Thuong ***Tél.*** *(04) 3828 5734* ***Chambres*** *7* ***Plan*** *2 D3*

Le Thu Giang, l'un des plus anciens hôtels économiques de Hanoi, propose des chambres avec ventilateur ou climatisation pour un prix allant de 3 à 16 $. L'accès Internet est gratuit, la location de DVD et le transfert pour l'aéroport possibles sur demande. Le personnel est expérimenté. Il y a une annexe au 35A Huang Dieu.

Catégories de prix, *voir p. 232.* **Légende des symboles,** *voir le rabat arrière de couverture.*

À L'OUEST DU LAC HOAN KIEM Hôtel Church $$

9, Nha Tho ***Tél.*** *(04) 3928 8118* ***Chambres*** *20* ***Plan*** *2 E3*

Ce petit hôtel s'adresse surtout à une clientèle occidentale. Simple, propre, sympathique et joliment décoré, il est également proche de la cathédrale, à deux pas du lac et à quelques minutes à pied du Vieux Hanoi. Quelques-uns des meilleurs restaurants, boutiques et galeries d'art de la ville sont aux alentours. **www.churchhotel.com.vn**

À L'OUEST DU LAC HOAN KIEM Hôtel Dragon $$$

48, Xuan Dieu ***Tél.*** *(04) 3829 2954* ***Chambres*** *30*

La façade et la décoration de ce sympathique hôtel sont extravagantes. Le Dragon propose des chambres à l'ornementation chinoise ainsi que des appartements et des suites pour les longs séjours. Il y a un jardin intérieur et un restaurant proposant une cuisine vietnamienne et internationale à ciel ouvert. **www.hoteldragon.vn**

À L'OUEST DU LAC HOAN KIEM Hanoi Horison $$$$

40, Cat Linh ***Tél.*** *(04) 3733 0808* ***Chambres*** *250* ***Plan*** *1 A3*

Le luxueux Hanoi Horison est proche du temple de la Littérature *(p. 166-167)* et de plusieurs des meilleurs musées de Hanoi. Les prestations – accès Internet dans les chambres, restaurants vietnamien, français et chinois, bar dans le hall et casino – sont excellentes. **www.accorhotels.com**

À L'OUEST DU LAC HOAN KIEM Hôtel Hanoi Daewoo $$$$

360, Kim Ma ***Tél.*** *(04) 3831 5000* ***Chambres*** *411* ***Plan*** *1 A3*

Cet établissement de 14 étages possède une superbe façade en marbre. Il est luxueusement équipé et décoré d'une impressionnante collection de tableaux. Sa piscine est la plus grande de Hanoi. Les cuisines française, italienne, chinoise et japonaise sont excellentes. **www.hanoidaewoohotel.com.vn**

À L'OUEST DU LAC HOAN KIEM Hôtel Nikko Hanoi $$$$

84, Tran Nhan Tong ***Tél.*** *(04) 3822 3535* ***Chambres*** *260*

Cet hôtel sélect de la chaîne japonaise éponyme s'adresse avant tout à une clientèle d'affaires, qui trouve ici l'un des meilleurs centres d'affaires de la ville. Les chambres, luxueuses, disposent de tous les aménagements. Il y a un Spa dernier cri et un sauna. Le restaurant japonais est peut-être le meilleur de Hanoi. **www.hotelnikkohanoi.com.vn**

À L'OUEST DU LAC HOAN KIEM Sheraton Hanoi $$$$

K5, Nghi Tam, 11, route Xuan Dieu ***Tél.*** *(04) 3719 9000* ***Chambres*** *299* ***Plan*** *1 A3*

À 15 min en voiture du centre-ville, sur une petite péninsule qui borde le lac de l'Ouest. Les chambres, superbes, ont des vues panoramiques. Les restaurants servent une cuisine vietnamienne et internationale raffinée. Équipements spéciaux pour les personnes à mobilité réduite. **www.sheratonhanoi.com**

À L'OUEST DU LAC HOAN KIEM Sofitel Plaza $$$$

1, Thanh Nien ***Tél.*** *(04) 3823 8888* ***Chambres*** *317* ***Plan*** *1 B1*

Au bord du lac de l'Ouest, ce bâtiment élevé offre tout le luxe et tous les services de la chaîne Sofitel. Les chambres disposent d'une large baie vitrée et de tout le confort moderne. L'établissement compte aussi un excellent restaurant, trois bars cossus et une boîte de nuit. **www.sofitelplazahanoi.com**

QUARTIER FRANÇAIS Lotus Guest-house $$

42V, Ly Thuong Kiet ***Tél.*** *(04) 3826 8642* ***Chambres*** *10* ***Plan*** *2 E4*

Le nombre de prestations offertes pour un prix aussi raisonnable explique le succès de cette douillette *guest-house* auprès des routards du monde entier. Les chambres disposent d'un réfrigérateur et de la TV câblée. La situation géographique est bonne, le personnel serviable, et le café permet de rencontrer d'autres voyageurs.

QUARTIER FRANÇAIS De Syloia $$$

17A, Tran Hung Dao ***Tél.*** *(04) 3824 5346* ***Chambres*** *33* ***Plan*** *2 F5*

Bon nombre des principaux sites de la ville sont accessibles à pied depuis cet agréable établissement de taille moyenne. Les chambres spacieuses ont tout le confort moderne, avec un lecteur de DVD. Le Cay Cau Restaurant *(p. 258)* sert un grand choix de plats savoureux. Service de baby-sitting. **www.desyloia.com**

QUARTIER FRANÇAIS Hôtel Zéphyr $$$

44B, Ly Thuong Kiet ***Tél.*** *(04) 934 3343* ***Chambres*** *306* ***Plan*** *2 F5*

Cet agréable hôtel-boutique est situé à proximité du centre-ville. L'atmosphère est familiale, et le personnel sympathique et efficace. Le bar et le salon du 7e étage offrent une vue fantastique sur le lac Hoan Kiem. Le restaurant de l'hôtel sert une bonne cuisine vietnamienne.

QUARTIER FRANÇAIS Hôtel Guoman $$$$

83A, Ly Thuong Kiet ***Tél.*** *(04) 3822 2800* ***Chambres*** *154* ***Plan*** *2 D4*

L'adresse est très courue, et à juste titre : les chambres sont très bien équipées, avec notamment un Jacuzzi. La clientèle se compose essentiellement de voyageurs d'affaires. Le personnel sympathique parle anglais. Vous pourrez profiter de l'un des quatre restaurants. Les commerces et la gare routière sont proches.

QUARTIER FRANÇAIS Hôtel Melia $$$$

44B, Ly Thuong Kiet ***Tél.*** *(04) 3934 3343* ***Chambres*** *238* ***Plan*** *2 E4*

Le Mélia est un établissement de grande classe. Les chambres sont élégantes, et le petit déjeuner exceptionnel. Héliport sur le toit, piscine à ciel ouvert au 3e étage, orchestre dans le hall tous les soirs. Les restaurants de qualité servent une cuisine vietnamienne et méditerranéenne. **www.meliahanoi.com**

QUARTIER FRANÇAIS Hilton Hanoi Opera $$$$$

1, Lê Thanh Tong ***Tél.*** *(04) 3933 0500* ***Chambres*** *269* ***Plan*** *2 F5*

L'Opéra voisin se reflète dans l'élégante façade de cet hôtel, qui offre toutes les prestations possibles et un service impeccable. La plupart des chambres cossues sont décorées de tentures en soie et d'œuvres d'artistes locaux. Elles sont ornées d'un mobilier vietnamien et ont une vue splendide sur la ville. **www.hanoi.hilton.com**

QUARTIER FRANÇAIS Sofitel Legend Métropole $$$$$

15, Ngo Quyen ***Tél.*** *(04) 3826 6919* ***Chambres*** *363* ***Plan****2 F4*

Le Métropole *(p. 162)*, qui a retrouvé sa splendeur d'antan, est l'un des meilleurs et des plus anciens hôtels de la ville. Les chambres sont insonorisées et superbement équipées ; les salles de bains ont de grandes baignoires. Le Beaulieu *(p. 258)* est sans doute le meilleur restaurant français de Hanoi. **www.sofitel.com**

VIEILLE VILLE Camellia Hotel II $

13, Luong Ngoc Quyen ***Tél.*** *(04) 3828 3583* ***Chambres*** *26* ***Plan*** *2 E2*

Le Camellia fait partie d'un groupe de quatre hôtels économiques. S'il est complet, vous serez orienté vers une succursale. Le personnel est efficace, et les chambres sont correctes. L'établissement comprend une agence de voyages proposant des circuits dans tout le pays à prix plancher. L'accès Internet est gratuit.

VIEILLE VILLE Hôtel Prince I $

51, Luong Ngoc Quyen ***Tél.*** *(04) 828 0155* ***Chambres*** *14* ***Plan*** *2 E2*

L'hôtel Prince I et son annexe du 42B Hang Giay s'adressent à une clientèle de voyageurs avisés. Les chambres ont le téléphone avec l'accès direct à l'international, TV câblée, Wi-Fi, machine à faire le thé et le café, salle de bains avec sèche-cheveux. Le transfert pour l'aéroport est gratuit à partir de trois nuits. **www.princehotelhanoi.com**

VIEILLE VILLE Hôtel Venus $

10, Hang Can ***Tél.*** *(04) 3826 1212* ***Chambres*** *10* ***Plan*** *2 E2*

L'hôtel pratique les prix les plus bas du vieux Hanoi : la qualité des prestations proposées est cependant correcte. Les chambres sont propres et disposent de la climatisation, de la TV et d'un miniréfrigérateur. Toutefois le bâtiment est laid, et les chambres à l'arrière n'ont pas de fenêtre. Le petit déjeuner, substantiel, est compris dans le prix.

VIEILLE VILLE Anh Dao $$

37, Ma May ***Tél.*** *(04) 3826 7151* ***Chambres*** *40* ***Plan*** *2 E2*

Situé au cœur du quartier historique rénové, cet hôtel économique propose des chambres confortables à prix raisonnables. Il est cependant conseillé de prendre une chambre de catégorie supérieure afin de profiter au mieux de son séjour (les chambres les moins chères n'ont pas de fenêtre).

VIEILLE VILLE Hôtel Classic I $$

222A, Ta Tien ***Tél.*** *(04) 3826 6224* ***Chambres*** *36* ***Plan*** *2 E2*

L'hôtel propre et confortable dispose d'équipements standards. Le personnel accueillant parle anglais. Le restaurant sert principalement le petit déjeuner. L'agence de voyages située dans le hall peut organiser des circuits, selon vos souhaits, autour de Hanoi ou dans la région du Nord. Accès Internet gratuit.

VIEILLE VILLE Hôtel Classic Street $$

41, Hang Be ***Tél.*** *(04) 3825 2421* ***Chambres*** *15* ***Plan*** *2 E3*

Très couru, le Classic Street propose des chambres bien équipées, avec TV câblée et salle de bains. Le personnel est aimable et les tarifs très raisonnables pour le niveau de prestations offertes. La direction aime visiblement l'art kitsch – en témoignent les peintures sur céramique accrochées aux murs des salles de bains.

VIEILLE VILLE Hôtel Hong Ngoc I $$

39, Hang Bac ***Tél.*** *(04) 3926 0322* ***Chambres*** *25* ***Plan*** *2 E3*

Ses lits à impériale et ses chaises en nacre donnent à cet hôtel des allures chic. Il est entièrement non-fumeurs. Le petit restaurant sert une savoureuse cuisine vietnamienne, chinoise et internationale, ce qui est inhabituel pour un établissement de cette catégorie.

VIEILLE VILLE Hôtel Sunshine $$

42, Ma May ***Tél.*** *(04) 3926 1559* ***Chambres*** *12* ***Plan*** *2 E2*

Le Sunshine est l'un des meilleurs hôtels économiques du Vieux Hanoi. Les chambres sont ordinaires mais disposent d'une salle de bains avec baignoire. En prime, vous trouverez un restaurant italien et une agence de voyages organisant des circuits dans tout le pays. Accès Internet gratuit. **www.hanoisunshinehotel.com**

VIEILLE VILLE Hôtel Win $$

34, Hang Hanh ***Tél.*** *(04) 3828 7371* ***Chambres*** *10* ***Plan*** *2 E3*

Cet hôtel économique est tout à fait honnête, à 5 min à pied de la rive nord du lac Hoan Kiem. Toutes les chambres ont une salle de bains (avec sèche-cheveux), un minibar, la TV câblée et le téléphone direct vers l'international. Si vous venez en hiver, le chauffage est un net avantage.

VIEILLE VILLE Hôtel Lucky I $$$

12, Hang Trong ***Tél.*** *(04) 3825 1029* ***Chambres*** *50* ***Plan*** *2 E3*

Cet hôtel est plein de charme et joliment décoré. Les chambres ont tout le confort moderne, et l'on sert un délicieux petit déjeuner (compris dans le prix). Si l'établissement est plein, on peut espérer trouver de la place au Lucky II, situé au 46 Fhang Hom. Bon service. **www.luckyhotel.com.vn**

Catégories de prix, *voir p. 232.* **Légende des symboles,** *voir le rabat arrière de couverture.*

VIEILLE VILLE Hôtel Queen Travel $$$

65, Hang Bac ***Tél.*** *(04) 3826 0680* ***Chambres*** *10* ***Plan*** *2 E3*

À la fois économique et plutôt select, cet hôtel reste d'un bon rapport qualité/prix. De belles antiquités composent une décoration soignée, et les chambres sont extrêmement confortables. Il y a un bassin de poissons rouges, et la terrasse sur le toit a vue sur le centre historique. **www.azqueentravel.com**

VIETNAM DU NORD

BA BE, PARC NATIONAL DE Hôtel du Parc national de Ba Be $

Dans le bâtiment administratif du parc national ***Tél.*** *(0281) 389 4126* ***Chambres*** *60*

L'hôtel est niché au milieu de pitons rocheux recouverts d'une forêt luxuriante. Ici, l'heure du réveil a quelque chose de magique, surtout au moment du petit déjeuner, servi dans la véranda donnant sur le parc. Le restaurant est souvent fermé, mais on peut commander ses repas à l'avance. Les chambres sont calmes et propres.

BAC HA Hôtel Sao Mai $$

Route de Ban Pho ***Tél.*** *(020) 388 0288* ***Chambres*** *40*

C'est le meilleur hôtel et le meilleur restaurant de Bac Ha. Les chambres situées dans les ailes modernes en bois sont nettement plus agréables et d'un meilleur rapport qualité/prix que celles du bâtiment ancien en béton. La cuisine vietnamienne et européenne est servie à toute heure pour la nombreuse clientèle de passage.

CAO BANG Huong Thom $

91, Kim Dong ***Tél.*** *(026) 385 5888* ***Chambres*** *11*

Un établissement propre, bien équipé mais sans attrait, même s'il offre le meilleur rapport qualité/prix de Cao Bang. Les chambres à l'arrière donnent sur la rivière et le mémorial de guerre. Le système de climatisation/chauffage est très appréciable, car cette ville poussiéreuse est aussi l'une des plus froides du Vietnam.

CAT BA-VILLE Noble House $$

Rue 1-4, Cat Ba-Ville ***Tél.*** *(031) 388 8363* ***Chambres*** *5*

Bénéficiant d'une situation centrale à quelques pas seulement de la jetée, c'est l'hôtel le plus agréable de la ville. Les chambres sont vastes avec de belles vues sur le port. Le Noble House abrite un très bon restaurant de cuisine vietnamienne et internationale à prix raisonnables.

CAT BA-VILLE Holiday View $$$

Rue 1-4, Cat Ba-Ville ***Tél.*** *(031) 388 7200* ***Chambres*** *120*

Cet hôtel en forme de tour, sur le côté est de la marina, a vue sur le port. L'endroit manque de charme, mais l'établissement est propre et dispose d'un service efficace – probablement le meilleur que puisse offrir Cat Ba. Le restaurant sert une cuisine vietnamienne et européenne. **www.holidayviewhotel-catba.com**

DIÊN BIÊN PHU Khach San Cong Ty Bia $

17, Ward 28 ***Tél.*** *(023) 382 4635* ***Chambres*** *10*

Connu aussi sous le nom d'« hôtel de la Bière » (il jouxte une petite brasserie), le Khach San Cong Ty Bia est l'hôtel économique le plus connu de la ville. Les chambres sont propres et équipées de TV et de salles de bains avec douche chaude. Le petit déjeuner est le seul repas servi (les autres repas doivent être pris à l'extérieur).

HAIPHONG Harbour View $$$$

4, Tran Phu ***Tél.*** *(031) 382 7827* ***Chambres*** *122*

Cet établissement chic et élégant, à l'atmosphère coloniale, est le meilleur de Haiphong ; son rapport qualité/prix est excellent. Les chambres ne donnent pas vraiment sur le port, mais elles sont cossues et d'une propreté parfaite. Le service est impeccable, et la cuisine excellente. **www.harbourviewvietnam.com**

ALONG Heritage Halong $$

8, Along, Bai Chay ***Tél.*** *(033) 384 6888* ***Chambres*** *101*

C'est l'un des hôtels les plus raffinés de la ville. Les chambres, élégantes et meublées avec goût, offrent tout le confort – avec une splendide vue sur la baie pour certaines. L'agence de voyages peut organiser des croisières. L'établissement abrite également une discothèque.

ALONG Hôtel Saigon Along $$$

Along, Bai Chay ***Tél.*** *(033) 384 5845* ***Chambres*** *228*

Cet élégant hôtel propose six catégories de chambres et de suites pour voyageurs d'affaires et visiteurs. Deux bars et trois restaurants servent une cuisine vietnamienne, chinoise et internationale. Le Panorama serait le restaurant le plus haut de la ville : ses vues sur toute la baie sont grandioses. **www.saigonhalonghotel.com**

ALONG Novotel Ha Long Bay $$$$

Route d'Along, Bai Chay ***Tél.*** *(033) 384 8108* ***Chambres*** *214*

Cet hôtel quatre-étoiles est situé à proximité des principaux sites. La décoration intérieure est superbe et les aménagements nombreux – Wi-Fi et équipements pour les handicapés. La piscine extérieure avec un bar flottant domine la baie. Toutes les chambres ont une vue panoramique. **www.novotelhalong.com.vn**

ALONG Huong Hai Junk $$$$$

1, Vuon Dao, Bai Chay ***Tél.*** *(033) 384 5042* ***Chambres*** *61*

Ces neuf luxueuses jonques installées dans la baie d'Along *(p. 182-184)* quittent Along City tous les jours vers midi et jettent l'ancre au milieu des pitons rocheux à l'heure du coucher de soleil. Des spécialités de la mer sont servies à bord le soir. Les chambres, très bien équipées, offrent des vues exceptionnelles. **www.halongdiscovery.com**

MAI CHAU, VALLÉE DE Mai Chau Guest-House $

Dans la rue principale du village de Mai Chau ***Tél.*** *(018) 385 1812* ***Chambres*** *4*

L'équipement de cette maison en bois est spartiate, mais la famille de Thaïs blancs qui vous accueille est sympathique. Vous dormirez sur une natte de couchage sous une moustiquaire et prendrez votre repas (sur commande) seul ou avec vos hôtes. Les lumières s'éteignent tôt, mais l'alcool blanc local est un bon somnifère !

NINH BINH Hôtel Ngoc Anh $

30, Luong Van Tuy ***Tél.*** *(030) 388 3768* ***Chambres*** *10*

Les chambres sont simples mais propres, confortables et bien équipées – eau chaude, climatisation, réfrigérateur et TV par câble. Certaines chambres disposent de balcons. L'établissement possède d'agréables salles communes. Le personnel se montre amical et extrêmement serviable.

NINH BINH Hôtel Viet Hung $

150, Tran Hung Dao ***Tél.*** *(030) 387 2002* ***Chambres*** *15*

Cette agréable pension de famille est située près du marché. Le personnel ne parle que quelques mots d'anglais mais il est prêt à rendre service. Le restaurant sert des petits déjeuners à l'occidentale et une bonne cuisine vietnamienne bon marché. Possibilité d'excursions dans les environs.

SAPA Guest-house Son Ha $

25, route de Fan Si Pan ***Tél.*** *(020) 387 1273* ***Chambres*** *15*

Le Son-Ha est un agréable hôtel bon marché proposant de grandes chambres confortablement meublées à l'étage, avec de belles vues sur la vallée qui mène au mont Fan Si Pan *(p. 197),* et surtout une cheminée très appréciable en hiver. Le restaurant de cuisines vietnamienne et occidentale est situé au rez-de-chaussée.

SAPA Sapa Goldsea $$

58, route de Fan Si Pan ***Tél.*** *(020) 387 1869* ***Chambres*** *34*

Cet hôtel douillet, qui surplombe la vallée, propose des chambres avec chauffage (appréciable en hiver) et TV câblée – qui fonctionne, ce qui n'est pas évident à Sapa. Le personnel parle anglais et est attentif. Des guides appartenant aux minorités ethniques sont à votre disposition.

SAPA Topas Ecolodge $$$$$

24, Muong Hoa, Cau May ***Tél.*** *(020) 387 1331* ***Chambres*** *25*

Ce beau complexe de 25 bungalows en granite est situé sur une colline à la sortie de Sapa, et offre de superbes vues sur la vallée et la rivière. Les chambres sont dotées de véranda privative. Le restaurant sur pilotis sert une bonne cuisine vietnamienne et occidentale. **www.topasecolodge.com**

SAPA Victoria Sapa $$$$$

Hoang Dieu ***Tél.*** *(020) 387 1522* ***Chambres*** *77*

Construit sur le modèle d'un chalet suisse, le Victoria Sapa est de loin l'établissement le plus luxueux de la région. Le train privé Victoria-Express, qui rappelle l'Orient-Express, vous amène ici depuis Hanoi (prix A/R à partir de 90 $). Le restaurant propose une délicieuse cuisine. **www.victoriahotels-asia.com**

SON LA Hôtel Trade Union $

4, rue 26-8 ***Tél.*** *(022) 385 2804* ***Chambres*** *100*

Cet hôtel d'État à l'ancienne est probablement le meilleur de Son La. Les grandes chambres sont propres et disposent d'une salle de bains avec de l'eau chaude en abondance. Le restaurant de cuisine vietnamienne est excellent. Le personnel en habit traditionnel des Thaïs blancs rend l'atmosphère typique.

ANGKOR

SIEM REAP Babel Guest-House $

Route de Wat Bo ***Tél.*** *(063) 965 474* ***Chambres*** *23*

Cette pension dispose de chambres impeccables dotées de salles de bains avec baignoire. Les hôtes pourront se relaxer dans le jardin tropical. Sans charme particulier, l'établissement est toutefois accueillant, et le personnel, affable, parle français. Le Babel est donc d'un bon rapport qualité/prix. **www.babelsiemreap.hostel.com**

SIEM REAP Earthwalkers $

Village de Kanseng, Sangkat n° 2 ***Tél.*** *(063) 967 901* ***Chambres*** *20*

Si Earthwalkers est l'une des plus anciennes adresses de routards, l'hôtel est cependant monté en gamme. Les chambres donnent sur la piscine, et il y a aussi un dortoir. La nourriture, cuisinée à base de produits frais, est savoureuse. Le personnel peut vous aider à organiser un circuit vers Angkor.

Catégories de prix, *voir p. 232.* **Légende des symboles,** *voir le rabat arrière de couverture.*

SIEM REAP Ivy Guest-House $

À l'ouest de l'avenue Pokambor, près de la rivière ***Tél.*** *(012) 800 860* ***Chambres*** *17*

Dans les jolis jardins de cette pension intime, d'accueillants hamacs sont prêts à recevoir les visiteurs. Les chambres sont agréables, quelques-unes sont climatisées. À 5 min à pied du centre-ville, l'adresse est d'un excellent rapport qualité/prix. La nourriture est délicieuse, et le personnel attentionné.

SIEM REAP Rosy Guest-House $

74, Phum Slor Kram ***Tél.*** *(063) 965 059* ***Chambres*** *15*

Cette ravissante villa ancienne est tenue par un couple d'Occidentaux. De nombreux hamacs sont à la disposition des visiteurs dans le hall. L'établissement dispose de tout le confort moderne : Wi-Fi, TV, lecteurs de DVD dans toutes les chambres. Service chaleureux. **www.rosyguesthouse.com**

SIEM REAP Dead Fish Tower Inn $$

Boulevard Sivatha, place Dead Fish ***Tél.*** *(016) 330 821* ***Chambres*** *35*

Le charme de cette auberge réputée vient essentiellement de son caractère étonnant : il y a un bassin avec des crocodiles, et les hôtes reçoivent en guise de bienvenue un massage de la tête. Les chambres sont très satisfaisantes. La cuisine est thaïe et khmère. Danses traditionnelles cambodgiennes le soir.

SIEM REAP Eight Rooms $$

138/139, Streoung Thmey, commune de Svydangkum ***Tél.*** *(063) 969 788* ***Chambres*** *8*

Le Eight Rooms est un établissement de grande classe pour routards. Il s'affiche comme « gay friendly ». Vous apprécierez ses chambres propres, sa reposante terrasse sur le toit, et le fait qu'il assure les navettes pour l'aéroport. Le personnel est accueillant. Wi-Fi dans le jardin et le hall. **www.ei8htrooms.com**

SIEM REAP Mystères d'Angkor $$$

235, Phum Slorkram ***Tél.*** *(063) 963 639* ***Chambres*** *23*

Cet hôtel paisible, tenu par des Français, est aménagé dans une maison traditionnelle en bois khmère. Les chambres sont décorées avec goût, et la jolie piscine est au cœur d'un jardin luxuriant. L'établissement possède aussi un bar accueillant, un restaurant, des vélos à louer et un service de blanchisserie. **www.mysteres-angkor.com**

SIEM REAP FCC Angkor $$$

Avenue Pokambor ***Tél.*** *(063) 760 280* ***Chambres*** *31*

Le FCC Angkor mélange décoration contemporaine et raffinement indochinois. Il possède des restaurants au design recherché et des bars stylisés. La piscine est très tentante et les chambres au décor minimaliste sont fraîches. L'emplacement, au bord de la rivière, est très agréable. **www.fcccambodia.com**

SIEM REAP Amansara $$$$$

262, Krom 8, Phum Beong Don Pa ***Tél.*** *(063) 760 333* ***Chambres*** *12*

L'établissement, édifié dans les années 1960, est de loin le plus chic de la ville. Il compte peu de chambres, mais chacune d'elles dispose d'une piscine privée. Ravissant, l'Amansara est plébiscité par les VIP de la planète en quête de vacances raffinées et discrètes. **www.amanresort.com/amansara/home.aspx**

SIEM REAP Apsara Angkor $$$$$

Route 6, route de l'Aéroport ***Tél.*** *(063) 964 999* ***Chambres*** *168*

L'Apsara Angkor propose toutes les prestations d'un hôtel de luxe. Les chambres avec parquets sont décorées de ravissantes soies khmères colorées. Une piscine, l'accès Internet, un service de baby-sitting, des équipements pour les handicapés font partie de ses atouts. **www.apsaraangkor.com**

SIEM REAP Park Hyatt Siem Reap $$$$$

Boulevard Sivatha ***Tél.*** *(063) 966 000* ***Chambres*** *107*

La cour de cet hôtel Art Déco très chic est dominée par un banian. Un bar et quelques chambres à la décoration en bois sombres donnent sur celle-ci. Le Spa est magnifique, et vous savourerez de délicieux snacks à l'épicerie new-yorkaise. Bien sûr, le personnel est aux petits soins. **www.hoteldelapaixangkor.com**

SIEM REAP La Résidence d'Angkor $$$$$

Route de la rivière ***Tél.*** *(063) 963 390* ***Chambres*** *62*

Installée au cœur de jardins somptueux et magnifiquement entretenus, cet hôtel de luxe propose des chambres à la décoration originale. Elles disposent toutes d'un Jacuzzi et du Wi-Fi. Le Spa dispense des soins excellents et raffinés. Le personnel peut vous organiser des excursions à Angkor. Location de vélos. **www.residencedangkor.com**

SIEM REAP Raffles Grand Hôtel d'Angkor $$$$$

1, Charles de Gaulle, Khum Svay Dang Kum ***Tél.*** *(063) 963 888* ***Chambres*** *120*

L'établissement, qui a accueilli une myriade de célébrités, notamment Charles de Gaulle, Charlie Chaplin ou Bill Clinton, offre une synthèse très réussie entre style colonial et service contemporain. Plusieurs restaurants et un Spa extérieur sont à votre disposition. **www.raffles.com/siem-reap/**

SIEM REAP Victoria Angkor Resort and Spa $$$$$

Parc central, PO Box 93145 ***Tél.*** *(063) 760 428* ***Chambres*** *130*

C'est l'un des plus beaux hôtels de Siem Reap. L'ancienne villa coloniale se distingue par ses somptueuses pièces communes et des chambres élégamment décorées. La cuisine est raffinée, le service à l'ancienne, et il y a un Spa et une piscine très agréables. À proximité d'Angkor, il donne sur le Parc royal. **www.victoriahotels-asia.com**

RESTAURANTS

Ayant une grande passion pour la cuisine, les Vietnamiens veillent à offrir aux visiteurs la meilleure nourriture possible, et ce dans les endroits les plus divers : cantines ambulantes, gargotes au bord de la route, cafés improvisés sur les trottoirs, pizzerias et restaurants gourmets pour manger sur le pouce ou prendre un repas complet, avec du thé ou de la bière en guise de boisson. Les prix sont très raisonnables car la cuisine vietnamienne – éclectique et toujours créative – offre un éventail de plats pour toutes les bourses. Si jusqu'à présent les fast-foods occidentaux étaient rares, les restaurants italiens, indiens et américains commencent à faire leur apparition dans les grandes villes. Pour déguster de la cuisine internationale soignée, les endroits les plus sûrs demeurent les restaurants haut de gamme. En revanche, vous trouverez facilement où vous régaler d'excellents plats vietnamiens ou du plat national, le *pho,* une simple soupe avec des nouilles qui se mange à toute heure de la journée.

Des mets raffinés

Terrasse du café Thuy Ta *(p. 257)* au bord du lac Hoan Kiem, Hanoi

RESTAURANTS

Les restaurants avec des serveurs professionnels, une carte et des nappes sur les tables sont assez récents au Vietnam. Ils se trouvent surtout dans les grandes villes et les grands hôtels.

Les endroits où l'on peut s'installer à une table ne servent bien souvent qu'un certain type de plat, le plus courant étant le *bo tung xeo*, du bœuf cru émincé et mariné que l'on fait cuire soi-même sur un réchaud. Les *bank xeo* servent en général de délicieuses crêpes géantes farcies aux crevettes, au porc et aux légumes. Les *lau* proposent des bouillons au fumet odorant agrémentés d'herbes aromatiques, de morceaux de légumes et de viande, servis dans un seul récipient. Les restaurants chinois sont également très nombreux, de même que les cafés où l'on peut trouver baguettes de pain frais, café et jus de fruits. Les restaurants américains, les pizzerias et les chaînes de fast-food comme KFC sont arrivés à Hanoi et à Hô Chi Minh-Ville.

Les grands hôtels et restaurants servent pour leur part de la grande cuisine européenne.

COM ET PHO

Les *com* (mot désignant le riz) servent de grosses portions de riz agrémenté de viande et de légumes. Ces endroits modestes n'ont souvent pas plus d'une demi-douzaine de places assises. Les plats tels que viandes grillées, sautées ou braisées, poissons en sauce, pousses de bambou braisées, aubergines grillées, légumes verts frits et tofu sont présentés dans une vitrine à l'entrée. Il suffit de montrer du doigt ce qui vous tente pour commander.

Les *pho (p. 248)*, du nom du plat national vietnamien, une soupe aux nouilles à l'arôme caractéristique, sont en général de petites cantines familiales qui proposent sur leur carte huit à dix variétés de soupes à base de bœuf (le plus souvent), de poisson ou de légumes.

MANGER DANS LA RUE

Le Vietnam a une longue tradition de cuisine de rue. Dans toutes les villes, des vendeurs déambulent avec des paniers remplis

Cliente au comptoir d'une cantine de rue, Hué

Vendeur de rue à Nha Trang, sur la côte Sud

de graines de pastèque et de soja, de pâtisseries et de fruits frais. Certains proposent des *banh tet* *(p. 29)*, salés ou sucrés, enveloppés dans des feuilles de bananier et cuits à la vapeur ou au gril. Ils peuvent aussi transporter une véritable cantine ambulante et vous préparer du *pho*, des nouilles frites, du tofu préparé de diverses façons ou du *chao* à base de riz, appelé aussi *congee*. D'autres transportent leur marchandise à l'aide d'une palanche posée sur l'épaule avec un panier à chaque extrémité, où se trouve aussi un petit réchaud pour vous préparer un repas chaud.

BEER GARDENS ET BIA HOI

Très nombreux dans le Sud du pays, où il ne fait jamais froid, les *beer gardens* sont des restaurants à ciel ouvert qui font toujours une promotion sur une bière (la marque pouvant changer chaque semaine). Ils servent généralement des viandes grillées avec des légumes verts et des *banh trang* *(p. 95)* – des crêpes de riz – dans lesquelles on enveloppe les aliments et que l'on trempe ensuite dans une sauce piquante.

La *bia hoi* (littéralement bière froide) est brassée localement ou servie selon un processus de pression artisanale. Très désaltérante et sans conservateur, elle ne coûte que quelques *dong* le verre et se trouve partout. Les bars à *bia hoi* sont légion ; ce sont des endroits minuscules fréquentés par les Vietnamiens. En y allant, les visiteurs étrangers auront une bonne approche de la culture du bar au Vietnam.

CUISINE VÉGÉTARIENNE

Les restaurants servant exclusivement des plats végétariens sont rares au Vietnam. Toutefois il est facile d'éviter la viande rouge car on trouve partout des plats de poissons, volailles et légumes.

Les végétaliens ou les végétariens au sens strict du terme doivent néanmoins savoir que le fameux nuoc-mâm à base de poisson fermenté est présent dans la majorité des plats. Même si en général les restaurateurs savent ce qu'est un régime végétarien, les végétariens doivent être explicites dans leurs exigences.

Bouteille de bière Saigon

PRIX

La nourriture représentera une partie mineure de votre budget. Un repas dans un hôtel coûte moins de 20 $ par personne (mais trois fois plus avec des boissons alcoolisées importées). Si le vin est fortement taxé, les spiritueux sont plus abordables, et la bière importée du Sud-Est asiatique est à un prix raisonnable. Dans les petits restaurants et les cantines de rue, vous mangerez copieusement pour 2 $ par jour (sans alcool).

USAGES DE TABLE

L'usage veut que chacun commande un plat auquel s'ajoute un plat pour la table. Ceux-ci sont servis au fur et à mesure qu'ils sont prêts et tous les convives se servent, le plaisir de partager étant aussi grand que celui de manger. À table, les manières *(p. 280-281)* sont simples : savourez votre repas et faites part de votre joie de goûter les plats en question. Les conversations bruyantes sont normales.

POURBOIRES

Si le pourboire n'est pas d'usage chez les Vietnamiens, ils ont toutefois compris qu'il l'était chez les étrangers et attendent que vous laissiez quelque chose après votre repas. Dans les bars pour étrangers, une gratification de 400 *dong* par tournée est appréciée. Dans les *com*, *pho* et petits cafés installés sur le trottoir, les gens n'attendent rien. Il en est de même pour les lieux où une taxe de service est prélevée.

Façade d'un café chic à la française, Hô Chi Minh-Ville

Saveurs du Vietnam

Le Vietnam est un pays où se sont exercées de nombreuses influences au fil du temps, mais qui a su préserver son identité en matière culinaire. De la longue période de domination chinoise, il subsiste l'usage des baguettes, de la sauce de soja et du tofu. À l'époque coloniale française ont été introduits le café et les produits laitiers. L'usage du curry et de la noix de coco dans la cuisine du Sud est dû aux influences indienne, khmère et thaïe.

Brins de menthe, basilic et coriandre

Comptoir de cantine sur un marché de Hanoi

PRODUITS

Les deltas fertiles du fleuve Rouge au nord et du Mékong au sud assurent la récolte du riz. Côtes, rivières et lacs constituent une immense réserve de poissons et de fruits de mer et, sous le climat tropical, fruits et légumes poussent en abondance. La cuisine vietnamienne est riche en épices et herbes aromatiques – coriandre, menthe, gingembre, ciboule et citronnelle – et en nuoc-mâm (sauce de poisson fermenté). Mais la base de la nourriture est le riz *(p. 95)*, dont l'importance se retrouve dans le langage. Le verbe « manger » en vietnamien signifie littéralement « manger du riz » et beaucoup de mots font référence aux différentes phases de la culture du riz et à ses diverses variétés. Il existe aussi diverses locutuions pour désigner les plats à base de riz. Cette céréale accompagne chaque repas : pour la consommation courante le *gao te* et pour les occasions spéciales (fêtes ou offrandes votives) le *gao nep* (gluant). Une fois moulu, le riz sert à la fabrication de produits tels que nouilles, gâteaux et papier, et une fois

Sélection de fruits tropicaux du Sud-Est asiatique

SPÉCIALITÉS RÉGIONALES

Garniture de *pho*

La cuisine vietnamienne se répartit en trois régions. Dans le Nord au climat froid, elle est simple, les viandes exotiques (comme le chien) sont très prisées, et l'alcool de serpent est largement répandu. Le Centre a une longue tradition de cuisine végétarienne et de cuisine impériale élaborée, notamment à Hué, capitale royale. Dans le Sud, elle prend une tonalité tropicale. Le *pho*, soupe aux nouilles, est l'essence même de la cuisine vietnamienne. Ce plat originaire du Nord est devenu le plat national. Avec ses lamelles de bœuf qui cuisent au contact du bouillon chaud, il est nourrissant. Les connaisseurs le préfèrent quand le bouillon a cuit longtemps car il a alors davantage de saveur.

Pho *Plat à base de bouillon clair, avec nouilles plates et ciboule, que l'on verse sur des lamelles de bœuf cru.*

Séchage de poissons pour la fabrication du nuoc-mâm, Nha Trang

distillé, à la fabrication de l'alcool de riz et de savoureuses liqueurs.

La tradition séculaire du bouddhisme au Vietnam a donné naissance à une cuisine végétarienne. Celle de Hué, centre traditionnel du bouddhisme vietnamien, est très renommée. Les femmes de cette ville élaborent des mets délicats – une version végétarienne de plats connus – en remplaçant la viande par du fromage de soja ou des champignons. L'utilisation du serpent, du moineau et de la tortue constitue l'un des aspects les plus insolites de la cuisine vietnamienne. Certains restaurants servent des espèces sauvages, comme le porc-épic, bien que cela soit officiellement interdit.

CUISINE DE RUE

Cette cuisine s'appelle *com binh dan* (« nourriture populaire ») ou *com bui* (« nourriture poussiéreuse »). Les cantines improvisées remplies de gens assis sur de petits tabourets en plastique proposent d'excellents *pho* (soupe aux nouilles), *banh xeo* (crêpes farcies) et sandwichs-baguette très appréciés. Les femmes portant leur palanche avec un panier à chaque extrémité composent une scène de rue typique. Dans ces paniers, elles transportent nouilles, herbes aromatiques, viande, légumes, bols, baguettes et réchaud à charbon de bois : une cuisine portable qui permet l'élaboration de plats succulents.

Vendeuse de baguettes de pain dans une rue de Hô Chi Minh-Ville

À LA CARTE

Nuoc-mâm Sauce relevée à base de poisson salé fermenté.

Nuoc cham Sauce de poisson avec sucre, citron, eau, ail et piment.

Nem ran Rouleaux de printemps frits que l'on trempe dans du *nuoc cham*.

Banh cuon Cylindre de pâte de riz farci à la viande.

Chao tom Pâte de crevette sur canne à sucre.

Canh Chua Ca Soupe aigre.

Lau Fondue.

Chao Gruau de riz.

Banh bao Boulettes farcies aux légumes et à la viande, cuites à la vapeur.

Che Gruau sucré servi en dessert.

Canh Chua Ca *Soupe aigre à base d'ananas et de tomates, de poisson-chat et de beaucoup de piment.*

Banh Xeo *Crêpe farcie au porc et aux crevettes dans une feuille de laitue avec sauce au piment et citron.*

Cha Ca *Plat originaire de Hanoi à base de poisson frit, nouilles, cacahuètes grillées et nuoc-mâm.*

Choisir un restaurant

Classés par région, les restaurants de ce guide ont été sélectionnés autant que possible pour la qualité de leur cuisine, leur atmosphère et leur situation. Dans les régions reculées, les établissements répondant à ces critères étant rares, nous avons sélectionné des adresses offrant au moins un bon rapport qualité/prix (transcrits en dollars).

CATÉGORIES DE PRIX
Prix moyen pour un repas pour deux personnes composé d'un assortiment de plats, avec service compris mais sans alcool.
Ⓢ moins de 5 $
ⓈⓈ entre 5 et 10 $
ⓈⓈⓈ entre 10 et 20 $
ⓈⓈⓈⓈ entre 20 et 30 $
ⓈⓈⓈⓈⓈ plus de 30 $

HÔ CHI MINH-VILLE

CHOLON Café Central An Dong ⓈⓈⓈⓈ
Hôtel Windsor Plaza, 18, An Duong Voung ***Tél.*** *(08) 3833 6688* ***Plan*** *4 F4*

Installé dans l'hôtel Windsor Plaza *(p. 232)*, ce café-bar est l'un des rares endroits de la ville où le service est assuré 24 h/24. Son décor de *coffee shop* est banal mais le fastueux buffet (plus de 50 plats) fait tout oublier. La formule pour le déjeuner est à seulement 5 $ et les prix baissent le week-end.

1er ARRONDISSEMENT Pho 24 ⓈⓈ
5, Nguyen Thiep ***Tél.*** *(08) 3822 6278* ***Plan*** *2 F4*

La cuisine de rue typique du Vietnam a pris ses quartiers dans la salle rénovée et climatisée du Pho 24, dont le nom fait référence aux « 24 ingrédients et 24 heures de préparation du bœuf de 1er choix » nécessaires à l'élaboration du *pho*, qui peut être aussi végétarien, voire au poulet ou au poisson.

1er ARRONDISSEMENT Sozo ⓈⓈ
176, Bui Vien ***Tél.*** *(095) 870 6580* ***Plan*** *2 D5*

Pourvoyeur de pâtisseries européennes, de bagels, de cookies et de café, le Sozo est aussi un centre de formation des jeunes de la rue pour les aider à sortir de la misère et leur apprendre la boulangerie et la pâtisserie, mais aussi à tenir les comptes et à gérer une affaire. Accès Wi-Fi gratuit.

1er ARRONDISSEMENT Asian Kitchen ⓈⓈⓈ
185/22, Pham Ngu Lao ***Tél.*** *(08) 3836 7397* ***Plan*** *2 D5*

Dans une ruelle transversale et un cadre balnéaire, ce petit restaurant pratique des prix raisonnables et offre un grand choix de plats vietnamiens. Le porc cuit dans son pot en terre est la spécialité maison. Les végétariens ne sont pas oubliés. On y écoute une excellente musique américaine des années 1950 et 1960.

1er ARRONDISSEMENT Au Parc ⓈⓈⓈ
23 Han Thuyen ***Tél.*** *(08) 3829 2772* ***Plan*** *2 E3*

De hauts plafonds, des tables et des chaises en fer et un carrelage Art Déco confèrent à ce restaurant un style bistro à la française. Les expatriés y viennent volontiers déjeuner séduits par sa cuisine occidentale. Sandwichs faits avec de la baguette, pâtes, *mezzés* et spécialités méditerranéennes sont en vedette aux côtés de classiques vietnamiens.

1er ARRONDISSEMENT Black Cat ⓈⓈⓈ
13, Phan Van Dat ***Tél.*** *(08) 3829 2055* ***Plan*** *2 F4*

Tenu par un expatrié américain et sa femme vietnamienne, le Black Cat allie parfaitement les deux traditions culinaires et propose soupes, sandwichs à l'occidentale et plats vietnamiens épicés. Vous admirerez au bar le plus grand gin tonic de Hô Chi Minh-Ville. Les murs sont ornés de photos de villes vietnamiennes.

1er ARRONDISSEMENT Bo Tung Xeo ⓈⓈⓈ
31, Ly Tu Trong ***Tél.*** *(08) 3825 1330* ***Plan*** *2 E3*

C'est l'un des restaurants les plus anciens de Hô Chi Minh-Ville, et l'ambiance y est festive. L'établissement doit son nom à la spécialité maison : le *bo tung xeo* (bœuf au barbecue). Les clients font cuire leur viande sur un brasero. Le *cha ca* *(p. 249)* à la mode de Hanoi (poisson frit à l'aneth) est aussi une spécialité à essayer.

1er ARRONDISSEMENT Bourbon Street ⓈⓈⓈ
123, Lê Loi ***Tél.*** *(08) 3914 2183* ***Plan*** *2 E4*

Ce petit coin de La Nouvelle-Orléans, sommairement décoré, rend hommage à la cuisine du delta du Mississippi. La carte est à dominante cajun et tex-mex avec *jambalaya*, soupe aux gombos, travers de porc, steaks, *fajitas*, ailes de poulet Buffalo, et bar à salades à volonté. Bonne sélection de bières étrangères.

1er ARRONDISSEMENT Bun Cha Hanoi ⓈⓈⓈ
26/1, Lê Thanh Ton ***Tél.*** *(08) 3827 5843* ***Plan*** *2 F3*

Le *bun cha* est une spécialité de Hanoi à base de porc grillé servi avec des légumes tels que laitue, pousses de soja, concombre et une portion de vermicelles de riz. Ce petit restaurant typique, très apprécié par la population locale, est toujours bondé. Une bonne adresse pour se plonger dans l'atmosphère du pays.

1er ARRONDISSEMENT Cool Saigon $$$
30, Dong Khoi ***Tél.*** *(08) 3829 1364* ***Plan*** *2 F4*

Le Cool Saigon sert une cuisine vietnamienne classique. Le décor évoque un village vietnamien typique avec son ruisseau et sa roue à eau. À l'étage, la salle est plus conventionnelle. Les rouleaux de printemps sont délicieux, les viandes grillées et les divers plats de nouilles séduiront les plus exigeants.

1er ARRONDISSEMENT Original Bodhi Tree $$$
175/4, Pham Ngu Lao ***Tél.*** *(08) 3837 1910* ***Plan*** *2 D5*

Dans une rue transversale surnommée « ruelle de la Pagode », c'est l'un des restaurants végétariens les plus connus de la ville. La clientèle est étrangère mais la carte est essentiellement vietnamienne – quelques plats italiens et mexicains cependant. Les tableaux aux murs sont à vendre ; le produit de leur vente est reversé aux enfants pauvres.

1er ARRONDISSEMENT Red Dot $$$
15/17, Phan Van Dat ***Tél.*** *(08) 3822 6178* ***Plan*** *2 F4*

C'est l'un des rares restaurants climatisés du quartier. Dans un décor évoquant une piazza italienne (avec une fontaine dansante pour compléter le tableau), vous savourerez l'une des rares cuisines mexicaines authentiques de la ville. Les tortillas, *enchiladas* et *burritos* sont excellents, et les tacos au poisson remarquables.

1er ARRONDISSEMENT Tan Hai Van $$$
162, Nguyen Trai ***Tél.*** *(08) 3839 9617* ***Plan*** *2 D5*

Ce restaurant chinois branché attire la jeunesse dans le vent de Hô Chi Minh-Ville, avec ses exceptionnels *dim sum*. On y mange aussi des plats plus exotiques, tels que les langues de canard frites et la soupe d'ailerons de requin. Quand la plupart des autres endroits sont fermés, ici, la terrasse est encore pleine.

1er ARRONDISSEMENT Vietnam House $$$
93-95, Dong Khoi ***Tél.*** *(08) 3829 1623* ***Plan*** *2 F4*

On vient ici pour la succulente cuisine vietnamienne traditionnelle et l'atmosphère élégante à la française. L'établissement compte trois étages, les meilleures tables étant celles du bas d'où l'on peut observer les passants en dégustant un rouleau de printemps délicieusement craquant. Les cocktails sont bons, et la musique excellente.

1er ARRONDISSEMENT Wrap and Roll $$$
62, Hai Ba Trung ***Tél.*** *(08) 3822 2166* ***Plan*** *2 F3*

Ici, les clients préparent eux-mêmes leurs plats (hormis les soupes). On leur apporte tous les ingrédients de leur choix (viande, poisson, légumes et herbes aromatiques), qu'ils enveloppent dans une crêpe de riz. Des sauces pour tremper les rouleaux obtenus et de bons vins viennent compléter le tout.

1er ARRONDISSEMENT Xu (Restaurant et Lounge) $$$$
71-75, Hai Ba Trung ***Tél.*** *(08) 3824 8468* ***Plan*** *2 F3*

Le restaurant ultramoderne avec bar-salon, sièges bas et éclairage discret, propose des cocktails exotiques et une « cuisine nouvelle » vietnamienne – des classiques, tels que rouleaux et papillotes avec une touche européenne ou californienne. Le service est excellent et il y a un grand choix de vins.

1er ARRONDISSEMENT Bonsai Cruises $$$$$
Bach Dang Pier, au bout de Nguyen Hue ***Tél.*** *(090) 880 0775* ***Plan*** *2 F4*

Quatre restaurants flottants proposent des dîners-croisières sur la rivière Saigon ; le Bonsai Cruises est le meilleur d'entre eux. Buffet de poissons à la mode vietnamienne et occidentale, nouilles vietnamiennes et saucisses allemandes figurent au menu. Belle carte des vins et soirée dansante avec orchestre.

1er ARRONDISSEMENT Camargue $$$$$
16, Cao Ba Quat ***Tél.*** *(08) 3824 3148* ***Plan*** *2 F3*

Ce restaurant élégant, aménagé dans une villa coloniale, dispose d'une belle terrasse. Huîtres, fromages et vins arrivent tous les jours par avion de Paris. La carte est majoritairement composée de steaks, rôtis et produits de la mer. Suivant la tradition française, les plats mettent en évidence l'art du maître saucier.

1er ARRONDISSEMENT Maxim's $$$$$
13-17, Dong Khoi ***Tél.*** *(08) 3829 6676* ***Plan*** *2 F4*

C'est l'un des plus anciens restaurants de la ville. L'élégante et solennelle salle à manger borde les trois côtés d'une scène où joue un quatuor à cordes et où ont lieu parfois des spectacles de théâtre occidental et de cabaret *(p. 269)*. La carte propose pour l'essentiel des classiques vietnamiens servis avec élégance.

1er ARRONDISSEMENT Restaurant Bobby Chinn $$$$$
Kumho Asiana Plaza Saigon, 39 Le Duan ***Tél.*** *(08) 6291 7788* ***Plan*** *2 E3*

Offrez-vous un mélange unique de saveurs internationales dans ce restaurant haut de gamme, le deuxième après celui d'Hanoi ouvert par le chef Bobby Chin, personnalité de la TV. Celui-ci mêle avec humour le meilleur de la cuisine asiatique et occidentale. La carte des vins n'en finit pas, le personnel est attentif.

3e ARRONDISSEMENT Tib $$
187 Hai Ba Trung ***Tél.*** *(08) 3829 7242* ***Plan*** *2 D2*

Logé dans une villa coloniale décorée dans le style de la dynastie Nguyen, le Tib appartient à un célèbre compositeur et attire une clientèle variée. le restaurant met l'accent sur la cuisine impériale de Hué avec ses viandes grillées et ses galettes de pomme de terre. Bonne carte des vins. Réservation indispensable.

3e ARRONDISSEMENT Mai Thai $$$

13, Ton That Thiep ***Tél.*** *(08) 3821 2920* ***Plan*** *2 F4*

Des quelques restaurants thaïs de la ville, le Mai Thai est le plus couru. La décoration composée d'étoffes thaïes colorées ajoute encore à la joyeuse atmosphère. La carte est l'une des moins chères du 3e arrondissement, et le menu pour le déjeuner est proposé à un prix très avantageux. Le service est d'une grande qualité.

3e ARRONDISSEMENT Tandoor $$$

74/6 Hai Ba Trung ***Tél.*** *(08) 3930 4839* ***Plan*** *1 C4*

Le Tandoor est une succursale d'une chaîne indienne au succès grandissant implantée à Hô Chi Minh-Ville et à Hanoi. Les incontournables de la cuisine du Nord de l'Inde tels que *nan*, brochettes de viande au four *tandoor* et plats végétariens figurent à la carte. Une bière bien fraîche arrose le tout.

3e ARRONDISSEMENT Texas Barbecue $$$$

206, Pasteur ***Tél.*** *(08) 3825 1142* ***Plan*** *2 D3*

Ce restaurant fréquenté par les expatriés est à la hauteur de sa réputation. Les portions de travers de porc, steak et *combo* de bœuf sont généreuses, et les accompagnements (épis de mais grillés, frites, chou cru et haricots sauce barbecue) constituent un repas à eux seuls. Ambiance festive dans le patio.

3e ARRONDISSEMENT Au Lac Do Brazil $$$$$

238, Pasteur ***Tél.*** *(08) 3820 7157* ***Plan*** *1 C2*

Hauts plafonds, carrelages et nappes blanches ajoutent à la tonalité brésilienne de ce restaurant de viande rouge. Pour préparer le *churrasco* composé de viandes rôties à la broche et de brochettes grillées, les serveurs officient avec des couteaux aux allures de sabres. C'est spectaculaire !

ENVIRONS DE HÔ CHI MINH-VILLE

LONG HAI Le Belvédère $$$

Anoasis Beach Resort, domaine de Ky Van ***Tél.*** *(064) 386 8227*

L'établissement est situé sur une colline qui surplombe l'hôtel Anoasis *(p 234)* et la plage. La carte internationale affiche pâtes italiennes, salade grecque, sandwichs garnis et classiques vietnamiens tels que porc grillé et légumes braisés. La plupart des tables sont installées dans un patio couvert où souffle une agréable brise marine.

VUNG TAU Good Morning Vietnam $$

6, Hoang Hoa Tham ***Tél.*** *(064) 385 6959*

Malgré l'absence de concurrents, ce restaurant de la célèbre chaîne américaine propose un service de qualité et des plats savoureux – pâtes, pizzas et autres spécialités italiennes – préparés par un chef italien. Les pizzas de cet établissement en plein air, entre les deux plages, sont particulièrement appréciées de la clientèle.

VUNG TAU Plein Sud $$$$

152 A, route de Ha Long ***Tél.*** *(064) 351 1570*

Ce petit coin du Sud de la France dispose d'une belle terrasse au milieu des arbres, à proximité de la plage. Les pains, pizzas, viandes et poissons sont tous cuits dans le four à bois, ce qui leur donne une saveur particulière. La sélection de vins est correcte.

DELTA DU MÉKONG ET VIETNAM DU SUD

BAC LIEU Bac Lieu $$$

Hôtel Bac Lieu, 4-6, Hoang Van Thu ***Tél.*** *(0781) 382 2437*

Installé au rez-de-chaussée de l'hôtel éponyme *(p. 235)*, ce restaurant au décor chinois sert des plats vietnamiens traditionnels cuits dans leur pot en terre, des légumes sautés qui craquent sous la dent, des préparations à base de produits de la mer et des nouilles en tout genre. L'endroit ferme tôt en général.

CAN THO Nam Bo $$$

50, Hai Ba Trung ***Tél.*** *(071) 382 3908*

Aménagé dans une villa de l'époque coloniale entourée d'un jardin, ce restaurant propose, en plus des classiques vietnamiens, des standards de la cuisine internationale : pizzas, salades, soupes et sandwichs. Les tables sont disposées dans plusieurs salles avec ventilateurs au plafond et sur la terrasse par beau temps.

CAN THO Spices $$$$$

Hôtel Victoria Can Tho, Cai Khe Ward ***Tél.*** *(071) 381 0111*

Installé dans le luxueux hôtel Victoria *(p. 235)* et décoré dans le style traditionnel du delta, le Spices propose des tables en salle ou en terrasse face au fleuve. La carte internationale comporte des plats italiens, un buffet barbecue américain et des standards vietnamiens tels que les poissons frits.

Catégories de prix, *voir p. 250.* **Légende des symboles,** *voir le rabat arrière de couverture.*

CAO LANH Tu Hao $$$

À l'angle de Diên Biên Phu et de Nguyen Hue ***Tél.*** *(067) 385 2589*

Situé sur l'autre rive du Tien Giang mais facilement accessible en taxi, ce restaurant de viandes est simple, mais confortable et accueillant. Tenu par la même famille depuis des générations, le Tu Hao est notamment spécialisé dans les grillades en tout genre... y compris de rat et de serpent !

CHAU DOC Lam Hung Ky V $$

71, Chi Lang ***Tél.*** *(076) 386 6745*

Le Lam Hung Ky, établissement sans prétention, est agréable pour le déjeuner. Situé face au grand marché, il est cependant à l'écart de l'animation bruyante. La cuisine vietnamienne a des tonalités chinoises avec un peu de sauce de soja, beaucoup de gingembre et une cuisson sautée à l'huile. Les soupes sont bonnes.

CHAU DOC Bassac V $$$

Hôtel Victoria Chau Doc, 32, Lê Loi ***Tél.*** *(076) 386 5010*

Cet élégant restaurant présente un cadre aux réminiscences coloniales, avec serveurs en livrée et atmosphère feutrée. Vous y mangerez du canard fermier produit localement et des poissons à la mode vietnamienne, ainsi que des pizzas, hamburgers et sandwichs. Les vues depuis la terrasse sont belles.

CON DAO, ÎLE DE Poulo Condore V $$$

Complexe Saigon Con Dao, 18, Ton Duc Thang ***Tél.*** *(064) 383 0366*

Restaurant le plus raffiné de l'archipel, à l'heure du dîner, une agréable brise marine souffle dans son jardin. Les produits de la mer sont la spécialité de la maison. La carte met à l'honneur la cuisine nationale, qu'elle soit du Nord, du Centre ou du Sud du Vietnam.

HA TIEN Xuan Thanh V $$$

20, Tran Hau ***Tél.*** *(077) 385 2197*

Situé face au marché central, ce petit restaurant honnête et chaleureux sert une cuisine vietnamienne traditionnelle et quelques plats occidentaux tels que pâtes et sandwichs. Ses spécialités sont, entre autres, la fondue ou *lau* *(p. 249)* à base de produits frais, la friture de poisson-chat et le sauté de calamars.

MY THO Restaurant Chuong Duong V $$$

30, Thang 4 ***Tél.*** *(073) 387 0875*

Ce restaurant de 500 couverts se trouve dans l'hôtel Chuong Duong *(p. 236)*, en bordure du fleuve. Il bénéficie d'une grande terrasse sur l'eau. La carte, essentiellement à base de produits de la mer, propose une cuisine vietnamienne et chinoise soignée. Les portions généreuses séduisent une clientèle de travailleurs locaux.

PHU QUOC, ÎLE DE Café An Thai V $$$

Khu Pho 3, An Thai ***Tél.*** *(077) 384 4307*

Voilà une adresse très courue pour prendre le déjeuner, le dîner, ou simplement un café ou un cocktail sur une pergola surélevée avec une belle vue et balayée par la brise marine. La carte propose surtout des produits de la mer à la mode vietnamienne et plusieurs plats occidentaux de restauration rapide, tels que sandwichs et hamburgers.

PHU QUOC, ÎLE DE Minh Tri V $$$

DC Tran Hung Dao - Khu 1 ***Tél.*** *(077) 384 8829*

Le Minh Tri, établissement sur deux niveaux, se situe sur Long Beach. En bas se trouve un jardin arboré avec une petite pergola, et en haut une terrasse. Parmi les spécialités de la mer figurent la patelle, l'anguille et le calamar. Vous trouverez également un large choix de viandes et de soupes.

PHU QUOC, ÎLE DE Restaurant Saigon V $$$

Complexe Saigon Phu Quoc, 1 Tran Hung Dao, Duong Dong ***Tél.*** *(077) 384 6999*

Ce restaurant de 150 couverts, installé sous une pergola qui surplombe la mer, profite de l'agréable brise marine et offre une vue splendide. Le cadre est simple et chaleureux. Viandes, poissons, nouilles et soupes vietnamiennes sont les spécialités. Sushis et sashimis sont frais et savoureux.

RACH GIA Hai Au V $$$

2, Nguyen Trung Truc ***Tél.*** *(077) 386 3740*

Sur deux niveaux, le restaurant propose un grand patio équipé de parasols et de tables de style méditerranéen, avec de belles vues sur la rivière. La carte des vins (tout à fait correcte) est essentiellement française, mais la cuisine est 100 % vietnamienne (fondues, produits de la mer et poissons d'eau douce).

SOC TRANG Quan Com Hung $$$

Mau Than 74-76 ***Tél.*** *(079) 382 2268*

Cet endroit sans prétention est l'un des plus courus de Soc Trang. Le riz est la spécialité de la maison, et la fondue ou « bateau à vapeur » le plat le plus festif : lorsque le bouillon arrive sur la table, chaque convive y plonge les ingrédients de son choix et choisit la durée de cuisson.

VINH LONG Thien Tan V $$

56/1, Pham Thai Buong ***Tél.*** *(070) 382 4001*

Le Thien Tan n'attache guère d'importance à la décoration, mais la cuisine est très soignée. Les viandes au barbecue sont succulentes, même si les clients étrangers font généralement l'impasse sur le rôti de mulot… Volailles et poissons cuits dans leur pot de terre et leur panier de bambou sont aussi à recommander.

CÔTE ET HAUTS PLATEAUX DU SUD

BUON MA THUOT Hôtel-Restaurant Dam San $$$

212, Nguyen Cony Tru ***Tél.*** *(0500) 385 1234*

Installé dans l'hôtel Dam San, proche du centre-ville, ce restaurant est le plus chic de la ville. L'immense salle à manger est souvent louée pour des mariages ou d'autres événements. La cuisine est principalement vietnamienne ou chinoise, mais la carte propose quelques plats internationaux.

DALAT Au Lac $$$

71, Phan Dinh Phung ***Tél.*** *(063) 382 2025*

Carottes, avocats et salades poussent en abondance à Dalat. Accommodés à la mode occidentale, vietnamienne et chinoise, et accompagnés de riz ou de nouilles, ils ont la part belle dans ce restaurant végétarien d'où sont bannis les exhausteurs chimiques de goût et les cigarettes. Adeptes du bio, cet endroit est pour vous.

DALAT Café V $$$

1/1, Bui Xui Thuan ***Tél.*** *(063) 352 0215*

Ce restaurant bon marché est tenu par un couple américano-vietnamien et les plats sont à la croisée de la cuisine vietnamienne et mexicaine. La carte propose aussi des plats typiquement mexicains tels que *burritos, nachos, chimichangas,* tortillas et *frijoles*. Le vin de Dalat, de la bière ou des *margaritas* accompagneront le tout.

DALAT Le Café de la Poste $$$

Tran Phu ***Tél.*** *(063) 382 5444*

Ce confortable café-restaurant français est situé entre l'hôtel du Parc et le Dalat Palce *(p. 237)*. Un petit déjeuner à l'occidental, élaboré, est servi sous forme de buffet de 6 h à 10 h. Les plats simples – américains, français, italiens et asiatiques – sont présentés avec raffinement. Le cadre, avec ses reproductions de l'époque coloniale, est charmant.

DALAT Long Hoa $$$

6, Duong 3/2 ***Tél.*** *(063) 382 2934*

Cette adresse ancienne, très prisée des habitants comme des visiteurs, sert une cuisine vietnamienne de qualité : fondues et sautés du Sud dominent la carte, ainsi que quelques plats occidentaux. Plusieurs marques de bière et le café corsé de la production locale sont proposés. Un pianiste joue occasionnellement.

DALAT Le Rabelais $$$$$

Sofitel Dalat Palace, 12, Tran Phu ***Tél.*** *(063) 382 5444*

Le Rabelais est l'établissement le plus sophistiqué et le plus cher de Dalat. La cuisine française est raffinée et la carte des vins séduira les œnophiles. Le service est très professionnel, la vue sur le lac magnifique et le cadre somptueux. Une tenue habillée est recommandée. On peut ensuite prendre un verre dans la salle où joue un pianiste.

KONTUM Restaurant Dakbla $$$

Hôtel Dakbla, 2, Phan Dinh Phung ***Tél.*** *(060) 386 3333*

Kontum n'est pas vraiment réputée pour sa gastronomie, ce que semble confirmer ce restaurant. Cependant, l'établissement est doté d'une terrasse agréable. Au petit déjeuner, le sympathique personnel vous servira café, pain, œufs et *pho*. La collection d'objets ethniques ajoute une note colorée.

MUI NE, PLAGE DE Joe's Café $$

Joe's Garden Resort, 86 Nguyen Dinh Chieu ***Tél.*** *(062) 384 7177*

Canapés profonds, cuisine occidentale roborative et films font de Joe's une cafétéria typique ouverte 24 h/24. Tenu par un Américain et sa femme vietnamienne Thao, le café est devenu le cœur de Mui Ne. Les petits déjeuners servis toute la journée, le café de Bobby Brewers et les sandwichs faits avec de la baguette sont très appréciés.

MUI NE, PLAGE DE Rung (Forest) $$$

Nguyen Dinh Chieu, Han Tien Ward ***Tél.*** *(062) 384 7589*

On déguste ici une bonne cuisine vietnamienne et des fruits de mer dans une atmosphère exotique au bord de la plage. Le repas est servi dans un jardin qui regorge d'objets kitsch, avec des billots en guise de table. La soirée s'anime avec des groupes de musique traditionnelle. Les enfants ont aussi leur menu.

MUI NE, PLAGE DE Shree Ganesh $$$$

57, Nguyen Dinh Chieu, Han Tien Ward ***Tél.*** *(062) 374 1330*

Ce restaurant populaire au décor rustique fait partie d'une chaîne du Nord de l'Inde. Le lieu animé résonne de musique indienne pop. La carte propose de nombreux plats d'agneau et de poulet ainsi que des currys aux fruits de mer et un grand choix de plats végétariens.

MUI NE, PLAGE DE Champa $$$$$

Coco Beach Resort, 58, Nguyen Dinh Chieu ***Tél.*** *(062) 384 7111*

Le restaurant du Coco Beach *(p. 237)* est dirigé par un chef français accompli. On mange au bord d'une piscine entourée d'un jardin tropical. Les produits de la pêche locale, comme ceux d'importation, sont préparés selon la tradition française. Les pâtisseries et les desserts sont remarquables. Ferm. lun.

NHA TRANG Da Fernando $$$

96, Nguyen Thien Thuat ***Tél.*** *(058) 222 9102*

Nha Trang compte une demi-douzaine de restaurants italiens, mais le Da Fernando est le meilleur. Le propriétaire est italien, et le gérant tenait le Good Morning Vietnam. Situé dans un endroit paisible mais sans charme, l'établissement sert une cuisine généreuse : les pizzas, les pâtes et les risottos sont un délice.

NHA TRANG Restaurant et école de cuisine Lanterns $$$

27, Nguyen Thien Thuat ***Tél.*** *(058) 247 1674*

Les propriétaires du Lanterns ont fait de leur restaurant une école de cuisine pour les enfants défavorisés. Leur générosité permet à leurs clients de savourer un repas sophistiqué où une cuisine vietnamienne authentique et raffinée est à l'honneur. Le ragoût de fruits de mer ou le poisson cuit dans une terrine sont à découvrir.

NHA TRANG Rainbow Divers $$$

90A, Hung Vuong ***Tél.*** *(058) 352 4351*

La plongée ouvre l'appétit. Quand le meilleur site de plongée du Vietnam *(p. 275)* a commencé à servir les meilleures spécialités de Nha Trang, l'ouverture d'un restaurant était logique. Que vous veniez pour manger un burger, une pizza ou un steak, ou simplement pour boire un café, le Rainbow Divers, avec Wi-Fi gratuit, est une bonne halte.

NHA TRANG Ana Pavilion $$$$

Ana Mandara Resort, Tran Phu ***Tél.*** *(058) 352 2222*

Ce restaurant en bord de mer propose d'excellents fruits de mer et une délicieuse cuisine vietnamienne. Ouvert toute la journée, c'est l'endroit idéal pour prendre un copieux petit déjeuner, tandis que le buffet du déjeuner est tout simplement somptueux. Dîner à la carte le soir, bonne carte des vins.

NHA TRANG Brasserie Louisiane $$$$

Lot 29, Tran Phu ***Tél.*** *(058) 352 1948*

Situé sur la plage centrale, la Louisiane est l'un des établissements les plus huppés et les plus chers de la ville. Au bord d'une piscine et les pieds dans l'eau, le restaurant entretient une atmosphère de vacances. À la carte : fruits de mer à la vietnamienne, steaks et une vaste sélection de pâtisseries.

QUANG NGAI Restaurant Cung Dinh $$$$

5, Ton Duc Thang ***Tél.*** *(058) 381 8555*

Vous savourerez des spécialités de Quang Ngai et Hué sous des pergolas donnant sur la rivière Tra Khuc. Les serveurs sont amicaux et rapides, et la plupart parlent anglais. Les spécialités de la maison à ne pas manquer comprennent le *don*, une soupe aux escargots, les *ram bap*, des rouleaux de printemps, et la salade « l'Empereur aux fruits de mer ».

QUY NHON Seafood 2000 $$$

1, Tran Doc ***Tél.*** *(056) 381 2787*

C'est le restaurant de la mer le plus prisé de Quy Nhon en raison de son ambiance sympathique, de sa situation dans la baie et de ses prix raisonnables. Crevettes géantes, calamars, homard (selon arrivage), steaks de requin, fondue de la mer genre bouillabaisse et bière fraîche sont au menu, le tout sans aucune prétention.

VIETNAM CENTRAL

BA NA HILL STATION Ba Na $$$

100, Bach Dang ***Tél.*** *(0511) 382 8262*

Ce restaurant de 200 couverts s'adresse à une clientèle touristique presque exclusivement vietnamienne. La carte propose un grand choix de plats vietnamiens, mais peu de plats occidentaux, du vin de Dalat et de nombreuses bières locales et étrangères. Le barbecue a du succès à l'heure du dîner.

CHINA BEACH Loi $$$

Plage de My Khe ***Tél.*** *(0511) 383 1088*

Vous dégusterez dans ce bel endroit un repas arrosé d'une bière en contemplant la mer de Chine méridionale. La fraîcheur des ingrédients est garantie, car les produits destinées aux clients se trouvent dans des bassins. À la carte : palourdes grillées sauce piquante (la spécialité), crevettes grillées et superbes homards.

DA NANG Bread of Life $$

Angle de Bach Dang et Dong Da ***Tél.*** *(0511) 356 5185*

Ce rendez-vous des expatriés est tenu par une famille américaine. La quasi-totatité du personnel est composée de personnes malentendantes – les handicapés font partie d'un programme d'insertion. Des burgers aux pizzas en passant par le gratin de macaronis et le traditionnel repas de Thanksgiving, les plats américains sont authentiques et savoureux.

DA NANG My Hanh $$$

265, Nguyen Van Thoai ***Tél.*** *(0511) 394 0994*

Ce restaurant de 200 couverts semble presque toujours complet. La clientèle est essentiellement locale, ce qui est bon signe. Les produits de la mer sont la spécialité de la maison : le chef élabore une cuisine très savoureuse. Les prix ne sont pas indiqués car ils changent tous les jours en fonction des produits proposés.

DA NANG Apsara $$$$$

222, Tran Phu ***Tél.*** *(0511) 356 1049*

À côté du fameux musée de sculpture cham, l'Apsara a puisé l'inspiration de sa décoration dans la culture cham : salle à manger et jardins où trône une réplique d'une tour cham sont une invitation à voyager dans le temps. Les plats vietnamiens sont délicieux. Le menu à base de fruits de mer est copieux et attire une clientèle nombreuse.

DONG HOI Anh Dao $$

56, Quang Trung ***Tél.*** *(052) 382 0889*

Ce restaurant n'a rien de vraiment remarquable, mais c'est le meilleur de la ville. L'endroit est propre, le service efficace et aimable, et le choix des plats (essentiellement du Vietnam du Nord et du Centre) est vaste. Le personnel parle peu anglais, mais on peut aller en cuisine pour montrer ce que l'on veut.

HOI AN Brother's Café $$$

29, Phan Boi Chau ***Tél.*** *(0510) 391 4150*

Installé dans une maison coloniale de l'ancien quartier français, en bordure de la rivière, ce restaurant est l'un des meilleurs établissements de Hoi An. Les plats vietnamiens sont délicieux et bien présentés. La carte des vins est excellente. Le menu change tous les jours.

HOI AN Good Morning Vietnam $$$

102, Nguyen Thai Hoc ***Tél.*** *(0510) 391 0227*

Le restaurant, situé dans une vieille maison, est une succursale d'une chaîne italienne authentique de pizzas au feu de bois, installée aussi à Hô Chi Minh-Ville, Mui Ne et Nha Trang. La pizza aux fruits de mer est à recommander. Les salades servies en entrée croquent sous la dent. Les desserts au chocolat sont une invitation au péché.

HOI AN Mango Room $$$

111, Nguyen Thai Hoc ***Tél.*** *(510) 391 0839*

La cuisine *fusion* sophistiquée est élaborée par un Viet Kieu qui est rentré des États-Unis pour ouvrir ce restaurant. Les savoureuses spécialités de bœuf, crevettes et poisson aux tonalités vietnamienne, californienne et mexicaine à la fois, se dégustent dans un cadre agréable. Bonne sélection de vins et de savoureux cocktails.

HOI AN Nhu Y $$$

2, Tran Phu ***Tél.*** *(510) 386 1527*

Nhu Y est l'un des plus anciens et des meilleurs restaurants en terrasse de Hoi An. Les spécialités locales de *cao lau* (mélange original de nouilles et de porc) et de *white rose* (boulettes farcies aux crevettes) s'affichent sur la carte illustrée très pratique. L'établissement dispense aussi des cours de cuisine.

HOI AN Café et bar Tam Tam $$$

110, Nguyen Thai Hoc ***Tél.*** *(510) 386 2212*

Le cadre de cet excellent petit restaurant de cuisine française et italienne (quelques plats vietnamiens également) est aussi agréable que la cuisine, comme souvent à Hoi An. Cette maison jaune joliment restaurée a gardé son atmosphère coloniale. Les tables sont disposées sur le balcon. Vin sur demande et bière fraîche.

HOI AN Thanh $$$

76, Bach Dang ***Tél.*** *(510) 386 1366*

Installé dans une maison sino-vietnamienne qui borde la rivière, cet excellent restaurant propose des plats chinois et des spécialités locales telles que les fameuses nouilles *cao lau* cuites dans l'eau du puits Ba Le et agrémentées de porc émincé, de pousses de soja et de croûtons. Vin sur demande.

HUÉ La Boulangerie française $$

47, Nguyen Tri Phuong ***Tél.*** *(054) 383 7437*

C'est incontestablement l'une des meilleures boulangeries-pâtisseries du Vietnam. Les pâtisseries raffinées, les tartes aux myrtilles, les gâteaux et les pains sont aussi beaux que bons. Le café travaille avec une association qui aide les enfants des rues à devenir pâtissiers ou boulangers. L'adresse est excellente pour le petit déjeuner.

HUÉ Lac Thanh/Lac Thien/Lac Thuan $$

6, Dinh Tien Hoang ***Tél.*** *(054) 352 7348*

Ce restaurant presque légendaire est tenu par une charmante famille de sourds-muets. La cuisine est tout simplement excellente, en particulier les nouilles croustillantes au bœuf. Malheureusement, les graffitis laissés par les cohortes de routards gâchent un peu le charme étrange de l'endroit.

HUÉ Ong Tao $$$

134, Ngo Duc Ke ***Tél.*** *(054) 352 2037*

Ici, la spécialité est la cuisine du Centre du Vietnam, mais on sert aussi des plats de Hanoi et de Hô Chi Minh-Ville. Le propriétaire est une personne cultivée qui se fera un plaisir de vous donner des informations sur la cuisine impériale de sa ville. Les produits de la mer et le bœuf sont excellents, mais le poulet parfois un peu dur.

HUÉ Tropical Temple $$$

5, Chu Van An ***Tél.*** *(054) 383 0716*

Dans cet établissement proche de la rivière des Parfums, vous mangerez dans le jardin tropical ou la salle climatisée une cuisine *fusion* franco-vietnamienne à dominante de brochettes qui grésillent en arrivant sur votre table. Les desserts, délicieux, sont à tonalité vietnamienne. La carte des vins est acceptable.

Catégories de prix, *voir p. 250.* **Légende des symboles,** *voir le rabat arrière de couverture.*

HUÉ Le Parfum $$$$

Hôtel et Spa La Résidence, 5, Lê Loi ***Tél.*** *(054) 383 7475*

Le chef allemand qui officie dans ce restaurant en a fait l'un des endroits les plus raffinés de Hué et la meilleure adresse pour la cuisine européenne – plus particulièrement celle d'Europe centrale. Les portions sont généreuses, les desserts savoureux et la carte des vins est bonne. Belles vues sur la citadelle.

LANG CO BEACH Thanh Tam $$$

Thanh Tam Resort, Lang Co ***Tél.*** *(054) 387 4456*

Le restaurant de ce complexe hôtelier, qui accueille des groupes depuis longtemps, est le meilleur de Lang Co. La terrasse donne directement sur la mer de Chine méridionale, aussi de nombreuses spécialités de la mer sont-elles présentes sur la carte. Les clients ont accès à la piscine et aux douches.

HANOI

À L'EST DU LAC HOAN KIEM Ly Club $$$$

51, Ly Thai To ***Tél.*** *(04) 3936 3069* **Plan** 2 F4

Dans une villa coloniale à la décoration originale, vous découvrirez une cuisine créative où les spécialités françaises et vietnamiennes sont élaborées avec style. Pour commencer, vous aurez le choix entre le caviar sur crêpe de patates douces et les noix de Saint-Jacques aux pommes. Groupe de musique traditionnelle de Hué.

À L'OUEST DU LAC HOAN KIEM Moca Café $$$

14-16, Nha Tho ***Tél.*** *(04) 3825 6334* **Plan** 2 E3

Ce café branché très prisé affiche un grand choix de plats de toutes les nationalités, allant du Mexique jusqu'en Inde. Le café de la production locale ou d'importation est bon. Parmi les boissons proposées, vous trouverez bière pression, vins et jus de fruits. Les desserts sont corrects et leurs prix raisonnables.

À L'OUEST DU LAC HOAN KIEM Thuy Ta $$$

1, Lê Thai To ***Tél.*** *(04) 3828 8148* **Plan** 2 F3

Située sur la rive nord-ouest du lac Hoan Kiem, cette institution propose une cuisine internationale, une bonne restauration rapide (hamburgers et sandwichs faits avec de la baguette) et un large choix de pâtisseries et glaces. Le café est bon. Avec de belles vues sur le lac, l'endroit est agréable pour faire une pause.

À L'OUEST DU LAC HOAN KIEM Brother' Café $$$$

26, Nguyen Thai Hoc ***Tél.*** *(04) 3733 3866* **Plan** 1 C3

C'est le meilleur des nombreux restaurants de la ville installés dans des villas coloniales. Vous dégusterez des mets délicats à la mode de Hanoi, tels que le *bun cha* (boulettes de viande en sauce au poisson). Le déjeuner-buffet se prend dans la salle ou sous la véranda. Le dîner-buffet est d'un excellent rapport qualité/prix.

À L'OUEST DU LAC HOAN KIEM Restaurant Meditteraneo Italian $$$$

23, Nha Tho ***Tél.*** *(04) 3826 6288* **Plan** 2 E3

Le chef élabore une savoureuse cuisine méditerranéenne – comme son nom l'indique – dans une ambiance typique de trattoria italienne, à proximité de la cathédrale, des restaurants et galeries d'art branchés du quartier de la rue Nha To. Parmi les spécialités au menu : moussaka, pâtes et pizzas.

À L'OUEST DU LAC HOAN KIEM Vine Wine Boutique Bar and Café $$$$$

1A, Xuan Dieu ***Tél.*** *(04) 3719 8000*

Le Vine Wine est une bonne adresse des bords (de plus en plus chic) du lac de l'Ouest. La cuisine, vietnamienne, thaïe, japonaise et italienne, aux saveurs délicates, est soignée. L'établissement a sans doute la plus grande carte des vins de Hanoi – d'où son nom. Les bouteilles sont présentées dans des casiers le long des murs.

ARRONDISSEMENT DE BA DINH Song Thu $$$

24 Chau Long ***Tél.*** *(04) 3942 4448* **Plan** 1 C1

Cet établissement à but non lucratif, qui dépend de l'école de cuisine Hoa Sua, est un centre de formation culinaire pour orphelins. Tenu par des français, il propose à des prix très raisonnables de délicieuses spécialités françaises et vietnamiennes, ainsi qu'un menu enfant. Goûtez le porc au caramel suivi d'un millefeuille en dessert.

ARRONDISSEMENT DE HAI BA TRUNG Wild Rice $$$

6, Ngo Thi Nham ***Tél.*** *(04) 3943 8896* **Plan** 2 E5

Le décor est moderne mais les serveuses portent l'*ao dai* traditionnel. Le chef décline avec art la cuisine vietnamienne classique en y ajoutant quelques touches françaises, japonaises ou chinoises. Le résultat est insolite : vous découvrirez ainsi des rouleaux de printemps aux crevettes et aux bananes, des aubergines braisées au porc, etc.

ARRONDISSEMENT DE TAY HO Restaurant Bobby Chin $$$$$

77 Xuan Dieu ***Tél.*** *(04) 3719 2460* **Plan** 2 E4

L'animateur TV Bobby Chin sert ici la cuisine *fusion* la plus inventive de la ville, mêlant les saveurs de l'Asie et de la Californie du Sud. Situé dans sa propriété sur le lac de l'Ouest, ce lieu décontracté porte sa marque, à l'image des soies rouges et des pétales de rose. Service attentionné et carte des vins excellente.

QUARTIER FRANÇAIS ALfresco $$$

23, Hai Ba Trung ***Tél.*** *(04) 3826 7782* ***Plan*** *2 E4*

Ce superbe restaurant de cuisine occidentale, tenu par un australien, est situé au cœur de Hanoi. Les plats nombreux, sont servis en portions généreuses. Travers de porc, hamburgers, pizzas, steaks, frites, sandwichs-baguette, salades mémorables et desserts appétissants : vous aurez l'embarras du choix. Le café est excellent !

QUARTIER FRANÇAIS Café Au Lac $$$

57, Ly Thai To ***Tél.*** *(04) 3825 7870* ***Plan*** *2 F4*

Ce charmant café bistrot installé dans le petit jardin d'une villa coloniale sert une bonne cuisine vietnamienne, *fusion* et internationale. Les plats à base de produits de la mer sont particulièrement bons. Les mets en sauce au tamarin et au piment font aussi partie des spécialités maison. Une adresse d'un très bon rapport qualité/prix.

QUARTIER FRANÇAIS Cay Cau $$$

Hôtel De Syloia, 17A, Tran Hung Dao ***Tél.*** *(04) 3933 1010* ***Plan*** *2 F5*

À côté de l'hôtel De Syloia *(p. 241)*, le Cay Cau est un bon restaurant vietnamien proposant une carte fournie à des prix particulièrement raisonnables. Vous aurez également un vaste choix de desserts – ce qui est inhabituel dans un établissement vietnamien – tels que des *cheesecakes*, tartes et autres. Groupe de musiciens tous les soirs.

QUARTIER FRANÇAIS Il Grillo $$$

16, Nam Ngu ***Tél.*** *(04) 3942 4097* ***Plan*** *2 E5*

Il Grillo élabore une bonne cuisine italienne traditionnelle et propose des classiques italiens qu'on n'a pas l'habitude de trouver au Vietnam : carpaccio de veau, *parma con melone*, champignons *porcini* et riches desserts tels que *zabaglioni* et tiramisu. La carte des vins est intéressante, le cadre douillet et le service prévenant.

QUARTIER FRANÇAIS Pho 24 $$$

26, Ba Trieu ***Tél.*** *(04) 3936 1888* ***Plan*** *2 F4*

Comme son nom l'indique, le Pho 24 *(p. 250)* est le royaume du célèbre plat national. Le *pho*, qui se mange dans les cantines de rue du matin au soir, peut ainsi se déguster dans l'atmosphère climatisée de ce restaurant de chaîne, sur des chaises confortables, toute la journée.

QUARTIER FRANÇAIS Quan An Ngon $$$

26 Tran Hung Dao ***Tél.*** *(04) 3719 3169* ***Plan*** *2 F5*

Apprécié des locaux et des voyageurs pour la qualité de sa cuisine de rue, servie dans une vaste cour, Quan An Ngon est un restaurant comme on en voit beaucoup au Vietnam. Il propose des plats traditionnels à choisir sur une longue carte ou en formule buffet. Mieux vaut arriver tôt pour profiter du meilleur choix.

QUARTIER FRANÇAIS San Ho $$$

Ly Thuong Kiet ***Tél.*** *(04) 3934 9184* ***Plan*** *2 D4*

L'établissement qui borde l'aquarium est l'un des restaurants de fruits de mer les plus connus de Hanoi. Il propose, à des prix raisonnables, des plats à choisir à la carte ou sur le menu. La cuisine est surtout vietnamienne avec quelques influences chinoises, et s'accompagne de bière plutôt que de vin. Piano *live* tous les soirs.

QUARTIER FRANÇAIS Café et restaurant Classico $$$$

68, Quan Su ***Tél.*** *(04) 3941 2327* ***Plan*** *2 D4*

Le Classico est l'un des meilleurs restaurants italiens du pays. Vous y dégusterez des classiques italiens – pâtes, lasagnes, gnocchis et fruits de mer. Les garnitures des pizzas à l'américaine sont généreuses. La visite du musée privé exposant des antiquités de Dong Son ajoute un plaisir culturel à celui des sens.

QUARTIER FRANÇAIS Club De L'Oriental $$$$

22 Ton Dan ***Tél.*** *(04) 3826 8801* ***Plan*** *2 F4*

Très chic, ce restaurant de cuisine vietnamienne et occidentale aux saveurs asiatiques est fréquenté par une élite qui vient y dîner à l'abri des regards indiscrets. On y sert des spécialités de Hanoi, de Saigon ou de Hué et Hoi An dans quatre salles illustrant chacune une région d'Asie. Le service est impeccable. Réservation indispensable.

QUARTIER FRANÇAIS Indochine $$$$

16, Nam Ngu ***Tél.*** *(04) 3942 4097* ***Plan*** *1 C4*

Installé dans une villa coloniale dotée d'une cour ombragée, ce beau restaurant est l'une des plus anciennes adresses de Hanoi. La carte vietnamienne propose plus de 100 plats, dont la salade de fleurs de bananier et le calamar farci au porc. Un groupe de musique traditionnelle vient jouer les mardis et jeudis soir.

QUARTIER FRANÇAIS Le Beaulieu $$$$

Hôtel Sofitel-Métropole, 15, Ngo Quyen ***Tél.*** *(04) 3826 6919* ***Plan*** *2 F4*

Le Beaulieu est le fleuron de l'art culinaire de Hanoi. Il sert la meilleure cuisine française : bœuf de premier choix, produits de la mer très frais, délicates sauces épicées, desserts veloutés, grande carte des vins et des chariots entiers de fromages européens au déjeuner-buffet. Le service est professionnel et attentif.

QUARTIER FRANÇAIS Spices Garden $$$$

Hôtel Sofitel-Métropole, 15, Ngo Quyen ***Tél.*** *(04) 3826 6919* ***Plan*** *2 F4*

Le superbe restaurant de l'hôtel Sofitel Legend Métropole *(p. 242)* est dirigé par un chef français qui élabore une sublime cuisine vietnamienne, française et *fusion*. Le buffet du déjeuner ferait honneur aux meilleurs restaurants européens et comprend un impressionnant plateau de fromages.

Catégories de prix, *voir p. 250.* **Légende des symboles,** *voir le rabat arrière de couverture.*

VIEILLE VILLE Little Hanoi $$

21-23, Hang Gai ***Tél.*** *(04) 3928 5333* ***Plan*** *2 E3*

Ce sympathique restaurant est situé au cœur de l'animation du vieil Hanoi. Sandwichs-baguette, poulet frit, desserts et glaces sont au menu. Le *chon* ou weasel *(p. 263)*, un café préparé avec des baies de caféier qui ont été régurgitées par des belettes, produit un résultat tout à fait savoureux !

VIEILLE VILLE Green Tangerine $$$

48, Hang Be ***Tél.*** *(04) 3825 1286* ***Plan*** *2 E3*

Le Green Tangerine est installé dans un bâtiment insolite qui allie architecture coloniale et architecture tubulaire. La cuisine française aux tonalités vietnamiennes est un régal pour l'œil et le palais. Saumon fumé farci aux pistaches, noix de Saint-Jacques au cresson et glace au piment sont particulièrement conseillés.

VIEILLE VILLE Tandoor $$$

24, Hang Be ***Tél.*** *(04) 3824 5359* ***Plan*** *2 E3*

Les relations entre Hanoi et l'Inde datent de l'époque où les Tamouls du comptoir de Pondichéry ont émigré au Vietnam pour y ouvrir des magasins de confection. Ce restaurant d'une chaîne indienne populaire dans le pays propose currys, brochettes et autres plats du sous-continent. La clientèle indienne est nombreuse.

VIEILLE VILLE Tassili $$$

78, Ma May ***Tél.*** *(04) 3828 0774* ***Plan*** *2 E2*

Le propriétaire algérien propose couscous, houmous, agneau très tendre, soupes légèrement épicées, merguez et toutes sortes d'autres spécialités méditerranéennes inspirées par les traditions culinaires libanaise, grecque et italienne. La carte des vins est superbe, le service attentionné, et l'ambiance décontractée.

VIEILLE VILLE Cha Ca LaVong $$$$

14, Cha Ca ***Tél.*** *(04) 3825 3929* ***Plan*** *2 E2*

Ce restaurant légendaire *(p. 156)* sert un seul plat, le *cha ca*, dans une version améliorée. Plongé dans une marinade de *galangal*, safran, riz fermenté et sauce de poisson, le poisson est ensuite frit à l'huile avec de la ciboule et de l'aneth frais et servi sur des nouilles parsemées de cacahuètes.

VIETNAM DU NORD

BAC HA Cong Phu $$$

Près de la gare routière de Bac Ha ***Tél.*** *(020) 388 0254*

Le Cong Phu est l'un des rares restaurants de la ville : il accueille une clientèle de routards. On vous donnera une carte en anglais et un stylo pour cocher la case du plat que vous avez choisi. Les plats sont simples : rouleaux de printemps, porc rôti et riz frit. Il n'y a pas beaucoup de choix mais c'est la meilleure adresse de Bac Ha.

CAT BA-VILLE Café Flightless Bird $$$

Port de Cat Ba

La direction vietnamienne et néo-zélandaise de ce café-bar explique son nom plutôt étrange. Généralement fermé en journée, l'endroit s'anime le soir. À la carte, vous trouverez bières, cocktails et plats légers de cuisine internationale. Jeux de fléchettes, projection de films et sono font partie des animations proposées.

CAT BA-VILLE The Green Mango $$$

Bloc n° 4, rue 1-4 ***Tél.*** *(031) 388 7151*

Ce restaurant est de loin le meilleur de la petite station balnéaire de Cat Ba. Décoré avec goût, il propose des plats vietnamiens, européens et de cuisine *fusion*. Les plats de la mer – crevettes sur canne à sucre, *fish and chips* à l'anglaise, entre autres – sont succulents. Bière, vin et cocktails vous désaltéreront.

DIÊN BIÊN PHU Lien Tuoi $$$

64, Group 19, Muong Thanh ***Tél.*** *(023) 382 4919*

Les bons restaurants sont rares à Diên Biên Phu : le Lien Tuoi propose quelques plats tout à fait savoureux. La cuisine sino-vietnamienne est composée de gibier, tel que biche et sanglier. Vous pourrez aussi commander du poisson, des fondues, du poulet à l'aigre-douce et des rouleaux de printemps.

HAIPHONG Com Viet $$

4, Hoang Van Thu ***Tél.*** *(031) 384 1698*

Ce petit restaurant dans une agréable cour intérieure propose des plats vietnamiens simples (plats de riz et de la mer) et les incontournables nouilles et rouleaux de printemps. Le langage des signes sera peut-être utile pour commander car, ici, on ne voit pas beaucoup d'étrangers. L'ambiance est décontractée.

HAIPHONG Thien Nhat Chie $$$

18, Tran Quang Khai ***Tél.*** *(031) 382 1018*

Le Thien Nhat Chie, l'un des meilleurs restaurants de la ville, propose un large choix de plats japonais et de poissons et fruits de mer frais. Sushis et sashimis sont bons. La bière Asahi est la boisson idéale si vous voulez rester sur une note japonaise.

ALONG Asian $$$

Vuon Dao, Bai Chay ***Tél.*** *(033) 364 0028*

Vuon Dao (« rue des Hôtels »), une rue près du bord de l'eau, compte de nombreux établissements mais l'Asian est l'un des meilleurs. Les plats vietnamiens en tout genre sont savoureux et proposés à des prix raisonnables. La bière est servie bien fraîche. Le propriétaire, qui parle anglais et allemand, affiche une carte bilingue.

ALONG Bien Mo Floating $$$

35, Ben Tau, Hong Gai ***Tél.*** *(033) 382 8951*

Dans ce restaurant flottant chic, homards, crevettes géantes, calamars, seiches, requin et mérou sont de premières qualité et fraîcheur. La cuisine est soignée, et les plats élégamment présentés mais, bien sûr, un repas sur l'eau dans la baie d'Along, ça se paie !

MAI CHAU VALLEY Pension Mai Chau $$

Dans le village ***Tél.*** *(018) 386 7262*

Mai Chau se trouve au cœur du territoire des Thaïs blancs. Ce restaurant, qui appartient à la pension Mai Chau *(p. 244)*, sert des boulettes de riz gluant agrémentées de condiments épicés et accompagnées d'une sauce au poisson, de poisson séché, de poulet grillé, ainsi que des salades de bœuf et de buffle.

NINH BINH Hoang Hai $$$

36, Truong Han Sieu ***Tél.*** *(030) 387 5177*

Ce petit restaurant sur pilotis permet à ses hôtes de profiter de la brise du soir tout en savourant des produits de la mer ou une fondue inoubliable. Le personnel, sympathique, parle quelques mots d'anglais. Probablement la meilleure adresse de la ville.

SAPA Baguette et Chocolat $$$

Thac Bac ***Tél.*** *(020) 387 1766*

Cet endroit chic enchantera les becs sucrés. Les petits déjeuners sont copieux. Pâtes, pizzas et surtout un large choix de gâteaux et desserts séduiront les voyageurs en manque de calories. Ceux-ci pourront manger un plat occidental nourrissant au lieu de plats vietnamiens sains et légers.

SAPA Bon Appétit $$$

25, Xuan Vien ***Tél.*** *(020) 387 2927*

Situé au cœur de Sapa, ce restaurant confortable, à l'atmosphère douillette, s'adresse à une clientèle étrangère. Les petits déjeuners européens sont copieux. Hamburgers/frites, sandwichs-baguette, pâtes et ragoûts roboratifs ainsi que des plats vietnamiens standard figurent sur la carte. Le service est sympathique et rapide.

SAPA Delta $$$

33, Cau May ***Tél.*** *(020) 387 1799*

Le Delta est sans doute le meilleur et le plus ancien restaurant italien de Sapa. Vous aurez le choix entre pizzas au feu de bois, pâtes en tout genre, veau, blancs de poulet sauce aux champignons, minestrone et autres soupes copieuses. Bière, vin, café et cocktails pourront étancher votre soif.

SAPA Mimosa $$$

64, Sapa, Cay Mau ***Tél.*** *(020) 387 1377*

L'établissement est situé dans une rue transversale tout en haut d'un escalier en béton : gravir les marches vous mettra en appétit. Installé dans une vieille maison confortable, Mimosa propose aussi des tables en terrasse et un mélange insolite de spécialités européennes et de plats de gibier vietnamiens.

SON LA Long Phuong $$

Thinh Doi ***Tél.*** *(022) 385 2339*

Les spécialités locales sont la fondue de chèvre *(d'or)* ou de mouton *(lau d'or)* et le délicat *tiet canh* composé de sang de chèvre coagulé parsemé de cacahuètes et d'échalotes vertes hachées. Ici, on parle peu anglais et il vous faudra peut-être montrer sur la carte ce que vous désirez manger.

ANGKOR

SIEM REAP Soup Dragon $

Vieux marché ***Tél.*** *(063) 964 933*

Ce restaurant à l'atmosphère authentique sert de savoureuses spécialités vietnamiennes, en particulier des *pho* (soupes aux nouilles) et des rouleaux de printemps. La carte propose aussi de nombreuses entrées à petits prix et plusieurs plats cuits au wok. La terrasse sur le toit est l'endroit le plus frais du restaurant.

SIEM REAP Café central $$

Vieux marché ***Tél.*** *(017) 692 997*

Le plus célèbre café de Siem Reap est l'endroit idéal pour se relaxer en savourant un café et un sandwich à l'occidentale dans un décor moderne. Vous y trouverez les classiques occidentaux – soupes et salades, pizzas, pâtes, burgers, *fish and chips* – et il y a même un menu pour les enfants. Wi-Fi gratuit pour les clients.

Catégories de prix, *voir p. 250.* **Légende des symboles,** *voir le rabat arrière de couverture.*

SIEM REAP Café Indochine $$

Boulevard Sivatha, vieux marché ***Tél.*** *(012) 804 952*

Dans un vieil immeuble en bois, ce ravissant restaurant séduit les groupes de visiteurs car il sert une cuisine roborative et goûteuse, qui mêle les influences occidentales et asiatiques. Vous aurez ainsi le choix entre des rouleaux de printemps, des salades, des soupes, de la bouillabaisse, des currys et divers plats de viande ou végétariens.

SIEM REAP Common Grounds $$

Derrière le marché central ***Tél.*** *(063) 965 687*

Ce café propre et climatisé dispose d'équipements, dont le Wi-Fi. On y trouve aussi une offre sidérante de gâteaux, brownies, soupes, salades, sandwichs, jus de fruits, cafés et thés. Les bénéfices du Common Grounds sont intégralement reversés à des ONG du Cambodge, une raison de plus pour s'y arrêter.

SIEM REAP El Camino Taqueri $$

Le passage, Siem Reap ***Tél.*** *(092) 207 842*

On déguste dans ce bar mexicain branché des spécialités mexicaines comme les tacos, les *fajitas*, les nachos, du guacamole et les *chichimangas*. La décoration est très urbaine avec des murs couverts de mosaïques aux couleurs vives. La préparation des *margaritas* assure un véritable spectacle !

SIEM REAP Dead Fish Tower $$

Boulevard Sivatha ***Tél.*** *(063) 963 060*

C'est un excellent endroit pour découvrir la cuisine thaïe haut de gamme. Le menu khmer propose le fameux *amok* (poisson au curry de coco) et le poulet au gingembre. La salle de restaurant a plusieurs niveaux, attention à ne pas trébucher quand vous vous déplacez avec votre cocktail ! Ouvert tous les jours de 7 h à 1 h.

SIEM REAP Funky Monkey $$

Avenue Pokambor ***Tél.*** *(017) 824 553*

Installez-vous dans ce décor Pop' Art pour savourer l'un des nombreux cocktails proposés sur la carte. Le Funkey Monkey est idéal pour prendre un repas décontracté et amusant, particulièrement le vendredi soir, lors de la soirée quizz. Les végétariens choisiront un burger spécialement préparé à leur intention.

SIEM REAP Khmer Kitchen $$

Le Passage, derrière la rue Bar ***Tél.*** *(063) 964 154*

Dans un édifice sans prétention, le Khmer Kitchen sert des plats simples à un prix correct. Le menu éclectique mêle spécialités thaïes et khmères, dont des soupes, des currys et des rouleaux de printemps. La citrouille cuite au four et le bœuf *lok lak* sont à découvrir. Ouv. t.l.j. 10h-22h.

SIEM REAP Restaurant Red Piano $$

Rue Pub ***Tél.*** *(063) 963 240*

Plébiscité par Angelina Jolie pendant le tournage de *Tomb Raider*, le Red Piano est situé dans une ravissante villa ancienne qui dispose d'une agréable véranda. Les plats sont essentiellement occidentaux : pâtes et steaks font partie des spécialités de la maison.

SIEM REAP Temple Balcony $$

Vieux marché ***Tél.*** *(015) 999 909*

Juste au-dessus du très animé Temple Bar, le restaurant en terrasse est l'un des plus populaires de la rue et un point de rencontre pour les visiteurs. Tous les jours entre 19 h 30 et 21 h 30, vous assisterez aux danses traditionnelles des apsaras. Les plats khmers, thaïs et occidentaux figurent sur la carte. Wi-Fi.

SIEM REAP Terrasse des Éléphants $$

Boulevard Sivatha, vieux marché ***Tél.*** *(063) 965 570*

L'hôtel-restaurant est niché dans un immeuble colonial entouré de jardins luxuriants. La carte propose une cuisine khmère et internationale, qui va du curry de bœuf au lait aux hamburgers et steaks accompagnés de frites. Le bar est idéal pour débuter la soirée.

SIEM REAP Viroth's $$

Route de Wat Bo ***Tél.*** *(012) 778 096*

L'*amok* de Viroth's, spécialité cambodgienne de poisson cuit à la vapeur au curry de coco, est réputé. Le restaurant sert également une cuisine khmère contemporaine. Une clientèle chic se presse pour dîner à l'intérieur ou sur sa superbe terrasse. Le Viroth's est aussi connu pour l'excellence de son service.

SIEM REAP FCC Angkor $$$

Route de Pokambor ***Tél.*** *(063) 760 283*

Comme Phnom Penh, Siem Reap a son FCC (Foreign Correspondant's Club). Ici, c'est un lieu aéré et joliment décoré. L'immeuble se dresse au milieu de pelouses bien entretenues, à côté d'une piscine. La salle à manger est ravissante avec son joli bar et sa cuisine ouverte. Classiques occidentaux et asiatiques se partagent la carte.

SIEM REAP Hôtel de la Paix $$$

Boulevard Sivatha ***Tél.*** *(063) 966 001*

Le restaurant de cet hôtel repris par le groupe Hyatt est l'un des plus chic de la ville. On y accède après avoir traversé l'Arts Lounge Bar. Sa cour abrite un magnifique arbre bodhi. Élaborés à partir de produits frais, les plats khmers sont présentés avec raffinement. Les amateurs de salades, sandwiches et paninis seront également comblés.

FAIRE DES ACHATS AU VIETNAM

Ce qui frappait le plus dans les magasins vietnamiens il y a quelques décennies, c'étaient leurs rayons vides. Aujourd'hui, ceux-ci sont remplis de marchandises telles que chapeaux coniques, soieries, vêtements de créateurs, lanternes colorées, céramiques et meubles en bambou à des prix modiques. Les produits traditionnels comme les broderies, les objets d'artisanat et les bijoux ethniques sont peut-être les plus recherchés par les visiteurs. Si les grandes villes possèdent désormais leurs centres commerciaux de luxe, les marchés et les rues commerçantes de Hanoi et Hô Chi Minh-Ville restent les meilleurs endroits pour faire des achats. Avec ses boutiques de laques, de vêtements et d'artisanat, Hoi An est pour sa part le paradis du shopping.

Peinture évocatrice du Vietnam

Étal de tissus dans le village de Thaïs blancs de Mai Chau

HEURES D'OUVERTURE

Dans les villes, la majorité des boutiques ouvre de 8 h à 20 h ou 21 h, et les nouveaux grands magasins et centres commerciaux de 10 h à 22 h. L'activité ralentit une heure avant la fermeture.

Les marchés traditionnels comme celui de Ben Thanh *(p. 66)* à Hô Chi Minh-Ville et de Dong Xuan *(p. 158)* à Hanoi sont ouverts du lever au coucher du soleil, et les marchés nocturnes jusqu'à minuit. Les magasins de détail sont ouverts 7 jours/7. Pour le Têt *(p. 28-29)*, certains commerces ferment, d'autres au contraire restent ouverts plus longtemps.

RÈGLEMENT

Le *dong* vietnamien (VND) est la monnaie légale, mais personne ne vous refusera des dollars américains ni des euros. Dans les endroits touristiques, les prix sont affichés en dollars pour la simple raison qu'il est plus avantageux pour les commerçants que le *dong*, dont le taux de change est fluctuant. Essayez alors de payer plutôt en *dong*.

Boutiques, hôtels et restaurants chic des grandes villes et des stations balnéaires ou d'altitude acceptent les cartes bancaires. En revanche, dans les petites villes, villages, gares routières, sur les marchés et stands de rue, seules les espèces sont acceptées.

Présentoir de sacs à main sur le marché Binh Tay, Hô Chi Minh-Ville

RETOURS ET ÉCHANGES

En règle générale, toute vente est définitive. Si les grands magasins acceptent les retours, une fois qu'un article ou un service a changé de mains, il n'y a pas de remboursement possible. Certains articles comme les téléphones portables sont vendus avec une garantie qui ne donne droit qu'au remplacement de l'appareil.

MARCHANDAGE

En dehors des nouveaux magasins et centres commerciaux de luxe, le prix affiché des marchandises n'est jamais définitif. Seules la nourriture et les boissons, sur lesquels les marges des commerçants sont faibles, ont des prix fixes. Le prix indiqué est en général le double, voire plus, de ce que le commerçant est prêt à accepter. Cela est aussi valable pour les courses en motos-taxis *(om)*.

Pour marchander plus efficacement, il est utile de connaître les trois règles à respecter : d'abord et surtout, soyez aimable et essayez de faire preuve d'humour (rappelez-vous qu'il ne s'agit pas seulement d'une transaction, mais d'une relation sociale) ; ensuite, prenez votre temps (comptez au moins 10 min pour passer de 50 à 25 $) ; et enfin, faites semblant de partir : soyez alors certain que cela fait chuter le prix du produit de manière radicale !

Facade du centre commercial Diamond Plaza, Hô Chi Minh-Ville

CENTRES COMMERCIAUX ET GRANDS MAGASINS

De grands magasins et de luxueux centres commerciaux ont ouvert dans les villes importantes. **Vincom Shopping Center**, à Hô Chi Minh-Ville, le plus vaste du pays, comprend des enseignes internationales et des chaînes de fast-food étrangères. **Diamond Plaza**, qui abrite un cinéma et un bowling, est aussi très populaire. Non loin de là, le très chic magasin **Parkson** vend des marques telles que Nike, Guess, Estée Lauder et Mont Blanc sur quatre étages. Au centre, le **Tax Trading Center** regroupe plusieurs boutiques plutôt bon marché, et le **Zen Plaza** compte six étages de cafés et de magasins en tout genre. Le **Saigon Shopping Center**, situé à proximité, comprend un supermarché, une librairie ainsi que plusieurs magasins de jouets et d'électronique.

À Cholon, l'**An Duong Plaza** propose un large choix de produits asiatiques.

À Hanoi, le **Trang Tien Plaza**, de classe internationale, abrite plusieurs enseignes locales et étrangères. Le supermarché **Big C Thang Long** vend, entre autres, de l'alimentation de qualité, de l'électroménager, de l'habillement, des objets de décoration et de l'électronique. Les quatre premiers étages des **Vincom City Towers** sont dédiés au commerce et aux loisirs, avec un espace restauration qui sert une cuisine internationale éclectique.

MARCHÉS ET STANDS DE RUE

En dépit du nombre croissant de centres commerciaux, les marchés traditionnels restent les meilleurs endroits pour vos achats. Ils permettent de s'immerger dans la vie locale et de s'imprégner de l'atmosphère d'une ville. Les produits proposés sont vendus aussi nettement moins chers.

Les plus grands marchés de Hô Chi Minh-Ville sont Ben Thanh *(p. 66)*, dans le 1er arrondissement, et Binh Tay *(p. 71)* à Cholon, qui proposent l'un et l'autre un choix étonnant de marchandises. Celui de **Cho Cu** (« vieux marché ») mérite également une visite.

À Hanoi, le marché Dong Xuan *(p. 158)* attire de nombreux visiteurs. Pour les tissus, allez au marché **Hang Da**, où vous pourrez acheter des vêtements à façon.

Avec ses laques, ses vêtements, ses chaussures, ses céramiques, ses soieries et ses objets d'artisanat, le marché de Hoi An *(p. 128)* a beaucoup de charme. C'est l'endroit idéal pour trouver des souvenirs à petits prix. Le marché nocturne, quant à lui, est un endroit captivant. En plus des marchés locaux, vous trouverez dans les échoppes de rue souvenirs, ustensiles de cuisine, accessoires et vêtements.

Luminaires à Dong Khoi, Hô Chi Minh-Ville

RUES ET QUARTIERS COMMERÇANTS

Les rues du vieil Hanoi *(p. 156-157)* portent le nom des produits qui y étaient vendus jadis. Hang Ma (« rue du Papier ») est la rue de la papeterie, Hon Gai celle de la soierie, Hang Chieu celle du jonc et du bambou, et Hang Thiec celle du fer-blanc et du verre. Leur spécialisation est moins évidente aujourd'hui, mais on peut y dénicher des articles à des prix intéressants. Le quartier de Dong Khoi *(p. 56-57)* à Hô Chi Minh-Ville abrite beaucoup de boutiques de vêtements, d'antiquités, d'artisanat et de meubles.

CONTREFAÇONS

Les contrefaçons se trouvent à presque tous les coins de rue. Les plus vendues sont des copies de montres Rolex, des médailles de l'armée pour chiens, des briquets Zippo avec le nom de l'entreprise, des DVD, des CD et des jeux vidéo. Mais attention, les importations de contrefaçons sont interdites.

CAFÉ ET THÉ

Le café vietnamien est exceptionnel et peut avoir divers arômes tels que vanille, anis ou cacao. Il y a trois variétés de café : l'arabica, le plus riche en arôme et le plus cher, le robusta – moins cher – et le *weasel* – cher aussi car fabriqué avec des baies de caféier régurgitées par des belettes. Le thé vietnamien est un thé vert parfumé à la fleur de lotus. Les meilleurs endroits pour en acheter sont les marchés Ben Thang à Hô Chi Minh-Ville et Dong Xuan à Hanoi. Il existe des vendeurs de thé dans la rue, mais les prix pratiqués sont plus élevés.

Collection d'objets d'artisanat dans une boutique de Hoi An

ARTISANAT

Broderies, sculptures, peintures stylisées et lanternes de soie sont quelques-uns des produits de l'artisanat traditionnel. Les étoffes de soie brodées se trouvent chez **Le Gai Handicrafts** à Hanoi. Pour les nappes, les jetés et les courtepointes brodés, allez voir chez **Tan My**. **Lan Handicrafts** propose des tissages fabriqués par des personnes handicapées qui perçoivent le montant total des ventes. Un magasin du même type, Hoa-Nhap Handicrafts se trouve à Hoi An. Le quartier de Dong Khoi à Hô Chi Minh-Ville compte de nombreux marchands de soie comme **Bao Nghi**, qui vend aussi du lin.

L'artisanat des minorités ethniques, tel que vêtements tissés main, broderies sur soie et chaussures, est vendu chez **Sapa** à Hô Chi Minh-Ville. Les magasins **Craft Link**, **Viet Hien** et **Craft Window** à Hanoi, et **House of Traditional Handicrafts** et **Handicrafts Workshop** à Hoi An disposent d'un grand choix. Poteries, vaisselle et lampes en soie sont vendues dans les échoppes de Hoi An. Chez **Em Em** à Hô Chi Minh-Ville, vous trouverez toutes sortes de céramiques : bols, vases et services à thé. **Hanoi Gallery** est une belle galerie d'art moderne. À Hô Chi Minh-Ville, **Dogma** (1er arr.) est spécialisé dans l'art d'État tandis que **Gallery Quynh** expose des artistes contemporains, vietnamiens et étrangers. La **Que Noi Gallery** de Hoi An vaut le déplacement.

HABILLEMENT

Figurine décorative

Hoi An est la ville la plus célèbre pour les vêtements sur mesure. Vous pourrez faire réaliser un modèle de magazine en quelques heures seulement et pour le tiers de son prix en France. L'adresse la plus chic, **Yaly Couture**, propose des tissus et des prestations de qualité (ainsi que des chaussures pour femme). Sur le marché aux étoffes, des couturières proposent leurs services. Pour les vêtements en soie, essayez la **Khaisilk Boutique**, et **Bao Khan Tailors** pour les tenues habillées. **VN Colour**, **Gia Thuong** et **Thang** sont aussi de bons magasins.

Couturière et sa cliente dans une boutique de Hoi An

À Hanoi, **Khai Silk** est réputé pour ses modèles habillés. **Ha Noi Silk** fait des costumes en 24 heures. La rue Hang Gia compte d'excellentes boutiques de soie. La **Boutique and The Silk** vend des vêtements traditionnels et des bijoux en argent. À Hô Chi Minh-Ville, **H & D Tailors** confectionne des vêtements masculins et **Ao Dai Si Hoang** des tuniques traditionnelles pour femme. **Creation** est une autre bonne adresse.

MEUBLES

En bois dur incrusté de nacre ou finement ciselé, les meubles sont considérés comme des objets d'art au Vietnam. Les magasins prennent volontiers des commandes spéciales et se chargent de l'expédition.

Viet Hien, à Hanoi, vend de nombreux meubles. À Hô Chi Minh-Ville, **Furniture Outlet** propose de belles pièces aux meilleurs prix. Tien An est spécialisé dans les chaises et commodes en bambou, et les nattes d'herbes tressées. **Do Kim Dung** présente une ligne en fer forgé, et **The Lost Art** des meubles anciens et des copies d'ancien. À Hoi An, **Kim Bong Carpentry** peut fabriquer des pièces sur commande à partir d'une photo.

LAQUES ET CÉRAMIQUES

Laques incrustées de nacre ou de coquille d'œuf, céramiques richement ornées, plateaux, tableaux, objets décoratifs, services à thé, vases, bols et assiettes sont réputés. Les coffrets à bijoux sont aussi très souvent en laque. Le **Nga Shop** à Hô Chi Minh-Ville vend des créations de la célèbre designer Michèle de Alberts. À Hanoi, **Quang's Ceramics** présente une superbe collection, et la rue Lê Duan compte d'autres belles boutiques. Plusieurs magasins de Hoi An proposent également ce genre d'objets traditionnels.

ADRESSES

GRANDS MAGASINS

An Duong Plaza
18, An Duong Vuong, Cholon, HCMV. **Plan** 4 F4.
Tél. *(08) 3832 3288.*

Big C Thang Long
222, Tran Duy Hung, Hanoi.

Parkson
130, Lê Than Ton, 1er arr., Phuong Ben Nghe, HCMV. **Plan** 2 E3.
Tél. *(08) 3827 7636.*

CENTRES COMMERCIAUX

Diamond Plaza
34, Lê Duan, 1er arr., HCMV. **Plan** 2 E3. ***Tél.*** *(08) 3822 5500.* **www**.diamondplaza.com.vn

Saigon Shopping Center
65, Lê Loi, 1er arr., HCMV. **Plan** 2 E4. ***Tél.*** *(08) 3829 4888.*

Tax Trading Center
39, Lê Loi, 1er arr., HCMV. **Plan** 2 F4.
Tél. *(08) 821 6475.*

Trang Tien Plaza
24, Hai Ba Trung, Hanoi. **Plan** 2 E4.

Vincom City Towers
191, Ba Trieu, Hanoi. **Plan** 2 E5.
Tél. *(04) 3974 9999.*
www.vincomcenter.com

Vincom Shopping Center
72, Lê Thanh Ton, 1er arr., HCMV. **Plan** 2 E3.
Tél. *(04) 3936 9999.*
www.vincomcenter.com

Zen Plaza
54, Nguyen Trai, 1er arr., HCMV. **Plan** 2 D5.
Tél. *(08) 925 0339.*

MARCHÉS

Cho Cu
Angle Ham Nghi et Ton That Dam, 1er arr., HCMV. **Plan** 2 F4.

Hang Da
Angle Hang Da et Duong Thanh, Hanoi. **Plan** 2 D2.

ARTISANAT

Bao Nghi
127 Dong Khoi, 1er arr., HCMV. **Plan** 2 F4.
Tél. *(08) 3823 4521.*

Craft Link
43, Van Mieu, Hanoi. **Plan** 1 B4.
Tél. *(04) 3733 6101.*
www.craftlink.com.vn

Craft Window
97, Nguyen Thai Hoc, Hanoi. **Plan** 1 C3.

Dogma
43, Ton That Thien, 1er arr., HCMV. **Plan** 2 E4.
Tél. *(08) 3821 8019.*

Em Em
38, Mac Thi Buoi, 1er arr., HCMV. **Plan** 2 F4.
Tél. *(08) 3829 4408.*

Gallery Quynh
65, De Them, 1er arr., HCMV. **Plan** 2 D5.
Tél. *(08) 3836 8019.*
www.galeriequynh.com

Hanoi Gallery
110, Hang Bac, Hanoi. **Plan** 2 E3.

House of Traditional Handicrafts
41, Lê Loi, Hoi An.
Tél. *(0510) 3862 164.*

La Gai Handicrafts
103, Nguyen Thai Hoc, Hoi An.
Tél. *(0510) 391 0496.*

Lan Handicrafts
36, Phan Phu Tien, Hanoi. **Plan** 1 B4.
Tél. *(04) 3843 8443.*

Que Noi Gallery
87, Hung Vuong, Hoi An.
Tél. *(0510) 386 1792.*

Sapa
223, De Tham, 1er arr., HCMV. **Plan** 2 D5.
Tél. *(08) 3836 5163.*

Tan My
66, Hang Gai, Hanoi. **Plan** 2 E3. ***Tél.*** *(04) 3825 1579.* **www**.tanmy embroidery.com.vn

Viet Hien
8B, Ta Hien, Hanoi. **Plan** 2 E2.
Tél. *(04) 3826 9769.*

HABILLEMENT

Ao Dai Si Hoang
135, Namky Khoi Nghia 1er arr., HCMV. **Plan** 2 E3.
Tél. *(08) 3993 8040.*

Bao Khan Tailors
37, Phan Dinh Phung, Hoi An.
Tél. *(0510) 391 0757.*

Boutique and The Silk
40, Hang Trong, Hanoi. **Plan** 2 E3.
Tél. *(04) 3928 5368.*

Creation
105, Dong Khoi, 1er arr., HCMV. **Plan** 2 F4.
Tél. *(08) 3829 5429.*

Gia Thuong
41, Nguyen Thai Hoc, Hoi An.
Tél. *(0510) 386 1816.*

H & D Tailors
76, Lê Lai, 1er arr., HCMV. **Plan** 2 D5.
Tél. *(08) 3824 3517.*

Ha Noi Silk
Sofitel Plazza, 1, route Thanh Nien, Hanoi. **Plan** 2 E3.
Tél. *(04) 3716 3062.*
www.hanoisilkvn.com

Marché aux tissus de Hoi An
Angle Tran Phu et Hoang Dieu, Hoi An.

Khai Silk
121, Nguyen Thai Hoc, Hanoi. **Plan** 1 C3.
Tél. *(04) 3747 0583.*

Khaisilk Boutique
Hoi An Riverside Resort, route de Cua Dai, Hoi An.
Tél. *(0510) 864 800.*
www.khaisilkcorp.com

Thang
66, Tran Phu, Hoi An.
Tél. *(0510) 386 3173.*

VN Colour
79, Nguyen Thai Hoc, Hoi An.
Tél. *(0510) 391 827.*

Yaly Couture
358 Nguyen Duy Hieu, Hoi An.
Tél. *(0510) 391 4995.*
www.yalycouture.com

MEUBLES

Do Kim Dung
42, Mac Thi Buoi, 1er arr., HCMV. **Plan** 2 F4.
Tél. *(08) 3822 2539.*

Furniture Outlet
3B, Ton Duc Thang, 1er arr., HCMV. **Plan** 2 F2.
Tél. *(08) 3827 2728.*

Kim Bong Carpentry
108, Nguyen Thai Hoc, Hoi An.
Tél. *(0510) 3862 279.*

The Lost Art
18, Nguyen Hue, 1er arr., HCMV. **Plan** 2 F4.
Tél. *(08) 3827 4649.*

Viet Hien
Voir Artisanat.

LAQUES ET CÉRAMIQUES

Nga Shop
61, Le Thanh Ton, 1er arr., HCMV. **Plan** 2 F3.
Tél. *(08) 3825 6289.*

Quang's Ceramics
95, Ba Trieu, Hanoi. **Plan** 2 E5.
Tél. *(04) 3945 4235.*

Qu'acheter au Vietnam

Sac en soie de Hanoi

Les grands marchés traditionnels, tout comme les centres commerciaux et même les paniers des vendeurs ambulants, offrent un large éventail d'objets originaux. Tout ce qui se porte est généralement bon marché, que ce soit les vêtements, les chaussures ou les bijoux. Les objets d'artisanat tels que céramiques, vannerie, laques et même peintures d'artistes locaux font de beaux souvenirs, les plus typiques étant les broderies et les bijoux en argent des ethnies montagnardes. Les contrefaçons se trouvent partout, mais attention, leur importation est interdite et sévèrement pénalisée.

Étoffes de soie des Thaïs blancs ornées d'un motif distinctif

Vêtements, chaussures et accessoires

En coton, en soie ou en tissu synthétique, le traditionnel ao dai *est certainement la plus belle chose à rapporter pour les femmes. T-shirts en coton, robes en soie et modèles de créateurs sont souvent à un prix intéressant par rapport aux prix européens. Chemises et pantalons vietnamiens sur mesure sont aussi bon marché (délais rapides). Les écharpes et étoles brodées ou tissées par les ethnies montagnardes sont plus chères, mais superbes.*

Sacs brodés des Dao rouges

Robe en soie à col mandarin

Étoles finement tissées avec franges perlées

Tongs à motifs colorés

Coupelle laquée dorée

Laques

Au Vietnam, le latex du sumac se récolte depuis environ 2000 ans et, aujourd'hui encore, c'est dans ce pays que sont fabriquées les plus belles laques. Coffrets, vases et bijoux, même les plus simples, se métamorphosent en superbes objets d'art une fois recouverts de laque – une opération qui prend plusieurs mois : le bois est recouvert de couches successives et souvent incrusté de motifs décoratifs.

Laques avec incrustations de coquille d'œuf

Pots à épices ornés de motifs traditionnels

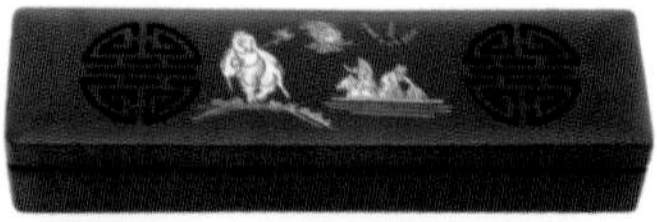

Plumier avec incrustations de nacre

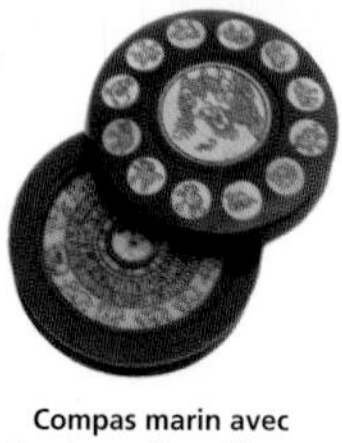

Compas marin avec les signes du zodiaque

Coffret à bijoux en laque à motifs de feuilles et d'oiseaux

Céramiques

Des grands pots aux minuscules tasses à thé, les céramiques créées par les potiers vietnamiens sont toujours de beaux objets usuels. Les plus renommées sont celles des artisans du village de Bat Trang près de Hanoi, connu pour la qualité de son argile blanche et ses techniques de vernissage séculaires (« vernis à la perle antique » et « vernis à la fleur bleu indigo »).

Éléphants en céramique peinte à la main

Vase de porcelaine chinoise bleu et blanc

Grands vases à motifs floraux sur vernis ivoire

Peintures

Le Vietnam attire aujourd'hui les collectionneurs. Peintures à l'huile et aquarelles se trouvent un peu partout, mais celles sur laque et sur soie sont plus originales. Les plus belles galeries sont à Hanoi, Hoi An et Hué.

Peinture signée par un artiste contemporain

Coiffe traditionnelle des Dao rouges

Bijoux en argent des ethnies montagnardes

Pour beaucoup de peuples des montagnes, l'argent est symbole de richesse. Boucles d'oreilles, bracelets et colliers anciens sont vendus dans les grandes villes et les villages. Les ceintures pour les femmes sont particulièrement belles.

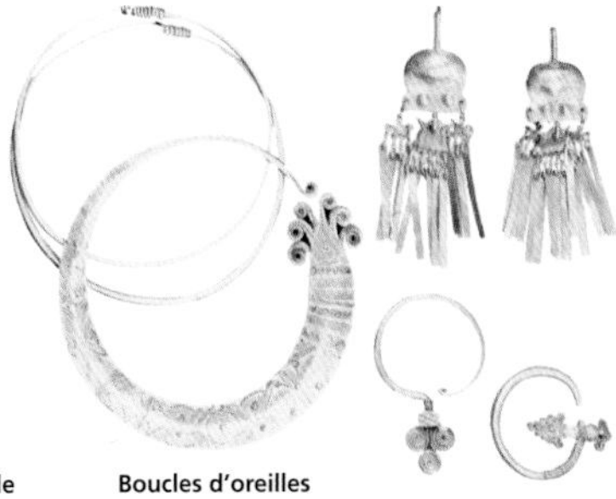

Boucles d'oreilles en argent

Plateaux de service en rotin

Corbeilles à fruits en bois

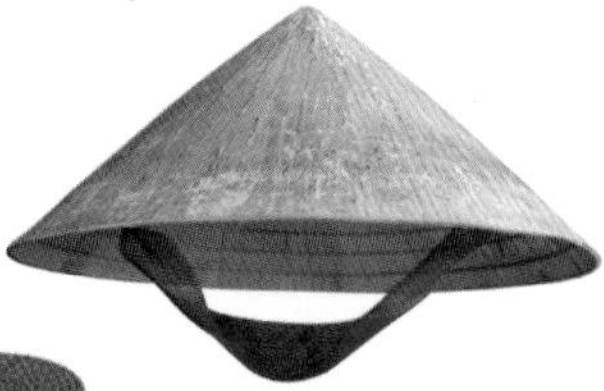

Chapeau conique vietnamien traditionnel

Plateau de service en osier avec poignées en céramique

Boîte à cosmétiques peinte

Jonc, herbe, bambou et palmes

De diverses formes et dimensions, les nattes de jonc et d'herbe servent de matelas, de siège ou de store. Plateaux et corbeilles en vannerie sont courants, de même que les stores en bambou tissé et les ustensiles de cuisine. Souvent en palmes séchées, le traditionnel non la *(chapeau conique) se voit partout. À Hué, il est souvent décoré de peintures visibles seulement dans la lumière.*

Masque du Têt en osier

SE DISTRAIRE AU VIETNAM

Le climat culturel vietnamien est plus bouillonnant et plus passionnant que jamais. Musique et théâtre traditionnels connaissent un renouveau grâce aux nombreux festivals culturels. Mais à côté du riche patrimoine artistique qui attire un public international, on trouve aussi dans les grandes villes des complexes multisalles modernes et des boîtes de nuit. De même que les salles de concert ont leurs récitals lyriques, les scènes de fortune ont leurs concerts de musique pop locale. À Hô Chi Minh-Ville, le couvre-feu de minuit a été levé et quantité de bars et discothèques accueillant des groupes de musique servent de savants cocktails jusqu'aux premières heures du jour. À Hanoi, marionnettes sur eau et musiciens de jazz se taillent un solide succès. Les petites villes ont toutes leurs lieux technos. Les jeux d'argent sont autorisés, mais seulement pour les courses de lévriers et de chevaux.

La chanteuse pop My Tam

INFORMATIONS PRATIQUES

Sur place, vous pourrez vous procurer une publication en français : *Le Courrier du Vietnam*, un hebdomadaire consultable également sur Internet (http://lecourrier.vn). Ce magazine d'actualités fournit des informations sur les manifestations culturelles. Il vous donnera aussi des renseignements sur les activités de la diaspora française dans le pays.

Si vous lisez l'anglais, la revue *Heritage* de Vietnam Airlines et l'*East & West Traveler Magazine* offrent des informations pour les visiteurs (voyages, vie culturelle et politique, etc.), de même que le mensuel *Travellive*, édité par l'Administration nationale du tourisme du Vietnam (VNAT). *The Word* et *Asia Life* sont des guides complets des spectacles et des loisirs. Distribué gratuitement dans les bars, restaurants et hôtels, le *Vietnam Pathfinder* donne des informations culturelles sur l'ensemble du pays. Le quotidien *Vietnam News* et le mensuel *Saigon Times* ont une rubrique spectacles pour Hô Chi Minh-Ville et Hanoi.

RÉSERVATIONS

La réservation de billets n'est pas encore chose courante au Vietnam, mais la plupart des hôtels peuvent s'en charger pour vous. L'usage veut que l'on achète son billet dans le lieu où se déroule le spectacle avant le début de celui-ci. La vente en ligne, peu usitée, a néanmoins été adoptée par certains cinémas.

THÉÂTRE, MUSIQUE ET DANSE TRADITIONNELS

Au Vietnam, théâtre, musique et danse traditionnels sont inextricablement liés. Ils ont connu un renouveau grâce au tourisme et, malgré la modernisation du pays, ils sont aujourd'hui florissants.

Spectacle de marionnettes sur eau du théâtre Thang Long, Hanoi

Hanoi est considérée comme le cœur de la culture vietnamienne. C'est ici qu'est né le théâtre de marionnettes sur eau *(p. 159)*, le meilleur endroit pour le voir étant le **théâtre Thang Long** *(p. 158)*. Des spectacles sont également donnés au **théâtre Kim Dong**, toujours à Hanoi, ainsi qu'au musée d'Histoire du Vietnam *(p. 61)* et au **village touristique de Binh Quoi** à Hô Chi Minh-Ville.

Le théâtre est très populaire au Vietnam. Il existe trois styles de théâtre traditionnel *(p. 25)* : *hat boi, cheo* et *cai luong*. Tous trois sont du théâtre chanté *(hat* signifie chanter), mais revêtent des formes différentes.

Avec ses maquillages et costumes extravagants, et le jeu très stylisé des acteurs, le *hat boi*, ou *tuong*, est visiblement influencé par le théâtre chinois.

Le *cheo* est la forme simplifiée du *hat boi*. Comme l'opérette, il est axé vers le spectaculaire et le tragique, avec une touche d'humour.

Né au début du XXe siècle, le *cai luong* ressemble à une comédie musicale de Broadway. Le décor est très élaboré, chaque scène est un mélodrame, et le nombre d'airs traduisant la joie, la tristesse, le soupçon, etc. est toujours le même. Les passionnés de *cai luong* connaissent tous ces airs par cœur.

C'est à Hanoi que le théâtre traditionnel est aujourd'hui

le plus vivant. Le **théâtre national Cheo** donne régulièrement des spectacles de *cheo*, et le **théâtre Chuong Vang** essentiellement des spectacles de *cai luong*. Le week-end, au temple Den Ngoc Son *(p. 160)*, sont présentés des extraits de pièces de *cheo*. Le **théâtre Hoa Binh** à Hô Chi Minh-Ville montre d'excellents spectacles de théâtre traditionnel.

Hormis l'opéra, la musique classique vietnamienne est une musique à la fois vocale et instrumentale. Soumise autrefois aux règles de la Cour impériale de Hué, la musique conventionnelle a connu un renouveau à l'époque coloniale française. Trois styles, le *bac* (dans le Nord), le *trung* (dans le Centre) et le *nam* (dans le Sud) ont finalement vu le jour. La musique de chambre utilise les cordes, les percussions et les instruments à vent en bois, qui créent une sonorité particulière. Pour le théâtre traditionnel, des cuivres sont intégrés à l'orchestre pour ajouter à l'effet dramatique. Des orchestres se produisent souvent au palais de la Réunification *(p. 61)* de Hô Chi Minh-Ville. À l'image de Hanoi, la plupart des grandes villes possèdent leur centre culturel et leur théâtre.

À Hoi An, le **théâtre des Arts traditionnels** présente des récitals de musique et des pièces de théâtre presque tous les soirs. Le **Théâtre Opéra classique** de Da Nang et la Biennale des arts de Hué (en juin) contribuent à sauvegarder la tradition du théâtre, de la danse et de la musique au Vietnam. À Hué, le temple Hon Chen *(p. 148)* donne aussi des spectacles de musique et de danse, ainsi que des récitals les 3e et 4e mois lunaires. À Nha Trang, l'**hôtel Vien Dong** propose tous les soirs musiques et danses des minorités ethniques.

Concert de musique traditionnelle, Hô Chi Minh-Ville

MUSIQUES ACTUELLES

L'Opéra de Hanoi *(p. 162)* et le théâtre municipal de Hô Chi Minh-Ville *(p. 58)*, les deux salles les plus réputées, donnent des concerts de musique symphonique, des opéras européens et asiatiques, et des concerts de musique pop. Le **Conservatoire de musique** de Hô Chi Minh-Ville présente régulièrement des récitals de musique classique et lyrique, mais aussi de jazz.

Le climat doux du Vietnam est propice aux concerts en plein air. Au **parc Van Hoa** de Hô Chi Minh-Ville et sur les bords du lac Hoan Kiem de Hanoi *(p. 160)* ont lieu des concerts de musique pop vietnamienne et parfois des spectacles musicaux avec des femmes en *ao dai*. Même si ce genre de spectacle n'est pas nouveau pour les étrangers, l'ambiance festive est contagieuse.

Acteur en costume du théâtre *cai luong*

Les stades, comme le **stade de la 7e région militaire** de Hô Chi Minh-Ville, accueillent aussi souvent des concerts. De nombreux jeunes Vietnamiens viennent écouter les stars nationales. Certains restaurants, bars et boutiques de mode de Hô Chi Minh-Ville et Hanoi organisent également des concerts qui sont annoncés par les médias locaux, mais les concierges d'hôtel sont aussi une bonne source d'information. Le **théâtre du restaurant Maxim's** de Hô Chi Minh-Ville propose des dîners-spectacles en tout genre (quatuor à cordes ; musique pop, chansons populaires et concerts rock).

THÉÂTRE MODERNE

Le Vietnam compte plusieurs dramaturges intéressants, mais le théâtre moderne reste un domaine exclusivement réservé aux connaisseurs. Les pièces sont jouées dans de petits théâtres obscurs et peu confortables. Si vous êtes amateur de théâtre, vous pouvez vous rendre au **Théâtre dramatique de Hô Chi Minh-Ville**, où les pièces sont sur-titrées en anglais. Le **théâtre de la Jeunesse** de Hanoi est l'un des meilleurs de tout le pays. Son directeur, Le Hung, a étudié à Moscou, où il a découvert Stanislavsky et Brecht. Le Hung intègre l'enseignements de ces grands auteurs dans ses propres créations. Le répertoire de la compagnie comprend également des œuvres adaptées d'autres dramaturges vietnamiens et d'écrivains étrangers. Toutefois, les pièces les plus intéressantes, celles du théâtre *hat cheo* dans sa version moderne, ne sont malheureusement jouées qu'occasionnellement.

Façade du Q Bar, Hô Chi Minh-Ville

CINÉMA

Certains films vietnamiens sont doublés ou sous-titrés en anglais. On peut voir des films étrangers à la **Cinémathèque** et au **Cinéma Théâtre national** de Hanoi, ainsi qu'au cinéma du Diamond Plaza *(p. 263)*. Dans les grandes villes, les **Megastar Cineplex** diffusent les grands succès internationaux. Les films étrangers sont aussi très populaires dans les petites villes, mais ils sont surtout regardés sur des DVD piratés.

BARS ET DISCOTHÈQUES

Même au début des réformes économiques, ou *doi moi*, le seul loisir que les habitants de Hô Chi Minh-Ville semblaient pouvoir s'octroyer, était de boire une bière tiède dans un bar pour routards. La vie nocturne a repris ses droits depuis et l'un des plus vieux bars, le **Hien and Bob's Place**, a fait des émules. L'**Apocalypse Now** est la boîte de nuit la plus connue du Vietnam, avec une succursale à Hanoi, tandis que d'autres endroits ouvrent et ferment chaque semaine.

Le **163 Cyclo Bar** est le plus chic du quartier routard de Hô Chi Minh-Ville. Le **Bach Duong** passe de la musique vietnamienne. Le **California Pizza Works** et le **Red Dot** servent des bières et des en-cas. Le **Blue Gecko** remporte un franc succès avec son billard et ses fléchettes. Au **Lucky Café** se trouve un grand écran pour les retransmissions de sport. Le **Car Men Bar** est célèbre pour sa musique flamenco. Comme son nom l'indique, la **discothèque Rainforest** révèle à ses clients un décor « tropical humide ».

Les bars sur le toit des hôtels de luxe sont plus sophistiqués : le Rooftop Garden du Rex *(p. 60)*, le Saigon Bar du Caravelle *(p. 58)*, le **Bellevue Bar** et le **Saigon Pearl**. Tous accueillent des groupes de musiciens, tandis que l'on profite de la vue sur la ville. Le **Xu**, dans le quartier de Dong Khoi, est un endroit branché et le **Sax n Art** un bar élégant où passent des groupes de jazz classique.

Hanoi n'a peut-être pas le côté glamour de Hô Chi Minh-Ville, mais les gens savent malgré tout s'amuser. Les endroits minuscules où la *bia hoi (p. 247)* coule à flots sont bondés. Ceux qui apprécient les ambiances plus sophistiquées iront au **restaurant Bobby Chinn** où officie le grand chef en personne, à l'**O.V. Club**, où l'on peut écouter de la musique classique au piano et au violon, au **Relax Bar** pour la détente et au **Seventeen Saloon** pour son ambiance western.

Le jazz a fait des émules à Hanoi avec tout un réseau de clubs. Le plus haut lieu est le **Jazz Club**, où le maître du saxo Quyen Van Minh fait une jam session presque tous les soirs.

À Hoi An, un DJ à la pointe de l'audionumérique s'occupe des consoles du **Tam Tam Café and Bar** *(p. 256)*, dont le décor évoque l'ancienne Indochine. À l'**Amsterdam Bar**, les spécialités sont le gin sec et les snacks.

À Nha Trang, le **Louisiane Brewhouse** est un endroit amusant pour passer une après-midi ou une soirée, en profitant de la piscine ou de la plage. **La Bella Napoli** est le seul bar où l'on sert de la grappa. Tranquille le jour, le **Sailing Club** se métamorphose la nuit en boîte à la mode.

À Hué, le **DMZ Bar** a le charme du Vieux Continent, et le **Why Not Bar** est le paradis des amateurs de savants cocktails.

Mieux vaut éviter les clubs de karaoké car ils servent en général de couverture à la prostitution. D'ailleurs, le gouvernement prend actuellement des mesures de répression contre ce type d'établissement.

SPORTS

Le football déclenche désormais une véritable frénésie au Vietnam. Lors de la Coupe du monde, le pays tout entier s'arrête et les Vietnamiens ne parlent plus que de foot et se rassemblent pour voir les matchs.

Les grands matchs ont lieu au **stade de Thong Nhat** à Hô Chi Minh-Ville et au **stade national de My Dinh** à Hanoi. Après le football, l'autre sport vedette du pays est le badminton, que les Vietnamiens pratiquent avec passion. Les jeux d'argent font partie intégrante de la culture vietnamienne, mais ils sont illicites à l'exception des courses de chevaux du **Saigon Racing Club** et de celles de lévriers qui se déroulent régulièrement au **stade de Lam Son**.

Course hippique au célèbre Saigon Racing Club

ADRESSES

RÉSERVATIONS

Ticket Vietnam
www.ticketvn.com

THÉÂTRE, DANSE ET MUSIQUE TRADITIONNELS

Village touristique de Binh Quoi
1147, Xo Viet Nghe Tinh, arr. de Binh Thanh, HCMV.
Tél. *(08) 3898 8599.*

Théâtre Chuong Vang
72, Hang Bac, Hanoi. **Plan** 2 E3.
Tél. *(04) 3826 0374.*

Théâtre Opéra classique
155, Phan Chu Trinh, Da Nang.
Tél. *(0511) 356 1291.*

Théâtre Hoa Binh
240, arr. de Ba Thang Hai, HCMV. **Plan** 1 A5.
Tél. *(08) 3865 5215.*

Théâtre Kim Dong
57, Dinh Tien Hoang, Hanoi. **Plan** 2 E3.
Tél. *(04) 3824 9494.*

Théâtre national Cheo
Khu Van Cong Mai Dich Tu Liem, Hanoi.
Tél. *(04) 3764 3280.*

Théâtre des Arts traditionnels
75, Nguyen Thai Hoc, Hoi An.
Tél. *(0510) 386 1159.*

Hôtel Vien Dong
1, Tran Hung Dao, Nha Trang.
Tél. *(058) 352 3608.*

MUSIQUES ACTUELLES

Conservatoire de musique
112, Nguyen Du, 1er arr., HCMV. **Plan** 2 D4.
Tél. *(08) 3824 3774.*

Théâtre du restaurant Maxim's
13-15-17, Dong Khoi, HCMV. **Plan** 2 F4.
Tél. *(08) 3829 6676.*

Stade de la 7e région militaire
2, Pho Quang, Tan Binh, HCMV.

Parc Van Hoa
115, Nguyen Du, 1er arr., HCMV. **Plan** 2 D3.

THÉÂTRE MODERNE

Théâtre dramatique de Hô Chi Minh-Ville
30, Tran Hung Dao, 1er arr., HCMV. **Plan** 2 E5.
Tél. *(08) 3836 9556.*

Théâtre de la Jeunesse
11, Ngo Thi Nham, Hanoi. **Plan** 2 E5.
Tél. *(04) 3943 8020.*

CINÉMA

Cinémathèque
22A, Hai Ba Trung, Hanoi. **Plan** 2 E4.

Megastar Cineplex
www.megastar.vn

Cinéma Théâtre national
87, Lang Ha, Hanoi. **Plan** 1 A3.

BARS ET DISCOTHÈQUES

163 Cyclo Bar
163, Pham Ngu Lao, HCMV. **Plan** 2 D5.
Tél. *(08) 3920 1567.*

Amsterdam Bar
Life Resort, 1, Pham Hong Thai, Hoi An.
Tél. *(0510) 391 4555.*

Apocalypse Now
2C, Thi Sach, 1er arr., HCMV. **Plan** 2 F3.
Tél. *(08) 3825 6124.*
25C, Hoa Ma, Hanoi.
Tél. *(04) 3971 2783.*

Bach Duong
28, Phan Dinh Phung, Hanoi.
Tél. *(04) 3733 8255.*

Bellevue Bar
Hôtel Majestic, 1, Dong Khoi, 1er arr., HCMV. **Plan** 2 F4.
Tél. *(08) 3829 5514.*

Blue Gecko
31, Ly Tu Trong, 1er arr., HCMV. **Plan** 2 E3.
Tél. *(08) 3824 3483.*

California Pizza Works
258, Tran Cao Van, HCMV.
Tél. *(08) 3827 9682.*

Car Men Bar
8, Ly Tu Trong, 1er arr., HCMV.
Tél. *(08) 3829 7699.*

DMZ Bar
60, Lê Loi, Hué.
Tél. *(054) 382 3414.*
www.dmz.com.vn

Discothèque Rainforest
5-15, Ho Huan Nghiep, 1er arr., HCMV. **Plan** 2 F3.
Tél. *(08) 3821 8753.*

Hien and Bob's Place
43, Hai Ba Trung, 1er arr., HCMV. **Plan** 2 F3.
Tél. *(08) 3823 0661.*

Jazz Club
31, Luong Van Cam, Hanoi. **Plan** 2 E3.
Tél. *(04) 3828 7890.*

La Bella Napoli
60, Hung Vuong, Nha Trang.
Tél. *(058) 352 7299.*

Louisiane Brewhouse
Lot 29, Tran Phu, Nha Trang. **Plan** 2 D5.
Tél. *(058) 352 1948.*

Lucky Café
224, De Tham, 1er arr., HCMV. **Plan** 2 D5.
Tél. *(08) 3836 7277.*

O.V. Club
15, Ngo Quyen, Hoi An.
Tél. *(04) 3733 0808.*

Xu
75 Hai Ba Trung, Dist. 1, HCMC. **Plan** 2 F3.
Tél. *(08) 3824 8468.*
www.xusaigon.com

Red Dot
15-17, Phan Van Dat, 1er arr., HCMV. **Plan** 2 F4.
Tél. *(08) 3822 6178.*

Relax Bar
60, Ly Thuong Kiet, Hanoi.
Tél. *(04) 3942 4409.*

Restaurant Bobby Chinn
1, Ba Trieu, Hanoi. **Plan** 2 E4.
Tél. *(04) 3719 2460.*
www.bobbychinn.com

Saigon Pearl
Hôtel Palace, 56-66, Nguyen Hue, HCMV. **Plan** 2 F4.
Tél. *(08) 3829 2860.*
www.palacesaigon.com

Sailing Club
72, Tran Phu, Nha Trang.
Tél. *(058) 382 6528.*
www.sailingclub vietnam.com

Sax n Art
28, Lê Loi, 1er arr., HCMV. **Plan** 2 E3.
Tél. *(08) 3822 8472.*

Seventeen Saloon
98B, Tran Hung Dao, Hanoi. **Plan** 2 D4.
Tél. *(04) 3942 6822.*

Tam Tam Café and Bar
110, Nguyen Thai Hoc, Hoi An.
Tél. *(0510) 386 2212.*

Why Not Bar
21, Vo Thi Sau, Hué.
Tél. *(054) 382 4793.*

SPORTS

Stades de Lam Son
15, Lê Loi, Vung Tau.
Tél. *(064) 380 7309.*

Stade national de My Dinh
Hoa Lac, arr. de Tu Liem, Hanoi.

Saigon Racing Club
2, Lê Dai Hanh, 1er arr., HCMV. **Plan** 3 C2.
Tél. *(08) 3962 4319.*

Stade de Thong Nhat
138, Dao Duy Tu, 1er arr., HCMV. **Plan** 4 E3.
Tél. *(08) 855 7865.*

SÉJOURS À THÈME ET ACTIVITÉS DE PLEIN AIR

Avec ses montagnes nimbées de brume, ses forêts tropicales, ses cours d'eau tumultueux et ses villes de plus en plus cosmopolites, le Vietnam offre aujourd'hui aux visiteurs un large éventail d'activités. Les plages solitaires aux eaux claires qui s'étirent sur des centaines de kilomètres le long d'un littoral relativement peu développé sont le paradis du surf et autres activités nautiques. Les sentiers des massifs montagneux et des parcs nationaux attendent randonneurs et amoureux de la nature. Des routes à l'écart de la circulation conduiront les cyclotouristes de Hanoi à Hô Chi Minh-Ville. Pour répondre aux besoins et aux envies des nombreux visiteurs venus du monde entier, de luxueux golfs se sont construits dans les environs des grandes villes et dans les stations de villégiature. Les gastronomes pourront exercer leur palais en savourant la cuisine impériale de Hué ou les fruits exotiques du delta du Mékong. Chacun pourra trouver un séjour selon ses centres d'intérêt et son budget.

Joueur de football sur la plage de Vung Tau

Plongeurs sous-marins prêts à entrer en action, Nha Trang

PLONGÉE SOUS-MARINE ET NATATION

Le meilleur spot de plongée au Vietnam est Nha Trang *(p. 108-111)*, où se trouvent plusieurs centres de vrais professionnels proposant matériel, bateaux et instructeurs. **Rainbow Divers** est le plus ancien spécialiste, et aussi le plus renommé, avec des succursales dans tout le pays. Il existe d'autres centres sérieux comme le club **Sailing Club Divers**. À 60 km au nord de Nha Trang, le **Whale Island Resort** est un autre spot de plongée recherché. Au sud de la ville, l'île de Phu Quoc *(p. 101)* et l'archipel de Con Dao, avec leurs récifs coralliens, seront bientôt de sérieux concurrents. Pour le moment, ces îles sont encore relativement préservées et bien meilleur marché que Nha Trang, avec un seul centre de plongée, celui de Rainbow Divers. Dans le centre du Vietnam, Hoi An et ses îles de pêcheurs situées à une heure de bateau de la côte, *(p. 124-128)* sont aussi de bons endroits pour la plongée. **Cham Island Diving Center** organise des circuits d'un, deux ou trois jours dans ces îles.

Entre Nha Trang et Da Nang *(p. 134)*, la majorité des plages sont propices à la natation, la plus sûre étant celle de Mui Ne *(p. 106)*, car c'est là que les courants sont les plus faibles. En ville, les hôtels sont généralement équipés d'une piscine ouverte au public moyennant une somme modique. À Hô Chi Minh-Ville, le Grand Hôtel propose les tarifs journaliers les plus bas ; à l'International Club, le prix global d'entrée à la piscine, au sauna et aux salles de gym est de moins de 10 $ pour une journée. À Hanoi, les piscines de l'**Army Hotel** et du **Thang Loi** sont accessibles au public pour un prix abordable. Les parcs aquatiques comme le Dam Sen *(p. 71)* à Hô Chi Minh-Ville, le **Ho Tay** à Hanoi et le **Phu Dong** à Nha Trang sont parfaits pour combiner baignade et détente.

SURF, KITESURF ET PLANCHE À VOILE

Peu de Vietnamiens pratiquent le surf, mais les visiteurs étrangers sont nombreux à profiter des vagues superbes (à défaut d'être gigantesques) de la plage de China Beach *(p. 133)*, où l'on peut louer des planches.

Le kitesurf est très populaire à Mui Ne, où la mer calme et les vents forts sont idéaux. La station accueille une compétition internationale tous les ans. **Jibe's Beach Club** propose des séjours « kitesurf ». La planche à voile est également à la mode. Les clubs **Sailing Club Kite School** et **Windchimes** proposent des forfaits.

Véliplanchistes sur la plage de Mui Ne

KAYAK

Les premiers kayaks que l'on a vus dans la baie d'Along *(p. 182-184)* se sont bientôt révélés être le moyen idéal pour explorer îles, criques et grottes de la région. La pratique du kayak est libre, mais il est sage de s'adresser à une agence spécialisée sérieuse, comme Sinh Café ou **Buffalo Tours**, qui proposent des séjours « kayak », ainsi que **Hand Span Adventure Travel**, qui a ses propres guides et bateaux et se limite à de petits groupes. **Green Trail Tours** organise des excursions dans la baie d'Along, sur le lac Ba Be *(p. 200)* ainsi que dans le delta du Mékong.

Kayak sur les eaux claires de la baie d'Along

GOLF

Considéré par le parti communiste comme un loisir bourgeois et décadent, le golf était au début pratiqué par les visiteurs et les expatriés ; depuis il a fait des émules dans la population locale. Si les cartes de membre sont coûteuses, les droits pour une entrée temporaire sont moins élevés.

Les parcours sont situés à Hô Chi Minh-Ville, Mui Ne, Da Nang, Dalat et Hanoi. Le **Rach Chiec Driving Range**, situé à 10 min en voiture du centre de Hô Chi Minh-Ville, est relativement bon marché, et le **Vietnam Golf and Country Club** possède deux parcours 18 trous éclairés la nuit.

À Hanoi se trouvent le **Lang Ha Driving Range** et le très chic **King's Island Golf Course** (à 1 h de route). Mais c'est

Végétation luxuriante du golf Ocean Dunes, qui borde la plage de Phan Thiet

Dalat *(p. 114-116)* qui possède les terrains les plus courus, notamment celui du **Dalat Palace**, qui date de l'époque coloniale et qui est l'un des deux golfs les plus sélects du Vietnam avec celui de l'**Ocean Dunes** à Phan Thiet, dessiné par Nick Faldo. **Sea Links** à Mui Ne est aussi superbe.

RANDONNÉE PÉDESTRE

La diversité topographique de Vietnam en fait le pays idéal de la randonnée avec ses sentiers en tout genre : réserve naturelle, montagne, forêt et littoral.

Dans le Nord, les massifs autour de Sapa *(p. 196-197)* avec leurs rizières en terrasse attirent beaucoup d'étrangers et de Vietnamiens. À Sapa, vous pourrez trouver agences et guides francophones pour organiser une randonnée. Les agences **Sapatrek** et **Nomadtrails** ou **Ma Tonkinoise Voyages** proposent des guides de la région, qui sont de précieux ambassadeurs pour visiter des villages ethniques.

Les parcs nationaux sont aussi des lieux parfaits pour le trek. Celui de Cat Ba *(p. 189)* possède l'un des sentiers les plus difficiles : 18 km de montée à travers la jungle jusqu'au sommet de l'un des pitons calcaires les plus hauts de l'île. Prévoyez de bonnes chaussures, un imperméable, beaucoup d'eau et les services d'un guide. N'importe quel hôtel local peut s'occuper de vous organiser une excursion. Dans le parc national de Cuc Phuong *(p. 193)*, les itinéraires ne sont pas tous balisés : mieux vaut donc prendre un guide. Le plus long (durée 5 h) conduit au village de Kanh, où l'on peut dormir et faire du rafting le lendemain sur la rivière Buoi. Une autre piste de 8 km s'enfonce dans la forêt jusqu'à un arbre qui aurait 1000 ans. Il existe aussi des sentiers plus courts, comme celui qui traverse le jardin botanique jusqu'au centre de protection des primates, ou celui qui mène à une grotte préhistorique.

Les chemins du parc national de Bach Ma *(p. 136)* sont impressionnants. L'un d'eux monte en haut du mont Bach Ma (mont du Cheval blanc, en raison des nappes de nuages blancs qui enveloppent son sommet), d'où la vue est superbe. Le sentier de la cascade des Cinq Lacs, qui abrite une faune et une flore rares, suit de belles chutes d'eau. Celui des Rhododendrons est bordé d'arbustes en fleur au printemps.

Sur le sentier de la cascade des Cinq Lacs, parc national de Bach Ma

VÉLO

La meilleure façon de découvrir le « vrai » Vietnam, c'est à vélo. La route entre Hanoi et Hô Chi Minh-Ville est devenue le Saint-Graal pour beaucoup de cyclotouristes. La route 1 étant aujourd'hui très chargée, mieux vaut prendre la route 14 qui ne longe pas la côte mais est pittoresque.

Sur les hauts plateaux du centre, le VTT devient populaire, mais il n'existe pas encore de pistes spéciales. Au sud, le delta du Mékong est une région plate avec de beaux paysages, surtout au moment de la récolte du riz. L'état des routes est aléatoire, mais les nombreux ponts et rivières les rendent agréables.

Discovery Indochina, une agence francophone basée à Hanoi, organise des circuits dans plusieurs régions du pays. Évitez toutefois les longs circuits dans les montagnes du Nord en hiver, car les routes peuvent alors être glissantes et dangereuses. Pour faire du vélo à Dalat et sur les hauts plateaux de l'intérieur, contactez **Phat Tire Venture**.

Les visiteurs indépendants doivent venir avec leur vélo car les loueurs ne sont pas fiables. En cas d'incident matériel, ils trouveront des réparateurs sur leur route.

Cyclistes dans les rues de Hoi An

De nombreux professeurs d'arts martiaux pratiquent à l'extérieur

ARTS MARTIAUX

Les arts martiaux occupent une place importante dans la vie culturelle, sportive et sociale des Vietnamiens. Né au Vietnam il y a environ 2 000 ans, le *vo dao* a pour but, comme le judo, de retourner la force de l'adversaire à son désavantage et comporte, comme le kung-fu, un grand nombre de coups. Bâtons, sabres et haches peuvent être associés à la pratique de ce sport. On peut prendre ou seulement regarder un cours à la **pagode Nam Huynh** à Hô Chi Minh-Ville.

Également originaire du Vietnam, le *sa long cuong* place l'esprit au-dessus de la matière et la flexibilité au-dessus de la rigidité. Des cours sont dispensés à la **Maison culturelle de la jeunesse de Hô Chi Minh-Ville**.

Judo, kung-fu et aïkido peuvent se pratiquer pour un prix minime au **stade Phu Tho**. Ceux qui veulent seulement regarder ne paient rien. Dans certains parcs de la ville, notamment à Cholon, il n'est pas rare de voir des instructeurs enseigner à un groupe. À Hanoi, l'art martial le plus populaire est le taekwondo – type de combat sans arme pour l'autodéfense –, et le **Club GTC** est sans doute l'un des meilleurs endroits pour le pratiquer.

OBSERVATION DES OISEAUX

Avant l'apparition de la grippe aviaire, le Vietnam était en passe de devenir une grande destination pour l'observation des oiseaux. En plus des espèces communes, il accueille en effet des espèces migratoires pendant la reproduction. Des agences de voyages avaient mis en place des circuits. Aujourd'hui, on peut seulement espérer que la situation sanitaire va s'améliorer et que les amateurs pourront à nouveau s'adonner à leur passion.

Cantine de rue avec des produits frais et des épices, Hué

CIRCUITS CULINAIRES

La cuisine vietnamienne est l'une des plus inventives au monde. Même si les circuits culinaires peuvent être coûteux, les épicuriens ne jurent en général que par eux. L'agence **Tangka Voyages** propose ainsi un circuit gourmet qui va de Hô Chi Minh-Ville à Hanoi via My Tho *(p. 88)*, Da Nang *(p. 134)*, Hoi An *(p. 124-129)*, Hué *(p. 138-144)* et la baie d'Along *(p. 182-184)*. En quinze jours, ce voyage permet de découvrir les différentes régions et leurs cuisines. Après avoir fait les marchés locaux, vous apprendrez à confectionner des plats en suivant des cours avec des chefs vietnamiens, notamment avec celui du Spices Garden à Hanoi. À Hoi An, **Miss Vy** dispense des cours passionnants dans son école d'art culinaire.

SPA

Les Spa des hôtels de luxe sont très beaux. Le meilleur est le Six Senses de l'Evason Ana Mandara *(p. 238)* à Nha Trang. Des Spa plus petits comme le **Thap Ba Hot Springs**, le **Tam Spa** ou le **Forester Spa** à Mui Ne proposent aussi des soins très séduisants.

Maisons sur pilotis, Evason Ana Mandara, Nha Trang *(p. 238)*

ADRESSES

NATATION ET PLONGÉE SOUS-MARINE

Army Hotel
33C, Pham Ngu Lao, Hanoi. **Plan** 2 F4.
Tél. *(04) 3826 5541.*

Cham Island Diving Center
88, Nguyen Thai Hoc, Hoi An.
Tél. *(0510) 391 0782.*

Parc aquatique de Ho Tay
614, Lac Long Quan, Hanoi.

Parc aquatique de Phu Dong
Tran Phu, Nha Trang.

Rainbow Divers
90A, Hung Vuong, Nha Trang.
Tél. *(058) 352 4351.*

Sailing Club Divers
72-74 Tran Phu, Nha Trang.
Tél. *(058) 352 2788.*

Hôtel Thang Loi
Yên Phu, Ho Tay, Hanoi.
Tél. *(04) 3823 8161.*

Whale Island Resort
2, Me Linh, Nha Trang.
Tél. *(058) 351 3871.*

SURF, PLANCHE À VOILE, KITESURF

Club Jibe's Beach
90, Nguyen Dinh Chieu, Mui Ne, Phan Thiet.
Tél. *(062) 384 7088.*

Sailing Club Kite School
24, Nguyen Dinh Chieu, Mui Ne, Phan Thiet.
Tél. *(062) 384 7442.*
www.sailingclubkiteschool.com

Windchimes
Saigon Mui Ne Resort, Phan Thiet.
Tél. *(090) 972 0017.*

KAYAK

Buffalo Tours
Hanoi.
Tél. *(04) 3828 0702.*
www.buffalotours.com

Green Trail Tours
Hanoi. ***Tél.*** *(04) 3754 5268.* **www**.greentrail-indochina.com

Handspan Adventure Travel
Hanoi.
Tél. *(04) 3926 0581.*
www.handspan.com

GOLF

Dalat Palace
Phu Dong Thien Vuong, Dalat. ***Tél.*** *(063) 382 201.*

Golf de King's Island
Dong Mo Lake, Ha Tay.
Tél. *(034) 368 6555.*

Lang Ha Driving Range
16A, Lang Ha, Hanoi.
Tél. *(04) 3835 0908.*

Ocean Dunes
1, Ton Duc Thang, Phan Thiet.
Tél. *(062) 382 1995.*

Rach Chiec Driving Range
An Phu Village, 9e arr., HCMV.
Tél. *(08) 389 6756.*

Sea Links Golf and Country Club
Nguyen Dinh Chieu, Mui Ne, Phan Thiet.
Tél. *(062) 374 1741.*
www.sealinksvietnam.com

Vietnam Golf and Country Club
Long Thanh My Village, Thu Duc, HCMV.
Tél. *(061) 3351 1812.*

RANDONNÉE PÉDESTRE

Ma Tonkinoise Voyages
144A, Hoang Hoa Tham, Hanoi. **www**.matonkinoise.com

Sapatrek et Nomadtrails
31 Fansipan, Sapa.
http://sapatrek.jimdo.com

VÉLO

Phat Tire Ventures
73, Truong Cong Dinh, Dalat.
Tél. *(063) 382 9422.*
www.phattireventures.com.

Discovery Indochina
63A Cuabac, Hanoi.
Tél. *(08) 3716 4132.*
www.discoveryindochina.com

ARTS MARTIAUX

Club GTC
A3, Ngoc Khanh, Hanoi.
Tél. *(04) 3846 3095.*

Pagode Nam Huynh
29, Tran Quang Khai, HCMV. **Plan** 1 C1.

Stade Phu To
1, Lu' Gia, 11e arr., HCMV. **Plan** 3 C2.
Tél. *(08) 3866 0156.*

Maison culturelle de la jeunesse
4, Pham Ngoc Thach, HCMV. **Plan** 2 E3.
Tél. *(08) 3829 4345.*

CIRCUITS CULINAIRES

Tangka Voyages
Paris : 201, rue de Tolbiac, 75013.
Tél. *01 45 65 46 64.*
Hô Chi Minh-Ville : 120 bis, Suong Nguyêt Anh.
www.tangka.com

Cours de cuisine de Miss Vy
Club Cargo, 107, Nguyen Thai Hoc, Hoi An.
Tél. *(0510) 910 489.*
www.restaurant-hoian.com

SPA

Forester Spa
65A, Nguyen Dinh Chieu, Mui Ne, Phan Tiet.
Tél. *(062) 374 1317.*

Tam Spa
9A Nguyen Dinh Chieu, Mui Ne, Phan Tiet.
Tél. *(062) 314 1114*

Thap Ba Hot Springs
25 Ngoc Son, Nha Trang,
Tél. *(058) 383 0090.*
www.thapbahotspring.com.vn

RENSEIGNEMENTS PRATIQUES

VIETNAM MODE D'EMPLOI 278-287

ALLER ET CIRCULER AU VIETNAM 288-293

VIETNAM MODE D'EMPLOI

Le Vietnam est désormais devenu une grande destination touristique qui attire des millions de visiteurs chaque année. Depuis l'ouverture du pays au milieu des années 1990, les infrastructures touristiques n'ont cessé de s'améliorer. Les grandes villes offrent une palette d'hébergements qui vont des *guest-houses* pour routards aux hôtels cinq-étoiles avec tout le confort. Dans la moindre bourgade, on trouve en général des restaurants qui pourront satisfaire tous les goûts et tous les budgets.

Vendeuse ambulante avec un client

Grâce à la beauté de ses plages de sable blanc et de ses récifs coralliens, une grande partie du littoral connaît depuis plusieurs années un développement touristique. Si les montagnes du Nord sont encore relativement préservées, elles sont assez faciles d'accès vu le nombre croissant d'agences de voyages. Les organismes d'État ne sont malheureusement pas réputés pour leur efficacité, mais des voyagistes privés sérieux pourront vous organiser des circuits sur mesure dans la plupart des régions.

QUAND PARTIR

Températures et taux de pluviosité varient d'une région à l'autre *(p. 34-35)*. Pour établir votre itinéraire, vous aurez donc soin d'éviter chaque fois la pleine période de la mousson : dans le Sud, les plus grosses pluies se situent normalement entre mai et novembre ; dans le Nord, entre mai et août. Si les prix sont plus bas pendant ces mois pluvieux, les inondations et le manque de visibilité peuvent être gênants.

La meilleure période pour prendre part aux grandes fêtes vietnamiennes, comme celle du Têt *(p. 28-29)*, va de décembre à février, mais les prix ont tendance à augmenter partout.

Pour avoir un meilleur temps et moins de monde sur les sites très touristiques, l'idéal consiste à venir au printemps, entre mars et mai.

Après-midi de janvier sous le soleil de Phan Thiet *(p. 106)*

À EMPORTER

On trouve presque tout dans les villes du Vietnam, et à un prix moins élevé qu'en Europe. En revanche le choix sera plus limité dans les zones isolées.

D'une façon générale, il est conseillé d'emporter un grand chapeau, un écran solaire, une lotion antimoustiques, un parapluie en période de mousson, un couteau suisse, une lampe de poche et des piles.

Sous le climat tropical du Sud, adoptez une tenue légère en cotonnade ou en soie claire et des chaussures confortables pour les longues promenades. Dans le Nord, et surtout sur les reliefs, les nuits sont froides, et les journées souvent fraîches. Il faudra donc prévoir plusieurs couches de vêtements permettant de garder la chaleur du corps.

RÉSERVATIONS D'AVION

La haute saison pour les vols vers le Vietnam se situe entre décembre et février : des milliers de Viet Kieu (nom donné aux Vietnamiens d'outre-mer) rentrent alors pour fêter Noël et le Têt en famille. Si vous voulez partir à cette période, réservez vos billets plusieurs mois à l'avance. Il est sage de réserver aussi les hôtels, surtout en catégorie supérieure. Les hôtels économiques ne posent en général aucun problème, mais les prix peuvent malgré tout augmenter en haute saison.

FORMALITÉS

Pour entrer au Vietnam, il est nécessaire d'avoir un passeport valide (en principe au moins six mois après votre retour) et d'obtenir un visa. Si vous êtes un voyageur individuel, vous devrez acquérir le visa à l'avance, car il ne vous sera pas délivré sur place. La demande se fait auprès de l'ambassade du Vietnam, mais le plus simple consiste à passer par le biais d'une agence de voyages ou

Affiche publicitaire d'une agence de voyages

◁ **Une rue très fréquentée d'Hô Chi Minh-Ville**

Vérification de passeport à la frontière

d'une agence spécialisée dans l'obtention des visas. Si vous êtes encadré par un tour operator agréé, celui-ci peut demander pour vous une demande de visa, et vous le retirerez à l'arrivée au Vietnam. Pensez à bien vous renseigner.

Un visa de tourisme ordinaire est valable 30 jours et peut être prolongé deux fois sur place ; vous devrez alors vous rendre à Hô Chi Minh-Ville ou Hanoi. Pour un séjour supérieur à 45 jours, rendez-vous à l'ambassade. Les visas coûtent assez cher (plus de 70 €), nécessitent plusieurs documents et peuvent être longs à obtenir.

Un visa d'affaires peut être délivré pour six mois, bien que la durée maximale soit officiellement de trois mois. Il est possible d'obtenir un visa à entrées multiples, à la fois tourisque et d'affaires, mais il coûte plus cher.

VACCINATIONS

L'Organisation mondiale de la santé (OMS) recommande plusieurs vaccinations pour les voyageurs se rendant en Asie du Sud-Est : hépatite A et B, tétanos, rubéole, rougeole, oreillons, diphtérie, ainsi que fièvre typhoïde. Le paludisme est présent dans les zones rurales, notamment sur l'île de Phu Quoc et sur les hauts plateaux reculés. Consultez votre médecin ou le site Internet de l'OMS avant de partir. On vous prescrira le traitement à prendre.

La dengue, maladie transmise par les moustiques, est endémique au Vietnam. Ses symptômes sont une forte fièvre, des maux de tête et des douleurs articulaires. Il n'existe pas de vaccin, aussi faut-il utiliser des sprays ou des crèmes antimoustiques et des aérosols. Il faut savoir que les services médicaux peuvent être inexistants, surtout dans les petites villes et les zones reculées *(p. 282-283)*. Les médecins peuvent aussi refuser de vous soigner si vous ne prouvez pas à l'avance que vous pouvez payer les frais médicaux.

DOUANES

En principe, la règlementation douanière est simple au Vietnam. Les visiteurs entrant dans le pays sont autorisés à importer un litre d'alcool et 200 cigarettes, et ils doivent de déclarer bijoux et monnaies étrangères. À la sortie de l'avion, il faut remplir une fiche de douane – le double jaune vous sera restitué. Les fouilles sont rares, mais tout élément considéré par les autorités comme politiquement ou religieusement offensant ou sensible (pornographie, enregistrements pirate sur CD et DVD), ou critique à l'égard du gouvernement peut être saisi.

Par ailleurs, il est formellement interdit de sortir des antiquités du pays. Si vous avez acheté des reproductions d'objets anciens – elles peuvent être très réussies –, conservez avec vous vos preuves d'achat, car les douaniers peuvent se montrer intraitables.

ADRESSES

Informations touristiques : voir p. 280-281

AMBASSADES DU VIETNAM

En France
62, rue Boileau, 75016 Paris.
Tél. *01 44 14 64 00.*
www.ambassade-vietnam.com/

En Belgique
1, bd du Gal-Jacques, 1050, Bruxelles. ***Tél.*** *379 2737.*
www.vietnamembassy.be/fr

Au Canada
Wilbrod 470, Ottawa (Ontario) K1N6M8. ***Tél.*** *236 0772.*
www.vietem-ca.com

Au Cambodge
436, Monivong Blvd, Phnom Penh. ***Tél.*** *(023) 362 531.*

AMBASSADES AU VIETNAM

Ambassade de France
57, Tran Hung Dao, Hanoi.
Plan 2 E5. ***Tél.*** *(04) 3944 5700.*
www.ambafrance-vn.org
Consulat : 27, Nguyen Thi Minh Khai, 1er arr., HCMV. **Plan** 1 C5. ***Tél.*** *(08) 3520 6800.*
www.consulfrance-hcm.org

Belgique
49, Hai Ba Trung (Hanoi Towers, 9e ét.), Hanoi.
Plan 2 D4. ***Tél.*** *934 61 79.*
www.diplomatie.be/hanoifr/

Canada
31, Hung Vuong, Hanoi.
Plan 1 B3. ***Tél.*** *(04) 3734 5000.*
www.canadainternational.gc.ca/vietnam

Groupe de visiteurs devant le mausolée de Hô Chi Minh

Enseigne au néon de Saigon Tourist, Hô Chi Minh-Ville

INFORMATION TOURISTIQUE

Les services d'accueil touristique continuent de se développer au Vietnam. Les sources officielles d'aide et d'information, **Saigon Tourist** et **Vietnam Tourism**, sont deux entreprises d'État censées faire des bénéfices en gérant des hôtels et en organisant des circuits. Leurs sites Internet (le premier est en français) sont une mine d'informations. En France, le **centre culturel du Vietnam** est la meilleure source d'information.

Pour les itinéraires individuels et les forfaits séjour, les agences de voyages indépendantes *(voir aussi p. 291 et 293)* sont sans parti pris, ce qui garantit des tarifs parfois plus intéressants.

DROITS D'ENTRÉE

Dans les musées, les zoos et les jardins botaniques, le prix en général ne dépasse pas 1 $. Jusqu'à ces dernières années, il y avait deux tarifs : celui pour les locaux et celui pour les étrangers, qui pouvait parfois être le quintuple ! Officiellement, ce système n'a plus cours, mais il subsiste dans certains endroits. L'accès aux pagodes est libre le plus souvent. En revanche, une boîte pour les donations se trouve toujours à côté de l'entrée.

VOYAGEURS HANDICAPÉS

Les équipements pour les personnes en fauteuil roulant sont très rares au Vietnam. Même si les trottoirs sont larges, ils sont encombrés par les vendeurs ambulants et les deux-roues. Chaque immeuble a une rampe d'accès destinée en réalité aux vélomoteurs. Les ascenseurs sont rares et les toilettes adaptées pratiquement inconnues. Pourtant, même s'ils peuvent s'attendre à des désagréments, les visiteurs à mobilité réduite ne doivent pas se laisser dissuader pour autant. Un grand nombre d'hôtels de catégorie supérieure disposent d'équipements pour les accueillir, et les agences de voyages peuvent leur proposer une assistance, même si la personne déléguée n'est pas toujours qualifiée. Avec de l'organisation et l'entremise d'un organisme spécialisé, tel qu'**APF Évasion**, les désagréments peuvent être réduits.

AVEC DES ENFANTS

Les Vietnamiens, qui ont un grand sens de la famille, adorent les enfants et les accueillent à bras ouverts. Ils ont d'ailleurs l'habitude de voir des visiteurs avec des enfants en bas âge. Couches et nourriture pour bébé, entre autres, se trouvent facilement, surtout dans les grandes villes. Tous les restaurants acceptent les enfants, même s'ils n'ont pas de menu spécial pour eux. Certaines préparations seront peut-être trop épicées pour les jeunes palais, mais il y aura toujours des glaces, des yaourts et des fruits frais. Il existe bon nombre d'hôtels qui proposent des chambres triples voire quadruples.

LANGUE

Le vietnamien est une langue tonale très difficile, mais beaucoup de Vietnamiens, surtout ceux qui traitent avec les visiteurs étrangers, parlent un peu l'anglais et peuvent écrire ce qu'ils ont à vous dire si vous ne les comprenez pas (le vietnamien utilise les caractères latins). Dans les bureaux des compagnies aériennes, les banques et la plupart des hôtels, le personnel parle un anglais correct. Dans les régions rurales en revanche, il est sage d'avoir les services d'un guide interprète (10 $ par jour).

Panneau multilingue devant un temple

SAVOIR-VIVRE

Les règles de savoir-vivre au Vietnam sont strictes mais faciles à respecter : sourire en toute occasion, ne pas hausser le ton et ne jamais montrer une personne du doigt. Pour faire signe à quelqu'un ou attirer son attention, tournez au préalable vos paumes de main vers le sol. Se mettre en colère est contre-productif et il y a plus de chances qu'un Vietnamien réponde à vos doléances si vous lui parlez poliment. La poignée de main est d'usage pour saluer. Ne touchez jamais la tête d'une personne (la tête est le séjour de l'âme). Cela dit, le sens tactile est très développé chez les Vietnamiens, qui se tiennent souvent par la main, le bras ou l'épaule (entre personnes

Panneau à l'entrée d'une pagode

Visiteurs à une terrasse de restaurant

du même sexe). Si quelqu'un se précipite sur un jeune enfant occidental pour lui pincer la joue, il s'agit d'une démonstration spontanée d'affection.

Sur le plan vestimentaire, les femmes s'habillent simplement et les hommes portent souvent un short. Les Vietnamiens sont très attachés aux règles de bienséance, surtout dans les lieux de culte, où une tenue correcte (jambes et bras couverts) est de mise.

À table, l'usage est d'attendre que la personne la plus âgée ait commencé à manger, à moins que l'on ne soit l'invité d'honneur. Ne piquez jamais la nourriture avec les baguettes et ne plantez jamais celles-ci à la verticale dans votre bol, car il s'agit là d'une pratique funéraire. Manger bruyamment signifie que l'on apprécie la nourriture. Si des Vietnamiens vous invitent à manger, l'usage veut qu'ils vous emmènent au restaurant. Vous trouverez d'autres conseils pour les manières de table et le pourboire à la page 247.

PHOTOGRAPHIES

Le Vietnam est un pays photogénique. Accessoires d'appareils photo et cartes mémoire se trouvent facilement et à bas prix dans les grandes villes. Sachez qu'il est interdit de photographier les zones militaires et les commissariats de police. Pensez à demander l'autorisation pour prendre en photo un site religieux ou des personnes, notamment celles qui appartiennent à une minorité ethnique.

HEURE LOCALE ET CALENDRIER

Il y a sept heures de décalage (en plus) entre le Vietnam et le méridien de Greenwich. Comme le Vietnam ne pratique pas l'heure d'été, il a six heures d'avance sur la France et la Belgique en hiver (et douze heures d'avance sur le Québec).

L'été, le décalage est de cinq heures avec l'Europe et onze heures avec le Québec.

Visiteuse prenant une photo

Si le calendrier grégorien est utilisé pour les activités officielles et commerciales, les dates des fêtes religieuses, elles, sont fixées en fonction du calendrier lunaire.

UNITÉS DE MESURE

Le système métrique est en vigueur au Vietnam, il date de l'époque coloniale.

ÉLECTRICITÉ

Le courant est du 220 volts. Les prises sont rondes comme en France, sauf dans le Sud du pays où il y a un mélange de prises américaines et européennes. Un adaptateur pourra vous être fourni à l'hôtel, ou vous pourrez en acheter un dans les magasins d'articles ménagers (le mieux est de prévoir un adaptateur universel).

Les coupures de courant sont fréquentes dans les régions reculées, il faudra donc penser à recharger vos appareils électriques (ordinateur ou téléphone portables) tous les jours.

ADRESSES

INFORMATION TOURISTIQUE

Il n'y a pas d'office de tourisme du Vietnam, mais les trois organismes ci-dessous pourront vous aider et vous documenter.

Centre culturel du Vietnam
19-19 bis, rue Albert, 75013 Paris. ***Tél.*** *01 53 82 48 42.*
http://ccv-france.org

Saigon Tourist
45, Rue Le Thanh Ton, 1er arr., HCMV. **Plan** 2 F3.
Tél. *(08) 3829* 4467. **http://**etravelvietnam.com/francais/

Vietnam Tourism
80, Quan Su, Hanoi. **Plan** 2 D4.
Tél. *(04) 3942 3760.*
www.vietnamtourism.com

AGENCES DE VOYAGES

Asia
1, rue Dante, 75005 Paris (plusieurs succursales en France).
Tél. *01 44 41 50 10.*
www.asia.fr

Comptoir des voyages
2-18, rue Saint-Victor, 75005 Paris. ***Tél.*** *0892 239 339.*
www.comptoir.fr

Maison de l'Indochine
1, pl. Saint-Sulpice, 75006 Paris.
Tél. *01 40 51 95 15.*
www.maisondelindochine.com

Terre Indochine
28, bd de la Bastille, 75012 Paris.
Tél. *01 44 3212 82.*
www.terre-indochine.com

Voyageurs en Asie du Sud-Est
Cité des Voyageurs,
55, rue Sainte-Anne, 75002 Paris.
Tél. *01 42 86 16 00.*
www.vdm.com

VOYAGEURS HANDICAPÉS

APF Évasion
http://apf-evasion.org

Sécurité et santé

Enseigne de pharmacie, Hô Chi Minh-Ville

En terme de sécurité, le Vietnam est l'une des destinations les plus sûres du monde. Le pouvoir est très autoritaire, et la population respectueuse des lois. Avec un minimum de bon sens, les visiteurs peuvent se promener sans aucune crainte. Avec le changement de mode de vie, la petite délinquance augmente dans les grandes villes mais elle reste limitée, et les crimes violents sont rares. La nourriture de la rue est assez sûre, mais il vaut mieux boire de l'eau en bouteille. En revanche, les services de santé font encore défaut, et les hôpitaux d'urgence bien équipés sont rares. Une assurance voyage est donc recommandée.

PRÉCAUTIONS D'USAGE

Même si le Vietnam est une destination assez sûre, il y a un minimum de précautions à prendre. Les vols à la tire augmentent à Hô Chi Minh-Ville et à Nha Trang, évitez donc d'avoir beaucoup d'argent sur vous et ne portez pas de bijoux voyants. Rangez argent, carte bancaire et photocopie de votre passeport dans une ceinture-portefeuille cachée sous un vêtement, et laissez passeport, billets d'avion, documents importants et objets de valeur dans le coffre de l'hôtel.

Faites attention à votre appareil photo et à votre porte-monnaie quand vous êtes à pied ou à moto, car des vols perpétrés par des individus à moto ont été signalés. Ils sont cependant plutôt rares.

Ne vous aventurez pas la nuit dans des quartiers louches et refusez les invitations d'inconnus à boire un café. La mafia philippine utilise ce moyen pour attirer et dépouiller les visiteurs.

Faites aussi une photocopie de votre assurance voyage et de la fiche jaune de sortie du territoire vietnamien.

Le Vietnam est de plus en plus touché par le sida, qui se transmet aujourd'hui davantage par voie sexuelle que par voie intraveineuse. En 2012, l'ONUSIDA a estimé à 300 000 le nombre de personnes séropositives. Toutefois ce chiffre augmente moins vite désormais.

Agent de la circulation (à gauche) et agent général de police (à droite)

POLICE TOURISTIQUE

En plus des agents de la circulation et des agents généraux de police, il existe une police touristique qui veille sur les visiteurs et les informe. Ses agents sont plus dissuasifs que vraiment répressifs. Leur présence est discrète et, si vous avez affaire à eux, soyez polis. En cas de vol, ils peuvent parfois vous aider à remplir un rapport pour l'assurance. Sinon, demandez l'assistance d'un interprète.

HÔPITAUX ET SERVICES DE SANTÉ

Les services de santé modernes, gérés par des Occidentaux, se trouvent à Hô Chi Minh-Ville et à Hanoi. Des médecins français habitués aux cas d'urgence y travaillent en permanence, et l'hospitalisation au Centre médical international de Hô Chi Minh-Ville est aujourd'hui aux normes françaises, les malades n'étant plus forcément évacués en urgence. Néanmoins, dans les cas très graves, une évacuation sanitaire vers Bangkok, Hong Kong ou Singapour est préférable. Les pharmacies de Hô Chi Minh-Ville et Hanoi sont bien approvisionnées, mais vérifiez la date d'expiration des médicaments que vous achetez. Mettez dans vos bagages une quantité suffisante des remèdes dont vous avez besoin.

ASSURANCE VOYAGE

Pour la plupart des destinations asiatiques, il est conseillé de souscrire une assurance voyage avec une protection globale qui, en plus de la maladie et des accidents, couvre aussi le vol et l'évacuation sanitaire.

MALADIES LIÉES AUX ALIMENTS ET À L'EAU

Les affections les plus courantes dues aux aliments sont la diarrhée, la dysenterie et la giardiase. Elles se traitent par antibiotiques, mais quelques règles d'hygiène basiques permettent

Étal typique de fruits

de les éviter : se laver les mains avant les repas, manger des aliments cuits correctement ou préparés devant les clients dans des endroits propres, peler soi-même les fruits frais. Méfiez-vous des plats servis aux buffets ou en chambre, même dans les hôtels cinq-étoiles.

La cuisine vietnamienne est souvent épicée et un simple changement d'alimentation peut provoquer des maux de ventre. Ayez toujours sur vous des comprimés antidiarrhéiques.

Pour éviter les maladies dues à l'eau, comme la typhoïde et le choléra, buvez exclusivement de l'eau en bouteille cachetée ou de l'eau bien bouillie, et évitez les glaçons. Le thé est normalement une boisson sûre car l'eau est bouillie.

CHALEUR

Il peut faire excessivement chaud en été au Vietnam, et il est donc important de ne pas vous déshydrater. Ayez toujours de l'eau avec vous et n'oubliez pas de boire à intervalles réguliers. Contre les coups de chaleur, portez chapeau, lunettes solaires et vêtements amples. Un bon écran solaire vous évitera les coups de soleil.

PIQÛRES D'INSECTES ET PLAIES

Une piqûre de moustique peut causer la dengue, ou plus rarement le paludisme. Ces deux maladies dangereuses peuvent être éviter en prenant quelques précautions. Les moustiques sont en général plus actifs à l'aube et au crépuscule, mais ils sont très rares dans les chambres avec ventilateur ou climatisation. Un répulsif et une moustiquaire aideront à les tenir éloignés. Des prophylactiques peuvent être utiles si vous allez dans la jungle ou au bord du Mékong. Prenez conseil auprès de votre médecin ou des autorités médicales compétentes dans votre pays. Emportez désinfectant et pansements, car une plaie peut rapidement s'infecter sous ce climat.

ÉPIDÉMIES

La grippe aviaire, la grippe porcine et la maladie Pied-Main-Bouche (ou HFMD, qui touche principalement les enfants) connaissent une recrudescence depuis dix ans. Aussi vaut-il mieux éviter les crèches publiques. Dans les temples, évitez aussi les oiseaux en cage destinés à être vendus et libérés en guise de prière.

EXPLOSIFS NON DÉSAMORCÉS

Bombes et obus non explosés posent encore un problème dans l'ancienne zone démilitarisée (DMZ) *(p. 149)*. Les grands sites touristiques ont été nettoyés, mais si vous voyez un objet ressemblant à une roquette ou à une bombe, prévenez tout de suite les autorités locales.

Visiteuse se promenant en compagnie d'un enfant

FEMMES VOYAGEANT SEULES

Il n'est pas rare de voir des étrangères voyageant seules. Dans certaines zones rurales, les habitants les dévisageront plus par curiosité que par inimitié. Elles seront peut-être invitées à dîner et à dormir dans une famille (les Vietnamiens sont très hospitaliers). Il leur est déconseillé de porter des vêtements courts et serrés.

ADRESSES

URGENCES

Ambulances : ***Tél.*** *115.*
Pompiers : ***Tél.*** *114.*
Police : ***Tél.*** *113.*

HÔPITAUX À HANOI

Clinique familiale de Hanoi
Tél. *0903 40 19 19 ou 846 17 48.*

Hôpital français de Hanoi
Tél. *574 11 11 ou 574 07 40.*

Clinique SOS internationale de Hanoi
Tél. *574 11 11, 574 07 40 ou 934 05 55.*
www.internationalsos.com

HÔPITAUX À HÔ CHI MINH-VILLE

Hôpital franco-vietnamien
Tél. *411 33 33, 411 35 00 ou 577 11 00.* **www**.fvhospital.com

Centre médical international
Tél. *865 40 25.*

Columbia-Gia Dinh
Tél. *823 88 88.*
www.columbiaasia.com

VOYAGEURS HOMOSEXUELS

L'attitude envers les homosexuels a changé radicalement en dix ans. Les Vietnamiens sont plus tolérants et Hô Chi Minh-Ville a même une scène gay. Pour de plus amples détails, consultez le site Internet www.utopia-asia.com .

TOILETTES PUBLIQUES

Les W.-C. publics sont rares. À Hô Chi Minh-Ville, seul le centre est équipé de W.-C. payants (1 600 *dong)*. C'est Hoi An qui dispose du plus grand nombre de W.-C. publics par habitant. Ceux-ci sont souvent exigus, sordides et sans intimité. Ayez du papier hygiénique avec vous, mais ne le jetez pas dans la cuvette pour ne pas la boucher.

Panneau de toilettes publiques pour hommes

Banques et monnaies

On trouve des banques dans toutes les villes d'une certaine importance. Les visiteurs étrangers pourront y encaisser leurs chèques de voyages, qui sont également acceptés dans les bons hôtels. La quasi-totalité des commerçants acceptent volontiers les dollars (et désormais aussi les euros). Attention, car les prix seront alors plus élevés en raison du taux de change. Les bureaux de change et les distributeurs automatiques de billets sont chose courante dans la plupart des villes, ce qui n'est pas encore le cas dans les régions rurales, où vous devrez arriver avec assez de *dong*, la monnaie officielle.

Distributeur de billets de la banque ANZ

HEURES D'OUVERTURE

Les grandes banques vietnamiennes sont la Vietcombank et la Sacombank, mais les banques internationales HSBC et ANZ sont également bien représentées. Toutes ont des agences et des distributeurs dans tout le pays. Elles sont en général ouvertes de 8h à 18h, du lundi au vendredi, avec parfois une pause à midi. Les horaires des bureaux de change privés sont variables. Le retrait d'espèces et le change de devises prennent souvent plus de temps dans une banque qu'ailleurs.

DISTRIBUTEURS DE BILLETS

Aujourd'hui, chaque banque dispose d'un distributeur automatique de billets ouvert 24 h/24 avec un affichage en vietnamien ou en anglais. Les billets délivrés sont des *dong* ; leur montant est calculé en fonction du taux de change officiel du dollar. Le nombre de retraits par jour est illimité, mais chaque retrait est limité à 2 000 000 *dong*, avec une commission de 2 à 5 $. Le montant autorisé pour les retraits est plus élevé aux guichets des banques.

Si vous devez séjourner plusieurs mois, envisagez l'ouverture d'un compte bancaire. Cela nécessitera beaucoup de papiers mais facilitera vos transactions.

CHANGE

Les opérations de change au Vietnam ont été simplifiées, mais les files d'attente sont toujours aussi longues. L'opération sera plus rapide dans un bureau de change, mais le taux sera la plupart du temps moins favorable. Vous trouverez le meilleur taux dans les bijouteries – mais sans garantie contre les escroqueries ou les faux billets ! Beaucoup de voyageurs se contentent de retirer des *dong* à un distributeur automatique de billets avec leur carte bancaire internationale.

CARTES BANCAIRES

À Hô Chi Minh-Ville et à Hanoi, les cartes bancaires sont très largement acceptées. Elles sont moins courantes dans les petites villes.
La MasterCard et la carte Visa sont acceptées dans les agences de voyages, les grands hôtels et les restaurants, ainsi que dans les magasins pour touristes. Les banques peuvent vous faire une avance en espèces sur votre carte de paiement.

MONNAIE

Le *dong* (VND) est l'unité monétaire du Vietnam, mais le dollar est très largement utilisé dans les zones touristiques (tout comme l'euro), à condition que les billets soient en bon état.
Le dollar servant de référence pour les taux de change dans le pays, nous avons utilisé cette monnaie comme devise de référence dans ce guide. Il est conseillé d'avoir des *dong* sur soi (pièces et petites coupures) pour les menus achats. Les *dong* ne sont pas utilisables hors du Vietnam.
Taux de change : en juin 2013, 1 € valait 27 555 *dong*, et 1 $ valait 21 040 *dong*.

CHÈQUES DE VOYAGE

Ils ne sont pas d'un emploi facile au Vietnam, mais peuvent être utiles. Vous pourrez les encaisser dans les grandes banques, hôtels, bureaux de change et de compagnie aérienne, moyennant une commission. En cas de perte, il faudra aller dans une grande ville pour vous les faire remplacer.

Agence Vietcombank dans laquelle on peut changer des devises

Billets de banque
Les billets en circulation sont de 500, 1 000, 2 000, 5 000, 10 000, 20 000, 50 000, 100 000 et 500 000 dong. *Tous les billets sont à l'effigie de Hô Chi Minh. À partir de 10 000* dong, *ils sont en polymère. Les coupures inférieures à 1 000* dong *devraient disparaître progressivement.*

500 000 *dong*

100 000 *dong*

50 000 *dong*

200 000 *dong*

20 000 *dong*

10 000 *dong*

5 000 *dong*

200 *dong*

500 *dong*

1 000 *dong*

2 000 *dong*

Pièces de monnaie
En 2004, le Vietnam a mis en circulation des pièces de 200, 500, 1 000, 2 000 et 5 000 dong *afin de faciliter le retrait progressif des billets de la même dénomination. Jugées trop lourdes, elles peuvent être refusées par les vendeurs de rue ou dans certains magasins.*

5 000 *dong*

ADRESSES

BANQUES

ANZ Bank
11, pl. Me Linh, HCMV.
Plan 2 F4. ***Tél.*** *(08) 3829 9319.*
14, Ly Thai To, Hanoi.
Plan 2 F3. ***Tél.*** *(04) 3825 8190.*
www.anz.com

HSBC Bank
235, Dong Khoi, HCMV.
Plan 2 F4. ***Tél.*** *(08) 3829 2288.*
www.vn.hsbc.com

Sacombank
278, Nam Ky Khoi Nghia, HCMV.
Plan 1 C2.
Tél. *(08) 3932 0420.*
www.sacombank.com

Vietcombank
29, Ben Chuong Duong, HCMV.
Plan 2 F5. ***Tél.*** *(08) 3823 0311.*
2, Hang Bai, Hanoi.
Plan 2 E4. ***Tél.*** *(04) 3934 3472.*
www.vietcombank.com.vn

Communications et médias

Carte SIM Vinaphone

Le réseau de communication vietnamien s'est beaucoup amélioré. On peut aujourd'hui appeler l'international et envoyer un e-mail ou un fax d'un peu partout, mis à part les régions les plus reculées. La plupart des Vietnamiens possèdent un téléphone portable. Les téléphones publics sont en revanche limités. L'accès à Internet est facile depuis les hôtels et les cafés. La presse internationale, notamment francophone, se trouve dans toutes les grandes villes, et le nombre de publications locales en anglais augmente. La poste est efficace, et son personnel aimable, mais, en cas d'urgence, les services de messagerie sont plus adaptés. Les bureaux de poste sont très surveillés et tous les paquets sont soigneusement et presque systématiquement inspectés avant d'être envoyés.

Téléphone public, Hô Chi Minh-Ville

APPELS NATIONAUX ET INTERNATIONAUX

S'il est facile d'appeler un numéro international depuis un hôtel, cela coûte assez cher, tout comme appeler un numéro dans le pays lui-même. Le mieux pour téléphoner à l'étranger est d'aller à la poste. Il est aussi possible d'appeler en PCV. Téléphoner via Internet (IP Voice) est économique. Composez alors le 1717 + 00 + l'indicatif du pays + l'indicatif de la ville + le numéro du correspondant.

On peut également acheter des cartes 1717 prépayées dans les boutiques de télécommunications. Le téléphone terrestre est fiable, mais les appels longue distance peuvent être de mauvaise qualité.

Les communications nationales sont plus abordables. Il faut composer un numéro à sept chiffres plus un indicatif régional à trois ou quatre chiffres, à l'exception des numéros concernant Hô Chi Minh-Ville, Haiphong et Hanoi. On peut téléphoner dans les boutiques signalées par le panneau bleu *dien thoai cong cong* (téléphone public) pour un prix modique.

Les téléphones portables sont légion au Vietnam et beaucoup moins chers qu'en Europe. Appels et SMS sont également bon marché. Si vous restez plusieurs semaines, achetez une carte SIM dans un Vinaphone ou Mobiphone. La location d'un téléphone portable coûte 1 $ par jour (hors communications). Les numéros de téléphone portables comportent dix chiffres.

INTERNET

Aujourd'hui, même les plus petites villes sont reliées au réseau Internet, qui bien sûr est omniprésent dans les centres touristiques. Il existe des cybercafés partout mais ils sont moins populaires qu'il y a quelques

Un des nombreux cafés Internet, Hô Chi Minh-Ville

années. La plupart des hôtels modernes ou pour routards possèdent un accès Wi-Fi, ainsi que bon nombre de bars et de restaurants.

Certains sites sont bloqués en permanence par le gouvernement, d'autres par intermittence, tels les sites de réseaux sociaux, de la BBC ainsi que divers blogs et services d'information jugés critiques par l'État.

SERVICES POSTAUX

Vous trouverez facilement poste ou boîtes aux lettres. Les Vietnamiens envoient beaucoup de courrier et de cadeaux par la poste, laquelle joue donc un rôle important dans leur vie quotidienne. Les bureaux sont en principe ouverts de 8 h à 21 h, 7 jours/7. Les préposés sont très aimables et peuvent vous aider à faire votre paquet, à remplir les formulaires de douane et à coller les timbres (qui ne sont pas toujours autocollants).

L'acheminement n'est ni rapide, ni fiable. Sachez que votre colis peut être ouvert pour inspection avant l'envoi. Le délai d'acheminement d'une lettre pour l'Europe est de dix à quinze jours au départ de Hanoi et de Hô Chi Minh-Ville. Il peut être d'un mois pour les colis du fait de l'inspection. Le courrier posté d'un village met parfois

Timbres de 800 et 3 000 *dong*

davantage de temps pour rejoindre le réseau international. Le coût d'une lettre pour l'Europe est d'environ 12 000 *dong*. Les postes de Hanoi et de Hô Chi Minh-Ville proposent un service de poste restante payant.

Passer par un service de messagerie du type **DHL**, **Federal Express** ou **UPS** est plus rapide mais soumis aux mêmes inspections. Ainsi paquets ou enveloppes avec CDs et photographies seront examinés

PRESSE

La presse internationale, dont *Le Monde, International Herald Tribune, Bangkok Post, The Times* et *Newsweek*, est vendue dans tous les hôtels de catégorie supérieure et les kiosques des grandes villes. De plus, de nombreux bars de Hô Chi Minh-Ville et de Hanoi mettent des journaux à la disposition de leurs clients. La publication locale en langue française la plus lue, *Le Courrier du Vietnam*, n'est pas très fiable pour les informations politiques – elle se contente de dire que le gouvernement fait son travail et qu'il le fait bien –, mais fournit en revanche de précieuses informations concernant les événements culturels, et l'édition du dimanche comprend un supplément loisirs. *The Guide* et *Saigon Times* sont des guides de loisirs très utiles, à consulter pour faire votre choix.

Trois des journaux vietnamien et étrangers que l'on trouve au Vietnam

Le gouvernement exerce toujours une censure sur tous les médias, et les journalistes qui critiquent le pouvoir risquent la prison.

RADIO ET TÉLÉVISION

La radio nationale, *La Voix du Vietnam*, et la *Télévision du Vietnam (VTV)*, contrôlées par le pouvoir, diffusent quelques émissions en français pour ceux qui résident dans le pays. Dans les hôtels, les visiteurs auront accès aux chaînes internationales telles TV5 Monde, MTV, Cinemax, CNN, HBO, la BBC et Singapore's News Asia. Les chaînes de sport bénéficient d'une large audience dans le pays, surtout pour le football, sport préféré des Vietnamiens.

ADRESSES

Les adresses au Vietnam sont assez simples à déchiffrer pour les lecteurs français. Elles comportent le numéro et le nom de la rue (suivis de l'arrondissement pour Hô Chi Minh-Ville), et le nom de la ville. Une barre oblique comme dans « 120/5, Nguygen Trai » signifie qu'il faut se rendre au n° 120 de la rue Nguygen Trai, puis trouver l'immeuble n° 5 de la ruelle adjacente. Il faut savoir que, dans une même rue, les numéros changent si vous changez d'arrondissement en la longeant. Le mot « rue » se dit *pho* ou *duong* en vietnamien.

ADRESSES

NUMÉROS UTILES

Service téléphonique national longue distance
Tél. *101.*

Service téléphonique international
Tél. *110.*

Renseignements téléphoniques
Tél. *1080.*

SERVICES COURRIER

DHL
1, place Cong Xa Paris, 1er arr., Hô Chi Minh-Ville. **Plan** 2 E3.
Tél. *(08) 3823 1525.*

49, Nguyen Thai Hoc, Hanoi. **Plan** 1 C3.
Tél. *(04) 3733 2086.*

Federal Express
146, route Pasteur, 1er arr., Hô Chi Minh-Ville.
Plan 2 E4. ***Tél.*** *(08) 3829 0995.*

6C, Dinh Lê, Hanoi.
Plan 2 E4. ***Tél.*** *(04) 3824 9054.*

UPS
80, Nguyen Du, 1er arr., Hô Chi Minh-Ville. **Plan** 2 E3.
Tél. *(08) 3824 3597.*

4C, Dinh Lê, Hanoi.
Plan 2 E4. ***Tél.*** *(04) 3514 2888.*

INDICATIFS TÉLÉPHONIQUES

- Pour les appels internationaux depuis le Vietnam, faites le 00, puis l'indicatif de votre pays (le 33 pour la France, le 32 pour la Belgique, le 41 pour la Suisse et le 1 pour le Canada), suivi du numéro de votre correspondant.
- L'indicatif international du Vietnam est le 84. Pour téléphoner vers le Vietnam depuis l'étranger, composez le 0084, suivi de l'indicatif de la ville (Hanoi : 4 ; Hô Chi Minh-Ville : 8) ou de la région, puis le numéro de votre correspondant.
- Pour appeler une opératrice, composez le 00 (pour les appels internationaux) ou le 0 (appels nationaux).
- Pour les renseignements, composez le 1080.

Carte téléphonique Vinaphone

ALLER AU VIETNAM

La majorité des visiteurs étrangers arrivent au Vietnam en avion. Le pays possède un bon réseau aérien avec un très bon niveau de sécurité, de ponctualité, et plusieurs liaisons pour les principales destinations touristiques. Depuis le Cambodge, la route fluviale est pittoresque et traverse de beaux paysages. L'ouverture des postes-frontières terrestres avec la Chine, le Laos ou le Cambodge facilitent la venue en train, voiture ou bus de nombreux voyageurs. À l'intérieur du pays, le transport le moins coûteux, le plus pratique et souvent le plus rapide est le bus, avec la formule Open Tour. Une voiture de location avec chauffeur est relativement bon marché. Sur place, les motos-taxis et les taxis sont très appréciables.

Logo de Vietnam Airlines

Hall d'arrivée de l'aéroport de Tan Son Nhat, Hô Chi Minh-Ville

LIAISONS AÉRIENNES

Des trois aéroports internationaux du Vietnam, celui de Tan Son Nhat à Hô Chi Minh-Ville est de loin le plus actif. L'aéroport de Noi Bai à Hanoi et l'aéroport international de Da Nang sont également importants. La compagnie nationale **Vietnam Airlines** ainsi que **Air France** proposent des vols quotidiens directs depuis Paris. Les compagnies internationales **Thai Airways**, **Malaysia Airlines**, **Singapore Airlines**, **Qatar Airways**, **Etihad** ou **China Eastern** peuvent être plus économiques, mais il faut compter une escale dans le golfe Persique ou en Asie du Sud-Est. Le vol direct de Paris vers Hô Chi Minh-Ville ou Hanoi dure environ 18 heures. Depuis le Canada, une escale aux États-Unis ou en Asie du Sud-Est s'impose.

TARIFS AÉRIENS

Le prix des billets pour le Vietnam varie en fonction de la compagnie, des dates et du voyagiste. Le prix d'un aller-retour va de 700 à 1400 €. La période la plus chargée et la plus chère se situe entre mi-novembre et mi-mars, lorsque les familles reviennent au pays pour la fête du Têt *(p. 28-29)*. On peut trouver des billets moins chers hors saison. Renseignez-vous auprès des voyagistes.

Voyages-sncf.com propose ses meilleurs prix sur les billets d'avion, hôtels, locations de voitures, séjours clés en main ou Alacarte®. Vous avez également accès à des services exclusifs : l'envoi gratuit des billets à domicile, Alerte Résa, qui signale l'ouverture des réservations, le calendrier des meilleurs prix, les offres de dernière minute et les promotions…
www.voyages-sncf.com

À L'ARRIVÉE

Les formalités à l'arrivée à l'aéroport ont été simplifiées. Des fiches d'immigration et de douane, remises à bord de l'avion, doivent être remplies et présentées avec votre passeport au comptoir de l'immigration. Un double de couleur jaune vous sera restitué.

QUITTER L'AÉROPORT

L'aéroport de Tan Son Nhat à Hô Chi Minh-Ville est le plus grand aéroport vietnamien et le mieux équipé. Les arrivées et les départs sont gérés de manière efficace, avec un contrôle de sécurité au départ comme à l'arrivée. L'aérogare est située à 5 km du centre-ville. Des taxis agréés disposant d'un compteur se trouvent près du bureau de change. Évitez les chauffeurs

Taxi d'aéroport

AÉROPORTS	INFORMATIONS	DISTANCE DU CENTRE-VILLE	PRIX MOYEN EN TAXI	TEMPS MOYEN DE TRAJET
Tan Son Nhat, Hô Chi Minh-Ville	(08) 848 5383	5 km	15 $	10 min
Aéroport international de Da Nang	(0511) 830 339	1,6 km	2 $	5 min
Noi Bai, Hanoi	(04) 886 6666	35 km	14 $	45-60 min

Taxi jaune de la compagnie Vina chargeant des passagers

qui proposent un prix forfaitaire et notez que le droit de péage sur l'autoroute est à la charge du chauffeur. Vous pouvez aussi prendre l'Airport Bus (pour les quartiers de Pham Ngu Lao et du marché Ben Thanh) ou des minibus. Certains hôtels offrent des services de navette sur demande. Souvent, une foule venue attendre des parents – ou simplement regarder les avions et les voyageurs ! – se presse à la sortie de l'aéroport.

L'aéroport de Noi Bai à Hanoi est plus éloigné du centre-ville. Le trajet en taxi dure plus de 45 min. Les taxis de l'aéroport (pratiques avec la course prépayée à régler à l'aéroport – environ 300 000 *dong* ou 11 €) et les minibus attendent à la sortie du terminal. La formule la plus économique reste toutefois le bus n° 7 (départ toutes les 15 min, durée 1 h), qui vous dépose n'importe où sur son parcours jusqu'au lac Hoan Kiem *(p. 160)*. La navette Vietnam Airlines va jusqu'à l'agence de la compagnie située rue Trang Thi (le billet coûte 83 000 *dong* ou 3 €) et peut vous déposer à votre hôtel.

L'aéroport international de Da Nang est plus petit que ceux de Hô Chi Minh-Ville et de Hanoi. Il comprend un seul terminal avec une zone réservée aux vols internationaux. La course en taxi (prix fixe) se paie au comptoir « Airport Taxis ».

TAXE D'AÉROPORT

Les visiteurs qui quittent le pays n'ont plus à payer la taxe de départ. Elle est incluse dans le prix du billet. Son montant dépend de l'aéroport et de la saison à laquelle vous quittez le Vietnam.

VOIE TERRESTRE OU FLUVIALE

Le Vietnam est bordé par la Chine, le Laos et le Cambodge. Depuis l'ouverture de nouveaux postes-frontières aux visiteurs étrangers (trois avec la Chine, six avec le Laos et huit avec le Cambodge), la voie terrestre est plus empruntée par les voyageurs individuels.

Depuis la Chine, la « porte de l'Amitié » à Dong Dang, ouverte aux véhicules et aux trains, est la plus fréquentée. C'et ici que les passagers du train bi-hebdomadaire Pékin-Hanoi prennent leurs correspondances. Les deux autres postes-frontières de Lao Cai *(p. 197)* et de Mong Cai, ouverts aux véhicules seulement, sont moins utilisés. Les postes-frontières avec le Laos se trouvent à Lao Bao, à l'ouest de Dong Ha, à Cau Treo, à Nam Can, Cha Lo, Na Meo et Bo Y. Les trois premiers sont ouverts aux véhicules. Le passage en bus peut nécessiter beaucoup de temps, il est donc préférable de prendre l'avion. Depuis le Cambodge, l'entrée au Vietnam est facile *(p. 222-223)*. Le poste-frontière de Moc Bai, le plus usité, est à deux heures d'Hô Chi Minh-Ville. De nombreux bus assurent une liaison quotidienne. En croisière sur le Mékong pour profiter des paysages, on passe la frontière à Vinh Xuong, près de Chau Doc. Les six autres postes-frontières, plus reculés, sont moins empruntés.

Bus d'aéroport, Hô Chi Minh-Ville

ADRESSES

COMPAGNIES AÉRIENNES

Air France
Tél. *36 54 (en France).*
Tél. *+33 892 70 26 54 (au Vietnam).*
www.airfrance.fr

Vietnam Airlines
51-53, av. des Champs-Élysées, Paris. ***Tél.*** *01 44 55 39 90.*
www.vietnamairlines.fr

Depuis le Vietnam :
Vietnam du Nord :
Tél. *4383 20 320.*
Vietnam du Sud :
Tél. *8383 20 320.*
Vietnam du Centre :
Tél. *511 383 20 320.*

Air Canada
Tél. *888 247 2262 (au Canada).*
Tél. *001 514 393 3333 (au Vietnam)*

China Eastern Airlines
www.flychinaeastern.com

Etihad
www.etihad.com/fr-fr

Malaysia Airlines
Tél. *0892 35 08 10 (France).*
www.malaysiaairlines.com

Qatar Airways
Tél. *01 55 27 80 80 (France).*
www.qatarairways.fr

Singapore Airlines
Tél. *0821 230 380 (France).*
www.singaporeair.com

Thai Airways
Tél. *01 55 68 80 70 (France).*
www.thaiairways.fr

Circuler au Vietnam

À l'instar des infrastructures, les transports intérieurs se sont améliorés au Vietnam. L'avion est bien sûr le plus rapide. La ligne ferroviaire qui relie Hô Chi Minh-Ville à Hanoi dessert plusieurs villes et se prolonge au-delà de la frontière chinoise. D'un confort correct et bon marché, le train est le moyen de transport le plus efficace. Les bus longue distance ont la faveur des routards, mais ils peuvent se révéler inconfortables – en comparaison, les bus express sont luxueux. Le système Open Tour, qui permet de faire étape dans les grandes villes, est très pratique. Ferrys et hydroglisseurs desservent de nombreux ports. Les visiteurs peuvent également louer une moto ou une voiture avec chauffeur.

Sur le quai de la gare ferroviaire d'Hô Chi Minh-Ville

VOLS INTÉRIEURS

Quatre compagnies aériennes effectuent des vols domestiques : Vietnam Airlines *(p. 288-289)*, **Vietnam AirService Company (VASCO)**, **Jetstar Pacific Airlines** et **Air Mékong**. Vietnam Airlines et VASCO appartiennent à l'État. La première dessert tout le pays, la seconde surtout le Sud. Jetstar Pacific relie les six plus grandes villes du pays et Air Mékong les trois aéroports internationaux de Hô Chi Minh-Ville, Hanoi et Da Nang.

BILLETS D'AVION

Les billets s'achètent dans les agences des compagnies aériennes, à leur comptoir de réservation dans les aéroports, ou bien dans les agences de voyages. Le personnel parle en général anglais. Les grands hôtels, les boutiques chic de souvenirs et même les clubs de plongée sont aussi habilités à vendre des billets. Les tarifs intérieurs dépassent rarement 150 $ l'aller-retour, et incluent la taxe d'aéroport. Si vous souhaitez voyager pendant la haute saison, de mi-novembre à mi-mars, il est vivement conseillé de réserver votre vol assez longtemps à l'avance.

RÉSEAU FERROVIAIRE

Le réseau ferroviaire vietnamien couvre le territoire sur pratiquement toute sa longueur. La ligne de Hô Chi Minh-Ville à Hanoi suit la côte en desservant plusieurs villes sur son parcours. Au départ de Hanoi, plusieurs lignes relient la baie d'Along *(p. 182-184)*, Sapa *(p. 196-197)* et la Chine. La durée du trajet de Hô Chi Minh-Ville à Hanoi est variable ; le train le plus rapide met environ 33 heures. Ces trains, dits « de la Réunification », portent un matricule pair dans le sens nord-sud et un matricule impair dans le sens sud-nord.

Les trains partent très souvent en retard mais, curieusement, arrivent parfois en avance.

TYPES DE PLACES

La plupart des trains de voyageurs vietnamiens sont neufs, propres et d'un confort correct, à défaut d'être luxueux. Tous les wagons sont climatisés. Il existe quatre sortes de places : siège dur ou *hard seat* (banquette en bois), siège mou ou *soft seat* (en moleskine rembourrée), dans un wagon avec télévision, ou alors couchette dure ou *hard sleeper*, dans un compartiment sans porte pour six personnes, enfin couchette molle ou *soft sleeper*, dans un compartiment pour quatre personnes avec une porte munie d'un loquet et plateau-repas inclus. Les trains longues distances disposent d'un wagon-restaurant et d'un service de restauration rapide ambulant.

BILLETS DE TRAIN

Les billets s'achètent dans les gares, certaines agences de voyages et les meilleurs hôtels. Certaines agences ne peuvent pas délivrer de billet pour un trajet au-delà d'un certain point. Si c'est le cas, mettez-vous en quête d'un voyagiste disposant de plus d'options.

Attention, vérifiez les horaires à l'avance dans une gare, une agence de voyages ou sur le site Internet des **Chemins de fer du Vietnam**. Les tarifs des billets ne dépassent pas 100 $, sauf pour le train Victoria Hanoi-Sapa. Soyez prudent : en période de fête – autrement dit la haute saison – pensez à réserver vos billets longtemps à l'avance.

Bus longue distance à la gare de Mien Dong, Hô Chi Minh-Ville

Guichet de la gare routière de Mien Tay, Hô Chi Minh-Ville

BUS

Les nouveaux bus Express sont le moyen de transport préféré des voyageurs entre les grandes villes. Ils sont plus chers que les bus ordinaires et les minibus locaux, mais ils sont plus rapides, plus sûrs et plus confortables (l'inconvénient majeur étant leur équipement de karaoké !).

Agences de voyages et hôtels proposent des excursions en minibus (maximum seize personnes). La formule Open Tour, qui permet de se déplacer rapidement d'une ville à l'autre, remporte aussi un grand succès auprès des visiteurs. Différentes agences à Hô Chi Minh-Ville proposent des « open ticket » bon marché avec le nombre d'étapes que vous souhaitez.

TARIFS DE BUS

Les tarifs des bus sont très accessibles : le trajet entre Hô Chi Minh-Ville et Hanoi, par exemple, coûte entre 45 et 60 $. Les billets peuvent s'acheter dans une gare routière, mais le système de billetterie est complexe. Ainsi, telle gare ne pourra vous délivrer des billets que pour telles destinations, et les choses peuvent se compliquer encore avec les correspondances ! Mieux vaut donc passer par un voyagiste ou un hôtel pour obtenir le bon billet de bus et ne pas perdre de temps.

LOCATION DE MOTOS ET DE VOITURES

N'importe qui peut louer une moto (étrangement, la présentation du permis est rarement exigée), mais le mieux est de prendre une moto-taxi (*xe om* à Hanoi, et *Honda om* à Hô Chi Minh-Ville), qui coûte environ 10 $ par jour en fonction de la distance à parcourir. Le port du casque est obligatoire.

Les voitures se louent obligatoirement avec un chauffeur ; en effet, le permis international n'est pas suffisant pour les conducteurs étrangers. Cela vous coûtera entre 65 $ et 120 $ par jour. Les prix varient selon la distance à effectuer. Pour les locations de plus d'une journée, les repas et l'hôtel du chauffeur sont à la charge de celui-ci.

Bateau de croisière, rivière Saigon

BATEAUX ET FERRYS

Des bateaux relient Hô Chi Minh-Ville à Chau Doc (poste-frontière sur le Mékong) en un ou deux jours selon la catégorie. Quelques ferrys permettent de gagner l'île de Phu Quoc *(p. 101)*, au départ de Rach Gia, et les îles de la superbe baie d'Along. Des hydroglisseurs, comme ceux de la compagnie **Vina Express** (la plus sérieuse) assurent une liaison régulière entre Hô Chi Minh-Ville et Vung Tau *(p. 76)*.

ADRESSES

COMPAGNIES AÉRIENNES

Air Mekong
www.airmekong.com.vn

Jetstar Pacific Airlines
www.jetstar.com

VASCO
www.vasco.com.vn

GARES FERROVIAIRES

Da Nang
202, Haiphong.
Tél. *(0511) 382 3810.*

Hanoi
120, Lê Duan. **Plan** 1 C4.
Tél. *(04) 3942 3433.*

Hô Chi Minh-Ville
1, Nguyen Thong. **Plan** 1 A3. ***Tél.*** *(08) 3843 6528.*

Chemins de fer du Vietnam
www.vr.com.vn

GARES ROUTIÈRES

Hô Chi Minh-Ville

Gare de Cholon :
86, Trang Tu, Cholon.
Plan 3 C5.
Tél. *(08) 3855 7719.*

Gare de Mien Dong :
292, Dinh Bo Linh, arr. Binh Thanh.
Tél. *(08) 3899 4056.*

Gare de Mien Tay :
395, Dinh Duong Vuong.
Tél. *(08) 3877 6593.*

Hanoi

Gare Gia Lam :
Gia Thuy Long Bien.
Tél. *(04) 3873 0083.*

Gare Giap Bat :
6, Giai Phong.
Tél. *(04) 3864 1422.*

Gare Kim Ma :
à l'angle de Nguyen Thai Hoc et Giang Vo.
Plan 1 A3.
Tél. *(04) 3845 2846.*

PORTS DE FERRY

Da Nang
26, Bach Dang.
Tél. *(0511) 382 2513.*

Haiphong
8A, Tran Phu.
Tél. *(031) 3383 6109.*

Vina Express
Ton Duc Thang, 1er arr., Hô Chi Minh-Ville.
Plan 2 F4.
Tél. *(08) 3829 7892.*

AGENCES DE VOYAGES

Kangaroo Café
18, Bao Khanh, Hanoi.
Plan 2 E3.
Tél. *(04) 3877 6593.*

Lê Lai Air Ticket
80, Lê Lai, 1er arr., Hô Chi Minh-Ville.
Plan 2 D5.
Tél. *(08) 3925 3391.*

Autres agences de voyages
Voir p. 281.

Transports locaux

Moto-taxi (*Honda om ou xe om*)

Les transports publics vietnamiens en sont encore à leurs débuts, même si la situation diffère d'une ville à l'autre. Pour les voyageurs, le transport le plus pratique et le plus sûr est le taxi. En revanche, les bus bondés, dangereux et irréguliers sont déconseillés. La moto-taxi (*xe om* à Hanoi, et *Honda om* à Hô Chi Minh-Ville) est le mode de transport le plus rapide et le meilleur marché. Les visiteurs peuvent aussi louer une moto. Bien qu'ils aient été interdits en 2009 et qu'ils soient peu sûrs dans les rues embouteillées, les cyclo-pousse sont présents dans les quartiers touristiques de Hanoi et Hô Chi Minh-Ville.

Tam Hanh, compagnie de cars réputée, dessert le Vietnam du Sud

CIRCULER À HANOI ET À HÔ CHI MINH-VILLE

La marche est le meilleur moyen de découvrir les deux grandes villes du Vietnam, notamment Hanoi. Malgré l'étendue d'Hô Chi Minh-Ville, chacun de ses arrondissements se visite aussi facilement à pied. Quant au vieux quartier de Hanoi, il peut se parcourir de long en large en une seule journée.

Le cyclo-pousse – triporteur où le pilote pédale assis à l'arrière des passagers – séduit les visiteurs d'Hô Chi Minh-Ville, Hanoi et Hué. Ce mode de transport, qui eut longtemps les faveurs des étrangers, fait partie de la culture vietnamienne. Jadis, il servait à transporter hommes et marchandises entre les marchés, les boutiques et les maisons. Toutefois, dans le Vietnam actuel, les rues remplies de motos, de vélos et de voitures ont rendu le cyclo-pousse peu sûr. Il est toujours possible d'en louer dans les zones touristiques, mais ce mode de transport reste déconseillé.

La moto-taxi (*xe om* à Hanoi ou *Honda om* à Hô Chi Minh-Ville), moyen de transport rapide et bon marché, a remplacé le cyclo-pousse. Le client est assis à l'arrière. Les motos-taxis ont envahi les grandes villes et dans les sites touristiques, et des motocyclistes proposent leurs services à presque tous les coins de rue. Il suffit de se poster sur le bord du trottoir et de leur faire signe. À un moment ou à un autre, une moto s'arrêtera. Le tarif est d'environ 9 000 *dong* par kilomètre, mais il peut varier en fonction du quartier et aussi de vos talents de négociateur ; alors n'hésitez pas à marchander !

BUS ET MINIBUS

Les bus urbains vietnamiens ne sont pas seulement inconfortables, ils sont aussi tout à fait inadaptés. Même le gouvernement reconnaît leurs défauts ! Bon marché, leur nombre est nettement insuffisant quelque soit la ville et, en plus, ils sont très lents et sans climatisation.

Les minibus sont en revanche pratique, d'un prix abordable, et se réservent dans la plupart des hôtels et des agences de voyages. Ils sont très utiles pour les petits groupes et les familles, qui peuvent les louer pour des excursions d'un ou deux jours.

TAXIS

Jusqu'à récemment, les taxis étaient rares dans les villes vietnamiennes. Il s'agissait de voitures particulières, empruntées ou louées, aux tarifs négociables. Aujourd'hui, on en trouve dans la plupart des villes. Ils doivent normalement être équipés d'un compteur, mais le gouvernement a reconnu que même

Chauffeur devant les taxis dans le vieux quartier, Hanoi

Dans la circulation de Hô Chi Minh-Ville

les taxis appartenant à une compagnie sérieuse ne mettaient pas toujours leur compteur en marche ou empruntaient des trajets trop longs. Les prix varient selon les compagnies. Ils commencent à 1 $. Vérifiez le compteur et exigez votre monnaie, car beaucoup de chauffeurs prétendent fréquemment ne pas en avoir.

RÈGLES DE LA ROUTE

Les Européens n'ont pas le droit de louer une voiture sans chauffeur, mais vous pourrez vous aventurer à louer une moto. N'oubliez pas cependant de demander la police d'assurance et sachez que le port du casque est obligatoire. Vous devrez ensuite vous habituer à la circulation dense et à la conduite dangereuse des Vietnamiens. Sur les routes, faites également attention aux animaux. Le nombre de personnes autorisé sur une moto est de deux, mais les Vietnamiens semblent souvent ignorer cette règle et l'on voit souvent des familles s'entasser sur une moto !

Pour le visiteur à pied, le principal souci sera de savoir comment procéder pour traverser les rues. Il y a très peu de feux de circulation et, quand ils existent, ils semblent être là uniquement à titre consultatif. Regardez faire les piétons et suivez leur exemple en laissant d'abord passer les voitures, puis en vous faufilant au milieu du flot des deux-roues. Tout en restant prudent, n'ayez pas l'air d'hésiter et ne vous arrêtez pas non plus soudainement, car vous risquez alors une collision.

Motos-taxis à louer

CIRCUITS ORGANISÉS

Les agences de voyages d'Hô Chi Minh-Ville et de Hanoi proposent des excursions d'un ou deux jours. Ces formules pratiques peuvent, selon le nombre de participants, revenir moins cher que si vous les faites en individuel.

Consultez plusieurs agences afin de trouver le meilleur rapport qualité/prix. Les principales destinations autour d'Hô Chi Minh-Ville sont les tunnels de Cu Chi *(p. 73)* et le delta du Mékong. Dans les environs de Hanoi, visitez la célèbre baie d'Along *(p. 182-184)* et les rizières en terrasse de Sapa *(p. 196-197)*.

ADRESSES

TAXIS À HANOI

Airport Taxis
Tél. *(04) 3886 6666.*

Hanoi Taxis
Tél. *(04) 3853 5353.*

Mai Linh Taxi
Tél. *(04) 3822 2555.*

TAXIS À HÔ CHI MINH-VILLE

Airport Taxis
Tél. *(08) 3844 6448.*

Mai Linh Taxis
Tél. *(08) 3822 2666.*

Vina Taxi
Tél. *(08) 3811 1111.*

AGENCES DE VOYAGES

A to Z Queen Café
65 Hang Bac St, Hanoi.
Plan 2 E3. ***Tél.*** *(04) 3826 0860.*

Buffalo Tours
Voir p. 275.

Explorer Tours
2 Tran Thanh Tong, Hanoi.
Plan 2 F5. ***Tél.*** *(04) 3972 1607.*

Kim Travel
270 De Tham St, Dist. 1, HCMC.
Plan 2 D5. ***Tél.*** *(08) 3920 5552.*

Saigon Tourist
Voir p. 281.

TNK Travel
216 De Tham St, Dist. 1, HCMC.
Plan 2 D5. ***Tél.*** *(08) 3920 4766.*

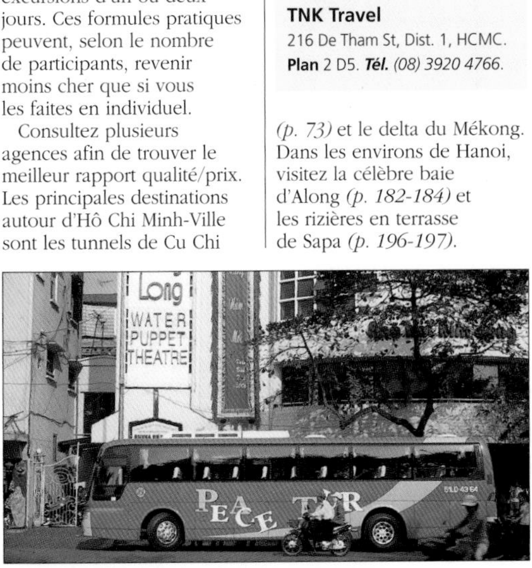

Car de tourisme devant le théâtre Thang Long, Hanoi

Index

Les numéros de page en **gras** renvoient aux entrées principales. HCMV est l'abréviation d'Hô Chi Minh-Ville.

163 Cyclo Bar (HCMV) 270, 271
36 rues *voir* Vieux quartier (Hanoi)

A

A to Z Queen Café (Hanoi) 293
Absolute Asia 274, 275
Accords de Paris 45
Achats **262-267**
artisanat 264, 265
café et thé 263
cartes bancaires 262, 284
contrefaçons 263
grands magasins et centres commerciaux 263, 265
heures d'ouverture 262
laque et céramique 264, 265
marchandage 262
mobilier 264, 265
qu'acheter **266-267**
règlement 262
retours et échanges 262
rues et quartiers commerçants 263
vendeurs de rue 263
vêtements 264, 265
voir aussi Marchés
Activités de plein air **272-275**
arts martiaux 274, 275
balnéothérapie 275
bicyclette 274, 275
golf 273, 275
kayak 273, 275
kitesurf 272, 275
planche à voile 272, 275
plongée 272, 275
séjours gastronomiques 274, 275
voir aussi Baignade ; Oiseaux ; Randonnée ; Surf
Adresses postales 287
Aéroports internationaux 222, 223, 288
Agences de voyages 281, 291, 293
Angkor 223
Agriculture 16
riz **95**
Along, baie d' 9, 179, 180, **182-184,** 189
carte 182-183
Along **185**, 188
climat 35
hôtels 243-144
restaurants 260
Alpes tonkinoises
voir Hoang Lien Son, chaîne de
Ambassades 279
Angkor 223
Amida 70
Amsterdam Bar (Hoi An) 270, 271
An Binh, île (Vinh Long) 90, 91
Ancien palais présidentiel
voir Palais de la Réunification
An Doung, roi 37, 172
An Duong Plaza (HCMV) 263, 265
Angkor 96, **202-225**
aller et circuler à Angkor **222-223**
ambassades 223
architecture 204-205, **214-215**
avion 223
banques et monnaie 225
carte 206-207
centres médicaux 225
communications 225
douanes 223
droits d'entrée 224
excursions depuis le Vietnam 223
histoire 204-205, **205**
hôtels 224, 244-245
information touristique 224, 225
mode d'emploi **224-225**
numéros d'urgence 225
religion 204
restaurants 224-225, 260-261
santé et sécurité 225
taxe de départ 223
visas et passeports 222-223
voyageurs handicapés 225
voir aussi Temples d'Angkor
Angkor Thom 205, 206, 209, 210-11, 215, **216-219**
carte 219
Angkor Vat 66, 204, 205, 206, 209, **212-213**
architecture 204-205, 215
Animaux *voir* Paysages et faune
Animisme 23
Anniversaire de Hô Chi Minh 31
Anniversaire de Bouddha 31
Ann Tours (Hanoi) 281
An Thoi, îles d' 101
Ao dai 14, 20
Ao Dai Si Hoang (HCMV) 264, 265
Ap Bac (My Tho) 88
Apocalypse Now 59
Apocalypse Now (HCMV) 270, 271
Apsaras 135, 206, 209, 212, 220
Architecture **26-27**
angkorienne 204-5, **214-215**
franco-vietnamienne 110, 138
indochinoise (musée d'Histoire) 162
influence chinoise 26, 85
maisons du delta du Mékong **99**
maisons flottantes **99**, 100
maisons sur pilotis 9, **99**, 100
néogothique 108
styles de Hoi An **129**
styles khmers 85, 94, 96, 209
voir aussi Maisons-boutiques ; Maisons-tubes
Architecture coloniale française 9, **27**, 50, 54, 153
cathédrale Notre-Dame 54, 56, 60
cathédrale Saint-Joseph 161
Cong Tu Bac Lieu (Bac Lieu) 96
Grand Hôtel d'Angkor (Siem Reap) 208
Hoi An 124, 129
hôtel Continental 57, 58, 233
hôtel de ville **56**
hôtel Sofitel Legend Métropole 162, 241
Maison des Hôtes du gouvernement (Hôtel Sofitel Legend Métropole) 162
Maison d'hôtes nationale (Hanoi) 27
musée de Haiphong 188
musée de Hô Chi Minh-Ville 59
musée de la Culture de Sa Huynh (Hoi An) 126
musée des Beaux-Arts (Hanoi) 164
musée du Lam Dong (Dalat) 115
Musée khmer (Soc Trang) 96
Opéra (Hanoi) **162**
Opéra (Haiphong) 188
Palais présidentiel 27
poste centrale 53, 54, 56, 60
Théâtre municipal 54, 57, 58
Arènes royales (Hué) 144, 148
Argent *voir* Monnaie
Argent des morts 23
voir aussi Papier votif
Army Hotel (Hanoi) 272, 275
Art et sculpture cham **135**
voir aussi musée de Sculpture cham
Artisanat 264, 265
Atelier d'artisanat Hoi An 128
Arts martiaux 274, 275
Asialife 268
Association bouddhique vietnamienne 139
Association des nations du Sud-Est asiatique (ASEAN) 47
Assurance voyage 282
Astrologie **31**
Auc Lac, royaume d' 37, 38
Autel de Confucius (temple de la Littérature) 167
Autel de l'Œil (Saint-Siège du caodaïsme) 75
Autocars 290, 291, 292
Avion 222-223, 288-289, 290-291

B

Bac De 124
Bac Ha 178, 179, 180, **197**
hôtels 243
marché 197
restaurants 259
Bac Lieu 85, **96**
hôtels 235
restaurants 252
Bach Dang, bataille de 40, 162
Bach Duong (HCMV) 270, 271
Bahnar (ethnie) 20, 103, 118
Bai, voir Plages
Bai Chay (Along) 185
Bai Tu Long, baie de **188**
Baignade 272, 275
parc aquatique de Ho Tay (Hanoi) 272, 275
parc aquatique de Phu Dong (Nha Trang) 272
parc Dam Sen (HCMV) 71
plage de Mui Ne 106, 272
Bakheng (style architectural) 214
Bakong (groupe de Roluos) 221
Ban Pho 197
Banh chung 29, 247
Banh It 119
Banh tet 29
Banques **284-285**
Angkor 225
billets 285
heures d'ouverture 284, 285
Banteay Srei 206, 215, **221**
architecture 214
Bao Dai, empereur 43, 110, 115, 117
Bao Khan Tailors (Hoi An) 264, 265
Bao Nghi (HCMV) 264, 265
Bao Ninh 15

Bao Tang Dan Toc Hoc
voir musée d'Ethnographie
Bao Tang Lich Su
voir musée d'Histoire du Vietnam
Bao Tang My Thuat
voir musée des Beaux-Arts (Hanoi)
Bao Tang Phu Nu Nam Bo
voir musée de la Femme sud-vietnamienne
Baphuon (Angkor Thom) 215, 218
architecture 215
Baray oriental 205
Bars 270, 271
Bas-reliefs
Angkor Thom 216, 217
Angkor Vat 207, 213, 215
Banteay Srei 215
Baphuon 218
Bayon 215, **216-217**, 218
Prasat Kravan 220
Preah Khan 209
Ta Prohm 220
Bateaux et ferrys 291
Circuler dans le delta du Mékong et le Vietnam du Sud 87
Aller au Vietnam 289
pour Angkor 222, 223
Bâtonnets d'encens 22, 28
Bayon (Angkor Thom)
206, 210-211, **216-217**, 218
architecture 215
Behaine, Pigneau de 41, 101
Belle de Saigon, La 59
Bellevue Bar (HCMV) 270, 271
Belvédère des Cinq-Phénix (citadelle de Hué) 142
Ben Duoc, tunnels de 72
Ben Tre **89**
hôtels 235
Bhadravarman, roi 132
Bia hoi 247, 270
Bibliothèque royale (citadelle de Hué) 140, 143
Bich Dong (Tam Coc) 191
Bicyclette 274, 275
Big C Thang Long (Hanoi) 263, 265
Binh Cgau Phuoc, réserve naturelle 76-77
Bin Hoa Phuoc, île (Vinh Long) 90, 91
Bin Hoa Phuoc, village de (Vinh Long) 91
Binh Chau Hot Springs Resort 77
Binh Quoi Tourist Village (HCMV) 268, 271
Blue Gecko (HCMV) 270, 271
Boat people 46
Bobby Chinn (Hanoi) 270, 271
Bo Bla, cascade (Dalat) 116
Boddhidharma 71
Bodhisattvas 22, 164
Avalokitesvara 215, 216, 220
Lokeçvara 209
Boîtes de nuit *voir* Discothèques
Bombardements au napalm 45
Bouddha 22, 40
Chua Doi 96
pagode de Quan Am 70
pagode des Ambassadeurs 161
pagode des Parfums 192
pagode Dieu De (Hué) 138
pagode Khleang (Soc Trang) 96
pagode Lien Phai 163
pagode Pho Minh (Rach Gia) 98
pagode Thay 173
pagode Thien Mu (Hué) 144
pagode Thien Vuong (Dalat) 115
pagode Tu Hieu (Hué) 144
pagode Vinh Nghiem 64
pagode Xa Loi 65
Qui Nhon 115
Saint-Siège du caodaïsme 74, 75
Bouddha A Di Da
voir Bouddha Amitabha
Bouddha Amitabha 40
Angkor 204
bouddhisme 15, **22**, 38, 40
secte du Lotus 163
secte Truc Lâm 185
Bouddha couché (mont Ta Cu) 106
Bouddha Di Lac
voir Bouddha Maitreya
Bouddha Maitreya
pagode des Ambassadeurs 161
Saint-Siège du caodaïsme 74
voir aussi Bouddha
Bouddha Sakyamuni
voir Bouddha Thich Ca
Bouddha Thich Ca 22
Chua Ba Da (Hanoi) 161
pagode Dieu De (Hué) 138
pagode Long Khan (Qui Nhon) 118
pagode Thay (Hanoi) 173
pagode Thien Vuong (Nha Trang) 115
pagode Tu Dam (Hué) 139
pagode Tu Hieu (Hué) 144
Bouddhisme 15, **22,** 38, 40
Angkor 204
bouddhisme Mahayana 22
bouddhisme Theravada 8, 22
pagode des Ambassadeurs **161**
secte du Lotus 163
secte Truc Lâm (Yên Tu) 185
secte Tru Lâm 185
Bru (ethnie) 21
Buffalo Tours (Hanoi) 273, 275, 293
Bun Thit Nvong 246
Buon Ma Thuot 9, 103, 104, **117**
hôtels 237
restaurants 254
Buon Tuo, village de 117
Buu Dien Trung Tam
voir Poste centrale

C

Café Chi Lang 57
Café et thé 263
Ca Ong 32
Cai luong 24, 25, 268, 269
Cai Rong 188
Calendrier 30, 281
California Pizza Works (HCMV) 270, 271
Calley, lieutenant William 119
Cambodge 13, 85, 204
occupation française 42
voir aussi Angkor
Camp Carroll 149
Can Cau 197
Can Tho 8, 85, **94**
hôtels 235
plan 94
restaurants 252
Cao Bang **200**
hôtels 243
Caodaïsme 15, 22, **23**, 74
Cao Lanh **90**
restaurants 253
Car Men Bar (HCMV) 270, 271
Cartes bancaires 262, 284
Castries, général de 195
Cat Ba, île 179, **189**
hôtels 243
restaurants 259
Cat Ba, langurs 189
Cat Ba, village (île de Cat Ba) 189
Cat Cat 197
Cathédrales et églises 23
cathédrale de Dalat 114
cathédrale de Da Nang 134
cathédrale de Nha Trang 108
cathédrale de Phat Diem 191
cathédrale Notre-Dame (HCMV) 56, 60
cathédrale Notre-Dame (Hué) 138
cathédrale Saint-Joseph (Hanoi) 161
église de My Tho (My Tho) 88
église de Tra Vinh (Tra Vinh) 89
Ca tru (Hat a dao) 24
Cau Da (Nha Trang) 108, 110
Cau Van Lau 96
Centre national du cinéma (Hanoi) 270, 271
Céramique 264, 265, 267
Cha Ban 119
Cha Ca La Vong 156, 259
Chagrin de la guerre, Le (Bao Ninh) 15
Chaînes de restauration rapide 246
Chaleur 283
Cham 14
musulmans cham 20, 100
voir aussi Champa ; Sites cham
Cham Island Diving Center (Hoi An) 272, 275
Champa, royaume du **103**
histoire 38, 39, 40
parc national de Cat Tien 77
Preah Khan 209
voir aussi Sites cham
Chantiers navals du delta du Mékong 89, **90**
Chau Doc 86, **100**
climat 34
hôtels 235
restaurants 253
Cheo 25, 268, 269
Chèques de voyage 284
China Beach 9, **133**
hôtels 239
restaurants 255
Chine 13
architecture 26, 85
influence sur la culture vietnamienne 14
occupation du Vietnam 38
restaurants 246
Cho Benh Thanh
voir marché Ben Thanh
Cho Binh Tay *voir* marché Binh Tay
Cho Dam (Nha Trang) 108
Cho Dan Sinh *voir* marché Dan Sinh
Cho Dong Xuan
voir marché Dong Xuan

Cholon 8, 46, 54
à pied **68-69**
hôtels 232
plan 68-69
restaurant 250
Christianisme 23
Chu nom 15, 138
Chua, voir Pagodes
Chua Ba *voir* pagode Thien Hau
Chua Ba Da (cathédrale Saint-Joseph) 161
Chua Con Son 185
Chua Dat Set (Soc Trang) 96
Chua Doi 96
Chua Dong (Yên Tu) 185
Chua Kim Lien
voir pagode du Lotus d'or
Chua Mot Cot
voir pagode au Pilier unique
Cha Quan Su
voir pagode des Ambassadeurs
Chua Tran Quoc *voir* pagode de la Défense du pays
Cimetière des martyrs de Diên Biên Phu (Diên Biên Phu) 195
Cimetière national de Truong Son (DMZ) 149
Cinémas 270
Cinémathèque (Hanoi) 270, 271
Citadelle de Co Loa **172**
Citadelle de Hué (Hué) 9, 41, 51, 121, 138, **140-143**
architecture 27
croisière sur la rivière des Parfums 148
Citadelles royales 27
Cité impériale
voir Citadelle de Hué
Cité pourpre interdite (citadelle de Hué) 138, 140, 142
Climat 31-32, **34-35**, 283
Code de la route 293
Cochinchine 42, 53
Cocotiers 19, 89, 97
Co Ho (ethnie) 20, 116
Co Loa 37, 38
Col de Hai Van (col des Nuages) 121, 122
Da Nang 134
plage de Lang Co 137
Col de l'Amitié 289
Col de Tram Ton (Sapa) 196, 197
Colline A1 (Diên Biên Phu) 195
Combat de buffles de Do Son 32
Communication **286-287**
Angkor 225
Complexes hôteliers 229
Ancient House (Cau Dai Beach) 128, 239
Anoasis Beach Resort (Long Hai) 76, 234
Binh Chau Hot Springs Resort (Binh Chau) 77
Evason Ana Mandara Resort and Spa (Nha Trang) 229
Hoi An Riverside Resort (Cau Dai Beach) 128, 239
Sun Spa Resort (Dong Hoi) 150, 229
Victoria Hoi An Beach Resort and Spa (Cau Dai Beach) 128, 240
Vinpearl Resort (Nha Trang) 111, 238
Whale Island Resort (Nha Trang) 229, 272
Concerts 269
voir aussi Musique
Con Dao, archipel de 8, 85, **98**
hôtels 235
restaurants 253
Confucianisme 15, **22**, 38, 40
Confucius 90, 166
anniversaire 33
Cong Tu Bac Lieu (Bac Lieu) 96
Con Qui (île du Phénix) 89
Conservation 16-17
Conservatoire de musique (HCMV) 269, 271
Con Son (archipel de Con Dao) 98
Con Tan Long (île du Phénix) 89
Contrefaçons 263
Cordillère de Truong Son (Cordillère annamitique) 9, 18, 121, 136, 201
Corporations de Hanoi 156, 157
Cot Co *voir* Tour du Drapeau
Côte et hauts plateaux du Sud 8-9, **102-119**
carte 104-105
circuler 105
hôtels 237-238
plages 8, 103, **111**
restaurants 254-255
Co To, île (baie de Bai Tu Long) 188
Courrier du Vietnam, Le 287
Cours de cuisine de Miss Vy 274, 275
Coutumes *voir* Savoir-vivre
Craft Link (Hanoi) 264, 265
Craft Window (Hanoi) 264, 265
Creation (HCMV) 264, 265
Croisière sur la rivière des Parfums **148**, 229
Cronkite, Walter 58
Crotale des bambous à gros yeux 18
Cua Tho Chi *voir* Porte de l'Éternelle Longévité
Cu Chi, tunnels de 72
Cuisine céleste
voir Pagode Thien Tru
Cuisine de rue 246, 283
Culte des ancêtres 22, **23**, 31
pendant Tet Nguyen Dan **28**
Culte des esprits 23
Culture 14
Cung Dien Tho
voir Palais de la Reine Mère
Cyclo 59
Cyclo-pousse 292

D

Dai Lanh (Nha Trang) 111
Dai The Chi Bo Tat 22
Dai Viet 38, 39, 40
Dak Krong, rivière 117, 118
Dak Lak, plateau du (lac Lak) 117
Dalat 9, 103, 104, **114-116**
hôtels 237
marché central 116
plan 115
restaurants 254
téléphérique 116
Dalat Palace (Dalat) 273, 275
Dambri, cascade (Dalat) 104, 114, 116
Dame Blanche (Preah Khan) 209
Dame Chua Kho 31
Dan bau 24, 128
Dan Nam Giao (Hué) 144
Da Nang 13, 133, **134**
histoire 42
hôtels 239
restaurants 255-256
Dang Viet Nga 114
Danse du Singe 20
Danseuse de Tra Kieu 135
Dao (ethnie) 179, 200
Daos noirs 197
Daos rouges 9, 21, 196
Dao Titop (baie d'Along) 183, 184
Dao Tuan Chau (baie d'Along) 182, 184
Datanla, cascade (Dalat) 116
Dat Doc (archipel de Con Dao) 98
Dau Dang, cascade (parc national de Ba Be) 200
Décalage horaire 281
Défoliants 136
voir aussi Guerre chimique
Delta du fleuve Rouge 13, 37, 191
paysages et faune 18
riz 248
royaume des sœurs Trung 163
Delta du Mékong 8, 13, 92-93
culture du riz 13, 85, **95**
empires du Funan et du Champa 39
flore, faune et avifaune **97**
image satellite 10
maisons **99**
paysages et faune 18
Delta du Mékong et Vietnam du Sud 8, **85-101**
carte 86-87
circuler 87
culture du riz **95**
fabrication des bateaux du delta du Mékong **90**
flore, faune et avifaune du delta du Mékong **97**
hôtels 235-236
maisons du delta du Mékong **99**
moine aux noix de coco **88**
paysages et faune 18
pièges à poissons **97**
promenade en bateau de Vinh Long **91**
restaurants 252-253
voir aussi delta du Mékong
Den Bach Ma
voir temple du Cheval blanc
Den Ha (temples des rois Hung) 173
Den Hai Ba Trung
voir temple des Deux Sœurs Trung
Den Hung (temples des rois Hung) 173
Den Kiep Bac 185
Den Ngoc Son *voir* temple de la Montagne de Jade
Den Thuong (temples des rois Hung) 173
Den Trinh *voir* temple de la Présentation
Détachement rouge de femmes 162
Devada 217
Diamond Plaza (HCMV) 263, 265
Diên Biên Phu 149, 179, **195**
bataille de 43, 195
diorama (musée d'Histoire militaire du Vietnam) 164
hôtels 243
restaurants 259
Dinh Bo Linh 40
Dinh, dynastie 40, 191
Dinh Hang Kenh (Haiphong) 188
Discothèques 270, 271
Distributeurs automatiques de billets (DAB) 284

DMZ *voir* Zone démilitarisée
DMZ Bar (Hué) 270, 271
Do Kim Dung (HCMV) 264, 265
Doc Lech (Nha Trang) 111
Dogma (HCMV) 264, 265
Doi moi 15, 16, 46-47
Dong Duong 130, 132, 134, 135
Dong Ha
  hôtels 239
Dong Hoi **150**
  hôtels 239
  restaurants 256
Dong Khanh, tombeau de 145
Dong Khoi 8, 52, 53, 54,
  plan **56-57**
  quartier commerçant 263
Dong Phu (promenade en bateau de Vinh Long) 91
Dong Son, civilisation de 37, 172
Dong Tam Cung (baie de Ha Long) 183, 184
Dong Thap Muoi 90
Dong, voir Banques et monnaie
Douanes 279
  Angkor 223
Douc 201
Doumer, Paul 42
Dragon
  bateaux-dragons 123, 182
  danse du 29
  symbolisme 26, 31, 182
Dray Nur, cascade (Buon Ma Thuot) 117
Dray Sap, cascade (Buon Ma Thuot) 117
Droits d'entrée 280
Duong Dong (île de Phu Quoc) 101
Duong Khong Lo 33

E

Échecs humains 29, 166
École Quoc Hoc 169
Économie du Vietnam 15-16
Écriture vietnamienne 15
Ede (ethnie) 20, 103, 117
Églises *voir* Cathédrales et églises
Eiffel, Gustave 60
Électricité 281
Éléphant d'Asie 18, 201
Em Em (HCMV) 264, 265
Empereur de Jade 28
Empire Khmer 39, 204-205
  voir aussi Angkor
Endangered Primate Rescue Center (parc national de Cuc Phuong) 193
Enfants 231, 280
Épidémies 283
Espérance 33
Estuaire de la Cai (Nha Trang) 109
Étang Ba Om (Tra Vinh) 89
Exotissimo (Hanoi) 273, 275
Explorer Tours (Hanoi) 293

F

Faisan d'Annam 201
Faisan d'Edwards 136
Faldo, Nick 273
Faune **18-19**
  Faune marine **190**
  voir aussi Parcs nationaux et réserves naturelles ; Flore, faune et avifaune
Femmes voyageant seules 283
Ferrys *voir* Bateaux et ferrys
Festivals **30-33**
  Hué 269
  Lim 30
  village de Tra Co 31
Fêtes **30-33**
  de la Baleine 32
  de la Libération 31
  de la Pagode des Parfums 30, 192
  de la Pagode Keo 33
  des Fleurs de Dalat 33
  des Pêcheurs 76
  des Tay Son 30
  du Temple Chem 32
  du Temple de Ba Chua Kho 30
  du Temple Nguyen Trung Truc 33
  des Temples des rois Hung 31, 173
  du Temple du maréchal Le Van Duyet 32
  du Travail 31
  du Village de Dad Xa 32
  du Yên Tu 30
  Fête nationale 32
  Hai Ba Trung 30
  Hon Chen 31
  Tam Tong 32
  Trung Do 33
Feuille de riz, fabrication **95**
Fleuve Rouge 18, 50, 156, 158
Flore, faune et avifaune
  delta du Mékong **97**
  Vietnam du Nord **201**
Forester Spa (Phan Thiet) 275
Forêt de Rung Tram 90
Fouilles de la citadelle de Hanoi **165**
Français
  colonisation du Vietnam 14, 42-43, 53
  missionnaires 41
  voir aussi Architecture
Friandises à la noix de coco 89
Front national de libération (FNL)
  voir Viêt-công
Funan, empire du **39**
  Oc-èo (Rach Gia) 98
  pagode Phung Son 71
  parc national de Cat Tien 77

G

Galerie Quynch (HCMV) 264, 265
Galeries d'art *voir* Musées
Ganesh 66
Gares ferroviaires **291**
  Dalat 115
Gares routières **291**
Garnier, Charles 162
Garuda 135
  groupe de Roluos 221
  My Son 132
  Prasat Kravan 220-221
  terrasse des Éléphants (Angkor Thom) 219
Gaulle, général Charles de 43
Gia Dinh 42
Gia Long, cascade (Buon Ma Thuot) 117
Gia Long, empereur
  citadelle de Hanoi **165**
  citadelle de Hué **140**, 143
  Dan Nam Giao (Hué) 144
  histoire 41-42
  île de Phu Quoc 101
  temple de la Littérature (Hué) 148
  temple du Maréchal Le Van Duyet 64
  tombeau de 145
Giac Phong 138
Giai Oan Chua
  voir Pagode de l'Absolution
Gia Thuong (Hoi An) 264, 265
Golf et terrains de golf 273, 275
Golfe du Tonkin 10, 11, 13, 44
Gouvernement et politique 16
Grand Hôtel d'Angkor (Siem Reap) 208, 224, 245
Grand temple divin (Saint-Siège du caodaïsme) **74-75**
Grands magasins et centres commerciaux 263, 265
Greene, Graham 56, 58
Green Trail Tours (Hanoi) 272, 275
Grippe aviaire 274, 283
  Bac Lieu 96
  Cao Lanh 90
Grotte de Jade *voir* Bich Dong
Grottes
  baie de Ha Long **182-184**
  grotte de Phong Nha 121, 122, **150-151**
  grotte de Tien Son (grotte de Phong Na) 151
  grotte de Van Trinh (Kenh Ga) 191
  Hang Pac Bo 200
  Hang Puong (parc national de Ba Be) 200
  pagode Hang (Hon Chong) 100
  pagode Huong Tich (pagode des Parfums) **192**
  Tam Coc 191
  temple Thach Dong 100
Groupe de Roluos (Angkor) 206, 214, **221**
Grue antigone 18
  réserve ornithologique de Tam Nong 90
GTC Club (Hanoi) 274, 275
Guêpier d'Orient 97
Guerre chimique 44, 65
Guerre d'Indochine 43, 136
Guerre du Vietnam 43, **44-45**, 103, 121, 205
  Ap Bac, bataille d' (delta du Mékong) 88
  base de Da Nang (Vietnam central) 133, 134
  base de Khe Sanh (Vietnam central) **149**
  bombardement de Kontum (côte et hauts plateaux du Sud) 118
  bombardement de Nui Ba Den (HCMV) 72
  défoliants 77, 85
  effets sur l'environnement 17
  expositions *voir* Musée des Vestiges de la guerre
  guérilla 44
  guerre chimique 44, 45, 65
  massacre de My Lai (côte et hauts plateaux du Sud) **119**
  My Son (Vietnam central) **133**
  offensive du Têt 45, 149
  piste Hô Chi Minh 44, 149, **151**
  prison Hoa Lo (Hanoi) 161
  réseaux de tunnel **73**
  Sapa (Vietnam du Nord) 196
  tunnels de Cu Chi (HCMV) 8, **72**
  tunnels de Vinh Moc (Vietnam central) 149, **150**
  zone démilitarisée (Vietnam central) 9, 121, 122, **149**

Guerres de réunification 43-45
dégâts causés à Hanoi 153
dégâts causés à la citadelle de Hué 138, 140, 143
guerre d'Indochine 43
Hoa Binh (Vietnam du Nord) 194
voir aussi Guerre du Vietnam
Guides interprètes 280

H

H & D Tailors (HCMV) 264, 265
Hai Ba Trung, arrondissement de (Hanoi)
restaurants 258
Haiphong 179, **188**
hôtels 243
restaurants 259
Hai Tinh Giac Vien 71
Hamburger Hill 45, 149
Ham Rong (Sapa) 196-197
Han 37
Han, rivière (Da Nang) 134
Han de l'Ouest, dynastie des 38
Handicrafts Workshop (Hoi An) 128
Handspan Adventure Travel (Hanoi) 273, 275
Hang Bo Nau (baie d'Along) 183, 184
Hang Dau Go (baie d'Along) 182, 184
Hang Nga (Crasy House de Nga) 114
Hang Pac Bo 200
Hang Puong (parc national de Ba Be) 200
Hang Sung Sot (baie d'Along) 183, 184
Hang Thien Cung (baie d'Along) 182, 184
Hang Trong (baie d'Along) 183, 184
Hanoi 9, 10, 13, **152-177**
circuler 155, **292-293**
climat 35
fondation de Thang Long **160**
fouilles de la citadelle de Hanoi **165**
histoire 42, 43, 46
Hô Chi Minh **169**
hôtels 240-243
nom des rues dans le vieux quartier **157**
plans 154-155
atlas des rues 174-177
le vieux quartier pas à pas 156-157
restaurants 257-259
sœurs Trung **163**
théâtre de marionnettes sur eau **159**
voir aussi Temple de la Littérature
Hanoi Gallery (Hanoi) 264, 265
Ha Noi Silk (Hanoi) 264, 265
Hanoi Towers (prison Hoa Lo) 161
Hariharalaya, capitale khmère de 221
Harshavarman Ier, roi 220
Hat boi voir Tuong
Hat cheo 25, 268, 269
Hat chau van 24
Ha Tien 85, 86, **100**
hôtels 236
restaurants 253
Hébergement *voir* Hôtels
Hebrard, Ernest 163
Heritage 268
Hien and Bob's Place (HCMV) 270, 271
Hien Lam Cac
voir Pavillon de la Splendeur
Hindouisme 23
influence à Angkor 204
influence sur l'art cham 134, 135
temple hindou de Mariamman 66
Histoire **36-47**
Histoire de Kieu, L' (Nguyen Du) 15
Hmong (ethnie) 9, 14, 20, 178, 179 194, **198-199**
Hmong fleurs 21, 197, 199
Hmong noirs 196, 197, 198
Hmong rouges 199
Hmong verts 199
Hoa (ethnie) 158
communauté de Cholon (HCMV) 54, 68
peuples du Vietnam 14, 20
rôle historique 46
Hoa Binh **194**
Hoa Hao (secte bouddhique) 15, 23
présence à Chau Doc 100
Hoa Lu 191
Hoang Ho *voir* Khe Sanh, village de
Hoang Lien Son, chaîne de 179, 180, 196
Hoang Tru (Kim Lien) 151
Hoa Ninh (promenade en bateau de Vinh Long) 91
Hô Chi Minh 8, **169**
anniversaire 31
maison d'enfance (Kim Lien) 151
maison sur pilotis **168**
mort 45
rôle historique 43
voir aussi Piste Hô Chi Minh
Hô Chi Minh-Ville (HCMV) 8, 10, 13, **53-83**
atlas des rues 78-83
centre commercial 263, 265
Cholon **68-69**
circuler 55, **292-293**
climat 35
Dong Khoi 56-57
gares 291
histoire 42, 46
hôtels 232-234
immeuble du Comité populaire 8, 56, 59
pagode de l'Empereur de Jade 8, **62-63**
plans 54-55
réseaux de tunnels **73**
restaurants 53, 250-252
rhinocéros de Java **77**
Saint-Siège du caodaïsme 8, 23, 72, **74-75**
Vietnam au cinéma **59**
Ho Hoan Kiem *voir* Lac Hoan Kiem
Hoi An 9, 12, 13, 120, 121, **124-129**
architecture **129**
hôtels 239-240
plan 124
le vieux quartier de Hoi An pas à pas 126-127
restaurants 256
Hon Chong 100
Hon Chong, baie de (Nha Trang) 110
Hon Doi Moi (île de Phu Quoc) 101
Hon Gai (Along) 185
Hon Mieu (Nha Trang) 110, 111
Hon Mun (Nha Trang) 111
Hon Ong (Nha Trang) 111
Hon Tre (Nha Trang) 111
Hon Trung (archipel de Con Dao) 98
Hôpitaux et services médicaux 282, 283
Angkor 225
Ho Tay **168**
Hôtels **228-245**
Angkor 224, **244-245**
complexes hôteliers 229
côte et hauts plateaux du Sud **237-238**
delta du Mékong et Vietnam du Sud **235-256**
enfants 231
enregistrement 230
environs de Hô Chi Minh-Ville **234**
Grand Hôtel d'Angkor (Siem Reap) 208, 245
Hanoi **240-243**
Hô Chi Minh-Ville **232-234**
hôtel Caravelle (HCMV) 52, 57, **58**, 233
hôtel Continental (HCMV) 57, **58**, 228, 233
hôtel Majestic (HCMV) 230, 233
hôtel Rex (HCMV) 51, **60**, 228, 234
hôtel Sofitel Legend Métropole (Hanoi) 153, **162**, 241
hôtel Thang Loi (Hanoi) 272, 275
hôtel Victoria Can Tho (Can Tho) 94, 235
hôtel Vien Dong (Nha Trang) 269, 271
hôtels bon marché 229
hôtels de luxe 228
guest-houses et hôtels économiques 229
location d'appartements 230, 231
logement chez l'habitant 229, 231
marchandage 231
pourboires 231
prix 230
réservations 230, 231, 278
Siem Reap 224, 244-245
taxes 231
Vietnam central **238-240**
Vietnam du Nord **243-244**
voyageurs handicapés 231
House of Traditional Handicrafts (Hoi An) 264, 265
Ho Xuan Huong 15
lac Xuan Huong (Dalat) 114
Hué 9, 13, 50, 121, 122, **138-147**
capitale de la dynastie Nguyen 41
citadelle *voir* Citadelle de Hué
climat 35
croisière sur la rivière des Parfums 148
hôtels 240
plan 139
restaurants 256-257
tombeaux royaux 145
Hugo, Victor 75
Hung, rois 37
Hung Mieu (citadelle de Hué) 140, 143
Hung Vuong, roi 37
Hydroptères *voir* Bateaux

I

Îles calcaires (baie d'Along) 186-187, *voir aussi* Karst
Immigration 288
Angkor 223
Indicatifs téléphoniques 287
Angkor 225
Indochine (Régis Wargnier) 59

Indochine française 53
Indravarman Ier, roi 221
Influences européennes 41
Information touristique 280, 281
Angkor 224, 225
spectacles 268
Informations sur les transports
voir Transports
Innoviet 229
Institut océanographique
(Nha Trang) 110
Instruments de musique 24, 167
Internet 286
Islam 23

J

Jardin botanique (maison sur pilotis
de Hô Chi Minh) 168
Jardin botanique et zoo
(musée d'Histoire du Vietnam) 61
Jardin des Fleurs
(lac Xuan Huong) 114
Jarai 118
Jaya Simhavarman III, roi 107
Jayavarman II, roi 204, 221
Jayavarman VII, roi 204, 205
Angkor Thom 215, **216-217**, 219
Preah Khan 209
Preah Neak Pean 220
Ta Prohm 220
Jazz Club (Hanoi) 270, 271
Jeu 270
Jibe's Beach Club (Phan Thiet)
272, 275
Jonques 183
Jours fériés **33**
Jungle Beach (Nha Trang) 111

K

Karst 100, 179, 201
baie de Bai Tu Long (Vietnam
du Nord) 188
baie de Ha Long **182-184**, 186-187
formation **182**
Tam Coc 191
Kate, festival 33, 103, 107
Kayak 273, 275
Kenh Ga 191
Khai Dinh, tombeau de
9, 145, 146-147
Khai Silk (Hanoi) 264, 265
Khaisilk Boutique (Hoi An) 264, 265
Khe Sanh 121, 149
Khleang nord et Khleang sud
(Angkor Thom) 219
Khmer Angkor Tour Guide
Association (Angkor) 224, 225
Khmers
Angkor **204-221**
peuples du Vietnam 14, 20
présence dans le delta
du Mékong 89, 96, 100
voir aussi Architecture
Khmers rouges
histoire 46, 205
présence dans le delta
du Mékong 85
victimes 208
Khu Tuong (île de Phu Quoc) 101
Khue Van Cac (temple
de la Littérature) 166
Kim Bong Carpentry (Hoi An)
264, 265
Kim Lien 121, **151**, 165, 169
Kim Travel (HCMV) 293
King's Island Golf Course (Ha Tay)
273, 275
Kinh ou Viet (ethnie) 13, 20, 117,
179, 196
histoire 37, 38
Kitepirate (Phan Thiet) 272, 275
Kitesurf 8, 107, 272, 275
voir aussi Surf ; Planche à voile
Kon Hongo (Kontum) 118
Kon Kotu (Kontum) 118
Kontum 9, 103, **118**
hôtels 237
paysages 18
restaurants 254
Krousar Thmey (Siem Reap) 208
Kwan Yin *voir* Quan Am

L

La Bella Napoli (Nha Trang) 270, 271
La Boutique and The Silk (Hanoi)
264, 265
La Gai Handicrafts (Hoi An) 265
Lac Long Quan 37
Lacs
concerts 269
Ho Tay (Hanoi) 168
Ho Truc Bach (Hanoi) 168
lac des Grenouilles
(île de Cat Ba) 189
lac des Soupirs (Dalat) 116
lac Hoan Kiem 154, **160**
lac Lak (côte et hauts plateaux
du Sud) 117
« Lac Tonlé Sap, source de vie » 208
lac Paradis (Dalat) 116
lac Xuan Huong (Dalat) 33, 114
restaurants 257, 259
Tonlé Sap 208, 209
Lan Ha 189
Lan Handicrafts (Hanoi) 264, 265
Lang Co, village de 122, 137
Lang Ha Driving Range (Hanoi)
273, 275
Lang Hung (temples
des rois Hung) 173
Langue et littérature 15
interprètes 280
Langur de Cat Ba 189
Lanternes
faire des achats 264
Handicrafts Workshop
(Hoi An) 128
rue Hang Ma (Hanoi) 156
Lao Cai (Sapa) 197
climat 34
passage de la frontière 289
Laos 13
Lao-tseu (ou Laozi) **22**
Laque 264, 265, 266
Lat (ethnie) 116
Lat, village de (Dalat) 116
Lê antérieurs, dynastie des 40-41, 191
Lê Dai Hanh 191
fondateur de la dynastie
des Lê antérieurs 40
Lê Duan 46
Lê Hung 269
Lê Loi 40
Chua Con Son 185
lac Hoan Kiem 160
Lê postérieurs, dynastie des 40-41
Lê Thai To, empereur *voir* Lê Loi
Lê Than Ton (dynastie des
Lê postérieurs) 40
Lê Thanh Tong, empereur 185
Lê Van Chot 89
Lê Van Duyet, maréchal 64
Ligne McNamara 149
Ligue révolutionnaire pour
l'indépendance du Vietnam
voir Viêt-minh
Li Nam De, empereur *voir* Ly Bon
Littérature 15
Location
d'appartements 230-231
de voitures et de motos 291
Location de minibus *voir* Autobus
Logement chez l'habitant 229, 231
vallée de Mai Chau Valley
(Vietnam du Nord) **194**
Vinh Long (delta du Mékong) **90**
Long Hai **76**
hôtels 234
restaurants 252
Lucky Café (HCMV) 270, 271
Ly Anh Ton, empereur 163
Ly Bon 33
Ly, dynastie 40
fondation de Thang Long
(Hanoi) **160**
Ly Nam De, empereur 26, 168
Ly Nhan Tong, empereur 173
Ly Ong Trong 32
Ly Thai To, empereur 40, 153
citadelle de Hanoi **165**
fondation de Thang Long **160**
Ho Tay 168
temple du Cheval blanc 158
Ly Thuong Kiet, général 32

M

Macaque brun 19
Macaque crabier 97
Mac Cuu *voir* Tombeaux
de la famille Mac
Maddox 44
Maison commune (*nha rong*)
20, 118, 188
cantonaise *voir* Maison commune
du Quang Dong
chinoise (Hoi An) 127
du Hainan (Hoi An) 128
du Quang Dong (Hoi An) 125, 126
Maison de culte de la famille Tran
(Hoi An) **125**, 126, 129
Maison de la culture de la jeunesse
(HCMC) 274, 275
Maison des hôtes du gouvernement
(hôtel Sofitel Legend
Métropole) 162
Maison d'hôtes nationale de Hanoi 27
Maison Phung Hung (Hoi An)
122, 124
Maison Quan Thang (Hoi An) 125
Maison sur pilotis de
Hô Chi Minh 168
Maison Tan Ky (Hoi An) 125, 127
Maisons-boutiques
maison Quan Thang (Hoi An) 125
maison Tan Ky (Hoi An) 125, 127
musée du Commerce des
céramiques (Hoi An) 127, 128
Maisons du delta du Mékong **99**
Maisons flottantes **99**, 100
Maisons sur pilotis 9, **99**, 100
maison sur pilotis
de Hô Chi Minh **168**
Maisons-tubes 26, **27**
Hoi An 124, 126, 129
Hanoi 156, 157

Maladies *voir* Santé
Makara 135, 209, 221
Malaria 283
Angkor 225
Mangliers 18
Marchandage 262
Marchés 263, 265
Bac Ha 197
Ben Thanh (HCMV) **66**, 71, 263
Binh Tay (HCMV) **71**, 263
Can Cau (près de Bac Ha) 197
Cho Dam (Nha Trang) 108
Dan Sinh (HCMV) **67**
Dong Ba (Hué) 138
Dong Xuan (Hanoi) 156, **158**, 263
Hang Da (Hanoi) 263, 265
heures d'ouverture 262
Hoi An 263
marché aux tissus (Hoi An) 264, 265
marché central (Hoi An) 128
marché de l'électronique (HCMV) 68
Psar Chaa (Siem Reap) 208
vieux marché (HCMV) 263, 265
Marchés flottants 8, 84
Cai Be (Vinh Long) 90, 91
Cai Rang (Can Tho) 34, 84, 94
Phong Dien (Can Tho) 94
Phung Hiep (Can Tho) 94
Marionnettes sur eau 9, 17, 25, **159**, 268
musée d'Histoire vietnamienne (HCMV) **61**
pagode Thay (Hanoi) 30, **173**
théâtre de marionnettes sur eau Thang Long (Hanoi) **158**, 293
Martin-chasseur de Smyrne 19
Mausolée de Hô Chi Minh 154, **165**, 279
Mausolée Nguyen Sinh Sac (Cao Lanh) 90
Ma Vien, général 158
Maxim's Dinner Theater (HCMV) 269, 271
McCain, John 161
Médecine traditionnelle chinoise 54
Megastar Cineplex 270, 271
Mékong 18, 50, 85
voir delta du Mékong
Meo *voir* Hmong (ethnie)
Mer de Chine méridionale 10, 13, 121, 137
paysages 19
Mère des cinq bouddhas (pagode de l'Empereur de Jade) 63
Me Sanh 69
Ming, dynastie 40, 160
Minh Mang, empereur
histoire 42
Hué 139, 143
Phan Thiet 106
temple du Maréchal Le Van Duyet 64
tombeau de 145, 148
Minorités ethniques 9, 13-14, 103, 179
artisanat 264, 265, 266-267
peuples du Vietnam **20-21**
voir aussi Bahnar ; Bru ; Cham ; Co Ho ; Dao ; Ede ; Hmong ; Hoa ; Jarai ; Khmers ; Kinh ; Lat ; Mnong ; Muong ; Nung ; Rongao ; Sedang ; Tay ; Thaïs
voir aussi musée d'Ethnographie
Missionnaires chrétiens 41
Miss Loi's Guest-house (Hoi An) 229, 232
Mnong (ethnie) 21, 117
Mobilier 264, 265
Moc Chau **194**
Mode 14
Moine aux noix de coco **88**
Monnaie 262, **284-285**
Angkor 225
taux de change 284
Monnaie cambodgienne 225
Montagnes de marbre (Da Nang) 134
Montagnes du Nord 19
Mont des Singes (Da Nang) 134
Mont Fan Si Pan (Sapa) 197, 201
Mont Hon Long (rivière Ba Ho) 110
Mont Hon Quap (My Son) 132
Mont Meru
Angkor Vat **212-213**
Baphuon (Angkor Thom) 218
groupe de Roluos 221
style architectural 204, 214, 215
Mont Nghia Linh (temples des rois Hung) 173
Mont Ngu Lam 189
Mont Sam 100
Mont Ta Cu **106**
Monument aux Morts (Cao Lanh) 90
Monument de la Victoire (Buon Ma Thuot) 117
Mosquées
Chau Giang (Chau Doc) 100
Cholon 69
Mubarak (Chau Doc) 100
Mui Ne, village de 51, 103, 106, 107
Muntjac de Truong Son 136, 201
Muong (ethnie) 21, 194
Musée 50
Alexandre-Yersin (Nha Trang) 108-109
Bach Dinh (Vung Tau) 76
d'Art royal de Hué 138
de Can Tho 94
de Diên Biên Phu 195
de Dong Thap (Cao Lanh) 90
de Haiphong 188
de Hô Chi Minh-Ville **59**
de Hoa Binh 194
de la Culture de Sa Huynh (Hoi An) 119, 125, 126
de la Femme sud-vietnamienne (HCMV) **65**
de la Maison du patrimoine (Hanoi) 157
de la Minorité khmère (Tra Vinh) 89
de la Prison Hoa Lo (Hanoi) **161**
de la Révolution (HCMV) *voir* musée de Hô Chi Minh-Ville
de Rach Gia 98
de Sculpture cham (Da Nang) 123, 134
des Beaux-Arts (Hanoi) **164**
des Beaux-Arts (HCMV) **67**
des Minorités ethniques (Buon Ma Thuot) 117
des Vestiges de la guerre (HCMV) 8, **65**
d'Ethnographie (Hanoi) 172
national d'Histoire vietnamienne (Hanoi) 9, 119, **162-163**
d'Histoire militaire du Vietnam (Hanoi) **164**
d'Histoire vietnamienne (HCMV) 8, 61
du Commerce des céramiques de (Hoi An) 127, 128
du Lam Dong (Dalat) 115
du Séminaire (Kontum) 118
Hô Chi Minh (Da Nang) 134
Hô Chi Minh (Hanoi) **164**
khmer (Soc Trang) 96
révolutionnaire (archipel de Con Dao) 98
révolutionnaire (Buon Ma Thuot) 117
Musique **24-25**, 268, 269, 271
musique contemporaine et concerts 269, 271
musique et danse de Cour **25**
musique et théâtre traditionnels **24-25**, 268-269, 271
voir aussi Marionnettes sur eau ; Théâtre moderne
My Lai, massacre de 45, 103, **119**
My Son 121, 122, **130-132**, 134, 135
Sauver My Son **133**
My Tho 8, 86, **88**
hôtels 236
restaurants 253

N

Nam La, rivière (Son La) 194
Nam Phuong, impératrice (palais d'été de Bao Dai) 115
Nam Viet 38
Nandi (groupe de Roluos) 221
Neuf canons sacrés (citadelle de Hué) 142
Nga Shop (HCMV) 264, 265
Nghe, île 100
Ngô Dinh Diem, président 43, 44, 100
assassinat 61, 65
opposition bouddhiste 72, 108, 138, 139, 144
Ngo Kim Tong 96
Ngo Quyen 38, 40
Ngo Van Chieu (caodaïsme) 23
Ngo Vuong, roi *voir* Ngo Quyen
Nguyen Ai Quoc *voir* Hô Chi Minh
Nguyen Anh *voir* Gia Long, empereur
Nguyen Binh Khiem 75
Nguyen Du 15
Nguyen, dynastie 25, 41, 53
tombeaux royaux 121, 145
Nguyen Hoang, seigneur 144
Nguyen Minh Triet 16, 47
Nguyen Tan Dung 16, 47
Nguyen Tat Thanh *voir* Hô Chi Minh
Nguyen Thai Hoc 43
Nguyen Thanh Nam *voir* Moine aux noix de coco
Nguyen Trung Truc 33
Nguyen Van Linh 46
Nguyen Van Sieu 160
Nguyen Van Trai 185
Nha Bac Ho *voir* maison sur pilotis de Hô Chi Minh
Nha Hat Lon *voir* Opéra (Hanoi)
Nha Hat Thanh Pho *voir* Théâtre municipal
Nha nhac 25, 142
Nha rong, voir Maisons communes
Nha Tho Lon *voir* Cathédrale Saint-Joseph
Nha Tho Duc Ba *voir* Cathédrale Notre-Dame (HCMV)

Nha Trang 19, 102, 103, 104, **108-111**, 229
climat 35
hôtels 237-238
plages 8, **111,** 112-113
plan 109
restaurants 255
Nha Tu Cu Cua Phap (Son La) 194-195
Nhac tai tu 24
Ninh Binh **191**
hôtels 244
restaurants 260
Ninh Hoa (Nha Trang) 238
Noël 33
Nong Duc Manh 47
Nourriture et boissons **246-249**
culture du riz 95
nuoc-mâm 106, 107, 137, 247
saveurs du Vietnam **248-249**
spécialités du Têt 29
voir aussi Restaurants
Nouvel an occidental 33
Nui Ba Den **72**
Nui Bai Tho (Halong City) 185
Nui Chut (Cau Da) 110
Nui Co Tien (baie de Hon Chong) 110
Nui Huong Tich *voir* Pagode des Parfums
Nui Lon (Vung Tau) 76
Nui Nho (Vung Tau) 76
Numéros d'urgence 282
Angkor 225
Nun Nu Thanh Quang 138
Nung (ethnie) 179, 200
Nuoc-mâm 106, 107, 137, 247

O

Oc-èo 39, 98
Ocean Dunes (Phan Thiet) 273, 275
Odeur de la papaye verte, L' (Tran Anh Hung) 59
Offensive du Têt (1968) 45, 149
dégâts causés à My Son 133
tour du Drapeau (citadelle de Hué) 142
Oiseaux
archipel de Con Dao 98
flore et faune du Vietnam du Nord **201**
flore, faune et avifaune du delta du Mékong **97**
observation des oiseaux 274
parc national de Bach Ma 136
réserve ornithologique de Bac Lieu 96
réserve ornithologique de Tam Nong 90
voir aussi Parcs nationaux et réserves naturelles ; Paysages et faune
Ok Om Bok 33, 96
Ong Lang *voir* Pagode Quan An
Opéra
classique (Da Nang) 269, 271
concerts (Hanoi) 269
Haiphong 188
Hanoi 9, 153, **162**
Orchidées 97, 98, 201
Organisation mondiale du commerce (OMC) 47
Ours noir d'Asie 19
O.V. Club (Hoi An) 270, 271

P

Pac Ngoi, village (parc national de Ba Be) 200
Pagode (généralités) 17, 54
architecture 26
étiquette vestimentaire 281
Pagode (liste)
Ang (Tra Vinh) 89
au Pilier unique (Hanoi) 26, 165
au Pilier unique de Thu Duc (HCMV) 72
Bao Quoc (Hué) 138
Bich Dong (Tam Coc) 191
Chua Ba Da (Hanoi) 161
Chua Con Son (Yên Tu) 185
Chua Dat Set (Soc Trang) 96
Chua Doi (Soc Trang) 96
Chua Dong (Yên Tu) 185
d'Argile *voir* Chua Dat Set
de Bronze *voir* Chua Dong
de l'Absolution (pagode des Parfums) 192
de la Dame céleste *voir* pagode Thien Mu
de la Dame de pierre *voir* Chua Ba Da
de la Défense du pays (Hanoi) 26, 168
de la secte du Lotus *voir* pagode Lien Phai
de l'Empereur de Jade (HCMV) 8, **62-63**
de l'Empreinte parfumée *voir* pagode Huong Tich
de Munirangsyaram (Can Tho) 94
de Phu Dung (Ha Tien) 100
de Quan Am (HCMV) 68, 70
des Ambassadeurs (Hanoi) **161**
des Chauves-Souris *voir* Chua Doi
des Parfums 9, 179, 180, **192-193**
des Quatre Nobles Vérités *voir* pagode Dieu De
Dien Huu (Hanoi) 165
Dieu De (Hué) 138
Du Hang (Haiphong) 188
du Lotus d'or (Hanoi) 168
Giac Vien (HCMV) 71
Go *voir* pagode Phung Son
Hang (Tra Vinh) 89
Hoa Yen (Yên Tu) 185
Hoi Quan Nghia An (HCMV) 67, 69
Huong Tich (pagode des Parfums) 192
Im Som Rong (Soc Trang) 96
Khleang (Soc Trang) 96
Lam Ty Ni (Dalat) 114-115
Lien Phai (Hanoi) 163
Linh Son Long Doan (mont Ta Cu) 106
Linh Son Truong Tho (mont Ta Cu) 106
Long Khan (Qui Nhon) 118
Long Son (Nha Trang) 108
Long Tien (Halong City) 185
Nam Huynh (HCMV) 274, 275
Ong (Can Tho) 94
Ong Met (Tra Vinh) 86, 89
Phap Lam (Da Nang) 134
Phat Lon (Rach Gia) 98
Pho Da (Da Nang) 134
Pho Minh (Rach Gia) 98
Phung Son (HCMV) 71
Tay An (Chau Doc) 100
Tay Phuong (Hanoi) 173
Thanh Duyen (Thuan An) 137
Thay (Hanoi) 26, **173**
Thien Mu (Hué) 144, 148
Thien Tru (pagode des Parfums) 192
Thien Vuong (Dalat) 115
Tien Chau (Vinh Long) 90
Tien Son (pagode des Parfums) 192
Tu Hieu (Hué) 144
Vien Minh (Ben Tre) 89
Vinh Nghiem (HCMV) 64
Vinh Trang (My Tho) 88
Xa Loi (HCMV) 65
Xa Lon (Soc Trang) 96
Thap Rua (Hanoi) 160
voir aussi Temple
Palais de la Reine Mère (citadelle de Hué) 143
Palais de la Réunification **61**
concerts 269
Palais de l'Harmonie suprême (citadelle de Hué) 141, 142
Palais d'été de Bao Dai (Dalat) 115
Palais Dien Tho (citadelle de Hué) 143
Palais Long An (musée d'Art royal de Hué) 138
Palais présidentiel 27
Palais royal (Siem Reap) 208
Panduranga (Phan Thiet) 106
Panthère longibande 18
Papier votif 23, 70, 156
Papillons du Vietnam **19**
Parc aquatique de Ho Tay (Hanoi) 272, 275
Parc aquatique de Phu Dong (Nha Trang) 272, 275
Parc Dam Sen 71
Parc mémorial (Son My) 119
Parc Van Hoa (HCMV) 269, 271
Parc national
de Ba Be (Vietnam du Nord) 9, 179, **200**
de Bach Ma (Vietnam central) 9, **136**
de Cat Ba 189
de Cat Tien (HCMV) 19, **77**
de Con Dao 86, 98
de Cuc Phuong (Vietnam du Nord) 9, 19, 179, **193**
de Phu Quoc 101
de Tam Dao 19, 200
de Yok Don (côte et hauts plateaux du Sud) 18, 104, **118**
Parcs nationaux et réserves naturelles 18, 19
Parti communiste vietnamien 16, 30
Parti nationaliste du Vietnam 42
Parkson (HCMV) 263, 265
Passeports 278-279
Angkor 222-223
enregistrement à l'hôtel 230
précautions 282
Passerelles 99
Paulownia 18
Pavillon de la Splendeur (citadelle de Hué) 17, 51, 140, 143
Pavillon Truong Du (citadelle de Hué) 143
Paysages et faune **18-19**
voir aussi Oiseaux ; Flore, faune et avifaune
Pension et galerie d'art de Hang Nga (Dalat) 114
Pensions 228, 229

Pétards (fête du Têt) **29**
Peuples du Vietnam **20-21**
voir aussi Minorités ethniques
Pham Van Dong 169
Phan Cong Tac (Saint-Siège du caodaïsme) 75
Phan Rang-Thap Cham 8, 103, **107**
hôtels 238
Phan Thanh Gian 90
Phan Thiet 103, **106**, 229, 278
hôtels 238
Phan Thiet, rivière 106
Phan Van Khai 47
Phare de Vung Tau (Vung Tau) 76
Phat Tire Venture (Dalat) 274, 275
Phénix, île du **88-89**
Phimeanakas (Angkor Thom) 218
Phnom Bakheng 205, **209**, 214
Phnom Bok 214
Phnom Krom 214
Pho 246, 248
Phong Dien, marché flottant de (Can Tho) 94
Phong Nha, grotte de 121, 122, **150-151**
Photographie 281
Phu Hai, quartier de (Phan Thiet) 106
Phung Hiep, marché flottant de (Can Tho) 94
Phu Quoc, île 8, 85, 86, **101**
carte 101
hôtels 236
restaurants 253
Piqûres d'insectes et infections 283
Pièges à poissons 90, **99**
Piste Hô Chi Minh 44, 149, **151**
Place Ba Dinh 43
Plages 8, 19, 51, 103, 272
archipel de Con Dao 98
baie de Bai Tu Long 188
China Beach 9, **133**
Hon Chong 100
île de Phu Quoc 101
Nhat Le 150
Nha Trang 108, **111**
Phan Rang-Thap Cham 107
plage de Cua Dai 128
plage de Ho Coc **76-77**
plage de Lang Co **137**
plage de Mui Ne 8, 51, 104, **106-107**
plage de My An 133
plage de Non Nuoc 133
plage de Thuan An **137**
plage Nho (archipel de Con Dao) 98
Qui Nhon 119
Vung Tau 76
Planche à voile 272, 275
plage de Mui Ne 106-107
Platoon (Oliver Stone) 59
Pleiku
climat 35
paysages 13, 18
Plongée sous-marine 272, 275
archipel de Con Dao 98
Hon Ong 111
île de Phu Coc 101
plages autour de Nha Trang 108
Po Klong Garai (Phan Rang-Thap Cham) 104, 107
Police touristique 282
Pol Pot 46, 205
Po Nagar, tours cham de (Nha Trang) 51, 109
Pont couvert de Thanh Toan (Hué) 139
Pont couvert japonais (Hoi An) 124, 126
Pont Hien Luong (DMZ) 149
Po Ro Me, roi 107
Po Ro Me (Phan Rang-Thap Cham) 107
Pont Long Bien 158
Port de Da Nang 291
Port de Haiphong 291
Porte de l'Éternelle Longévité (citadelle de Hué) 143
Porte du Midi (citadelle de Hué) 27, 41, 140, 142
Porte Hien Nhon (citadelle de Hué) 27
Porte Ngo Mon
voir Porte du Midi
Poste 286-287
Angkor 225
poste centrale 53, 54, 56, **60**
Pourboires
à l'hôtel 231
au restaurant 247
Prasat Kravan **220-221**
Prathom Sva Pol
voir Danse du singe
Preah Khan 206, **209**
Preah Ko (groupe de Roluos, Angkor) 221
architecture 214
Preah Neak Pean 206, **220**
Preah Palilay (Angkor Thom) 218-219
Précipitations 34-35, 278
Angkor 222
Presse 287
Prey Nokor *voir* Saigon
Pre Rup, style de 214
Prison de Phu Hai (archipel de Con Dao) 98
Promenades en bateau
rivière des Parfums (Hué) **148**
Vinh Long (delta du Mékong) **91**
voir aussi Excursions
Psar Chaa (Siem Reap) 208
Puits de la Clarté céleste (temple de la Littérature) 166

Q

Quam Am 22
pagode au Pilier unique (Hanoi) 165
pagode Bo De Dao Trang (Chau Doc) 100
pagode de Quan Am (HCMV) 70
pagode des Parfums 192
pagode Ong (Can Tho) 94
pagode Pho Do (Da Nang) 134
pagode Vinh Ngiem (HCMV) 64
pagode Vinh Trang (My Tho) 88
Quan Chuong 157
Quan Cong, général 67, 68, 69, 89, 128
Quang Ngai **119**
hôtels 238
restaurants 255
Quan ho 24, 30
Quang Trung, empereur 41, 138
Quan Lan, île (baie de Bai Tu Long) 188
Quang's Ceramics (Hanoi) 264, 265
Quartier français (Hanoi) 9, 153, 154
hôtels 240-241
restaurants 257-258
Quartier français
Hué 138
Siem Reap 208
Que Noi Gallery (Hoi An) 264, 265
Quoc ngu (écriture vietnamienne) 15
Quoc Tu Giam (temple de la Littérature) 167
Qui Nhon **118-119**
hôtels 238
restaurants 255

R

Rach Chiec Driving Range (HCMV) 273, 275
Rach Gia 85, **98**
hôtels 236
restaurants 253
Rainbow Divers (Nha Trang) 272, 275
Rainforest Discotheque (HCMV) 270, 271
Rajendravarman II, roi 218
Randonnée 273, 275
Cao Bang 200
Dalat 9, 114-116
île de Phu Quoc 8, 101
Nui Ba Den 72
parc national de Bach Ma 9, **136**, 273
parc national de Cat Ba 189, 273
parc national de Cuc Phuong **193**, 273
Sapa **196-197**, 273
vallée de Mai Chau **194**
Rapides de Trinh Nu (Buon Ma Thuot) 117
Récifs de coraux et faune marine 18, **190**
archipel de Con Dao 8, 98
Hon Mun (Nha Trang) 111
île de Phu Quoc 86, 101
Red Dot (HCMV) 270, 271
Régates de *ngo, voir* Ok Om Bok
Relax Bar (HCMV) 270, 271
Religions du Vietnam 15, **22-23**
Angkor 204
Rencontres sportives 271
République démocratique du Vietnam (Nord-Vietnam) 43
République du Vietnam (Sud-Vietnam) 43
République socialiste du Vietnam 46
Réseaux de tunnels **73**
tunnels de Ben Duoc 72
tunnels de Cu Chi **72**
tunnels de Vinh Moc **150**
Réserve naturelle
réserve naturelle de Van Long (Vietnam du Nord) 191
réserve naturelle forestière de Bung Rien (HCMV) 76-77
réserve ornithologique de Bac Lieu 96
réserve ornithologique de Tam Nong (Cao Lanh) 90
voir aussi Parc national
Restaurants et cafés 17, **246-261**
Angkor 224-225, **260-261**
com 246
côte et hauts plateaux du Sud **254-255**
coutumes culinaires et savoir-vivre 247, 281

delta du Mékong
et Vietnam du Sud **252-253**
Hanoi **257-259**
Hô Chi Minh-Ville 57, **250-252**
bia hoi 247
pho 246
pourboires 247
prix 247
saveurs du Vietnam **248-249**
stands de rue 246-247
végétariens 247
Vietnam central **255-257**
voir aussi Nourriture et boissons
Retours et échanges 262
Réunification du Vietnam 45-46
Palais de la Réunification **61**
voir aussi Hô Chi Minh
Révolte des Tay Son 41
île de Phu Quoc 101
temple du maréchal
Le Van Duyet 64
Rhinocéros de Java **77**
Rhinopithèque du Tonkin 200, 201
Rhodes, Alexandre de 41, 191
Rhododendron campanulata 19
Riverside Resort (plage de Cua Dai)
128, 239
Rivière Ba Ho (Nha Trang) 110
sources chaudes 108
Rivière des Parfums 123, 138, 144
Riz 247, 248
Riziculture 85, 94, **95**
riziculture sèche 198
rizières en terrasses 50, 87, 196
rôle économique 16
Roi nuoc, voir Marionnettes sur eau
Roluos, capitale khmère 205, 214
Rongao 118
Routes *voir* Code de la route
Rue Hang Buom (Hanoi) 157
Rue Hang Ma (Hanoi) 156
Rue Hang Mam (Hanoi) 157
Rue Trieu Quang Phuc 69

S

Sa Huynh **119**
musée de la Culture
de Sa Huynh (Hoi An) 125
Saigon 43, 46, 53
voir aussi Hô Chi Minh-Ville
Saigon Pearl (HCMV) 270, 271
Saigon Racing Club (HCMV) 270, 271
Saigon Times 268
Saigon Tourist (HCMV) 281
Sailing Club (Nha Trang) 270, 271
Sailing Club Divers (Nha Trang)
272, 275
Saint-Siège du caodaïsme
8, 23, 72, **74-75**
voir aussi Caodaïsme
Salanganes 201
Salle des Danseuses
(Preah Khan) 209
Salle des Dix Enfers (pagode
de l'Empereur de Jade) 62
Salles des Mandarins
(citadelle de Hué) 142
Santé **282-283**
Angkor 225
vaccination 279
Saola 136, 201
Sapa 9, 50, 179, 180, **196-197**
hôtels 244
restaurants 260
Sapa (HCMV) 264, 265
Savoir-vivre 280-281
coutumes alimentaires 247
photographie 281
Sax n Art (HCMV) 270, 271
Secte du Lotus
(pagode Lien Phai) 163
voir aussi Bouddhisme
Sécurité **282-283**
Angkor 225
Sedang 118
Se distraire au Vietnam **268-270**
boîtes de nuit, discothèques
et bars 270, 271
cinémas 270, 271
hôtels 228
musique contemporaine
et concerts 269, 271
rencontres sportives 270, 271
réserver des places 268, 271
sources d'information 268
théâtre de marionnettes sur eau
158, **159**
théâtre moderne 269, 271
théâtre, musique et danse
traditionnels **24-25**, 268-269, 271
Sedona Suites 230, 231
Seigneur de l'Enfer (pagode de
l'Empereur de Jade) 62
Séjours gastronomiques 274, 275
Sentier de la cascade des Cinq Lacs
(parc national de Bach Ma)
136, 273
Seventeen Saloon (Hanoi) 270, 271
Shiva
Angkor 204, 209, 221
My Son 130, 132
Sida 282
Siège du Comité populaire
voir Hôtel de ville
Siem Reap 204, 206, **208**
indicatif téléphonique 225
hôtels 224, 244-245
plan 208
restaurants 224-245, 260-61
Siem Reap, rivière 208
Sin Chai 197
Sites cham
Dong Duong 130, 132, 134, 135
My Son 121, 122, **130-132**
Phan Rang-Thap Cham 8, 103, **107**
Phan Thiet 106
Thap Doi Cham (Qui Nhon) 119
Thap Yang Prong (Parc national
de Yok Don) 118
tours cham de Po Nagar
(Nha Trang) 51, 109
Tra Qieu 134, 135
Sites de pèlerinage du Yên Tu 9, **185**
Sites du patrimoine mondial 121
baie de Ha Long (Vietnam
du Nord) **182-184**
citadelle de Hué (Vietnam central)
140-143
grotte de Phong Nha (Vietnam
central) **150-151**
Hoi An (Vietnam central) **124-129**
My Son (Vietnam central) **130-132**
Soc Trang 8, 86, **96**
hôtels 236
restaurants 253
Sœurs Trung **163**
fête de Hai Ba Trung 30
soulèvement contre les Chinois 38
Sofitel Vinpearl Resort (Nha Trang)
111, 238
*Soldats français débarquant à
Haiphong en 1184*, 42
Son La 179, **194-195**
climat 34
hôtels 244
restaurants 260
Son My 103, 119
Song Cuu Long *voir* Mékong
Song Da, vallée du (Hoa Binh) 194
lac artificiel 194
Song Huong *voir* rivière des Parfums
Soulèvement de Lam Son 40
Sources chaudes
Binh Chau **77**
Thap Ba (Nha Trang) 108, 110
Spas 275
Spécialités culinaires et locales **248**
voir aussi Nourriture et boissons
Sports *voir* Activités de plein air
Stade de la 7e région militaire
(HCMV) 269, 271
Stade Lam Son (Vung Tao) 270, 271
Stade national de My Dinh (Hanoi)
270, 271
Stade Phu Tho (HCMV) 274, 275
Stade Thong Nhat (HCMV) 270, 271
Station de Ba Na 9, **133**
hôtels 238
restaurants 255
Statue de Ly Thai To
(lac Hoan Kiem) 160
Stèle de la Haine 100
Stèles des Tortues (temple
de la Littérature) 167
Stern, Philippe 133
Sun Spa Resort (Dong Hoi) 150, 229
Sun Yat Sen 75
Suoi Nuoc Nong (Son La) 195
Suoi Tien (plage de Mui Ne) 107
Suoi Voi **136**
Suoi Yen, rivière 192, 193
Surf 272, 275
China Beach 133, 272
plage de Mui Ne 51, 107, 272
Sûryavarman Ier, roi 219
Sûryavarman II, roi 205, 212, 213
Système métrique 281

T

Ta Phin, village (Sapa) 197
Ta Prohm 206, **220**
Tam Coc 191
Tam Dao **200**
parc national de Tam Dao 200
papillons 19
Tam Giao **22**
culte des ancêtres et des esprits **23**
Tam Spa (Phan Thiet) 275
Tam Tam Café and Bar (Hoi An)
270, 271
Tang, dynastie 38
Tan My (Hanoi) 264, 265
Taoisme 15, **22**
voir aussi Empereur de Jade
Taxe de départ 289
Angkor 223
Taxis 292, 293
aéroport 288-289
Tax Trading Centre (HCMV) 263, 265
Tay 200
Téléphone 225, 286
Télévision et radio 287
Températures 34-35, 278
Temple de Confucius
(temple de la Littérature) 167

Temple
Angkor *voir* Temples d'Angkor
caodaïste (Da Nang) 134
de Chau Phu (Chau Doc) 100
de la déesse Chua Xu (Chau Doc) 100
de la Littérature (Hanoi) **166-167**
de la Littérature (Hué) 148
de la Montagne de Jade (Hanoi) 160
de la Présentation (pagode des Parfums) 193
de Nghia An Hoi Quan (HCMV) 67, 69
de Nguyen Trung Truc (Rach Gia) 98
de Poshanu (Phan Thiet) 106
de Quan Cong (Hoi An) 128
de Tam Son Hoi (HCMV) 69
de Thien Hau (HCMV) 68, 70
des Deux Sœurs Trung (Hanoi) 163
du Cheval blanc (Hanoi) 157, **158**
du maréchal Lê Van Duyet (HCMV) 64
hindou de Mariamman (HCMV) **66**
Hon Chen (Hué) 148
maison de culte de la famille Tran (Hoi An) **125,** 126, 129
Mo Co (Long Hai) 76
Ong (Tra Vinh) 89
représentations théâtrales 269
Saint-Siège du caodaïsme (HCMV) **74-75**
temple Phuc Kien (Hoi An) 127, 128
temple Phuoc An Hoi Quan (HCMV) 68
Quan Thanh (Hanoi) 168
Thach Dong (Ha Tien) 100
Van Thanh Mieu (Vinh Long) 90
des Rois Hung (Hanoi) 173
voir aussi Pagode
Temples d'Angkor **209-221**
Angkor Thom **216-218**
Angkor Vat **212-213**
Bakong (groupe de Roluos) 221
Banteay Srei 221
Baphuon (Angkor Thom) 218
Bayon (Angkor Thom) 216-217, 218
billets d'entrée 224
groupe de Roluos 221
heures d'ouverture 224
Lolei (groupe de Roluos) 221
Phimeanakas (Angkor Thom) 218
Phnom Bakheng 209
Prasat Kravan 220-221
Preah Khan 209
Preah Neak Pean 220
Preah Palilay 218-219
Ta Prohm 220
Tep Pranam (Angkor Thom) 218-129
voir aussi entrées individuelles
Tep Pranam (Angkor Thom) 218-219
Terrasse
des Éléphants (Angkor Thom) 219
du Roi lépreux (Angkor Thom) 219
Têt *voir* Têt Nguyen Dan
Têt Doan Ngo 32
Têt Nguyen Dan **28-29**, 30, 160, 278
échecs humains 28, 166
voyager pendant le 288
voir aussi Foyer, signification religieuse du
Têt Thanh Minh 31
Thac Bac 197
Thac Ban Gioc 200
Thai Hoa *voir* Palais de l'Harmonie suprême
Thaïs 20, 21, 172, 179, 194
Thaïs noirs 20, 21, 172, 194
Than Tai 94
Thang (Hoi An) 264, 265
Thang Long 40, 41, 42
capitale 153, 158
fondation de **160**
voir aussi Hanoi
Thanh Lam, lagune de (plage de Thuan An) 137
Thap Poshana (Phan Thiet) 106
Thap Doi Cham (Qui Nhon) 119
Thap Rua (lac Hoan Kiem) 160, 164
Thap Yang Prong, tours cham (Nha Trang) 118
Théâtre 269, 270, 271
Chuong Vang (Hanoi) 269, 271
concerts 269
de la Jeunesse (Hanoi) 269, 271
de marionnettes sur eau *voir* Marionnettes sur eau
des Arts traditionnels (Hoi An) 269, 271
dramatique de Hô Chi Minh-Ville 269, 271
Hoa Binh (HCMV) 269, 271
Kim Dong (Hanoi) 268, 271
moderne 269, 271
municipal 54, 57, **58**
national Chèo (Hanoi) 269, 271
royal (citadelle de Hué) 140, 142
voir aussi Musique et théâtre traditionnels
The Huc (lac Hoan Kiem) 160, 170-171
The Lost Art (HCMV) 264, 265
The Mieu (citadelle de Hué) 140, 143
Thien Hau 68, 70, 125, 128
Thien Quang Tinh *voir* Puits de la Clarté céleste
Thien Vien Truc Lam (Dalat) 116
Thieu Tri, tombeau de 145
Thoi Son (île du Phénix) 89
Thu Bon, rivière 124, 127, 128
Thuc Phan 37
Tich Quang Duc 144
Ticket Vietnam 268
Tien Hoang De, empereur 160, 191
Tieng Viet *voir* Langue vietnamienne
Tigre d'Indochine 201
Time Out 268
Tinh Do Cu Si 88
TNK Travel (HCMV) 293
Toilettes publiques 283
Tombeaux
de la famille Mac (Ha Tien) 100
des soldats espagnols et français (Da Nang) 134
tombeaux royaux (Hué) **145**
Tombes familiales 22, 28
Tonlé Sap, lac (Siem Reap) 208, 209
Topas Adventure (Hanoi) 273, 275
Tortue boîte à trois bandes 19
Tortue verte 190
Tour de la Tortue *voir* Thap Rua
Tra Kieu 134, 135
voir aussi Sites cham
Trains 290, 291
Tran Duc Luong 47
Tran, dynastie 40
Tran Hung Dao, général 40, 160, 184, 185
Tran Luc 191
Trang Tien Plaza (Hanoi) 263, 265
Tranh Nhan Trong, roi 185
Transports **288-293**
agence de voyages 281, 291, 293
Angkor 207, **222-223**
arriver par la route ou en bateau 289
assurance voyage 282
avions 222-223, 288-291
bateaux et ferrys 87, 222, 223, 289, 291
bus et minibus 291, 292
code de la route 293
cyclo-pousse 292
côte et hauts plateaux du Sud 105
delta du Mékong et Vietnam du Sud 87
Hanoi 155
Hô Chi Minh-Ville 55
louer une voiture ou une motocyclette 291, 293
réseau routier 290
taxis 288, 289, 292-293
train 290, 291
transports locaux 292-293
transports publics 292
Vietnam central 123
Vietnam du Nord 181
visites organisées 293
xe oms 292
Tra Vinh 8, 50, 86, **89**
hôtels 236
Tre Nho, île (archipel de Con Dao) 98
Tri Nguyen 110
Trieu Da, général 37
Trinh, seigneurs 41, 150, 163, 168
Trinh Thap, seigneur 163
Trois Saints, Les (Saint-Siège du caodaïsme) 75
Trung Nguyen 32
Trung Thu (ou fête de la Mi-Automne) 32
Tuan Travel (HCMV) 281
Tu Dao Hanh 173
Tu Duc, empereur 42
tombeau de 145
Tuong 25, 268, 269
Tur (Buon Ma Thuot) 117

U
Un Américain bien tranquille (Graham Greene) 56, 58, 59
Udayadityavarman II, roi 215, 218
Unesco *voir* Sites du patrimoine mondial
Union indochinoise, création 42
Urnes dynastiques (citadelle de Hué) 121, 140, 143

V
Vaccination 279, 283
Angkor 225
Vallée de Mai Chau 9, **194**
hôtels 244
restaurants 260
Van Don, île (baie de Bai Tu Long) 188
Van Lang, dynastie 37
temples des Rois Hung 173
Van Thieu, président 61
Vauban, Sébastien de 140

Végétarisme 247, 249
Veloasia (HCMV) 274, 275
Vendeurs de rue 263
Vêtements 264, 265
Victoria Hoi An Beach Resort and Spa (Hoi An) 128, 240
Victoria Hotels (Chau Doc) 223
Viet ou Kinh (ethnie) 13, 20, 117, 179, 196
  histoire 37, 38
Viêt-công 44, 72, 90
  voir aussi Guerre du Vietnam
Viet Hien (Hanoi) 264, 265
Viet Kieu (Vietnamiens d'outre-mer) 14, 278
Viêt-minh 43, 169, 179 195
  voir aussi Guerre d'indochine ; guerre du Vietnam
Vietnam
  cartes 10-11, 50-51
  image satellite 11
Vietnam au cinéma **59**
Vietnam central 9, **120-151**
  art et sculpture cham **135**
  carte 122-123
  circuler 123
  hôtels 238-240
  restaurants 255-257
Vietnam du Nord 9, **178-211**
  carte 180-181
  circuler 181
  flore, faune et avifaune du Vietnam du Nord **201**
  Hmong du Vietnam du Nord **198-199**
  hôtels 243-244
  récifs de coraux et faune marine au Vietnam **19**
  restaurants 259-260
Vietnam du Sud *voir* Delta du Mékong et Vietnam du Sud
Vietnam Golf and Country Club (HCMV) 273, 275
Vietnamiens d'origine chinoise *voir* Hoa
Vietnamiens d'outre-mer *voir* Viet Kieu
Vietnam Lodging 230, 231
Viet Nam News 268, 287
Vietnam Pathfinder 268
Vietnam Stay 230, 231
Vietnam Tourism (Hanoi) 281
VIH 282
Vieux marché (HCMV) 263, 265
Vieux quartier (Hanoi) 9, 50, 152, 153, 154, **156-157**
  hôtels 241-242
  nom des rues **157**
  plan pas à pas 156-157
  restaurants 258
Vieux quartier (Hoi An) 120, 121, **124-129**
  plan pas à pas **126-127**
Village du Poulet (Dalat) 116
Villages flottants 99
  baie d'Along 183, 184
Villas de Bao Dai 110
Ville fortifiée (citadelle de Hué) 140
Vincom Shopping Center (HCMV) 57, 263, 265
Vincom City Towers (Hanoi) 263, 265
Vinh Long 8, **90**
  hôtels 236
  excursion en bateau **91**
  restaurants 253
Vinh Moc 121
  tunnels de Vinh Moc **150**
Vinh
  hôtels 240
Visas 278-279
  Angkor 222-223
Vishnou 204
  Angkor Thom 216
  Angkor Vat 212
  Prasat Kravan 220
Visites et voyages organisés
  baie d'Along **182-184**
  bicyclette 274, 275
  Cholon à pied **68-69**
  dans la région de la DMZ 149
  excursions organisées 293
  pour Angkor 223
  Sapa 196-197
  tunnels de Cu Chi 8, **72**
  visites guidées et agences de voyages 281, 291, 293
  visites proposées par les complexes hôteliers 229
  voir aussi Promenades en bateau
VN Colour (Hoi An) 264, 265
Vo Nguyen Giap, général 43, 149, 169
Voyageurs handicapés 231, 280, 281
  Angkor 225
Vu Lan 32
Vung Tau **76**
  hôtels 234
  restaurants 252
Vuon Co Thap Muoi 90

W

Wat Thmei (Siem Reap) 208
Westmoreland, William 149
Whale Island Resort (Nha Trang) 272, 275
Why Not Bar (Hué) 270, 271
Windchimes (Phan Thiet) 272, 275
Word, The 268

X

Xe om 292, 293
  location 291
Xeo Quyt 90
Xich Qui 37
Xu (HCMV) 270-271

Y

Yaly Couture (Hoi An) 264, 265
Yasovarman Ier, roi 205, 209, 221
Yen Ky Sinh 185
Yen, rivière 13
Yên Tu 30, 184, 185
Yersin, Alexandre 108, 114
Yeux vietnamiens *(mat cua)* 129

Z

Zen Plaza (HCMV) 263, 265
Zodiaque, symbolisme des signes 31
Zone démilitarisée (DMZ) 9, 13, 121, 122, **149**

Cartes et plans

Asie du Sud-Est 11
Baie d'Along 182-183
Can Tho 94
Carte routière du Vietnam *voir arrière de couverture en fin d'ouvrage*
Cat Ba, île de 189
Climats du Vietnam 34-35
Côte et hauts plateaux du Sud 104-105
Dalat 115
Delta du Mékong et Vietnam du Sud 86-87
Hanoi 154-155
  environs 154
  atlas des rues 174-177
  Vieux quartier 156-157
Hô Chi Minh-Ville 54-55
  atlas des rues 78-83
  environs 55
  Cholon 68-69
  Dong Khoi 56-57
Hoi An 124
  Hoi An : vieux quartier 126-127
Hué 139
  Cité impériale
  croisière sur la rivière des Parfums 148
  tombeaux royaux 145
My Son 131
Nha Trang 109
  plages 111
Pagode des Parfums 192-193
Péninsule indochinoise 10-11
Phu Quoc, île de 101
Répartition des groupes ethniques 20
Vietnam 10-11, 50-51
Vietnam central 122-123
Vietnam du Nord 180-181
Vietnam du Sud 86-87
Vietnam région par région 50-51, *voir aussi arrière de couverture en début d'ouvrage*
Vinh Long, excursion en bateau 91

Au Cambodge :

Angkor 206-207
  environs d'Angkor 207
  Angkor Thom 219
Siem Reap 208

Remerciements

L'éditeur remercie tous ceux qui, par leur aide et leurs conseils, ont contribué à la préparation et à la réalisation de ce guide.

Auteurs

Andrew Forbes est titulaire d'une licence de chinois et d'un doctorat d'Histoire de la Chine. Il vit depuis vingt ans à Chiang Mai, en Thaïlande, où il est rédacteur à CPA Media (www.capmedia.com). Au cours de ces dix dernières années, il s'est rendu tous les ans au Vietnam.

Richard Sterling vit dans la région de San Francisco aux États-Unis où il exerce depuis longtemps le métier d'écrivain voyageur. Lauréat du prix Lowell Thomas, il a beaucoup écrit sur le Vietnam où il se rend chaque année.

Vérification des informations

Adam Bray, Nam Nguyen, Nick Ray.

Lecture-correction

Shahnaaz Bakshi.

Responsable de l'index

Jyoti Dhar.

DK London

ÉDITION : Douglas Amrine.
DIRECTION ÉDITORIALE : Jane Ewart, Scarlett O'Hara, Kate Poole.
DIRECTION DE LA RÉDACTION : Kathryn Lane.
RESPONSABLE DU PROJET : Ros Walford.
MAQUETTE : Gadi Farfour, Kate Leonard.
ÉQUIPE ÉDITORIALE : Alexandra Farrell, Emer FitzGerald, Fay Franklin, Anna Freiberger, Rhiannon Furbear, Camilla Gersh, Kaberi Hazarika, Jacky Jackson, Claire Jones, Sumita Khatwani, Priya Kukadia, Maite Lantaron, Hayley Maher, Alison McGill, Vikki Nousiainen, Catherine Palmi, Susie Peachey, Marianne Petrou, Khushboo Priya, Ellen Root, Sands Publishing Solution, Janis Utton, Ajay Verma.
COORDINATION CARTOGRAPHIQUE : Casper Morris.
CONCEPTION PAO : Natasha Lu.
COLLABORATION RECHERCHE PHOTOGRAPHIQUE : Rachel Barber.
PHOTOTHÈQUE : Romaine Werblow.
MÉDIAS NUMÉRIQUES : Fergus Day.
PRODUCTION : Louise Daly.

Photographie d'appoint

Simon Bracken, Adam Bray, Eric Crichton, Tim Draper, Robin Forbes, Ken Findlay, Frank Greenaway, Colin Keates, Dave King, David Mager, Ian O'Leary, David Peart, Roger Smith, Kavita Saha, Kim Taylor, Jerry Young, Álvaro Velasco, Jerry Young.

Avec le concours spécial de :

L'éditeur remercie les personnes suivantes pour leur collaboration : Ton Sinh Thanh et Nguyen Luong Ngoc de l'ambassade de la République socialiste du Vietnam à New Delhi, Inde, Pham Ngoc Minh de Buffalo Tours au Vietnam et tous les responsables de musées, hôtels, restaurants, magasins, galeries, temples, églises et sites touristiques, trop nombreux pour que nous puissions les remercier individuellement.

Crédits cartographiques

Netmaps pour les plans de Hô Chi Minh-Ville et de Hanoi.

Crédits photographiques

h = haut, b = en bas, c = au centre, g = gauche, d = droit.

Nous prions par avance les propriétaires des droits photographiques de nous excuser si une erreur ou une omission subsistait dans cette liste malgré tout le soin que nous y avons apporté. La correction appropriée serait effectuée à la prochaine édition de cet ouvrage.

L'éditeur exprime sa reconnaissance aux particuliers, organismes et photothèques qui ont autorisé la reproduction de leurs photographies.

4CORNERS IMAGES : Amantini Stefano 2-3.

AKG-IMAGES LTD : 49c ; Amelot 6-7 ; François Guénet 267cd.
ALAMY : A.M. Corporation 5hg, 130bg, 181hd ; Arco Images 18bg ; Bill Bachmann 65hc ; Oliver Benn 105bd, 114cg ; Blickwinkel 18cb, 97cdb, 201cdb ; Tibor Bognar 90hg, 231bd ; Jon Bower 215hd, 216ch, 220bg ; Rachael Bowes 45bg ; Paul Carstairs 23bd ; Rob Cousins 3c, 17b ; FLPA 182hd ; Glow Images 24hg, 26cgb, 267bd ; Alex Griffiths 23cd, 192cgb ; Gavin Hellier 205h ; Henry Westheim Photography 2hd, 201cgh ; Hornbil Images Pvt Ltd 19cgb ; Jeremy Horner 95ch ; Imagebroker 99cdh, 214cdb ; ImageState 39h, 146-147 ; Index Stock 166cgh ; Ingo Jezierski 32cd ; Jon Arnold Images 12, 14hg, 152, 202-203, 204bg ; Elmari Joubert 182bc ; E.J. Baumeister Jr 25bd ; Christian Kober 25hd ; Serge Kozak 63bd ; Kevin Lang 25bg, 28bg, 50cdb, 99cdb, 120,166bd ; Barry Lewis 29bg ; Mary Evans Picture Library 40bd, 203c ; Neil McAllister 127cdb, 128bd, 160hg, 167hgc ; Chris McLennan 159c, 160cd ; Nic Cleave Photography 214bg ; David Osborn 18cgb ; Papilio 97cgb ; Edward Parker 193hd ; Paul Thompson Images 229bg ; Photobyte 199bg ; Photofrenetic 19ch, 98c ; Photoz. 129bg ; Pictorial Press Ltd 59cdb ; Christopher Pillitz 276-277 ; Nicholas Pitt 273hd ; Popperfoto 44hd, 45cdb ; Royal Geographical Society 50cgh ; Marcus Wilson-Smith 19cdh ; Stephen Frink Collection 190bg ; Ulana Switucha 57hd ; The Photolibrary Wales 90bg ; Tribaleye Images/J. Marshall 179b ; Ian Trower 24bc ; Visual Arts Library (Londres) 37bd ; Andrew Woodley 114hd, 196bg ; WorldFoto 192cgh.
ARDEA.COM : Jean-Paul Ferrero 201c ; Masahiro Iijima 201bg ; Jean-Michel Labat 19bd.
ASIAN EXPLORERS : Timothy Tye 215hg.

ADAM BRAY© 2008 ; 116hd, 174ch, 292bd.
THE BRIDGEMAN ART LIBRARY : Archives Charmet/ Private Collection *Soldats français débarquant dans la baie de Haiphong en juin 1884* (lithographie), École vietnamienne (XIXe siècle) 42hg ; Archives Charmet/Bibliothèque nationale, Paris, France, *Hô Chi Minh (1890-1969) au*

Congrès de Tours dans L'Humanité, décembre 1920 (photo noir et blanc) 169cdh.
JULIET BUI : 98hd.

CORBIS : 19bc, 273cg ; Asian Art & Archaeology, Inc 37c ; Bettmann 43bd, 44cg, 44bc, 44bg, 45hg, 45hd, 45c, 45cgb, 45cdb, 46bg, 46bd, 151cdb, 169bg ; Christophe Boisvieux 28bg, 29cdh, 30bg, 249c ; Corbis Sygma/J.-P. Laffont 46cgb, /Jacques Langevin 46hd, /Les Stone 279bd, /Orban Thierry 169bd ; Natalie Fobes 20bd, 33hg ; Owen Franken 74cgh, 183cd 116hd, 183cd ; Michael Freeman 104cg, 132cg ; Philippe Giraud 156cgh ; Robert van der Hilst 249hg ; Jeremy Horner 99cgb ; Hulton-Deutsch Collection 42cb, 169cg ; Catherine Karnow 20-21c, 28hg, 182cgh, 186-187, 269cb ; Charles & Josette Lenars 38hc ; Luong Thai Linh/Epa 268cb ; Christophe Loviny 215cd ; Wally McNamee 45bd ; Kevin R. Morris 209hg, 218bd ; David A. Northcott 19c ; Tim Page 31bg, 32hg, 119bd ; Papilio/John R. Jones 20cgh, 25cgh, 25cdh, 41hc ; Steve Raymer 13b, 21hg, 21hd, 25cd, 30hc, 166cdh, 169cgh, 279hg ; Reuters/Dien Bien Phu Museum 43cdb ; Roman Soumar 72hg ; Keren Su 19fcdh ; Luca Tettoni 275hd ; Brian A. Vikander 63hg ; Nevada Wier 24cdh, 29cdb, 30cd, 31hg ; Alison Wright 198cgb ; Michael S. Yamashita 99bg ; Zefa/Gary Bell 190cgh.
CPA MEDIA : 22bg, 38cgb, 40c, 42bc, 43hc, 44cdb ; Jim Goodman 24hd, 24bg, 29cd ; David Henley 22hg, 23cg, 23cgb, 29cgb, 135cg, 135c.

DAVID J. DEVINE : 44hg.

FUSION MALA DA NANG RESORT : 228bg.
FRANK LANE PICTURE AGENCY LIMITED : Colin Marshall 178.

GETTY IMAGES : AFP 292 bd ; AFP/Hoang Dinh Nam 24cgh ; Asia Images/Martin Puddy 192hd ; Eternity in an Instant 47cdb ; Iconica/John W. Banagan 103b ; Photographer's Choice/John W. Banagan 97cg ; Planet Observer/Universal Images Group 11hd ; Riser : Astromujoff 10bg, ; Robert Harding World Imagery : 18cdh,/Robert Francis 111cdb, 248cg, Occidor Ltd 199bd ; The Image Bank/Peter Adams 16bg ; Time Life Pictures/Larry Burrows : 44-45c, Stringer 44cgb ; Stone/Simeone Huber 210-211.

HOTEL CONTINENTAL SAIGON : 57hd, 228cd.

TRAN LINH : 32bd.
LONELY PLANET IMAGES : John Banagan 4bd, 92-93, 102, 112-113, 226-227 ; Anders Blomqvist 48-49, 153b, 206bg ; Alain Evrard 19cgh ; Mason Florence 84, 164hg ; Kraig Lieb 118hg ; Craig Pershouse 193bg ; Peter Ptschelinzew 40hg ; Patrick Ben Luke Syder 23cgh.

MARY EVANS PICTURE LIBRARY : 7c, 22hd, 22cgb, 36, 43bg, 227c, 277c.
MASTERFILE : Pierre Arsenault 18cgh, 85b.

NATUREPL. COM : Jeff Foott 18c ; David Kjaer 136c ; Pete Oxford 201cd. NGOC : 29cgh.
NGOC DONG HA NAM CO. LTD : 267cgb, 267cb, 267fcgb, 267bc.
PHONG T. NGUYEN : 24cgb, 24cdb, 25cg.

MICK PALARCZYK : 9bd. PETER PHAM : 198bd.
PHOTOGRAPHERSDIRECT. COM : Images & Stories 198hd ; Jamie Marshall Photography 199hg ; Peter Schickert 193hg ; Steve MacAulay Photography 199hd ; tanchouzuru.com 51cd ; Tanya D'Herville Photography 9cg.
PHOTOLIBRARY : Oxford Scientific Films/Mary Plage 77bd.

REUTERS : Larry Downing 47hc, 47bc ; Kham 78hc ; Nguyen Huy Kham 20cgb.
REX HOTEL : 60hg.

SEDONA SUITES HANOI : 231bd. STARS & STRIPES : Photo de John Olson – « Cu Chi, Vietnam-du-Sud, novembre 1967 : Son colt 45 et sa torche à la main, son masque à gaz sur la tête, le « rat de tunnel » Richard Winters du 2e bataillon de la 27e infanterie de la 25e division d'infanterie se glisse avec prudence dans un tunnel du Viêt-công de 300 km de long situé dans le Triangle de fer du Vietnam » 73cdh.
SWRIGHT.SMUGMUG.COM : Steven L. Wright 95bg.
SUN GROUP CORPORATION : 13h.

TERRA GALLERIA PHOTOGRAPHY : Q.T. Luong 65bd, 151hd.

LOUIS VUITTON : 57hg.

WIKIPEDIA.COM : Public Domain 39 bc.
WORLD PICTURES : Eur 184b ; Stuart Pearce 101bg.

Page de garde avant :
ALAMY : Jon Arnold Images c, hd ; Kevin Lang cga ; FRANK LANE PICTURE AGENCY LIMITED : Colin Marshallhgl ; LONELY PLANET IMAGES : John Banagan cd ; Mason Florence bg.

Couverture
Première de couverture : village de pêcheurs flottant dans la baie d'Along © Roman Lutskin/ AGE Fotostock (visuel principal).

Quatrième de couverture : © John Bill / Shutterstock (bg) ; © John Bill /Shutterstock (bd).

Autres illustrations, © Dorling Kindersley.
Pour tout renseignements : **www.dkimages.com**

Lexique

Le vietnamien fait partie de la branche môn-khmère de la famille des langues austro-asiatiques. À côté du vietnamien classique de la région de Hanoi, il existe plusieurs autres dialectes, notamment ceux des régions du Centre et du Sud. Ils se différencient essentiellement par leur phonétique (ils ont par exemple moins de tons que le vietnamien classique), par leur lexique, et non par leur grammaire.

Pendant des siècles, le chinois *(chu han)* fut la langue administrative et celle des lettrés, pour la simple raison qu'il n'y avait pas de langue vietnamienne écrite. L'écriture *chue nom* apparut tardivement. Au XVIIe siècle, des missionnaires inventèrent le *quoc ngu* pour transcrire le vietnamien en alphabet latin *(p. 41)*. À l'arrivée des Français, le *quoc ngu* devint l'écriture officielle. Perçue au début comme un instrument du colonialisme, elle avait néanmoins l'avantage d'être relativement facile à apprendre.

Les six tons

Le vietnamien est une langue monosyllabique à six tons avec des syllabes prononcées sur des tons différents. Les tons se reconnaissent à leurs signes diacritiques placés généralement sur les voyelles.

C'est le ton qui détermine le sens d'un mot. Le mot *ma*, par exemple, a six sens différents selon l'accent :

Ma (fantôme)	Ton haut
Mà (mais)	Ton bas descendant
Mã (cheval)	Ton ascendant glottal
Mả (tombe)	Ton descendant ascendant
Má (joue)	Ton ascendant
Mạ (jeune plant de riz)	Ton aigu descendant glottal

En fonction du lien de parenté

Les termes employés pour s'adresser à une personne sont différents selon le sexe, l'âge, le statut social, le lien de parenté et le degré d'intimité avec cette personne. Les plus courants sont :

Anh (frère aîné) pour s'adresser à un homme jeune.

Chị (sœur aînée), équivalent féminin de ***anh***.

Em (frère ou sœur cadet) pour s'adresser à quelqu'un qui est plus jeune que soi.

Ông (grand-père) pour s'adresser à un homme plus âgé – terme formel et respectueux (monsieur).

Bà (grand-mère) pour s'adresser à une femme plus âgée – terme formel et respectueux.

Cô, équivalent de « madame ».

Prononciation

La plupart des consonnes se prononcent comme en français à l'exception de :

d	comme un z (dans le Nord) comme un y (dans le Sud)
đ	comme un d
gi	comme un z (dans le Nord) comme un y (dans le Sud)
kh	K aspiré
ng	comme dans bINGo
ngh	comme dans bINGo
nh	comme gn
r	comme un j
t	comme un t
th	comme un t
tr	tche
x	comme un s

Les voyelles se prononcent de la façon suivante :

a	comme un â
â	comme un o court
ă	eu
e	comme un è (lait)
ê	comme un é (thé)
i	comme un i (iris)
o	comme le o de mort
ô	aul
ơ	eu
u	ou
ư	ei

L'essentiel

Bonjour	**Xin chào !**
Au revoir	**Chào tạm biệt !**
Oui/non	**Vâng/không**
Je comprends	**Tôi hiểu**
Je ne comprends pas	**Tôi không hiểu**
Je ne sais pas	**Tôi không biết**
Merci	**Cám ơn !**
Parlez-vous l'anglais ?	**Anh/chị có biết iếng Anh không ?**
Je ne parle pas le vietnamien	**Tôi không biết tiếng Việt**
Désolé/Excusez-moi !	**Xin lỗi !**
Pas du tout	**Không dám**
Entrez, je vous prie !	**Mời anh/chị vào !**
urgence	**Cấp cứu**
police	**Công an**
ambulance	**Xe cấp cứu**
pompiers	**Cứu hỏa**

Phrases utiles

Je m'appelle…	**Tên tôi là …**
Quel est votre nom ?	**Tên anh/chị là gì ?**
Enchanté de faire votre connaissance	**Rất hân hạnh được gặp anh/chị**
Comment allez-vous ?	**Anh/chị có khỏe không ?**
Quelle est votre profession ?	**Anh/chị làm nghềgì ?**
Quel âge avez-vous ?	**Anh/chị bao nhiêutuổi ?**
De quelle nationalité êtes-vous ?	**Anh/chị là người nước nào ?**
Qu'est-ce que c'est ?	**Dây là cái gì ?**
Est-ce qu'il y a… ici ?	**Ở dây có… không ?**
Où y a-t-il… ?	**…. ở đâu ?**
Combien ça coûte ?	**Cái này giá bao nhiêu ?**
Quelle heure est-il ?	**Bây giờ là mấy giờ ?**
Félicitations	**Xin chúc mừng**
Où sont les toilettes/ W.-C. ?	**Phòng vệ sinh ở đâu ?**
Où est l'ambassade de France ?	**Đại sứ quán Anh ở đâu ?**

Mots utiles

je	**tôi**
homme	**đàn ông**
femme	**đàn bà**
famille	**gia đình**
parents	**bố mẹ/cha mẹ /ba má**
père	**bố/cha/ba**
mère	**mẹ/má/mạ**
frère cadet	**em trai**
frère aîné	**anh trai**
sœur cadette	**em gái**
sœur aînée	**chị**
grand/petit	**to/nhỏ**
haut/bas	**cao/thấp**
chaud/froid	**nóng/lạnh**
bon/mauvais	**Tốt/xấu**
jeune/vieux	**trẻ/già**
ancien/nouveau	**cũ/mới**
cher/bon marché	**đắt/rẻ**
ici	**đây**
là	**kia**
quoi ?	**gì ?**
qui ?	**ai ?**
où ?	**(ở) đâu ?**
pourquoi ?	**(tại) sao ?**
comment ?	**thế nào ?**
C'est comment ?	

Argent

Je veux changer 100 $ en *dong* vietnamiens	**Tôi muốn đổi 100 đô la Mỹ ra tiền Việt.**
taux de change	**tỷ giá hối đoái**
J'aimerais encaisser ces chèques de voyage	**Tôi muốn đổi séc du lịch này ra tiền mặt.**
banque	**nhà ngân hàng**
argent/espèces	**tiền/tiền mặt**
carte de crédit	**thẻ tín dụng**
dollars	**đô la**
dong vietnamiens	**đồng (Viêt Nam)**

Communications

J'aimerais téléphoner	**Tôi muốn gọi điện thoại.**
J'aimerais appeler l'étranger	**Tôi muốn gọi điện thoại quốc tế.**
téléphone portable	**máy điện thọai di động**
renseignements	**chỉ dẫn điện thoại**
cabine de téléphone public	**trạm điện thoại công cộng**
indicatif	**mã (vùng)**
bureau de poste	**bưu điện**
timbre	**tem**
lettre	**thư**
lettre recommandée	**thư bảo đảm**
adresse	**địa chỉ**
rue	**phố**
ville	**thành phố**
village	**làng**

Achats

Où puis-je acheter… ?	**Tôi có thể mua …. ở đâu ?**
Combien est-ce que cela coûte ?	**Cái này giá bao nhiêu ?**
Est-ce que je peux essayer ?	**Tôi mặc thử có được không ?**
Combien ?	**Bao nhiêu ?**
	Mấy ?
cher/bon marché	**đắt/rẻ**
marchander	**mặc cả**
taille	**số, cỡ**
couleur	**màu**
noir	**đen**
blanc	**trắng**
bleu	**xanh da trời**
vert	**xanh lá cây**
rouge	**đỏ**
marron	**nâu**
jaune	**vàng**
gris	**xám**
librairie	**hiệu sách**
grand magasin	**cửa hàng bách hóa**
marché	**chợ**
pharmacie	**hiệu thuốc**
supermarché	**siêu thị**
boutique de souvenirs	**cửa hàng lưu niệm**
souvenirs	**đồ lưu niệm**
peinture sur laque	**tranh sơn mài**
peinture sur soie	**tranh lụa**
statuette en bois	**bức tượng gỗ**
foulard en soie	**khăn lụa**
nappe	**khăn trải bàn**
plateau	**khay**
vase	**lọ hoa**

Tourisme

Agence de voyages	**công ty du lịch**
Où se trouve le comptoir des vols internationaux ?	**Phòng bán vé máy bay quốc tế ở đâu ?**
Vietnam Airlines	**Hãng hàng không Việt Nam**
plage	**bãi**
baie	**vịnh**
minorité ethnique	**dân tộc ít người**
festival	**lễ hội**
île	**hòn đảo**
lac	**Hồ**
forêt, jungle	**rừng**
montagne	**núi**
rivière	**sông**
temple	**đền**
musée	**viện bảo tàng**
pagode	**chùa**
campagne	**nông thôn**
grotte	**hang**

Déplacements

gare ferroviaire	**nhà ga**
aéroport	**sân bay**
billet d'avion	**vé máy bay**
gare routière	**xe ô tô búyt**
billet	**vé**
biller aller	**vé một lượt, một lần**
billet retour	**vé khứ hồi**
taxi	**tắc xi**
location de voitures	**thuê xe ô tô**
voiture	**xe ô tô**
train	**xe lửa**
avion	**máy bay**
moto	**xe máy**
vélo	**xe đạp**
cyclo-pousse	**xích lô**
Combien de temps faut-il pour aller à… ?	**Đi … mất bao lâu ?**
Où est la route pour… ?	**Anh/chị có biết đường … không ?**
C'est loin ?	**Có xa không ?**
C'est tout droit	**Đi thẳng.**
tourner	**rẽ**
gauche	**trái**
droite	**phải**
passeport	**hộ chiếu**
visa	**thi thực**
douane	**hải quan**

Hébergement

hôtel	**khách sạn**
guest-house	**nhà khách**
chambre (simple, double)	**phòng (đơn, đôi)**
climatisation	**điều hòa nhiệt độ/máy lạnh**
numéro de passeport	**số hộ chiếu**

Au restaurant

J'aimerais réserver une table pour deux	**Tôi muốn đặt trước một bàn cho hai người.**
serveur	**người phục vụ**
Puis-je voir la carte ?	**Xin cho tôi xem thực đơn ?**
Vous avez des suggestions du jour ?	**Hôm nay có món gì đặc biệt không ?**
Qu'est-ce que vous prendrez ?	**Các anh/chị muốn gọi gì ?**
Puis-je avoir l'addition s'il vous plaît ?	**Xin anh/chị cho hóa đơn ?**
Je suis végétarien	**Tôi ăn chay.**
savoureux/délicieux	**ngon/ngon tuyệt**
épicé (relevé)	**cay**
sucré	**ngọt**

aigre	**chua**
amer	**đắng**
petit déjeuner	**bữa ăn trắng**
baguettes	**đũa**
couteau	**dao**
fourchette	**nĩa**
cuillère	**thìa**
boire	**uống**
manger	**ăn**
avoir faim/soif	**đói/khát**
restaurant	**hiệu ăn, nhà hàng**
cuisine occidentale	**món ăn Âu**
spécialités vietnamiennes	**đặc sản Việt Nam**

Nourriture

pomme	**táo**
banane	**chuối**
pousses de bambou	**măng**
pousses de soja	**giá**
bœuf	**thịt bò**
pain	**bánh mì**
beurre	**bơ**
gâteau	**bánh ngọt**
poulet	**(thịt) gà**
noix de coco	**dừa**
crabe	**cua**
dessert	**(món) tráng miệng**
canard	**vịt**
anguille	**lương**
œuf	**trứng**
poisson	**cá**
sauce de poisson	**nước mắm**
grenouille	**ếch**
fruit	**hoa quả**
gingembre	**gừng**
glaçon	**đá**
glace	**kem**
citron	**chanh**
citronnelle	**xả**
homard	**tôm hùm**
mandarine	**quít**
mangue	**xoài**
lait	**sữa**
champignons	**nấm**
viande (bien cuite, à point, saignante)	**thịt (tái, vừa, chin)**
nouilles	**mì, miến**
soupe aux nouilles et au bœuf/poulet	**phở bò/gà**
oignon	**hành**
papaye	**đu đủ**
pêche	**đào**
poivre	**hạt tiêu**
porc	**thịt lợn**
patate douce	**khoai tây (khoai)**
crevette	**tôm**
ramboutan	**chôm chôm**
riz	**gạo**
riz cuit	**cơm**
riz gluant	**gạo (cơm) nếp**
riz non gluant	**gạo (cơm) tẻ**
salade	**xà lách**
sel	**muối**
escargot	**ốc**
rouleaux de printemps	**nem rán (chả giò)**
entrée	**(món) khai vị**
soupe	**xúp**
sauce de soja	**tương**
bœuf sauté aux champignons	**bò xào mấm**
sucre	**đường**
soupe aux nouilles vietnamienne	**phở**
légumes	**rau**

Boissons

thé	**trà, chè**
boissons	**cà phê (cà phê sữa)**
eau	**nước**
jus de fruits	**nước quả**
eau minérale	**nước khoáng**
lait	**sữa**
boissons non alcoolisées	**nước ngọt**
bière	**bia**
vin	**rượu vang**
verre	**cốc**
bouteille	**chai**

Santé

De quoi souffrez-vous ?	**Anh/chị bị làmsao ?**
fièvre	**sốt**
accident (de la route)	**tai nạn (giao thông)**
acupuncture	**châm cứu**
ambulance	**xe cấp cứu**
antibiotiques	**thuốc kháng sinh**
allergie	**dị ứng**
sang	**máu**
tension artérielle (élevée/basse)	**huyết áp (cao/thấp)**
toux	**ho**
diabète	**bệnh đái đường**
diarrhée	**đi ngoài**
pris de vertiges	**chóng mặt, hoa mắt**
médecin	**bác sĩ**
oreille	**tai**
grippe	**cúm**
intoxication alimentaire	**ngộ độc thức ăn**
mal de tête	**đau đầu**
cœur	**tim**
hôpital	**bệnh viện**
hygiène	**vệ sinh**

insomnie	**mất ngủ**
maladie	**bệnh**
injection	**tiêm**
paludisme	**bệnh sốt rét**
médicament	**thuốc**
opérer	**mổ**
pharmacie	**cửa hàng thuốc**
ordonnance médicale	**đơn thuốc**
mal de gorge	**viêm hỏng**
température	**sốt**
vaccin antitétanique	**tiêm phòng uốn ván**
médecine traditionnelle vietnamienne	**thuốc Nam**
dent	**răng**
mal de dents	**đau răng**

Le temps et les saisons

minute	**phút**
heure	**giờ**
jour	**ngày**
semaine	**tuần**
mois	**tháng**
année	**năm**
lundi	**(ngày) thứ hai**
mardi	**(ngày) thứ ba**
mercredi	**(ngày) thứ tư**
jeudi	**(ngày) thứ năm**
vendredi	**(ngày) thứ sáu**
samedi	**(ngày) thứ bảy**
dimanche	**Chủ nhật**
saison	**mùa**
printemps	**mùa xuân**
été	**mùa hè/mùa hạ**
automne	**mùa thu**
hiver	**mùa đông**
saison sèche	**mùa khô**
saison des pluies	**mùa mưa**
pluie (il pleut)	**mưa (trời mưa)**
vent	**gió**
ensoleillé	**nắng**
temps	**thời tiết**
chaud/froid	**ấm/lạnh**
calendrier lunaire	**Âm lịch**
calendrier solaire	**Dương lịch**
nouvel an vietnamien	**Tết Nguyên đán**
Quelle heure est-il ?	**Bây giờ là mấy giờ ?**
8h30	**tám giờ rưỡi**
8h45	**tám giờ ba mươi phút/ chín giờ kém mười lăm (phút)**
10h15	**mười giờ mười lăm phút**
12h00	**mười hai giờ**
matin	**buổi sang**
midi	**buổi trưa**
après-midi	**buổi chiều**
soir	**buổi tối**
nuit	**đêm**

Nombres

1	**một**
2	**hai**
3	**ba**
4	**bốn**
5	**năm**
6	**sáu**
7	**bảy**
8	**tám**
9	**chin**
10	**mười**
11	**mười một**
12	**mười hai**
15	**mười lăm**
20	**hai mươi**
21	**hai mươi mốt**
24	**hai mươi bốn/ hai mươi tư**
25	**hai mươi lăm**
30	**ba mươi**
40	**bốn mươi**
50	**năm mươi**
100	**một trăm**
101	**một trăm linh (lẻ) một**
105	**một trăm linh (lẻ) năm**
200	**hai trăm**
300	**ba trăm**
1000	**một nghìn/ một ngàn**
10000	**mười nghìn/ mười ngàn**
1000000	**một triệu**

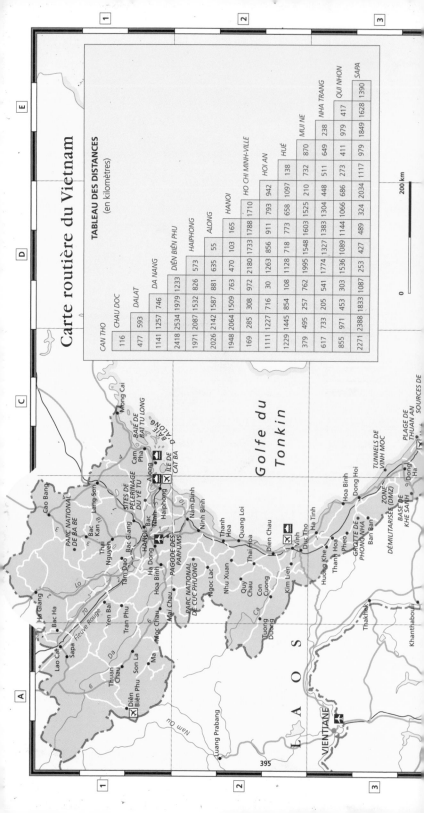

Carte routière du Vietnam

TABLEAU DES DISTANCES
(en kilomètres)

	CAN THO	CHAU DOC	DALAT	DA NANG	DIÊN BIÊN PHU	HAIPHONG	ALONG	HANOI	HO CHI MINH-VILLE	HOI AN	HUÉ	MUI NE	NHA TRANG	QUI NHON
CHAU DOC	116													
DALAT	477	593												
DA NANG	1141	1257	746											
DIÊN BIÊN PHU	2418	2534	1979	1233										
HAIPHONG	1971	2087	1532	826	573									
ALONG	2026	2142	1587	881	635	55								
HANOI	1948	2064	1509	763	470	103	165							
HO CHI MINH-VILLE	169	285	308	972	2180	1733	1788	1710						
HOI AN	1111	1227	716	30	1263	856	911	793	942					
HUÉ	1229	1445	854	108	1128	718	773	658	1097	138				
MUI NE	379	495	257	762	1995	1548	1603	1525	210	732	870			
NHA TRANG	617	733	205	541	1774	1327	1383	1304	448	511	649	238		
QUI NHON	855	971	453	303	1536	1089	1144	1066	686	273	411	979	417	
SAPA	2271	2388	1833	1087	253	427	489	324	2034	1117	979	1849	1628	1390